U0023473

崔大潤

1973年秋生於釜山，和沈泰烈同一天生日。
從大學時期開始在世界各地旅行，曾花了7年時間到90多個國家旅行。

■ 1995年開始第一次旅行，到紐西蘭(WWOOF)、澳洲和東南亞。
■ 2000年參加SBS〈出發MORNING WIDE〉千禧年特輯，以「新青年大陸評鑑商隊環遊世界」
　隊員身份和SBS、CCTV、山東TV、澳門TV等10多家電視公司一起進行為期一年的環遊世界
　行動。
■ 2001年單獨前往環遊世界，旅遊了6大洲，足跡遍及70餘國，並開設「五美元旅行‧環遊世
　界俱樂部」。
■ 目前為亞洲最大的環遊世界俱樂部「五美元旅行‧環遊世界俱樂部」經營者，並在韓國IT創
　投企業，擔任海外經營團隊隊長。

懷抱著「在世界任何地方，幸福地和有愛的人在一起時，才是真正有價
值的」的信念生活著。
e-mail：cdy2020@daum.net

韓國「五美元旅行‧環遊世界俱樂部」官網 www.5bull.net
－2001年2月成立。
－2002年被韓國最大入口網站「Daum」選為韓國最大的環遊世界社群，開始在媒體上嶄
露頭角，如今已有「環遊世界旅行者的麥加」的美譽。
－2007年10月，設立韓國最早的環遊世界情報中心，每年主辦環遊世界營，並不定期舉辦
環遊世界說明會。
－現有5萬5,000名會員，其中有100多組人馬透過五牛生活家提供的情報，踏上環遊世界
之旅。

沈泰烈

1975年秋生於釜山,和崔大潤同一天生日。

專攻機械,曾擔任工程師。

過去10年間,以蠻荒地帶為主,旅行了全世界70餘個國家。

開設專攻喜馬拉雅旅行的旅行社(2000)

英國倫敦開設旅行者宿舍(2002)

■1998年開始第一次旅行,2004年完成環遊世界北極圈之旅。

■2001年加入「五美元旅行・環遊世界俱樂部」。

■2005~2006年以南太平洋蠻荒地帶為中心,進行為期一年的旅行。

■目前為亞洲最大的環遊世界俱樂部「五美元旅行・環遊世界俱樂部」經營者,

並持續在電視節目《發現世界》中,負責蠻荒地帶探險。

並在《The Hankyoreh》、《朝鮮日報》、《京鄉新聞》等報章雜誌開設蠻荒旅遊專欄,

也在韓國各知名雜誌上撰寫旅遊專欄。為韓國搜尋引擎「DREAM WIZ」專屬旅遊作家,

曾出版極地旅行誌《世界上沒有不能去的地方》

對某位哲學家所說的「旅行,有我的動機、充滿勇氣的冒險,還有最大的回報」這句話深有同感,並正這樣活著。

e-mail:mylifeok2duam.net

讓夢想實現的魔法書

環遊世界聖經

Travel Around the World

「五美元旅行‧環遊世界俱樂部」創辦人

崔大潤、沈泰烈◎著

夢想啓程增訂版

朱雀文化

印尼的 TOBA湖

土耳其的卡帕多其亞

在祕魯大自然傑作下的沙漠村伊卡旅行時，
某天，我在住宿處的陽台眺望色彩的盛宴——晚霞。
沉靜地橫臥一旁的湖水，
也染上了晚霞的瑰麗色彩。
呆呆地凝視著它的我，說：
「啊，人生像夕陽，也很美了啊！」

SKYSKY SKY

明天的事明天再去想。
不要因煩惱明天的食宿問題，而毀了我歡樂的時間。
CARPE DIEM！

WORLD JOURNE

為了尋找一直被關在小箱子裡，被遺忘的「我」
而去——環・遊・世・界
這遙遠而漫長的旅程，承載著希望和夢想，
甚至連行李，都裝滿了祝福。

環遊世界……
我生命中
最棒的禮物

我們
為什麼
要出發去旅行？

許多旅遊者說，旅行就是「捨和得」。這樣的話，是捨什麼，又得什麼呢？走在路上的旅行者，會在不知不覺中捨掉日常生活中，連自己都不知道的貪婪和偏見；並會帶著開放的心、自信及滿懷幸福的心，回來。

我們身體疲累或疼痛時，會先暫時休息，替自己再充電。心靈也一樣，覺得痛苦、吃力時，我們通常就會尋求「旅行」這治療劑了。3～4天或1～2週的旅行，雖然短暫，卻有急救的效果；想靠已疲累至極的心靈好好撐過剩餘的生活的話，建議考慮看看環遊世界這特效處方。因平淡的日常生活、重複的職場生活，而即將燒盡活力和勇氣時，唯一能給自己再充電、讓活力百分百恢復的，就是環遊世界了。

環遊世界，不但是為新生活再充電的契機，還能完成人類本性的呼喚——「有義務讓自己幸福」；此外也是提升生活品質、非常特別的珍貴經驗。事實上，環遊世界過來人大部分都認為，透過旅行得到的最大收穫，就是重新為生活注入幸福。環遊世界不只種下了永生難忘的幸福、對生活的勇氣、強人的精神、自信，還具有一個更大的意義，那就是具備分辨自己該做的事、不該做的事的智慧。人們常以時間和金錢為由，將環遊世界歸為無法實現的夢想；但是，花個53～80萬元，花1年的時間所作的長期旅行，卻會對你的未來、你後半生的生活，產生意想不到的作用。

很多人畢生的夢想
就是環遊世界。

它超越社會地位、財產、愛，和幸福的價值，可說是人類共同的夢想。但是在我們周遭，卻很難找到實現這個夢想的人。雖然很多人有這個期望和夢想，為什麼卻沒辦法去實現它呢？

這從旅行的準備就可看出端倪了。因為，在人生最重要的20～40歲時期，要抽出最少6個月，甚至數年的時間是很困難的；要準備好繞地球一圈，所需的一大筆費用更是不容易。這些都還不算什麼，最讓旅行者裹足不前的是，要整理、恢復因旅行而斷絕的所有社會關係，這更讓人備感壓力。事實上，在準備環遊世界的過程中，因身邊的人們各式各樣的說法或家人的反對，而動搖了自己的意志，最後就此作罷的相當多。遇到這樣的情況，大部分人都會說：「以後有更好的機會再去吧！」再次把自己的夢想推向內心的一角。當然，也有不這麼做的人。其中一部分人，會不顧周圍人的反對和擔憂，為了實現自己的夢想，果敢地出發去旅行。

即使有無數的誘惑、苦難
和被說服的過程，最後，仍然要去挑戰
這畢生夢想的理由。

因為環遊世界旅行期間的你，每天就像在品味新鮮、甜美的水果似的；每天都可以把自己變成像是冒險電影裡，面對無限挑戰的主角。環遊世界是送給自己最好的經驗和禮物了。

在過去，環遊世界要花數年的時間；航空交通發達後，旅遊時間變得超乎想像得短。任何國家，24小時內都可到達。此外，託「環遊世界機票」之福，一般人也可以很容易

地完成夢想了。最近也有很多大學生、單身女子環遊世界回來，把遊記PO在網上或出書，可見環遊世界一點都不難了。還有很多是夫婦再充電或蜜月旅行的，也有的是全家一起旅遊1年的。

環遊世界，NOW
不再是特殊族群的專利了。

只要是想完成夢想的人，他們就又多了一個可選擇生活的機會。世界上有兩種人，只做夢的人，和努力使夢想實現的人。正在讀這本書的你，很清楚的，是即使只能更接近夢想1%，也會努力去做的人。

本書揭示了險難的旅程、無數的變數和危險、陌生的環境、氣候、文化、人種等，也就是說，所有會產生疑惑的特別事項，本書都有說明。還有當向家人解釋要單獨環遊世界時，會產生什麼反應，該如何向他們說明，本書也提供了一些經驗談。當然旅遊情報和方法，更是毫無遺漏地努力裝進來了。

好，現在就打開本書所附的世界地圖，把心中非常懇切想去的地方畫上記號，相當陌生的新地點也追加幾個吧！在這些點連起來的瞬間，你夢想的路線就具體地呈現在眼前了。對其他人來說，環遊世界還徘徊在夢想中；對你來說，它已經成了在眼前閃耀的現實了。

「五美元旅行‧環遊世界俱樂部」，崔大潤‧沈泰烈

期望能出現更多
開拓自己獨有新航線的
後輩旅行者。

2008年《環遊世界聖經》剛問市時，大部分讀者對環遊世界仍充滿許多疑問。當時的旅行文化，大多只停留在短則數日、長則一個月的程度。對環遊世界這麼大架構的旅行，只有極少數旅行者下得了決心；要作出這樣的選擇，感覺就像是面臨極困難的挑戰似的。

不過，書出版後經過5年到今天，產生了好大的變化，連身為作者的我們都驚訝不已。每次再版出來，出發環遊世界的人，就以驚人的速度增加。為環遊世界行程具體籌劃準備的人，也多了起來。而且，在旅行的品質和方式，也有驚人的成長。

過去，環遊世界大多是單獨前往，旅程相當辛苦；
現在，就參加的人員而言，更擴大且多樣了。

選擇和家人一起環遊世界，還有以蜜月旅行方式環遊世界的人變多了。環遊世界的意義，也從以前的「為了積極改變生活」，轉變成「為了讓自己好好地休息1年」。除了騎自行車或摩托車環遊世界之外，以遊艇或輕航機環遊世界的人也出現了。

更令人驚訝的是，十多年來，整個環遊世界的費用並沒有增加很多，只有機票價錢有變動。大概是因為環遊世界的旅行者增多，網路資訊公開，大家分享訊息互通有無，因而能尋找到平價的交通、餐廳和住宿，使旅費降下來。

環遊世界對大多數人來說，其實也不是那麼遙不可及的事，很多人都夢想能環遊世界，只不過在實現夢想的過程中，產生了很多疑問，卻沒有能解決的管道。以前市面上的書，大多是探討個人旅遊經驗的文章。透過這些書，讀者得到的

只是「好羨慕！」、「我也好想去！」這樣的想法而已。卻沒有能客觀揭示方向、幫你規劃出環遊世界藍圖的書。

《環遊世界聖經》想只以「環遊世界」這張大圖為焦點，讓任何人能無負擔地自己作選擇，並在沒人幫忙的情況下具體地實現自己的夢想。5年過後，現在，隨著本書的佳評如潮，夢想環遊世界的人，也把本書當作教科書般地在使用，對本書有很多的期望和依賴。

《環遊世界聖經》揭示了經過檢證的各式路線，提供過來人堪稱模範的熱情和經驗。

不過，在「預定的時間內」，抵達「特定的地方」，只能做這些話，旅行者的眼和耳，是沒辦法體驗到更多的。有鑑於此，本書作者期望，能有更多開拓出新的、自己獨有的環遊世界路線的後輩旅行者出現。

生活中令人感動的瞬間，不是在規劃好的路上，而是在迷路之後，意外發現的美好！

期望《環遊世界聖經》這本書，能變成參考書而不是教科書，成為替你量身打造環遊世界旅程的好朋友。

於新版製作結束時 崔大潤・沈泰烈

CONTENTS

✈ PART 1 環遊世界，我也可以去

CONTENTS

3 有自己專屬主題的特殊環遊世界旅程

✈ PART 3 漫長的旅程，和留下來的故事

旅行者們的嘮叨比旅行更有趣

SPECIAL PAGES

附錄

〈附註〉
1. 本書的地名，是使用一般旅行者慣用的翻譯字音來標示。
2. 書內所有問題，都是以「五美元旅行·環遊世界俱樂部」的會員為對象，採擷他們的答案而成的。為忠於原著，以及考量前後文關連性，在不影響理解（鄰近韓國，可同理推算距離比例）的前提下，多數環遊個案及舉例，仍保留韓文原著所述。
　　但是為了更貼近台灣讀者需求，部分重要資訊已取得原出版社同意，更改為台灣國情適用，並以「編按」加註說明。由於旅遊資訊變動率大，讀者出發前最好進一步查證。
3. 費用陳述部分，因無法求證，仍維持原者所述。但韓圓幣值均已換算為台幣表示，其餘幣值維持原陳述。
　　1韓圓= 0.0265新台幣（依2011年5月匯率標準換算）

從現在開始…

摩洛哥馬拉喀什令人讚嘆的撒哈拉沙漠

環遊世界的主角，你是誰？

土耳其

★余景鴻
（男｜台灣旅者｜10年內旅行30幾個國家）

資訊產業主管；30歲出頭開始，利用公司放年假或春節長假，一有假就是出國旅行，護照上簽證蓋得滿滿的。和老婆兩人從婚前就相偕玩到婚後二年內，規劃每年跑1～2個國家，直到有了孩子。兩人也有默契，平常就得省，更清楚怎麼省旅費，例如每人才花台幣14萬的歐美之旅，就是想辦法從荷蘭租車旅行（比較經濟）。這一兩年，希望能一旅希臘、瑞士、德國、埃及等國家。

非洲坦尚尼亞

★立犀・立犀內子夫婦
（夫妻｜台灣旅者｜20多年內旅行80幾個國家｜linchiuai@gmail.com）

立犀：大學退休教授、國際航空測量遙感探測學會ISPRS委員。旅行是我和太太的共同樂趣，至今攜手玩遍80幾個國家；兩人因此有一句slogan：「夫唱婦隨，天涯圓夢，攜手遊遍全世界。」

立犀內子：台灣觀光協會榮譽公民記者、台灣觀光大使、桃園縣文藝作家協會常務理事、桃園縣觀光協會觀光雜誌社記者。常發表跨雙版五千字旅遊圖文於各大報；雖年近70，夫妻倆還是堅持不斷的旅行，人稱「旅遊俠侶」。

埃及開羅

★孫丕鳳
（女｜台灣旅者｜79天內旅行14個國家｜pifeng@yahoo.com）

獨行背包客。電信業專案經理，留職停薪四個月。2008年10月以一張當時找到最便宜的歐洲來回機票（台北經胡志明市轉法蘭克福），環遊歐、非、亞三洲，14個國家，29個城市。我的環球路線及天數很迷你。如果你無法確定自己在旅行的狀態中能夠持續多久，可以參考作為暖身。

★鄭伊雯
（女｜台灣旅者｜13年30個國家）

因為是文字工作者，托工作採訪的機緣，邊採訪邊旅行了30個國家。後來雖然旅居德國，但因家有三個小孩的照顧陪伴，牽絆了近年來的行旅足跡，變成以德國當地居多。

波蘭南部札科帕內

★盧聖真
（女｜台灣旅者｜20年30幾個國家）

高中地理老師。不喜歡受約束，所以幾乎都採自助旅行；也因為對地理知識的喜愛，我很樂於自己規劃行程，在每年寒暑假期，實際踏上夢想的旅程，往往歐美的旅行，至少也要玩個三週才過癮。每年能有志同道合的朋友，結伴出遊（最多甚至有8人），是人生的一大樂事。

捷克布拉格的查理橋

中國雲南虎跳峽

斯里蘭卡獅子岩

祕魯馬丘比丘

坦尚尼亞吉力馬札羅

紐西蘭庫克山

★楊茗淇
（女｜台灣旅者｜1年內旅行12個國家）
大學四年級，土地管理學系學生。19歲大一那年
一趟個把月的蒙古之旅，開拓了我的視野。去年一
整年，我看很多書，用最經濟的方式輾轉搭車、走
遍歐亞、埃及、中東等12個國家，只花了台幣13萬
元，我做到了。人生沒辦法計劃太多的事，我想順
著生命的河流，看旅途中會遇到什麼人，帶我繼
續走下去；這是一種心靈自由的享受。

★黃婷璟
（女｜台灣旅者｜4年多來流浪22個國家｜
toby52cc@gamil.com）
27歲時結束實習教師的生涯，領了教師證後開始
旅行。希望每個國家都可以停留超過一個月，目前
為專職背包客打工旅行者，一面旅行一面存錢，
然後再出發旅行。2011年9月出發往加拿大進行打
工度假的旅程，之後前往美洲。

★林沛含
（女｜台灣旅者｜1年15個國家｜chloe7746@
hotmail.com）
23歲。實踐大學建築休學，拉丁美洲旅行一年。

★高寶嵐
（女｜328天內旅行32個國家｜kbroamina@
hotmail.com）
34歲時以One world五大洲機票，出發環遊世
界，旅行中約有一個月和父親同行。環遊世界前是
內科住院實習醫師。現在是內科醫師。

★金元章・蘇隄
（夫婦｜10年間陸陸續續實地旅行50個國家｜http://
blog.daum.net/worldtravel）
結婚前各自旅行，結婚後開始一起旅行。我（金元
章）服務於醫界，現在在外商醫療公司上班。太太
是護士。2008年3月出發作6個月的旅行，現在正
在中東、高加索、巴爾幹半島等地區旅行中。

葉門馬里卜

納米比亞納米比沙漠

玻利維亞烏尤尼鹽漠

葉門荷台達

俄羅斯

★諾樺
（女｜14年間紮紮實實地旅行過88個國家）
我是個平凡的家庭主婦，57歲開始，時常單獨或
和人一起，打包好，就出發環遊世界（成為國外旅
行自由畫家後，以當時的年齡來看，可以說是比韓
飛野女士還更積極的旅行者）。旅行環境還不是
很好的時期，就已經去過世界許多國家，甚至像非
洲、藏西等蠻荒地帶，和高加索地方、伊拉克、利
比亞等。目前正以熱愛音樂、攝影的多情鄰家老奶
奶，和夢想到陌生國度冒險的少女，這兩種身分生
活著。

★亞里舞
（女｜371天內旅行45個國家｜www.yarimu.
com）
2005年，27歲時以ONE WORLD五洲機票，出發
環遊世界。不過之前和之後仍持續旅遊了許多國
家，所以旅遊年資有15年，共遊了72個國家。環
遊世界前是研究生，現在是上班族，打算去英國
留學。

★吳東憲
（男｜360天內旅行51個國家｜http://blog.naver.
com/ddbros）
2007年，34歲時利用ONE WORLD環遊世界機
票，到2008年1月，結束一年的環遊世界旅行。目
前是重工業研究員。

★朴燦書
（男｜6年間紮紮實實地旅行過37個國家｜www.
travel4edu.com）
25歲開始，大部分都是獨自旅遊。大學時代就開
始旅行，現在是小學老師。主要是利用寒暑假期
間來旅行。不以知名旅遊地為主，而是以中亞、西
非、高加索這樣的蠻荒地方為主。

★索隆科斯都煥
（男｜7年間結結實實地旅行過39個國家｜http://
blog.daum.net/superdhl）
從2001年，24歲時開始利用寒暑假旅遊。期間都
是獨自旅行或和朋友兩人旅行，2007年結婚後，
就和太太一起走遍世界各角落。目前在日本攻讀
碩士。

★山百合家族
（爸爸金浩進、媽媽李正華、兒子金聖元、女兒
金妍珠│342天內旅行47個國家│http://blog.
daum.net/sunggegun）
45歲仍是家庭主婦的我，2007年1月16日開始到12
月23日，和家人一起環遊世界。身為醫師的先生
放下醫院，和休學一年的高中生兒子、國中生女兒
一起旅行。利用ONE WORLD五洲機票，和個別機
票，還有亞洲里程數附送的機票等。

智利百內國家公園

★曹誠武
（男│6個月間和家人旅行過29個國家，
6年間紮紮實實地旅行過59個國家│http://
blog.paran.com/ssiren4）
環遊世界從很久以前就開始了。2007年陪父母旅
遊了6個月，走過29個國家，留下了深刻的記憶。
環遊世界的機票是利用個別機票。之前是婚禮設
計師，現在在旅行社工作，負責路線規劃。

玻利維亞烏尤尼火車墳墓區

★洪承熙
（女│6個月間旅行過16個國家）
因為喜歡旅行，從以前就開始在中南美洲外的世
界各地短期旅行。2007年29歲時，留職停薪6個
月，以個別機票旅遊了美洲和非洲16國。旅行後
仍在原公司上班。

納米比亞納米沙漠死亡湖盆

★跆拳家族
（爸爸洪鍾萬、媽媽李在晶、大兒子洪成範、女兒
洪夏帥、二兒子洪順彩│304天內旅行25個國家）
家族的第一次海外旅行，變成了環遊世界。從
2012年到2013年初，主要以陸路移動，旅遊了全
世界五大洲；無法以陸路來移動的區間，就利用低
價航空。在交通費較高的歐洲就租車，直接開車
移動。家族成員從中學生到大學生都有，環遊世
界後，大家各自恢復到以前的日常生活。

祕魯瓦卡奇納沙漠

★李在政‧李善京
（夫婦│330天內旅行28個國家│www.leenlee.
pe.kr）
我們夫妻倆在出發環遊世界時分別是31歲和27
歲，以ONE WORLD五洲機票，從2004年開始到
2005年環遊世界一年。出發前先生是系統工程
師，環遊世界後經營技術事業。我之前在大企業
上班，現在是國中美術老師。

阿根廷薩爾塔

你為什麼會有環遊世界的夢想？

★余景鴻
喜愛攝影，大學時參加過攝影社，也辦過攝影畢業展，因此，想把美景利用相機記錄下來。

★立犀・立犀內子夫婦
立犀：我在20幾歲（台灣解嚴前）留學德國期間，就開始旅行了，擔任大學教授後，更有機會利用每年代表國家至世界各國參加國際會議之便，在會議結束後，順便展開鄰近各國的旅行。
立犀內子：台灣解嚴後可以跟隨先生出國開會，他開會時，喜歡探險的我，正好可以自己揹起相機，先在附近玩一陣子；開完會後，兩人再相偕同遊，每次出國都要旅行個把月以上，因此玩上癮了。

★孫丕鳳
國中的時侯，我撕下作業簿空白頁，手繪完成一張以台灣出發的環遊世界路線圖。環遊世界這件事，就像是血液裡流著的，理所當然的夢想。

★鄭伊雯
因為未知，因為好奇，因為想實際抵達現場瞧瞧、對於他鄉異國的幻想氛圍，成了我出發前往的動力。

★盧聖真
喜歡海闊天空，也很喜歡把自己拋到異地，轉換時空。一直相信用腳踩出的世界，可以轉化紙上地理的空間，所以要用腳來認識這世界，像康德一樣，邊走路邊思考。

★楊茗淇
大一學打鼓時，同社團學長不幸車禍去世，讓我深深覺得人生不要有遺憾。加上從小到大，因家裡住得比較偏遠，不容易交到朋友，所以我幾乎整天與書為伍。高中時喜歡作家的流浪書寫，例如三毛；我就想，他們都可以獨自旅行了，我也可以。

★黃婷璟
23歲那一年，因為在學校研究室打工，而有機會跟著教授到馬來西亞做研究，雖時間不長，可是在工作之餘，我得以站在馬來西亞首都吉隆坡的街上，聽著來自各國的聲音，眼前走過的是不同人種。
廣東人正在燒鴨店外買著叉燒、中東婦女包得密不通風只露出眼睛在便利商店結帳、印度人努力地在路邊小攤販倒著印度拉茶叫賣，一旁不時有著歐美人士揹著大包包走著。
我頓時愣住了，獨自站在街口，想著，這些景象我在台灣從來沒看過！
我的世界好小，小到只知道自己跟台灣。
我想要看清這世界，我想要找到自己內心「要的」是什麼？
而待在台灣的我，會想念留在這裡的自己嗎？
所以，我出發了。

★林沛含
因為人生苦短。

★張旗旭‧李正媛夫婦
張旗旭：剛進公司時曾寫下：「活著時一定要做的五件事。」其中之一就是環遊世界。
李正媛：因為結婚前聽先生說了這句話：「我認為工作十年，就要花一年來玩。」

★吳東憲
當我知道了有環遊世界機票，當我知道環遊世界不是只有特殊的人才能做的事時，就開始夢想環遊世界了。

★高寶嵐
想給過去10年辛勤工作的自己一份大禮。和結婚的朋友不同，我想找出「能讓我感覺趣味橫生的街道會是什麼樣子？」而去環遊世界。

★諾燁
我原本是個唯丈夫是瞻的平凡家庭主婦。一天，向來讓人覺得可靠的丈夫，卻在用餐途中，在我眼前猝死，之後花了一整年時間，我終結和先生緊密連接的生活，整理人生；最後，為了撒一把先生故鄉的泥土在他墳上，因此出發去滿州。旅途中曾登上白頭山，那瞬間看到了另一個世界。旅行，是給我人生的第二個禮物。

★曹誠武
旅遊過的國家數，一個、兩個地增加後，很自然地就開始有環遊世界的夢想了。

★李在政‧李善京
先生向我求婚的時候提出這樣的約定：「結婚的蜜月旅行，就去環遊世界！」

★山百合家族
先生喜歡看旅遊書，後來很自然地有了一個念頭：與其看這麼多旅遊書，還不如親自去現場看看。於是理性的團長開始認真計劃全家環遊世界的行程。事實上，我們夫婦從孩子很小的時候開始，就努力抽時間帶孩子旅遊，曾作全國一周、南島巡禮。國內能去的地方都去了，很自然地，就開始有了挑戰環遊世界的念頭。最想在孩子長大前，和他們一起環遊世界，等退休後，就會有可聊的美好回憶了。

★金善夏
也許是因為從小就愛看《太陽少年Esteban》（神祕的黃金城）這樣的冒險漫畫吧，讓我一直有「一輩子一定要環遊世界一次」的夢想。而且，希望在30歲前，人生一定要轉型成功。於是，就用環遊世界來翻盤吧。人生的三分之二要靠自己的意志來活！這就是我夢想並出發去環遊世界的原因。

★河志雲
時常夢想環遊世界，但真正採取行動，是在得到發明競賽大會大獎後，為了找尋更多的發明點子。

玻利維亞烏尤尼鹽漠

環遊世界的費用和路線要如何準備？

★孫丕鳳（台灣旅者）

出發前還在上班，總是帶一張世界地圖去午餐，圈選著夢想的目的地。比較過各種環球機票，航空公司網站也提供路線規劃及資訊。結果發現，環球機票只准許單一方向前進，途徑非我首選之地在所難免。最後找了一張當時最便宜的歐洲來回機票（台北經胡志明市轉法蘭克福），就這樣出發了！主要以法蘭克福及胡志明市為兩個基點，順遊歐、非及亞洲。帶著一台 Eee PC，半數路線邊走邊規劃。實際花費台幣40萬左右（真沒仔細算過）。

土耳其

帛琉

79天內
旅行14個國家

★鄭伊雯（台灣旅者）

我個人的經驗比較不一樣，為了要看看世界，多多出外旅行，所以我自願轉換跑道，換到旅遊雜誌工作，且請纓出國採訪與爭取冷門路線，這才能省下百萬元的旅費，達到旅遊多國的目的。

阿曼

塞班島

馬拉威

13年
旅行30個國家

★李在政・李善京夫婦
我們是藉著蜜月旅行作環遊世界的，我們將結婚花費減少到最少，以湊足旅費。花了先生工作三年的優惠存款，再加上我存的結婚基金，還有將我們的旅行計畫書給周邊的親朋好友看後，也募集到一些基金。一人基本貢獻台幣1,325元×100人，也是一筆不小的數目！11個月的旅行，預計花費台幣66萬2,500元，但實際上花了台幣79萬5,000元。

330天內
旅行28個國家

★金善夏
將自己的薪水血汗錢，一點一點地存起來。3年多的上班生涯，特別是從第2年開始，以環遊世界為目標，節省了不必要的支出。出發前準備了台幣92萬7,500元旅遊經費，實際使用的費用也是如此。好像是配合準備好的旅費來旅行似的。

565天內
旅行62個國家

★河志雲

為了環遊世界，大學時就存了一點錢，後來又加上軍官薪水和退役金，以及發明競賽大會獎金等。出發前準備了台幣79萬5,000元旅遊經費，但實際使用的費用大約是106萬。這是因為參加了各種博覽會（機械、電子等，最貴的門票要5,300元）、休閒活動，所以支出很大的緣故。為了環遊世界，也曾向企業申請支援，但並沒有申請成功。

巴西

493天內
旅行42個國家

★南日‧金素妍夫婦

以上班3年的儲蓄，加上離職金，當作環遊世界的旅費。出發前兩個人準備的旅費是台幣119萬2,500元，實際使用的金額則少了很多，只花了90萬1,000元。因為常利用廉價航空，所以節省了很多經費。

巴西

383天內
旅行28個國家

★張旗旭．李正媛夫婦
用退職金來準備的。預計兩人旅行花台幣79萬5,000元或92萬7,500元。想作環遊世界旅行的人，最好多撥出所有費用的20％，當作緊急備用金。另外，還要多準備5～6個月的生活費，因為旅遊回來後，找工作這段期間的生活要無虞才好，否則生活困窘，心就會急，一急就會草率地決定工作。

218天內
旅行32個國家

★吳東憲
原本以為退職金和賣掉車子的錢就夠了，不過比預算超過了很多。預計台幣79萬5,000元的費用，實際上花了111萬3,000元！一般都會較嚴謹地編製預算，但旅行時，卻時常會有其他的慾望產生，遂增加了額外的支出。將預算費用再增加30％，拿來當作緊急備用金比較好；多準備一點，以免錯過一些好機會。

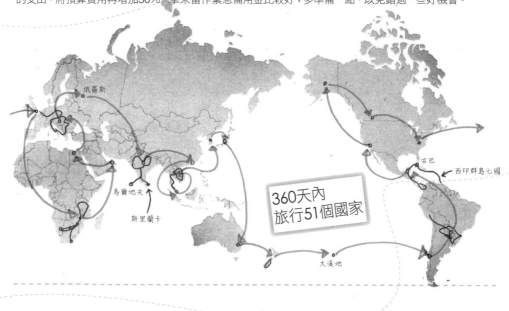

360天內
旅行51個國家

★索隆克斯都煥

將長期旅行分成好幾次，到現在旅行費用一共花了約台幣39萬7,500元。因為是學生，所以旅行費用，主要是靠課外打工籌措的。南美旅行時，除了存款外，還向朋友借了一點。此外還參加了大學生服務計畫，參加費就是旅行費。

7年間
旅行39個國家

★安忠憲・李恩珠夫婦

用兩人3年間職場服務的存款。出發前預計花81萬台幣，實際上所有花費加起來，只有73萬元。

280天內
旅行28個國家

★山百合家族

先生不是開業醫生，而是領月薪的醫師，所以我們花了好一段時間來存旅遊經費。平時都是聽我們意見的先生，為了要環遊世界，3年間辛勤工作，努力存錢。因為是家族旅行，所以費用比個人旅行多了很多。出發前，包含4個人的費用和機票，預計約台幣265萬元，實際的開銷也差不多。

歐洲汽車旅行77天

342天內
旅行47個國家

★跆拳家族

環遊世界旅行費用，除了全家要繳的稅以外，盡量將生活費節省地存下來。不夠用的時候，靠朋友幫忙解決；真的沒錢時，去3D產業工作，來度過難關。出發前，以5個人的家庭為準，準備費用台幣15萬9,000元，旅費106萬，最後實際花費是137萬8,000元。實際旅行時間是8個月，不包含2～3個月在加拿大以自給自足的方式旅行。沒錢，就要安於用沒錢的方式來旅行。

巴西

304天內
旅行25個國家

出發去環遊世界時，周圍的反應如何？
要如何說服反對的人？

★余景鴻（台灣旅者）
身邊的朋友們都很羨慕。太太因為跟著我跑遍世界各地，所以每次我們吵架，我只要說一句：「看妳朋友，誰玩過那麼多地方？」就會吵不起來了。

★立犀・立犀內子夫婦（台灣旅者）
夫妻倆志同道合，也都能隨遇而安，不求奢華旅行，早在10幾年前就遠征非洲了，偶而帶兒子出遊，或是旅行中也會跟兒子隨時保持視訊。曾有鄰居覺得不值得花錢旅行，應該省下來買房子，但我們認為留存在記憶裡的，才是真正有意義的。

★孫丕鳳（台灣旅者）
身邊朋友全都很羨幕。大概因為向來我行我素，沒人能反對。但身為獨行背包客，只能以公司派我出差為由，隱瞞年邁的父親。沒想到，在巴賽隆納打電話回家時，發現父親已知情。他只叮嚀我小心安全，最好結伴同行；並引用「讀萬卷書，不如行萬里路」對我大加讚許，還說，收到的明信片要去護貝，打算以此為典範，教育我的小姪子們。

★鄭伊雯（台灣旅者）
父母讓我自由發展，老公支持我持續找機會出國旅行。我總是用行動讓家人知道我想圓夢的企圖心，我也是伺機而動、有計畫的經營著持續旅行的想法。

★盧聖真（台灣旅者）
與其說家人拿我沒輒，其實是爸爸也很鼓勵我實現夢想。尤其我喜歡自助，像是去年旅行祕魯、墨西哥時，只有一位遊伴同行，家人就會希望我固定每週打一次電話報平安。

★楊茗淇（台灣旅者）
為了這長達一年的旅行，媽媽跟我生氣、不講話，她說，「外面的世界太可怕了，不希望妳這麼早去面對。」但我有我想做的事。為了打工籌旅費，我去考終點費高的調酒師執照當調酒師，媽媽看我這麼執著只好成全。大一時，宿舍桌上堆滿旅遊資料和世界地圖，同學以為我只是一時興起，沒想到真有一天獨自上路，都覺得我很酷。

★黃婷璟（台灣旅者）
我媽氣哭了。單親的媽媽辛苦地把三個小孩拉拔長大，她對我這長女寄予厚望，但我卻選擇了一條不在社會規範下劃好的路線。
因此，我給了母親以及自己一個期限，35歲前，就當作我在外打拚；畢竟我真正的旅行始自27歲，說年輕真的談不上，但我也不想放棄現在所擁有的夢想。
35歲之前，我希望用自己的力量，完成看這世界的夢想。

★山百合家族
最擔心的事是，孩子的學業晚了一年，還有先生的膝蓋不好。高一的兒子，一面旅遊一面認真做數學練習題；因為旅遊以文化探訪和博物館為主，所以也徹底弄懂了世界史。此外，先生在旅遊途中還服用鎮痛劑和打注射劑，才順利結束旅遊。先生一旦做了決定，不管多困難，都會平順地完成環遊世界之旅的。

在納米比亞喀拉哈里沙漠生活的布須曼人。

在路的盡頭有我們的夢想，
有我們對世界的嚮往。
即使不平坦，也很好。
即使不定出方向，也很好。
出發吧！為了夢想，勇敢地往前走。

★張旗旭‧李正媛夫婦

周圍的反應，大致分作職場、朋友、家人三部分。在辦公室，因為要旅行就要離職，所以一直保密著，離職後公司同仁知道我要去旅行，紛紛投以羨慕和激勵的眼光。朋友都擔心錢的問題。家人則是在所有都處置完畢後（提出辭呈、賣掉房子）才通知他們的，他們雖然愕然，但也只能接受。雖然岳父、岳母並不反對環遊世界，但常囉唆生孩子因旅遊而延後了。我爸爸支持，但我媽媽卻因我沒跟他們商量就賣掉房子、辭掉工作很生氣。最後兄弟開玩笑地說，這麼任性而為，太荒唐。說服身邊人的方法，就是破釜沉舟，已成事實後，再真摯地說明為什麼會這樣做。說不定爸爸、媽媽、哥哥、弟弟，也曾有過相同的夢想呢！

★洪承熙

大部分都氣瘋了；一跟公司說要停職，老闆就一直忙著說服我。在家裡更像老鼠一樣被追趕，有一個月不敢回家。男朋友是唯一給我祝福的人。在公司，我一一向組長、主任、人事主任、社長說明要留職停薪一個半月後，就扭捏地寫了一張計畫書，說明為什麼要出國、出國可以學到什麼，回國後會更認真工作等。家人本來一直都很反對，但最後也能理解我了。出國前，要我參加爸爸的生日會再走，於是認真地買了禮物，參加壽宴，從爸爸的表情可以看得出來，還是對這個阻擋不了的女兒很擔心。

★高寶嵐

沒有人反對，周邊的人都很羨慕。父母激勵說，好好玩，回來還要帶個男朋友喲。

★金善夏

意外地，反對的人不多。年齡相近的同輩朋友，擔心地凝視說：「妳瘋了」、「回來吃什麼，怎麼生活」、「妳真是自由的靈魂啊」，而辦公室的長官，則說這是好想法，鼓勵我辭職。遞上辭呈，提出的辭職理由是「30歲前，要完成環遊世界的夢想」。當時這是空前絕後的例子，讓很多人嚇了一跳。

我媽說「活著就是要做自己想做的事」，並提醒我多注意，算是比較容易就獲得了她的同意。可是爸爸說話就不客氣了，對我這個本來好好在上班的適婚年齡女兒，突然說要環遊世界，有些驚訝，不知所措吧。我寄了一長篇的電郵，寫出我未來的人生計劃，還有一定要去環遊世界的理由，這才不得不答應。可能他知道，我不是一時糊塗，是真心期望。

★南日‧金素妍夫婦

從環遊世界出發前1年，就一直在講旅行的事。這樣一來，周邊的人很自然地就被環遊世界洗腦了。雖然也有幾個人表示擔心，但比起反對的，支持的聲音比較大。準備出發前夕，丈母娘對我說的唯一一句話是：「女婿，真的要去嗎？」

★李準赫

曾有一次跟朋友說了旅遊計畫，結果他很鄙視地回說：「你？」瞬間，腦海中浮現了「一定要風風光光地去，然後回來踩扁你鼻子」的想法。結果朋友的鼻子真的被踩扁了。

★跆拳家族

平常我們就是相當特異、膽大妄為的一家人，所以周邊的人對我們說要去環遊世界，並沒有很驚訝。擔心經濟問題的人比較多，不過大部分都是積極地表示贊同。也有要跟我們一起出發的家庭，那家的太太是我太太的朋友，不過她先生強烈反對，威脅說「去的話，就離婚」。

★河志雲

當時我姊姊也正在蜜月旅行（以亞洲內陸為主，自助旅行10個月），所以父母並不怎麼反對，只期望我平安無事地回來就好。朋友的反應，有一半是羨慕，有一半是擔心回來就業的問題。

環遊世界時，即使花光
積蓄也一定要去的
前三名旅遊地

★余景鴻（台灣旅者）
1. 水上交通、面具藝術節……威尼斯擁有多樣的迷人風情。只要買張3-day pass，就能玩遍整個水鄉，再租車遊周邊，兩樣風情同時都體驗到了。
2. 阿拉斯加的永晝，和那種車子開了大半天還不見半個村莊的壯闊景色、遺世孤涼感，讓我印象深刻；當初就是被報上刊登的美景吸引而啟程的，果真不虛此行。
3. 南北極、肯亞，都是還沒有機會踏上的夢幻旅遊點；尤其已經買好幾本書來研究的南極，希望有一天能搭上破冰船，往極地探去。

★立犀・立犀內子夫婦（台灣旅者）
1. 到肯亞、坦尚尼亞看野生動物，那些只能在Discovery頻道看到的動物，我們卻可以親眼目睹到千軍萬馬的氣勢，真的回味無窮。
2. 大溪地的美景太浪漫迷人了，海天一線，光看著藍色清澈的海水，就很幽靜了；而且浮潛的時候還可以跟大魟魚一塊兒玩耍。
3. 祕魯馬丘比丘和的的喀喀湖，有絕美的風景、印加古文明、世界最高湖泊，讓人流連再三。

★孫丕鳳（台灣旅者）
1. 耶路撒冷：The Holy City！住舊城區護城牆內，清晨讓教堂鐘聲喚醒。去哭牆前站一站，靜下心來，自然會流下眼淚。
2. 死海（約旦、以色列交界）：如果對生活中一切的理所當然感到厭煩透了；跳進死海，絕對意想不到！
3. 希臘聖托里尼島：醒在夢中，睡在畫裡。

★鄭伊雯（台灣旅者）
1. 讓人心虔誠的西藏。
2. 一定要去趟歐洲各國，親眼見識真有那麼浪漫嗎？
3. 親眼瞧瞧阿拉伯世界的神祕面紗。

★盧聖真（台灣旅者）
1. 希臘的海岸，碧海藍天非常迷人。
2. 墨西哥這個國家，不管是文化或人民本身散發的熱度，都非常的豐富、充滿生命力和色彩；藝術在這裡屬於公共財產，教堂、市政府的壁畫……這些公共空間都可以免費入內參觀。
3. 東非坦尚尼亞的吉力馬扎羅山，是非洲第一高峰。我雖然在上山時「怨山」，因為行程長達六天五夜，都得搭帳篷露營過夜；但下山時，一路上看著皎潔的月光，和山的美麗輪廓線，卻開始「戀山」懷念了起來。

★楊茗淇（台灣旅者）
1. 文化豐富、到處充滿鮮豔色彩的印度，讓人很驚訝，怎麼會有一個國家，它的每個城市都像教室一樣。不管是達蘭薩拉的打坐、心靈課，到孟買看一部台幣20幾塊的電影，還是各式各樣的技藝、印度料理課程……。你會感覺到大家都在學，所以很自然地跟著去做，就好像到那裡進修一樣。
2. 比利時的布魯日是個可愛、又很悠閒的渡假地，聖誕節時特別有味道。整座城市的建築物晚上都會打上燈，就像座小城堡。
3. 一點都不像在中國境內的喀納斯，位於新疆和巴基斯坦交界，是南疆維吾爾族的聚落。那裡是「追風箏的孩子」電影拍攝地。印象中的回教民風更保守；另外，羊肉非常好吃。

★黃婷璟（台灣旅者）
1. 印度：曾經連續4天待在長達45度高溫的火車車廂，沒有洗澡，窗外的景色因為高熱的氣溫朦朧起來，不停撲上臉頰的是濕熱的氣體，隔壁的印度阿三不停地跟我說著聽都聽不懂的印度英語。它讓我拎著背包不停的狂奔，卻也讓我停下腳步時，不時的狂笑。一個看見生命本質的世界──印度，這是我印象最深刻的國家，也是我在幾年內去了兩次，停留超過半年的國家。
2. 西藏：一個真正接近天堂的地方，我看見太陽、雲、月亮，就在我身旁。

★林沛含（台灣旅者）
馬丘比丘、牙買加尼格瑞爾海灘、哥倫比亞聖安德烈斯

★金善夏
1.加拉巴哥島。在耀眼的海和自然美麗神祕的島上潛水。
2.坦尚尼亞吉利馬札羅。吉利馬札羅山上的萬年雪,是經過很久很久的時間累積下來的。超出我的極限,體驗5,895公尺最高峰,留下驚心動魄的回憶。
3.吉爾吉斯頌湖地區。為看一次湖水而走很遠的路,相當辛苦,不太衛生的蒙古包多少有些不舒服,不過託當地純樸遊牧民族之福,留下了特別的回憶。

★索隆科斯都煥
1.冰島的峽灣和極光。冰島的峽灣連芬蘭人和瑞典人都會來看,其雄偉無人能敵。像綠色水波的極光,堪稱藝術傑作。身旁的女性遊客甚至感動到流淚。
2.天空下最高的山,聖母峰露營地。只要站在那裡就很幸福了。
3.祕魯馬丘比丘。從庫斯科開始,經過叢林還要露營,要走過這趟印加徒步之旅才能見到。

★李準赫
1.全世界最幸運的人居住的萬那杜。翡翠綠的海洋、總是很親切的人們、直接摘下來就可吃的椰子、釣魚(夜釣的一種,將長長的釣魚線放進珊瑚礁間,一眨眼就釣到魚了)等,可以體驗到新奇的東西。在維拉港的海邊酒吧,看著落日,喝著啤酒,結束一天。
2.泰國考山路。可說是亞洲旅行的中心,這裡是背包客必去的景點之一。品嚐眾多的路邊攤,好吃又有趣;還可以體會到想和外國人交朋友的泰國人,以及背包客宿所遇見的許多人們的熱情。大部分都是背包客,不分週末週間、白天晚上,都是熱鬧滾滾。
Tip:只要喝杯啤酒,不管認識不認識,都可以變成朋友。
3.尼泊爾藍塘喜馬拉雅。出生後見過最美的風景之一。沿著覆蓋萬年雪的高山登山;也可以在各處的村落裡,遇見從出生就生活在這裡的高山族。他們說很喜歡韓國。雖然高山病讓我頭很痛,但看到這麼讓人震驚的風景,身心都潔淨了起來。

★河志雲
1.尼泊爾喜瑪拉雅登山。10天9夜,從潘恩山到安娜普娜基地營,來回登山一趟。每天要花8小時步行,不過充分陶醉在大自然裡,來回步行也不覺得累了。這裡是我環遊世界的出發地,也是夢想能有什麼發明的我,轉換了想法的地方。當地人為了蓋宿所,揹著兩根大樹幹,花了3天2夜上來,才拿到530元,卻還很高興。看著他們從很遠的地方,揹著食物爬上山,心想:「設置纜車,不就好了嗎?」後來才知道,他們的人力比電費還便宜。結束登山,在搭車回來的路上,一面看著喜馬拉雅設置的鐵塔,一面改變了想法;原本想靠發明賺錢,現在,想發明像電那樣、誰都可以使用的東西了。
2.被長期旅行者稱作黑洞的埃及達哈。物價便宜,很適合在這裡補充因長期旅行而耗盡的體力。想要幾天裡什麼都不做,只休息和看書,沒有比這裡更適合的地方了。以很便宜的價格就可以潛水,也有到約旦佩特拉走一趟的套裝行程。
3.阿根廷冰河(莫雷諾、烏沙拉等)。出發地是艾加拉法地(El Calafate),有在佩里托、莫雷諾冰河上走的行程,以及往烏沙拉冰河遊覽的行程。看冰河,本身就是一件驚人的事,可以看到冰河一面發出怪聲一面掉落的樣子。旅遊完莫雷諾後,以喝威士忌加冰河冰塊結束這趟行程。

★朴燦書
1.葉門。老實親切的人們,還可看到2000年前的阿拉伯傳統文化。
2.西藏岡底斯山和拉姆拉錯湖。神的山和母親的湖,旅遊者一聽到名字,就讚不絕口。
3.喬治亞卡茲別克,山頂上有教堂。登頂後,會看到如畫一般的美麗風景。

★高寶嵐
1. 在納米比亞納米比沙漠的「索蘇維來」看到的日出。
2. 智利百內（Torres del Paine）國家公園和灰冰川。
3. 瓜地馬拉叢林裡的金字塔遺跡──蒂卡爾。
推薦的都是要長途徒步的地方。只記得好像都滿費力的。

★曹誠武
1. 澳洲艾爾斯岩。在日本電影〈在世界的中心呼喊愛情〉中第一次看到，是讓人無法自拔地陷入澳洲魅力的地方。每個旅客不同時期去，都有不同的感覺和觀點。當然也會有人疑惑艾爾斯岩是不是最好的旅遊地，不過背包客若將此地當作旅行的起點，意義也滿大的。
2. 復活島。南太平洋最孤單的島，以前聽人說是人無法進入的島，遂只能夢想一遊了，後來知道這說法是錯的，就踏上了南美之旅。來這裡是我的夢想，是我的期望。復活島也沒讓我失望。
3. 玻利維亞烏尤尼鹽漠，還有下雨時幻境般的景象，是目前為止我看過的自然景觀中最棒的傑作。雖然不知道乾季時的景況，雨季時天地一色的烏尤尼鹽漠，就是所謂的天堂吧。

★諾燁
1. 西藏岡底斯山。1996年在中國搭卡車，翻山越嶺，驚險萬分地來到了藏西。當時因雨季道路毀損，靠當地人幫忙才渡了河，後來卡車故障也好期待他們來幫忙。在岡底斯山，且不說聖湖、周邊的雪山，還有經幡柱，這些宗教性的象徵，仍會讓人感覺到精神上的觸動和感動。好像不是我前來這個地方，而是這個地方在等我前來似的。
2. 尼泊爾喜馬拉雅。喜馬拉雅不是單純的山，它那異常美麗的風景，真讓人有種「此景只應天上有」的慨歎。瑞士的山會愉悅人的眼睛，但喜馬拉雅山會淨化人的靈魂。在往喜馬拉雅山路上看見的西藏人，讓我決心要去旅遊西藏。
3. 中非。不是為了看草原動物，而是為了看非洲色彩，而去非洲的。被稱作萬物根源地的非洲，不只是可提供畫家靈感的美麗國度，不過這都是透過書給人的印象，實際一看，令我非常震驚。

★跆拳家族
爸爸：比起具體的景點，我覺得一定要嘗試沙漠旅行、登山和沙發衝浪。
女兒：1. 坦尚尼亞桑吉巴。休閒、生氣勃勃、人情味、自然美等，我認為它具備了所有吸引旅行者的魅力。
　　　2. 玻利維亞烏尤尼。想跟這一切融合在一起。
　　　3. 玻利維亞科巴卡巴那。難忘那野生動物生氣勃勃的現場。
二兒子：1. 玻利維亞烏尤尼鹽漠。不敢相信自己的雙眼，忍不住嚐了一下鹽的味道。
　　　　2. 伊瓜蘇瀑布。所有的壓力全都不翼而飛。
　　　　3. 非洲狩獵。無法忘記活生生的動物就在眼前的樣子。

環遊世界後，你的人生有改變嗎？

★余景鴻（台灣旅者）

旅行是讓我持續工作的動力，雖然有時候會想，幹嘛工作得那麼累？但為了旅行，就會動力全開。心態上也改變很多，過去總是喜歡把每個景點都拍下來，愈旅行就會愈隨緣，慢慢的自己也在調整旅行的步伐。

★立犀・立犀內子夫婦（台灣旅者）

立犀：夫妻倆攜手走遍全球，人生觀自然豁達。

立犀內子：一到國外，先生就會比較體貼開放，例如爬山或過馬路，都會主動牽著我的手，在國內不習慣如此。

★孫丕鳳（台灣旅者）

看過貧窮國家人民那樣無比的快樂，真實體會唯有知足，才能得到幸福。以前總嘆年假不夠，想去的地方好多，人很焦慮！這趟環球旅行，為我描繪了世界的輪廓。說真的，人生已經沒有遺憾。也正因此，得以更從容去生活與享受人生。

★鄭伊雯（台灣旅者）

「比上永遠不足，比下永遠有餘。」來到所謂落後的聚落社會，有機會反省我們所擁有的富足面，我不但不再怨天尤人，也更加珍惜所擁有的可貴，人心因簡單生活與知足感恩，而變得愉快自在。

★盧聖真（台灣旅者）

每次出遊都會有些衝擊，開始習慣不以自己的主觀來看事情；看世界的角度更寬廣，也就比較不會計較一些事了。例如，在祕魯時，每個歐美遊客幾乎都是切格瓦拉，他們用旅行來實踐人生，這跟台灣很多人的人生規畫很不同。我被他們的熱情衝擊著，每個人的故事都讓我有很多收穫。

★楊茗淇（台灣旅者）

旅行中每次當沙發客時，離開前我都會畫幅畫，送給主人當作禮物。因為喜歡藝術，也因為很早就知道自己未來想做什麼，所以，畢業後，希望能存點錢到南美洲學藝術。

★黃婷璟（台灣旅者）

它的過程不全然美麗，也許偶爾很醜陋，因為旅行中真實的生活不經過包裝一直都在身邊發生，但也讓我找到什麼是「自己」、未來對我來說的意義。

我學會不去可憐，因為，我們並沒有比較「好」，而他們也不需要我們的可憐；我學會了愛自己跟尊重別人，它是我對生命最好的檢視。

★林沛含（台灣旅者）

更開心。

★洪承熙

回來後，我覺得自己一點都沒變，但在旅行結束3個月後，卻好像有一點不一樣了──又有了別的夢想，這不是更大的收穫嗎？為了30歲的我而活，也為了40歲、50歲、60歲以後的我而活，還有為了追逐這個夢想而活，這應該就是最大的變化吧。

★金善夏

離開人，便無法生活。對人的珍惜，會更加確實。

事實上，環遊世界一趟，人生並沒有立刻轉變。我認為出發去旅行，只是遇見了天藍色、變成了哲學家、明白了人生的智慧，其實無論在哪裡，我還是我。另外，在旅行中，探究過的東西，好像都沒辦法好好地帶著，也時常會感覺可惜。不過，我得到不容易體驗的、雙十年華最後的記憶，只要有這個，也滿足了。

★張旗旭・李正媛夫婦

對我們所擁有的更懂得感謝，雖然比出發前窮了，但不會像以前那樣那麼煩悶地生活，人生變愉快了。現在想把我們所獲得的，再還給這個世界，我們又有了新夢想了。

★諾燁

人類文明的發祥地、具文化藝術價值的地方都一一去旅遊，還買了滿滿一大行李的當地茶、咖啡、書、雜誌、當地音樂CD等。回國後，一面品嚐旅行地的茶或咖啡，一面聽當地的音樂，並整理照片，那真是無上的幸福。透過旅行，我的世界變大了，也捨棄了很多固有的想法。

★河志雲

產生了世界觀。擁有積極樂觀的心與泰然自若。

★索隆科斯都煥

有了去任何地方的自信。也變成了能談各式各樣話題的話匣子了！

★朴正夕

沒什麼改變。雖然沒有工作了，有些難堪，但並不覺得後悔或不方便。家人時常嘮叨，覺得滿難過的；這部分是沒有家人支持的旅行者，要深刻考慮的。把旅遊經驗寫成書，連一刷都很難賣完；寫文章投稿，一篇能拿到台幣7,950～1萬6,000元的稿酬，就相當好了，結果連機票都賺不回來。只能安慰自己說：「至少我還有美好的回憶，不是嗎？」要長期地把夢想深埋起來，這樣的生活真是痛苦啊！

★高寶嵐

看到外國人不再害怕了，現在甚至能主動開口跟他們說話。還有明白了，這世上真的有許多各式各樣的生活方式。

★曹誠武

變得更成熟了。透過旅行，學會對待別人和享受世界的方法。遇到危機或突發狀況，也知道如何智慧地處理。在國內，很輕易就會見到外國朋友這點，還是讓我覺得很新奇。

世界上，有最幸福的地方。世界上，有最幸福的時節。
在世界任何一地的孩子眼裡，都能感覺到至高的幸福。

DE

JMA DE

NCEPTO

FIRMA Y SELLO DEL CONSUL

Marcelo Narváez Muñoz

FIRMA DEL INTERESADO

RECI

NAC

US$

DE

LA

給想去環遊世界的人的建議

★余景鴻（台灣旅者）

不必等到規劃得十全十美才上路，任何旅行都沒有十全十美的資料；有時候，好玩的地方反而不在規劃中。

★立犀・立犀內子夫婦（台灣旅者）

住舊公寓、開老爺車、不穿名牌、不戴鑽戒，就是要旅行。分享旅行點滴，不管是透過網站宣傳，或實際走出去，要樂當台灣的觀光大使，旅行同時也行銷台灣。

★孫丕鳳（台灣旅者）

再怎麼規劃都不可能完美，先上路再說！

★鄭伊雯（台灣旅者）

年輕人利用打工簽證的機會就可以開始圓夢了，圓夢並不難，但重點在夢想與生活之間還得有些現實條件的拿捏，把對生活中的諸多物質享受降低些標準，或許往後圓夢的機會就會大很多了。

★盧聖真（台灣旅者）

出發前要有所裝備，不是隨性而行。不管心理、身體或知識的吸收，都需要有高度的能力。如果有同伴，要注意「快樂的玩」原則，那段相處過程，會讓人成長很快，但也很容易因旅途疲累而累積情緒爭吵。

★黃婷璟（台灣旅者）

用探索世界找尋自己的心，走出去，會有更寬廣的自己跟答案的。
我相信大家有著無限的旅行夢想，我相信只要堅定自己，不管多困難一定要達成，就算跌倒也是英雄，那麼到世界流浪不難，因為最難的部分是自己的心境，不是環境。
夢想，會完成的。

★楊茗淇（台灣旅者）

旅行很辛苦，可是回憶很美。

★林沛含（台灣旅者）

先做再想。

★金善夏

有句話說，常作那個夢的人，就會和那個夢很像。此刻正在作夢的話，就不要再徘徊了，快找出捷徑吧。不過千萬不要為了擺脫眼前現實中的痛苦，而冒然無計畫地出發。不要無目標地漂流，要把環遊世界當成一個多看多學習的機會。

★南日‧金素妍夫婦

真的非常懇切想去的話，自然就能成行。

★張旗旭‧李正媛夫婦

只要內心有夢，就不管三七二十一去做吧。唯有放手一搏，夢想才會實現。不要害怕，朝更寬廣的世界前進，你就會知道自己受到了多少祝福；但是，在出發前，要具體地想好，準備好，回來後要做什麼。大部分敢出發旅行的人，都具備了積極性，如果還有旅行回來會變窮的覺悟的話，旅行回來，應該還是能找到不錯的工作的。

★亞里舞

如果因擔心旅遊後的生活，而猶豫著不敢長期旅行的話，我想說：不要猶豫。因為在開始旅行的那一瞬間，生命就有了其他的指標和可能性。即使是最終仍回到原本的日常生活，即使世界仍沒有太大的改變，但你卻明白了，自己的生活要自己掌握的道理。旅行，會變成任何人的生活轉折點，也會變成任何人一生永難忘懷的珍貴資產。誰都可以去環遊世界。鼓起勇氣，它會是給你自己最棒的禮物，它也會讓你的每一天，都變成最美好的生活體驗。

★諾燁

在實現環遊世界的夢想前，先把生活的根基打好再出發。拋下自己的生活去旅行，是艱難的。要先做好打算，這樣才能盡情享受長期旅行，生活才能更加幸福。

★朴燦書

DO WHAT I WANT（做我想做的事）！我希望，晚年回顧自己的人生時，不要有後悔。拋開煩惱，打包好行李就出發，這會是你明智的選擇。

★洪承熙
在不管三七二十一、放手一搏的瞬間，所有事情都搞定了。

★索隆科斯都煥
1＋（－1）＝0，你要選左邊還是右邊？這個等式，是未來你要寫的這本有關旅遊的書，它的標題或是副標題。當然這等式是我想的；分開來看，兩邊都是0。雖然結果相同，但左邊是經過一加一減後，才變成0的。這就好像生活和旅遊一樣，有好的地方，也有困難、害怕的地方。如果你是旅行者，希望你能選左邊。因為即使以（－1）開始，仍會有（＋1）的……。

★朴正夕
凱薩大帝曾說：「渡河（盧比孔河）之後，將是世人的災難；不渡河，是我自身的悲劇。骰子已經擲下去了！」」
放下工作，出發去環遊世界的人，大部分都有像上面那句話的心情。不出發我會很悲慘，那麼，出發吧，回來又可能連混口飯吃都困難。凱薩越河後成了皇帝，最後還是被殺，不過卻留下了英雄之名。最終的選擇，還是各位自己的事。
旅行對我來說，與其說是再充電（對老人而言可能是放電吧）的契機，還不如說是工作（寫文章）的事前作業。對「為什麼要去旅行」這問題，我的回答是：「旅行是為了讓自己對這世界具備健全的好奇心（相對於偷窺別人房間的偷窺狂），它是像讀書一樣唯一有效率的方法。」喜歡讀書，但不能永遠只讀書。旅行還有一個好處，那就是，完成夢寐以求的長期旅行後，會讓生活更好；不這樣的話，會像得了憂鬱症似的，很可憐。最後責任要自己承擔。不管去哪裡，我都衷心祈願旅途愉快。
Bon voyage！

★曹泰建・朴慧英夫婦

（夫妻倆和兒子曹誠武一起旅遊非洲6個月，以及中東、北歐29國）

我們夫妻倆喜歡旅行，但參加的多是套裝行程。某天，兒子要獨自出發旅行9個月，經他一提，我們就說要跟他一起去。在即將邁入老年的年紀，要出國自助旅行9個月，心裡不免擔心，還好有豐富經驗的兒子，就不再猶豫了。從出發前幾個月，就開始搜集要旅行的國家資訊，並清點必須攜帶的東西，光是這段時間，就已經讓我們感到好幸福了。

和來自世界各國的外國人，這裡那裡地奔走，愉快地經歷著非洲的卡車之旅；親眼見到＜一千零一夜＞和＜阿拉丁神燈＞的故事場景──那夢想中的中東城市，真是非常特別的體驗；炎熱的環境和不合口味的食物，雖然令人感覺有些吃力，但濃濃的人情味，讓我到哪裡都感到很平安；來到東歐和北歐，不管怎麼拍，每張照片都像明信片一樣的美；仙境般的風光、食物，和外國朋友比手畫腳加上用心的溝通，這些都讓人一輩子難忘。這些都是參加套裝行程，比較不容易感受到的。

旅行了3個月後，身心已經感到很疲累，所以就把行程從9個月縮短為6個月，好幾次甚至想乾脆中斷，回家吧，幸好終究還是圓滿地結束了。這些在各國經歷的事，都變成了我們全家人的珍貴回憶；只要電視上報導我們曾經去過的國家，全家人都會深有同感地回想著當時愉快的瞬間，也時常會對共同擁有這段珍貴時光的家人，表達感謝和愛。

★高寶嵐
夢想不就是要實現的嗎？事先把體力鍛鍊好，當機會來的時候，就果斷地出發吧！背包要越輕越好，拋卻想看很多的貪心，優哉游哉地邊玩邊休息。

★山百合家族
想對打算作家族環遊世界旅行的人說幾句話。要一面旅行，一面深刻去感覺家人間的真愛。一面經歷困難、辛苦的事，一面在家人間慢慢種下愛。但也有要注意的地方，家人一起行動，會減少和當地人接觸的機會，所以也必須要更積極、努力地和當地人交流。

★李準赫
2年前我所認識與生活的世界非常狹窄。在學業─服役─就職這個社會系統裡，沒辦法找到自己。不過我覺得只要有稍微多一點的勇氣，就能看到、學習到更多。我認為直接看見並體驗世界所獲得的知識，是在學校裡學不到的。在這個世界上，有25年到處旅遊過日子的人，也有在火葬場裡撿東西過日子的人。讀了這本書，對這寬廣的世界有憧憬的話，就出發吧！全世界有超過230個國家啊。

★跆拳家族
洪鍾萬：要一個人單獨前往。
洪成範：要盡全力才有趣。非常刺激⋯⋯。
洪夏帥：旅行就只是旅行。不會再重現的瞬間，時常就是最美的呈現。
洪順彩：越辛苦，記憶保存得越久。

★河志雲
所謂的旅行不是去看什麼，而是透過這過程，去發現自己。建立詳細的計畫後再去旅行，這很好；不過像我這樣，只是大略地抓條路線就出發了，反而能學到很多東西，這就是旅行。就像我們的人生一樣，旅行中，你不知道什麼時候會發生什麼事。我推薦這種自由的旅行方式。

BON VOYAGE!

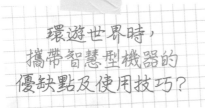

環遊世界時，
攜帶智慧型機器的
優缺點及使用技巧？

★金善夏

在旅行中需要消磨無聊時間的機會出乎意料相當多，這種時候就非常有幫助。本來不太看電影或連續劇，結果意外地看了很多。旅行中要不時地掌握一些訊息，這時也很有用；另外可用來管理帳簿、整理照片。

但因為智慧型手機滿貴的，又有遺失的風險，要時時注意，會有一點累。另外，旅行時間一長，可能會陷入低潮，一不小心就會把自己關在房間用電腦，這樣的旅行者也時常遇到，千萬要注意。

★李準赫

智慧型手機能搜尋到當地的旅館、旅遊及班機訊息，還可以和朋友交流。不過手機像韓國這樣普遍的地方不多，多數開發中國家，手機的使用率都不高，所以手機被偷的危險也比較高。並且要考慮到，手機一不見，儲存的訊息資料就全都沒了，所以要事先作好準備，重要的資料要先印出來（手機遺失後，可以透過電郵和臉書搜尋看看）。

★跆拳家族

洪夏帥：我們家筆電、平板電腦、智慧型手機各帶了一台。我認為長期旅行最佳的組合是「筆電＋智慧型手機」。筆電在取得機票、整理旅行紀錄、結算、檢索訊息方面非常便利；平板限制就比較多（不過熟悉平板操作的人，就不會覺得這方面不方便）。

智慧型手機攜帶方便，可以代替筆電，加上Wi-Fi無線區域網路，更可以有多用途功能（時鐘、留言、電子書、記事本、和旅行者互通訊息），所以我認為是必備的。尤其是iPhone，衷心覺得非常好用。旅行中能活用App、Wi-Fi無線區域網路，速度超快，非常棒。

★河志雲

灌入Guidebook PDF檔來使用，會更便利。要掌握位置，或要使用各種旅遊App時，都很方便。

跆拳家族專訪

★洪鍾萬－爸爸（49歲，跆拳武藝學校館長）
★李在晶－媽媽（48歲，跆拳武藝學校事務長）
★洪成範－大兒子（24歲，大學生）
★洪夏帥－女兒（21歲，大學生）
★洪順彩－二兒子（15歲，中學生）

Q 為了環遊世界，投資了多少時間？

決定環遊世界後，需要大約3個月的時間準備；但確實開始動手準備，大約是1個月的時間吧。所以總共的準備時間應該說是1個半月。沒辦法，準備得很匆忙。

Q 為了能長期在海外存活下來，外語要準備到什麼程度？

洪夏帥（女兒）：就像準備時間很短那樣，英語也完全沒辦法有充裕的時間預備。所以在準備不夠充分的情況下，為了練英文，第一個旅遊地就決定在菲律賓了。花一個月的時間向英文家教學習，不過實際上英文有進步，是拜旅途中和外國朋友閒聊之賜。因為這樣，英文自然不可能不好。

Q 環遊世界中，唯一要隨身攜帶的東西和最有用的小東西是什麼？

有幫助的小東西

洪鍾萬（爸 爸）：常備藥品，藉此來攀談滿好用的。被蜜蜂螫到、暈車、消化不良、扭傷時，都可以使用。

洪成範（大兒子）：長且薄的布（可以當手帕、頭巾）。很容易中暑的我，當覺得熱時，它就和水一樣重要。

洪夏帥（女 兒）：智慧型手機（MP3、時鐘、記事本、電子書、Wi-Fi無線區域網路等）、筆電（用來檢索資訊、購買機票會比平板更方便。不過，對短期旅行者來說，平板就夠用了）、塑膠夾鍊袋（除防水、保管、保護等用途外，用來區分用品，也很有效。按大小多帶一些，非常便利）、雨罩（移動中時常需要。可防止背包弄髒，或成為被偷的對象）、泳衣（女生的話，特別建議比基尼式的泳衣。在外國就隨心所欲地穿吧！本來想說第一次游泳穿薄的平常服就好了，因此沒有準備，結果旅行開始後一週，就買了）、零嘴或泡麵（這些真是珍貴的食物）、煮咖啡壺（直接煮東西吃的機會很多，煮咖啡喝的時候也會需要。在印度乾脆用它來煮水喝）、太陽眼鏡、雨傘、城市銀行卡、指甲剪、旅行用多功能接合器、多功能插頭、多功能化妝品試用包（乳液、滋養液、面膜等）、維他命、胃腸藥等。

洪順彩（二兒子）：鹽。在印度這樣炎熱的地方，可以預防脫水。

變成多餘物品的小東西

洪鍾萬（爸　爸）：雨具（幾乎沒用到）。

洪成範（大兒子）：書（旅行初期帶了很多書，最後會變成像在韓國旅遊一樣。電子
　　　　　　　　　書比較好）。

洪夏帥（女　兒）：登山鞋（如果不會時常要登山，就完全不需要帶）、腰包（帶了
　　　　　　　　　3個，但都沒用到，因為我們都是家族一起行動，比較安全）、
　　　　　　　　　旅行支票（聽說有些地方會用到旅行支票，就準備了，結果都沒
　　　　　　　　　用到。信用卡幾張就夠了。沒有什麼比找兌換支票的銀行更困難
　　　　　　　　　的了）。

Q 環遊世界時最難忘的瞬間是什麼？

洪鍾萬（爸　爸）：在祕魯綠洲滑沙與坐越野車的沙漠之旅時。坐越野車繞一圈巡
　　　　　　　　　迴，相當驚心動魄。

李在晶（媽　媽）：在印度飽受皮膚病之苦，看到家人病懨懨的樣子時。

洪成範（大兒子）：在印度，熱到已達人類忍耐極限的時候，還有感覺到各種感情的
　　　　　　　　　瞬間。

洪夏帥（女　兒）：沒有任何原因和條件，在坦尚尼亞桑吉巴感覺到極度的幸福。還
　　　　　　　　　有和首爾夫婦像朋友一樣閒聊的瞬間。

洪順彩（二兒子）：在巴西遇到扒手，像拍電影一樣（在後面追扒手，幸好運氣好，
　　　　　　　　　遇到路過的巡邏警車，發現狀況後，他們用空包彈，像大爆炸一
　　　　　　　　　樣，壓制住犯人，幫我們抓到扒手）。

Q 在環遊世界時，拍下最珍貴的照片是哪一張？

玻利維亞烏尤尼

堅持最初的衝動
完成自己的夢想！

大韓民國第一位利用遊艇
單獨航行世界一周成功的潤泰勤船長

★**潤泰勤** 52歲。**職業** 旅行前是消防員。現在從事遊艇運輸，並擔任遊艇航海術講師的工作。**相關網站** www.marinekorea.com。**電郵** yoon4219@hotmail.com。**環遊世界時間** 605天無限挑戰（2009年10月11日～2011年6月7日）。航行距離5萬7,400公里，拜訪28個國家。

Q 結束遊艇環遊世界回國後的感想？

男孩子都想去探險。不過隨著年齡漸長，結了婚、有了孩子之後，漸漸地就遺忘了這個夢。我一面乘著遊艇，一面完成了我的夢想，那是因為看見心中燃燒著的火。一點都不後悔，反而又產生了新的目標。目前正計畫一個港口都不停靠地完成「不靠岸」環遊世界。

Q 有沒有令你難忘的瞬間？

沒計畫地經過南美洲時，體驗到令我驚心動魄的場面。在麥哲倫海峽南側，一個叫巴塔哥尼亞的地方，穿越數百萬年生成的冰河。撈起小冰塊放進冷凍庫中，一抵達港口，就把它放進裝著威士忌的杯中，一面品嚐，一面想像著麥哲倫也像我這樣，拿著冰河的冰塊配著蘭姆酒喝。想到「我也像麥哲倫一樣探險」的瞬間，全身就像電流通過般，感覺麻麻的。

Q 促使你計畫環遊世界的契機是什麼？

一直夢想著能搭船環繞我生活的地球。雖然現實讓我必須將夢想放在一邊，但心中滾燙的熱情，最終還是讓我朝世界的大海出發了。

〔遊艇環遊世界路線（航道）〕

2009年9月28日	從釜山出發
2011年6月7日抵	達釜山
2011年5月21日	喜界島
2010年8月18日	博斯普魯斯海峽
2010年4月2日	通過蘇伊士運河
2009年11月8日	香港
2011年3月26日	
2010年2月24日	沙那
2009年11月27日	菲律賓
2010年2月24日	亞丁
2010年1月26日	馬爾地夫
2009年12月5日	馬來西亞
2009年12月13日	馬來西亞
2011年3月20日	
2010年10月16日	巴西
2010年11月23日	阿根廷
2011年1月26日	麥哲倫海峽

〔海賊出沒地區及颱風發生季節圖〕

● 颱風發生季節　　● 海賊出沒地區

6～12月

6～10月

6～11月

5～11月

5～6月
10～11月

12～3月

12～3月

12～4月

Q 環遊世界的航行路線是？

2009年10月11日從釜山出發，經過日本、台灣、香港，越過東南亞後，到達阿曼。穿過海賊時常出沒的索馬利亞海峽，沿著紅海而上，通過蘇伊士運河，進入地中海。經過以色列、土耳其、希臘、突尼西亞等，再橫越大西洋，抵達巴西。

經過南美最南端的城市烏蘇懷亞，往上經過智利，再橫越太平洋。5萬7,400公里的航程，花了20個月的時間。當初計畫1年要航行4萬233公里的距離。航行的距離和時間都非常長。

Q 是如何通過海賊很多的索馬利亞海峽？

全世界喜歡遊艇的人，大家會分享有關海賊出沒的地圖和訊息。旅途中段，要通過相當狹窄又有海賊的索馬利亞海峽時，確實滿擔心的，就和附近的遊艇航海者組成了船隊，28艘一起移動，才能安全地通過這個危險區域。

Q 環遊世界旅程中，最痛苦和最美好的記憶是什麼？

單獨一個人環遊世界，要一面航海一面睡覺。離開釜山的第一天晚上，最覺得孤單。在阿根廷馬迪布拉塔要往南航行時，面對又冷又彎曲的海岸，因為沒有準備好，感覺很吃力。這時又得知家裡生活費有困難的消息，甚至想立刻中斷算了。最後還是克服了所有困難，在越過大韓海峽準備進入釜山時，感覺最好了。幾乎是睜著雙眼度過最後一晚的，隨著越來越接近光安大橋，內心激動不已，眼淚不自覺地流了下來。

Q 潤船長的環遊世界（航行）花費了多少錢？

除了遊艇費（台幣265萬元）外，花了大約132萬5,000元。主要是花在停泊費、修理費、食物用品費、電話費、燃料費等上面。也獲得釜山協成建設和遊艇同好等身邊的人，很多的支援。

Q 要對也想挑戰環遊世界的人說什麼？

我因為還有船務的專職工作，所以花了7年的時間準備環遊世界。連參考用的書都沒看，算是準備得相當草率的。所以浪費了很多時間，也相當辛苦。期望大家以我的錯誤經驗為鑑，一定要作好充分的準備再出發。最後還有一句話想說，那就是：「維持最初衝動的人，才能實現夢想。」

Q 環遊世界後有沒有想做什麼事？

想將遊艇環遊世界所獲得的有價值的經驗和胸襟，在馬山遊艇學校，傳授給遊艇入門者。一面繼續從事遊艇的運輸業務，一面等機會再挑戰阿拉斯加及南極航海。而且想給出身名門卻嫁給了我這個難以捉摸的先生、過著波瀾萬丈般人生的太太，平安的老後生活，當作禮物。

在一開始就一切都很完美的地方，便不會有挑戰。所以我就是這樣出發的。

用兩輪踩過地球村！

查理的自行車環遊世界現正進行中

★本名 李燦陽。**暱稱** 查理。**年齡** 32歲。
事蹟 騎自行車環遊世界。**網址** http://7lee.com。

Q 騎腳踏車環遊世界……真的很棒。不過整個旅行的來龍去脈還是不太了解。

2007年5月29日從國內出發，2008年7月到達柬埔寨。到達柬埔寨算算花了將近一年的時間。從仁川搭船到中國連雲港，之後沿著東部海岸往下，一路經過香港、澳門、中國、越南、寮國，最後抵達柬埔寨。一天平均移動26公里，一年間共走了9,600公里。中國的報紙和廣播還報導過我的腳踏車旅行呢。我的目的並不僅是騎腳踏車繞地球一圈，而是還要和當地人一起生活，所以也一起參加了像腳踏車大會這樣的當地比賽。

〔騎腳踏車環遊世界路線〕

── 腳踏車移動
── 巴士移動
── 火車移動
── 渡船移動

Q 未來的旅行路線，打算如何安排？

路線是以開發中國家為主，而不是先進國家。因為想去看看平常不容易進去的國度。看看人們生活的樣子，感覺一下大自然，似乎更好。未來我打算走過東南亞、西亞、南亞、中亞、中東、東非、美洲，旅行80多國之後再回國。應該將會是趟長達5年的大旅程。

Q 準備的旅費好像不多，你預計的旅費是多少？

2年內存了約台幣32萬元。出發前花了15萬9,000元買裝備。出發前我預測的旅行經費就是15萬9,000元，我想錢應該不會不夠。在過去1年中，還花不到6萬6,250元。甚至還取得了五牛環遊世界俱樂部的支助，目前旅費增加到18萬5,500元。

国单车友
游列国至湛江

Q 騎腳踏車環遊世界的夢想，是在什麼情況下產生的？

2001年在希臘作汽車旅行時，看到了一位腳踏車旅行者，腳踏車上載著滿滿的行李，奮力地踩著踏板，往沒有盡頭似的危險山路上騎。我心裡想：「幹嘛要那麼費力啊？」不過那畫面卻在我腦海裡揮之不去。因此2002年放假時，和朋友一起作了趟歐洲腳踏車之旅。雖然是已經旅行過的地方，不過一騎上腳踏車開始旅行，整個感覺都不同了，而且看到了更多，當時就決定哪天一定要用腳踏車環遊世界。2006年夏天，為了做環遊世界行前訓練，繞了全國一周和日本一周。2007年5月29日，終於，任何可以騎腳踏車去的地方，都敢踩著踏板騎去了。未來仍會這樣完成環遊世界。

Q 除了腳踏車以外，利用當地交通工具的機會有多少？

大海、沒有橋的河等沒辦法騎腳踏車過去的情況，當然就要用當地的交通工具了。一面旅行，一面創造出「查理（就是我啦）的腳踏車環遊世界法」，意思就是，要用什麼交通工具，完全是依當時的狀況來決定的，我的原則是：「從出發地出發再回到出發地，用什麼方法都無所謂，但是在地圖上畫出的移動區間，就絕對不要用腳踏車以外的交通工具。」

Q 在不容易找到宿所的地方，卻又遇到太陽下山的狀況時，你都怎麼做？

那就搭帳篷囉。沒辦法搭帳篷的話，就問當地人可不可以借院子搭帳篷；如果不是很安全的地方，就到警察局去。在中國的最初90天，有30天以上都是靠當地人的幫忙，解決住宿問題的。

Q 騎腳踏車陸路移動時，會經過很多國家，語言問題該如何解決？

如果遇到會說英語的當地人，就問他重要字詞的當地發音，並記在筆記裡。如果記熟了當地的發音，會很有用的。

Q 當你說要花5年的時間騎腳踏環遊世界時，家人有什麼反應？

我爸爸是一板一眼的慶尚道男人，一開始根本不敢跟他提要花5年的時間環遊世界這件事。約過了1,000天左右，才找到機會跟他說。結果他說：「年輕時的1年，相當於老年時的10年。」意思就是要好好把握年少時光。他不是直接跟我說，而是透過哥哥弟弟轉達的。就這樣我出發了。旅行怎麼看都是對自己有利的。一直問東問西的，只會浪費時間。我不希望以後才在說：「要是我再年輕幾歲的話，我一定會⋯⋯」這樣的話。

Q 如何準備一個完善的旅行呢？

透過世界地圖書、《孤獨星球》旅行書等取得旅遊地區的情報。一開始找旅行資料後，就會一股腦地拚命查看，要注意的是，旅遊雜誌看太多的話，反倒會失去自己的色彩。總歸一句話，要有「孤注一擲地出發」的心理準備。再更具體地說，護照超過10年的要換新的，或再延長5年。簽證是只取得中國簽證就出發了，剩下的一面旅行一面申請。包含黃熱病預防接種的各種預防注射，到國立醫療院所去施打疫苗。旅行裝備到幾個中古市場去找，並要多跑幾趟，能殺價盡量殺價；尤其是帳篷，要選堅固耐用又容易操作的，要多花些心思。雖然有新的裝備，但事實上，大多數是以前用過的，因為我是不捨得丟東西的性格，所以行李比必要的多了些。

Q 請給預備騎腳踏車旅行的人，有關購買腳踏車方面的指導。

沒必要買貴的腳踏車。再好的東西也會有故障的時候，要是在當地買不到零件的話，就沒用了。比起腳踏車品牌或種類，只要是自己喜歡的，也會成為成功完成環遊世界的原動力。

Q 裝備這麼多，要怎麼充電呢？

除了筆電外，其他的裝備都不是電器，另外還準備了可以維持一個禮拜份量的電池。筆電到餐廳或電腦店拜託允許充電一下就可以了；另外還有一個太陽能充電器，是在網路商城買的，分解後再重新組裝。以後沒錢的時候，打算把這些電器從使用頻率低的開始，一一賣掉。

Q 一面騎自行車環遊世界，一面發現自己好像有了變化。是怎樣的變化呢？

第一，沒有擔憂了。第二，無論遇到哪國人，都很高興。第三，皮膚變成可可色。第四，會尊敬、尊重文化。第五，變得喜歡簡單。第六，更重視實用性而不是外表。第七，地球像是我家社區一樣。第八，臉皮變厚。第九，丟臉、不好意思的細胞消失了。

Q 有沒有在旅行中最難忘的瞬間？是什麼時候？

在中國有位一天賺35塊人民幣的朋友，叫我不要睡帳篷，給我100塊人民幣去住旅館。中國湛江的朋友們為我慶祝生日。中國的電視和報紙介紹到我。在中國腳踏車比賽得到第二名，拿到100人民幣獎金。中國湛江的朋友替我送行到350公里遠的越南邊境。第一天到達寮國，當地人為我準備了兩道菜。所有這些，都是令我感動且值得珍藏的、永難忘懷的記憶。

Q 對夢想騎腳踏車環遊世界的人，有沒有什麼話要說？

腳踏車環遊世界特別好的一點是，它不是依靠旅行社或當地巴士提供的既定路線來移動，可以開拓出只屬於自己的路；還會讓腳踏車環遊世界旅行者，更具有決心和毅力。其他的話不會說沒關係，但問候的話一定要學。有上坡就有下坡。任何痛苦都會結束。不要光想接受，要先計劃好能和當地人分享什麼再出發。要留下紀錄。肯定的思考方式。要謙虛。要感謝……這一切。

腳踏車旅行者
背包大揭密

腰包
顧名思義，就是綁在腰上的小袋子。放入使用頻率高的重要的東西。用的是JACK WOLFSKIN Hokus Pokus的產品。

護照
越過國境後再放回背包裡。黃熱病接種證明書也夾在護照裡一起保管。

皮夾
不需要的時候，把要用的錢稍微拿出一些來，再放回背包裡。Citibank國際現金卡、KB Star Card、當地的錢、US Dollar、Hostelling International Card、國際駕照、重要電話號碼簿。

可攜式錄放影機
SANYO Xacti CG6
4GB SD Card

鑰匙圈
事務鎖、鑰匙1GB、VICTORINOX瑞士刀（原子筆、刀、剪刀、夾子、一字型十字型螺絲起子、修指甲刀、開瓶器）、USB連接線、HP隨身記憶體。

其他
便條紙、原子筆、零錢

相機包
掛在腳踏車前的把手上，放使用頻率高的東西。發生什麼事時，這是一定要拿著就跑的包包之一。

相機 CANON Kiss X
鏡頭TAMRON 17-50mm F2.8＋UV過濾器、2GB CF Card、照片印相機FUJIFILM MP-300

日記 旅行支票號碼

GPS
MAGELLAN Explorist210

PMP
DIGITALCUBE V43 Navi 30GB

三腳架Lead

筆袋

孔網
太陽能充電器、耳機、CF讀卡機、眼鏡擦布

後口袋
雨衣

左側口袋 迷你牙刷牙膏、手機SAMSUNG SGH-V200、手機備用電池、印相機底片1組

右側口袋 PMP備用電池、可攜式錄放影機備用電池×3、照相機備用電池×2、AAA充電器X2、CR2X2

前口袋 USB連接線（可攜式錄放影機、PMP、印相機）、USB連接線（GPS）、便利貼

前輪右側包
AGU防水Pannier 835KF 16L

DEUTER Trans Alpine 25L背包（因為是筆電包，所以要塞好，並作兩層防護）、TG Sambo Averatec 2300（12.1"、AMD Turion640×2、80GB、1GB RAM、DVD-Multi、WLan、1.9kg）、LOGITECH無線滑鼠、封口袋、電腦轉換線、相機充電器、手機充電器、鹵素燈充電器、PMP充電器、加農K-75N充電器、萬能充電器、多重插頭接頭、USB連接線、手電筒、手電筒充電器、DVD-R×4、CD-R×2（Vista系統恢復DVD、XPCD）、文件夾、世界地圖、內袋（現金卡、旅行支票、美金）

前輪左側包
AGU防水Pannier 835KF 16L

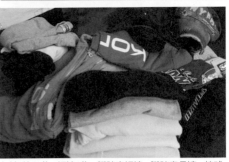

無袖T恤10件、短褲2條、腳踏車短褲、腳踏車長褲、棒球帽、旅行帽、T恤3件、內衣、襪子、運動毛巾

後輪上端包
TOPEAK MTX Trunk Bag DXP

左側口袋
腳踏車雨衣、袋子雨衣

右側口袋
聖經

主要口袋
湯匙、筷子、叉子、爐頭、瓦斯接頭、瓦斯、瓦斯2、可摺杯、鍋（湯碗）、營養劑（蜂王漿、綜合維他命、乾果）、緊急備用食糧（泡麵）、糖、手電筒、化妝水、沐浴乳、預備眼鏡、護膚霜、水壺瓶塞接頭、捲筒衛生紙、貴重物品防水袋、漫畫、《寂寞星球》、當地地圖

上端口袋
鮮奶油、口罩、針線組、運動毛巾、攝影機袋肩帶、Topeak Trunk Bag肩帶、剪刀。

後輪右側包
AGU防水Pannier 850KF 24L

帳篷Banpotech Super Light 3、充氣床墊、睡袋、防蚊噴液。

後輪左側包
AGU防水Pannier 850KF 24L

洗臉用具（牙刷、牙膏、肥皂、刮鬍刀、洗面乳、指甲刀、筷子、頭髮剪）、常備藥（瘧疾藥、紅藥水、碘酒、感冒藥、阿斯匹靈、退燒藥、蚊子藥膏、OK繃、繃帶、消化藥等）、軟管2個、防壞人噴霧、強力黏膠、纜線、照片印相紙6個、大型國旗、拖鞋、腳踏車袋、壓縮袋

★★★每個袋子放5～6粒樟腦丸

PART 01

LET'S GO ON A WORLD JOURNEY!

FINAL DESTINATION

ICN

CX418/17MAY

環遊世界，
我也
可以去

1 環遊世界的機票和路線指南

16世紀，麥哲倫犧牲了248名船員，
歷經長達8年的旅程，
終於完成人類第一次的環遊世界。
21世紀的今天，我們也鼓起勇氣，
並以環遊世界機票，
和超越麥哲倫的熱情，
也可以完成環遊世界之旅。

建立只屬於我的
完美
環遊世界計畫

★01 要畫出自己的路線圖

有的時候，在規劃旅遊行程時感受到的興奮和悸動，比起旅行本身，還更強烈更有魅力吧！為了讓那像煙一樣消失了的、曾清晰過的環遊世界之夢，成為人生最大的里程碑，勇敢地踏出第一步吧。現在，就打開世界地圖，把夢想中要去的地方標示出來，把散落在地圖上的點連接起來，讓夢想中的環遊世界路線具體的出現在眼前。

什麼是環遊世界？

把地球儀上標示出的全世界240個國家，一步一腳印地走完，再回到原點，這就是環遊世界吧？如果是這樣理解的話，那可要每年走4～5個國家，然後花一輩子的時間才能旅行完呢！說到環遊世界，一定會馬上聯想到知名小說《環遊世界80天》，主角福克在和朋友的一次爭議後，以自己所有財產兩萬英鎊為賭注，限定在80天內完成環遊世界的壯舉。他從倫敦出發往東走，經過印度、香港、日本、紐約等地，繞地球一圈，再回到倫敦。在19世紀末，以80天完成環遊世界，可算是相當驚人的速度了。

歷史上記載，第一位環遊世界的旅行家是麥哲倫。他在1519年8月10日，以五艘船搭載265名船員，從西班牙出發，向大西洋西邊航行。但在1527年8月2日返回西班牙時，船員只剩下17名；而麥哲倫在1521年途經菲律賓宿霧島時，因介入島民的內鬨而被殺，倖存的船員經過印度、非洲好望角，之後返回西班牙完成環遊世界航程。因此最早完成環遊世界的人，應該說是這17名船員才對。他們的環遊世界足足花了8年的時間，過程中犧牲了248人。

最近有計畫或想體驗環遊世界的人，一下子多了起來。分析他們的旅遊路線，大多是以6個月到2年的時間，橫跨太平洋、大西洋，途經3～6大洲，旅遊40～70個國家。環遊世界並不需把地球全部的國家都走一趟，而是只要邀遊約20％～30％的國家即可。有人把分別經過大西洋和太平洋一次以上，再回到自己出發點的商務旅行，也稱作「環遊世界」。緯度和拜訪的國家數，並不重要；往東往西都可以，只要360度繞地球一圈，再回到出發地，就算是環遊世界了，這才是環遊世界的基本精神。

TIP

全世界共有多少個國家？

要正確地標示出數字，事實上是不可能的。因世界各地的紛爭，導致各種資料和機關所認定的國家數都不一樣。加入聯合國的國家數是191個，但還有許多未加入的，所以這也不是全球的國家數。

● 世界地圖上標記的國家一共有237個　● 依世界銀行統計資料的國家數是229個

為難以下定決心的環遊世界，邁出第一步

決定要環遊世界之後，最先要做的就是：選定想去的國家和它的旅遊地，並以這些地方為基礎，在地圖上大略地畫上環遊世界路線。然而要進一步規劃可行的環遊世界路線，不能沒有主題地想去哪裡就去哪裡，無限制地不斷增加地點。事實上，想把本書介紹的旅遊點全部走一遍的話，是一輩子也走不完的。

在規劃環遊世界路線時，最先要做的就是直接寫出想去的城市，然後在城市旁邊用數字標示出優先順序；這樣做，可以挑選出環遊世界時一定要去的地方，和應該要放棄的地方。此時，最重要的思考就是：「如果不是因為環遊世界，哪些地方是不可能再去第二次的？」不過，可以單獨去、且容易造訪的地方，也不一定就要將它刪除在環遊世界路線之外。決定旅遊地點之後，就打開世界地圖，把這些地點標示出來，並連成一線。這就是你粗略的環遊世界路線圖了。

在選擇旅遊地時，最重要的是自己的意向；可以參考過來人的經驗，但決定權還是在你自己。「即使～看看也無妨。」如果過度聽信別人這種積極的建議的話，只會使自己更混亂。各個旅遊地隨著旅遊者的個人喜好，總有天差地別的評價。如果你心裡已經有了心儀的地點，就直接去了，回來後再給評價吧！別人沒什麼印象的地方，也可能是會讓你眼睛一亮的寶地呢。

規劃好自己的路線後，可先把地圖給環遊世界同好會等過來人看，檢查它的可行性；最後，理想的「我專屬的環遊世界計畫路線」就完成了。接下來要做的是選出最符合這路線的機票。觀察旅遊地是不是偏重某洲或某地區，然後挑選出有經過該地，或較方便抵達該地的環遊世界機票。

〔混亂的環遊世界路線〕

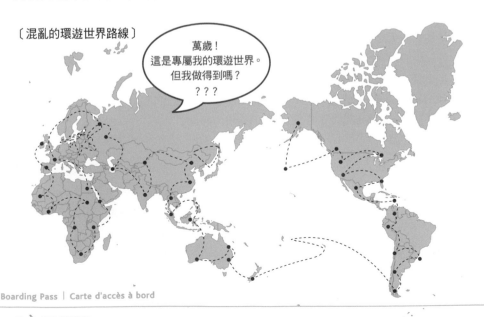

萬歲！
這是專屬我的環遊世界。
但我做得到嗎？
？？？

|★02| 擁有環遊世界的機票，是可能的 ticket 1

16世紀，探險家麥哲倫花了8年的時間完成環遊世界；而21世紀的今天，即使是一位平凡的旅遊生手，都可以利用「環遊世界機票」，輕易地完成環遊世界這壯舉。依據你腦海中具體、粗略的環遊世界路線，挑選出最合適的環遊世界機票，然後就可以據此計劃出具體的旅行時間和天數了。

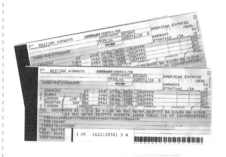

Q.環遊世界新手旅遊者最喜愛的環遊世界機票是？（受訪者525名）

One world explorer（寰宇一家）	51%（270名）
Star alliance（星空聯盟）	17%（90名）
Sky team alliance（天合聯盟）	6%（33名）
Round the world	1%（5名）
各航空公司發給年度套票	16%（85名）
其他航空公司	4%（20名）

夢想的機票，環遊世界機票

一聽到「環遊世界機票」這個詞，不管是關不關心環遊世界的人，都會張大眼睛豎起耳朵，因為他們都以為那是一種在一定期限內，可以隨心所欲想去什麼國家就去什麼國家的自由通行證，也就是無限制搭乘的定額券。事實上，環遊世界機票不是一張重複使用的機票，而是十幾張像優惠券一樣、釘成一本的機票（最近也有發給電子票）。此外還有一本像書一樣厚的相關條件和規定，對飛行次數、滯留時間和路線等作約束，相當複雜。

因此，就會有個別機票和環遊世界機票，哪個價格比較划算的問題。從結論來說，只有北美、歐洲和亞洲，單純地旅行2～3次的話，取得各地區的打折機票，不但沒有時間限制也比較便宜。但對大部分環遊世界旅行者想去的南美地區或非洲地區來說，如果包含旅遊日程，那毫無疑問，環遊世界機票是比較有利的；因為從北半球到位在南半球的南美和非洲，個別機票的金額都非常昂貴。此外，如果要買商務艙或頭等艙，環遊世界機票的價格可是比個別機票便宜許多的。

環遊世界機票可以在各洲飛行2～3次，且不受季節的影響。另外，如果開放可變更行程的話，還可以在旅行中一面調整行程一面預約下個地點的機票。萬一計劃一定要去的地方沒辦法用環遊世界機票前往的話，可以購買追加的個別機票和航空通行證；或者先飛往環遊世界機票可抵達的地方，下機後再以陸路移動也可以。

環遊世界機票的種類

環遊世界機票大致分作：以洲數為限的One World Explorer機票，和以里程為限的Star Alliance、Round The World、Skyteam Alliance。全球航空大致分作4大聯盟，因為各聯盟的航點有些許不同，可以一面透過各聯盟的網站，一面對照自己的路線，來確認各國詳細的航點。

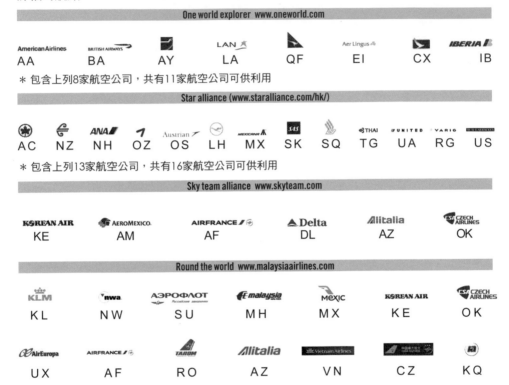

One world explorer www.oneworld.com

American Airlines	BRITISH AIRWAYS		LAN		Aer Lingus		IBERIA
AA	BA	AY	LA	QF	EI	CX	IB

＊包含上列8家航空公司，共有11家航空公司可供利用

Star alliance (www.staralliance.com/hk/)

AC	NZ	NH	OZ	OS	LH	MX	SK	SQ	TG	UA	RG	US

＊包含上列13家航空公司，共有16家航空公司可供利用

Sky team alliance www.skyteam.com

KOREAN AIR	AeroMexico	AIRFRANCE	Delta	Alitalia	CZECH AIRLINES
KE	AM	AF	DL	AZ	OK

Round the world www.malaysiaairlines.com

KLM	nwa	АЭРОФЛОТ	malaysia	MEXIC	KOREAN AIR	CZECH AIRLINES
KL	NW	SU	MH	MX	KE	OK

Air Europa	AIRFRANCE	TAROM	Alitalia	Vietnam Airlines	中国南方航空	
UX	AF	RO	AZ	VN	CZ	KQ

★★★環遊世界機票的特徵

❶ 決定了環遊世界路線之後，出發前要預約時間，並取得機票。也就是說，在取得機票前，至少要確定在本國出發的日子，這樣才能發給。

❷ 一般來說，為了取得機票，之前都必須確定路線，但環遊世界機票對各區間的出發日卻是開放的（open），就是不確定也無所謂。出發後，路線變更會被收取罰款，日期變更則免費。

❸ 隨著旅行中的需要，可以變更區間或追加轉機地，但是因為必須再發給機票，所以也得追加手續費。

❹ 環遊世界機票是由一套相連的各區間機票所組成的，所以要限制飛行區間和可以滯留的城市數。

❺ 環遊世界機票原則上是必須遵從單一方向來進行的；但部分洲間也有例外的（不允許洲間逆行，但在相同洲內或相同國家內逆行倒是可以）。

環遊世界機票的有效期限

大部分環遊世界機票有一年的有效期限；不過如果是中途停留在特定城市的話，隨著各家航空公司，會有最少要停留幾天的不同規定，這點要注意。舉例來說，中途停留在泰國時，規定最少要停留3天以上。從出發到回國，也有規定最少旅行義務時間。One world最少旅行義務時間是11天，舉例來說，向西行1月1日出發，1月12日以前回國；或向東行1月11日以前回國，就會違反規定（向西移動會損失一天，向東移動會賺一天）；不過，Round the world機票就沒有這樣的規定。雖然環遊世界的旅行者幾乎不會11天就回國，不過這個最少義務時間還是要知道比較好。當然，各種機票不同的規定還有很多。

各航空公司提供的各洲定額機票中，本國旅行者最喜歡的是One world，因為One world並沒有限制可旅行的城市數，理論上是可以無限制旅遊的，但是因為有設定飛行區間，所以實際上可飛的城市數還是有限制的。舉例來說，One world的飛行區間（section）不能超過16個；也就是能利用飛機飛行16次的意思。亞洲、歐洲、非洲、北美、澳洲，各洲限制最多各4個；南美最多6個。

TIP 01
本國→（香港單純轉機）→曼谷，不是將本國→香港、香港→曼谷各算一個區間，而算是單純的轉機，把本國→曼谷以一個區間計算。（編按：台灣至曼谷有直飛班機）

TIP 02
過境（Transfer）和中途停留（Stopover），在轉機地待24小時以上叫作中途停留，24小時以內叫作過境。

★★★各環遊世界機票的基本規定比較表

	One world	Star alliance	Round the world
有效期限	1年	1年	1年
最低轉機次數	沒有	3次	3次
最高轉機次數	沒有	15次	10次
相同都市轉機次數限制	無限制	可能1次	可能2次
旅行最少義務時間	11天	10天	沒有

TRAVELER'S DIARY

剛開始使用環遊世界機票旅行時，在各國機場遭遇的小插曲，令我難忘。在航空公司員工的眼中，我這個為了事先預發數十張環遊世界機票而奔走的東方人，被認為是亞洲的百萬富翁大商人呢。無論在哪個機場，無論在什麼時候，因為帶著這一大本機票，我在機場櫃檯人員間，可是相當受歡迎的人物，因為連他們也是第一次看到這種機票（當時一共有42張），而且託這種機票之福，我在泰國和中國買的仿冒名牌包或衣服，全都被看成是真品了。這是比單張機票便宜之外，額外的好處吧？！　　　　　　　　－Traveler5－

環遊世界機票的價格

環遊世界機票,以一般座位3大洲為基準,約台幣7萬9,500左右。此外還要加稅,隨各洲追加的轉機地和路線,還要再追加費用。環遊世界機票最大的優點和魅力就是,價格不會因旺季、淡季、連假、奧運等原因而變動。換句話說,在1年內任何時候,給票價格都一樣。但是,也可能因油價上漲或航空公司政策改變,而提高價格。另外還有一點要注意,那就是機票價格會隨著發給國家不同而有些許差異,這也就是為什麼購買環遊世界機票的旅客,會在能以比較低廉價格買到機票的澳洲和紐西蘭購買機票的原因。下面將詳加介紹各種機票的價格和特徵。

TIP
環遊世界機票最大的魅力
❶ 1年內價格都相同。
❷ 因為有效期限是1年,所以可以配合各種目的靈活運用(語言進修或海外就業+旅行)。
❸ 商務艙和經濟艙破格的便宜。

各環遊世界機票的優缺點

基本上,Star alliance和Round the world是以里程計的機票,One world是以洲為單位計算的機票。一般來說,計算抵達城市和廣泛適用性的話,Star alliance是比較占優勢的;但用One world的環遊世界旅行者,比較不會感到限制里程的壓力,位在較遠距離外的旅遊地也可以去旅遊,所以較受環遊世界旅客歡迎。但使用Round the world機票,卻可以到達Star alliance和One world機票去不了的城市。所以三種機票都各有優缺點。

★★★各洲環遊世界機票比較表　　依優勢程度排列A>B>C>D

	One world	Star alliance	Round the world
亞洲	C	A	B
歐洲	A	A	B
北美洲	A	A	A
南美洲	A	B	C
非洲	B	C	A
大洋洲	B	B	B
其他極地	D	C	D

★★★各環遊世界機票特徵比較表

	One world	Star alliance	Round the world
價格	B	B	B
有效期限	A	A	A
轉機次數	A	A	B
流通性	B	A	B

▶▶環遊世界旅行者
一定要知道的有關機票的用語

▶機位已確認 OK
確定座位已排定的意思

▶確認 Confirm
對原預約排位作確認的意思。也就是為取得OK，而對預約排位作確認。

▶再確認 Reconfirm
對原預約排位再作確認，出發前72小時內，一定要對預約再作確認。最近很多人都不再作確認就直接去機場了，但環遊世界時，因各國旺季或超劃位等變數很多，所以還是要再確認比較好。

▶開口行程 Open Jaw
利用飛機旅行時，出發地和抵達地不同時，就叫作Open Jaw。為編製有效率的環遊世界路線，多活用開口行程是很好的方法。

▶地表移動 Surface
除利用飛機的航空移動以外，利用陸上交通工具的陸路移動區間，都叫作地表移動。環遊世界旅行時，除航空移動區間外，大部分都可算是地表移動區間。

▶中途停留和過境 Stopover & Transit
在航空移動到達目的地前，在特定機場或城市等候轉機超過24小時以上叫中途停留，停留24小時以下叫過境。利用環遊世界機票時，過境的地方不算是滯留城市，而中途停留才算滯留城市。

▶等補位 Stand By
為了獲得事前沒確認、未搭乘的座位，在機場等待，就叫作等補位。一般來說，在出發30分鐘前，預約客人仍未出現時，等補位的客人就可以被排給座位。因有緊急狀況或事前座位無法取得OK時，就可以試試這個方法。等補位的前幾位，成功取得補位的機率意料之外得高。但是失敗的話，就要等下個班機的補位或離開機場再返回市內。

▶超劃位 Over Booking
一般來說航空公司為應付臨時取消預約的乘客，會接受比機位數更多的預約。所以要早些到機場check in或事先再確認，如果沒有確保座位的話，要再排給座位就累了。所以一定要再確認。

▶開放機票 Open Ticket
出發前不需確定所有日程，在機票有效期間內，透過自由預約，隨時都可以回國或到下一個旅遊地旅行，這種機票就叫作開放機票。利用環遊世界機票時，雖然路線和拜訪都市事先要訂好，但除第一個出發地的日期以外，剩下的日期1年內全都開放，可以在當地，隨時一面預約一面調整時間。這就是開放機票能保障旅行日程的自由度的優點所在。

▶等候 Waiting
等著取得取消預約而空出的座位，就叫作等候。因為是按優先順序來補位，如果前面等候的人很多，獲得OK的機率就小了。大致來說，排在第1～2順位的人，幾乎都能獲得OK。

▶電子機票 e-Ticket
只要上網登入機場班機時間表和護照資料，獲得確認自己的座位預約後，取得登乘券，即完成手續，這種機票就是電子機票。這種情況將航空公司傳來的班機時間表的傳真或電子信件，列印出來備用即可。算是一種非紙本的機票。

▶升等 Upgrade
獲得比預約等級還高等級的座位，就叫作升等，可利用里程數取得座位升等。空位多的時候，或是上一級座位有空位時，排在後面的客人，服務的層級也可以獲得升等。

▶航班合作 Codeshare
二家以上航空公司，透過業務合作共同經營限定的飛行區間，兩家公司的班機像一家公司的班機一樣，可預約販賣機票。利用環遊世界機票的話，也可能到達非你所設定的地點路線，就是航班合作的區間。而即使在航班合作的區間，也有可能飛往不能使用環遊世界機票的地方，這點要特別注意。

▶換機 Transfer
在抵達目的地前，中途暫時飛往其他地方，換飛機再繼續飛，這就叫作換機。可換機的機票叫作Transfer ticket。行李也會自動轉換連結，所以只要帶好隨身行李即可。

★03 決定出具體的日程

`ticket`

以環遊世界機票作環遊世界旅行的話，只要訂出最初的目的地和抵達該地的日期，之後飛行的日期全部開放，這樣是比較方便的。單純的飛行日程，因能考慮到當地飛行狀況，任何時候都可以免費變更和免費預約，所以可以拋卻要確定所有行程的壓力，這樣是比較好的。

Q. 計劃環遊世界的你，預計的旅行時間？（受訪者462名）

不到3個月（只利用飛機的超速環遊世界）	3%（14名）
不到1年（透過利用陸路＋飛機，旅行3～4洲）	37%（171名）
1～2年左右（以陸路為主旅遊5洲以上）	43%（200名）
3～5年（以超長期的方式環遊世界100個以上的國家）	9%（42名）
5年以上（希望旅行一輩子的不回國型旅行）	6%（28名）
其他（利用一個禮拜的環遊世界飛機環遊世界，或是出差中旅行）	1%（7名）

編製只屬於自己的環遊世界行程表

只要訂出旅行的洲或國家的順序，並大略分配好停留的時間，就是環遊世界行程表了。也就是說，並不是要把每個洲中想去的旅遊地、各地要花多少時間旅遊、出入國的日期等全部行程，在出發前全都訂出來。這是為讓人能擁有旅遊最大程度的自由，同時對未來會發生的事又不致太過擔心而設計的。旅行期間和想去的國家訂好了以後，就可如下方所示，來分配各洲旅遊的順序和旅行時間。還有訂出各國家、各都市旅行路線和旅行天數後，環遊世界路線草案就完成了。但還要謹記在心的是，這樣編製出來的旅遊路線，還是會遇到必須隨著旅途中的當地狀況變更的情形。因此在編製行程時，最重要的是方向要一致。大部分環遊世界旅行者只計劃全部行程的60％～70％就出發了，剩下的，一面在移動中變更調整路線，一面輕鬆愉快地旅行即可。

〔編製環遊世界行程表的過程〕

> 如果從出發到抵達的全部路線和日程都開放，用這樣的機票來旅行，不就是真正的freepass環遊世界機票了嗎？

階段1

各洲旅遊路線和時間（共300天）
亞洲大陸（3個月）→澳洲大陸（1個月）→南美（4個月）→歐洲（2個月）→亞洲（回國）

階段2

亞洲大陸內的路線和時間
本國出發→中國（30天）→越南（10天）→寮國（12天）→泰國（14天）→馬來西亞（5天）
→新加坡（3天）→印尼（16天）

階段3

寮國內的路線和時間
越南（出發）→永珍（2天）→旺陽（4天）→龍坡邦（5天）→泰國北部清邁（陸路移動1天）

利用環遊世界機票時，飛機移動的法則

以環遊世界機票來旅行時，就要好好地編製飛機移動路線。要注意環遊世界機票洲間禁止逆行的基本規定。也就是在最初出發地，就要決定好是向東還是向西走，反方向是不行的。舉例來說，假設從本國出發，往東到美洲去旅行的話，遊完美洲後，就不能再逆行回亞洲了。以亞洲→北美洲→歐洲→亞洲的型態來旅行可以，以亞洲→北美→亞洲或澳洲的型態則不可以。像這樣的環遊世界機票規定，One world、Star alliance、Skyteam都共同適用；但也有例外的規定，相同洲內國家間的逆行是可以的，另外非洲－歐洲、亞洲－澳洲、北美－南美等，南北間的逆行也是容許的。

▶例）

❶ 亞洲→歐洲→非洲→歐洲→北美→亞洲　因為一直向西移動所以可行

❷ 亞洲→歐洲→非洲→亞洲→北美→歐洲→亞洲　因為是洲間的逆向移動所以不可行

❸ 亞洲→大洋洲→南美→歐洲→非洲→歐洲→亞洲　歐洲—非洲區間的旅行可行

❹ 亞洲→大洋洲→亞洲→北美→歐洲→南美→非洲→亞洲　因為歐洲到南美是洲間的逆向移動所以不可行

❺ 亞洲大陸內→泰國→印度→泰國轉機中國→中東　因為是洲內的逆向移動所以可行

〔各州間飛機移動舉例〕

①各洲的區分

②洲間移動時只能朝同一個方向

③在相同洲內逆行是可能的

歐洲→亞洲→亞洲→亞洲→北美 ○

④可以南北逆行的區間

歐洲→非洲→歐洲 ○
亞洲→澳洲→亞洲 ○
南美→北美→南美 ○

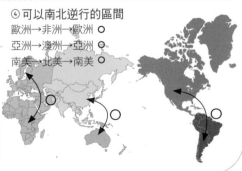

⑤ 洲間不可能連接的區間
北美→非洲 ×（在歐洲轉機的話可以）
南美→亞洲 ×（在澳洲、北美轉機的話可以）

⑥ 洲間不可以逆行
亞洲→非洲→歐洲→亞洲 ×
亞洲→非洲→歐洲→北美 ○

⑦ 洲間移動法則
歐洲→亞洲→澳洲→北美→ ○ 歐洲
歐洲→亞洲→澳洲→北美→ × 亞洲

⑧ 洲間移動方式
歐洲→非洲→亞洲→澳洲→北美→南美

TIP

世界標準時間（Standard Time Zone of The World）

所謂時差，就是特定地區的標準時間和英國格林威治平均時間的差異。在格林威治東邊的地方就要
＋，舉例來說，一國的標準時間比格林威治平均時間快9小時，時差就是＋9。另外，一地的標準時和
另一地的標準時之間的差，也叫作時差。下圖是以英國格林威治天文臺為基準，將全球分成24個時區
的時區圖。時差線以經度為準畫成，不是一直線的地方，是因國境或地區要依循各國時間標準規定，
而產生的差異所致。舉例來說，比澳洲還寬的中國，由東到西有三、四個時區，卻因依中國政府時間
規定，所以屬同一時區，時間都一致。俄羅斯總共有7個時區，因此搭乘橫跨西伯利亞列車時，就會經
過每一個各差1小時的時區。我國比國際標準時快了8小時，和俄羅斯、中國、菲律賓、印尼、澳洲等
同一時區。

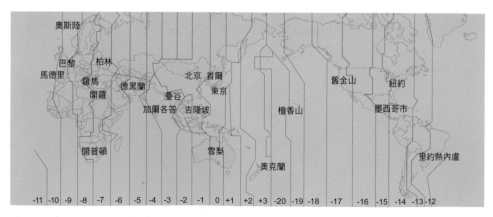

旅行中路線變更

無論編製了多麼完美的環遊世界路線，出發後最少還是要改個2～3次，次數多的可能每洲改1次以上。利用個別機票進行環遊世界的旅行者，可以隨時因應狀況修正自己的路線，即使利用環遊世界機票正在旅行的人，也不可避免會全盤修正路線。遇到這種狀況，就要支付罰金、再發券，以修正的路線再上路。利用環遊世界機票的旅行者，在最初發券時就可預期得到，因為簽證或其他當地的狀況，將會有很多變數；如果是在計畫好的地區，取得可以在不同城市入境、出境的開放性機票，那麼陸路區間修正時，就不需再發券了，再發券的壓力將少很多。

▶▶自由行必備！Open Jaw開口行程

所謂的開口行程機票（Open Jaw Ticket），就是在利用飛機旅行時，發給出發地和抵達地不同的機票。也就是說，利用Open Jaw Ticket的話，可以從A城市入境，再從B城市出境，能免除為了出境再回到原來入境的都市的麻煩。最具代表的四大環遊世界機票，基本上都可以是Open Jaw Ticket。利用Open Jaw Ticket的話，環遊世界路線就可以多角化地計劃了。舉例來說，利用環遊世界機票，可以在泰國入境後，以陸路到馬來半島，再從新加坡出境，可以相當自由地旅行。但這種狀況，以里程計的Star alliance或Round the world機票，Open Jaw都是以直線距離來計算，再加到使用里程數中的。也就是說，入境到出境的陸路移動距離，也會以直線距離算進飛行里程數中。因此陸路移動時，一味地節省里程數是無意義的。如果有環遊世界機票到不了、但又一定要去的地方，就可以活用Open Jaw Ticket後，再以車輛或當地地區班機等，把旅遊地連接起來。這樣不但可以彌補Open Jaw環遊世界機票的不足，對編製更多樣的路線和日程，也很有幫助。

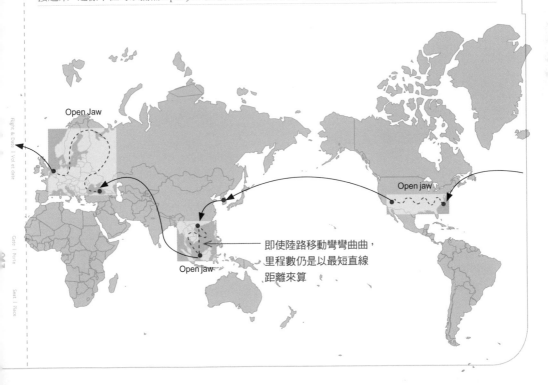

即使陸路移動彎彎曲曲，
里程數仍是以最短直線
距離來算

國家間不可採用陸路移動的地區

按國家或旅遊地編製較詳細路線圖時，可能會碰到因國境紛爭和地理上的特殊性，不得不用航空移動，但又為了感受旅遊之美，想以陸路移動的情況。環遊世界旅行時，橫越大西洋、太平洋，和在國境不開放的國家間移動時，就一定得靠航空移動才行了。下圖是不宜採用陸路移動的、最具代表的路線圖。

國家間因政治因素，旅遊者不能陸路出入國境
土耳其—亞美尼亞—亞塞拜然

印度—中國 國境紛爭區域

印度喀什米爾區域—巴基斯坦 因政治紛爭恐怖活動頻繁區域

利比亞—埃及—突尼斯
利比亞政府規定外國人不能通過國境

因種族和宗教紛爭，是事故、死亡頻繁區域

不丹—接壤國家只能用飛機移動

蘇丹南部—烏干達

蒲隆地—剛果民主共和國 國境封鎖

死亡、事故頻繁地區，地理上的封鎖
巴拿馬—哥倫比亞的達連地塹

玻利維亞—巴西
亞馬遜密林地區，地理上的封鎖

委內瑞拉—哥倫比亞 因國境紛爭，武力衝突地區

和我國時間、季節剛好相反的南半球，最好不要直接前往。因為首先就會讓你嘗到12小時時差，和季節差異帶來的身體變化，甚至要承受超過20小時飛行的疲勞感，讓身體的節奏整個大亂。

| TIP

將時差適應時間縮減到最小的路線法則

在環遊世界，作橫越大西洋或太平洋這種長距離飛行時，一定要將飛行分兩次以上。利用飛機旅行，擁有比起其他交通方式更快速到達的長處，但也沒有空檔可以適應時差，這樣會給身體造成相當大的負擔。一般來說，搭飛機超過6小時以上，大部分的旅客都會感覺相當疲勞，這是因為一天的時間變長或變短了，而讓身體產生了不適應。如此一來，該如何才能減少因時差而產生的疲勞呢？最重要的就是，環遊世界的進行方向，也就是飛行方向要由東向西。以我國為基準，從往香港、東南亞、印度方向開始的話，白天變長，除了疲勞外，也不太會有失眠、便祕、興奮、因睡眠障礙而產生的憂鬱症等症狀。相反的，從西邊往東邊移動，因為白天變短，就可能要花相當長的時間，去適應日夜顛倒的時差了。另外還有一項值得參考的，就是如果可以選擇班機，最好選可以上午出發下午抵達的航班，這樣能多出一個白天來適應時差；而且往東移動的話，因時差造成的疲勞感也可以減少許多。

環遊世界旅行者經驗過的最惡劣的旅行地區

在環遊世界時，會遇到某些地方讓你心裡產生「為什麼經過這裡的旅客這麼少」、「為什麼都沒有這個地方的旅遊情報」這種疑懼。一般來說，那種地方在高手背包客間，都被稱為「死亡路線」，原因是旅遊條件差或完全沒有治安可言；但對於熱愛冒險的積極環遊世界旅者來說，他們卻會為了珍藏原始之美，而果敢地前往。下面就介紹這些聲名狼藉的地獄區。

❶ 寮國南部沙彎拿吉－柬埔寨國境區間
連綿無盡的荒地和塵埃，要走40小時以上尚未鋪設好的路。在這國境區裡，頻繁地發生強盜、殺人事件、誤踩未爆彈……等事件，但它卻又是背包客最喜歡的寮國北部地區連接吳哥窟唯一的道路，也是無法避開的一條路

❷ 南太平洋蘇拉維西島（Pulau Sulawesi）－烏戎潘當（Ujung Pandang）密林－美娜多島（Menado）－菲律賓海上國境區間將軍市（General Santos）
很喜歡南太平洋地區的背包客達人形容，這地區惡名昭彰，是海盜出沒最頻繁的地區。另外，在蘇拉維西島陸路移動，也是出名的困難，因為這裡像地獄般的道路狀況，讓準時到達變得相當吃力。

❸ 印尼查亞普拉（Jayapura）－巴布亞紐幾內亞瓦尼莫（Vanimo）國境區間
生平第一次見到那麼多的毒蟲、炎熱的天候、痢疾傳染和難民出身的山賊……也就是說，它是旅行者最怕遇到的所有東西全聚集在一起的路線；但是由於有地球上最後一塊蠻荒地之稱的瓦尼莫島，這路線也變成了冒險家的天堂。還可以接近以純樸、自然、近乎原始方式生活的許多部族人。

❹ 中國西域喀什（Kashi）－吐爾朵特口岸（Torugart Pass）－入境塔吉克地區
海拔4,000公尺的吐爾朵特口岸，對擁有無數自助旅行經驗的背包客來說，也是無論如何都不願輕易錯過的地方。儘管有乾燥的沙漠地帶、不方便的住宿和交通，那一望無際、遼闊的自然大地，仍讓它擁有絕境中的絕境之美名。

❺ 維多利亞瀑布－波札那－納米比亞橫跨非洲南部地區
這是連接世界三大瀑布之一的維多利亞瀑布、南非最大的大象野生國家公園，和納米比亞沙漠絕境的路線。但事實上因為不是一般的道路，所以沒有任何大眾交通工具可利用。不只要冒著危險沿路搭便車，通過國境也相當麻煩；簽證和入境費用等問題，也會讓人在那兒折騰好一會兒。

環遊世界的
核心問題——
環遊世界機票

▶▶環遊世界機票規定

（編按：下列各種環遊世界機票之內容，已更新為適合台灣的讀者）

目前環遊世界機票的最多容許區間數都是16個，並且都已經發行電子機票（e-Ticket）。Star allianc在個別的陸路移動區間，即使是完全相同的城市，要是利用不同的機場，從A機場到B機場這段路，也算一個區間。也就是說從倫敦（鐵路移動）→巴黎（飛機移動）→馬德里，以這路線移動時，計算區間是算成2個區間；倫敦（飛機移動）→紐約JFK機場（巴士移動）→紐約La拉瓜地亞機場（飛機移動）→邁阿密，以這路線移動時，計算區間是紐約兩個機場間的巴士移動也算一個，共3個區間。

★01 ONE WORLD EXPLORER （寰宇一家）

適用台灣出發路程，經過亞洲地區及其他各洲而返回台灣。行經路程必須同時經過一次大西洋及一次太平洋。可以選擇旅遊3大洲到6大洲。全部行程可使用16次航班，但各洲的航班次數是有限制的，亞洲的中途停留次數可以有2次。因為從台灣出發，所以亞洲已自動包含在洲數內了。One World是唯一會到智利復活島的環遊世界機票，這是它的優點。下列地圖，除標示出的據點以外，還有數百個會到達的地方，大致上所有的據點都市都會到達。

目前參與聯盟的航空公司包括：國泰航空、英國航空、澳洲航空、美國航空、芬蘭航空、柏林航空、西班牙航空、智利航空、巴西天馬航空、日本航空、馬來西亞航空、皇家約旦航空、墨西哥航空、卡達航空、S7航空、斯里蘭卡航空。
網址 www.oneworld.com

★標示出主要據點都市，可以旅遊全世界超過750個地方。

ONE WORLD環遊世界機票價格表

（千元以下省略，四捨五入）

等級＼洲數	3	4	5	6	追加都市時
經濟艙	109	120	140	162	US $ 150
商務艙	212	251	291	319	US $ 400
頭等艙	307	363	425	461	US $ 550

＜機票費用以2013年為準＞

＊所標示的機票價格，都不含稅（出國稅、機場使用費、保險費等）。

＊票價因不定期調整，正確價格必須進一步詢問專業旅行社。

Ilass | Classe
ECONOMY CLASS / CLASSE ECONOMIQUE

適合這樣的
旅行者

① 想去復活島的旅遊者。
② 重點放在澳洲、南美的旅遊者。
③ 想要以陸路拜訪許多都市的旅遊者。
④ 想從大洋洲到南美橫越南太平洋的旅遊者。
　　例：紐西蘭－大溪地－復活島－智利。
⑤ 想利用不連接的往返航空旅行（Open Jaw）旅遊
　　的旅遊者。

☑CHECK POINT

★機票的有效期限，是從最初搭乘日第2天開始算，到回國最少要10天以上，最多1年以內。但商務艙和頭等艙則沒有最少搭乘時間的規定。

★經過1次的洲，就不能再進入。但也有例外，例如：從北美移動到南美後，為了去其他的洲，可以再回到北美轉機；亞洲地區可以有2次跨洲入境與出境，但僅限用於有紐澳← →歐洲的行程，其中1次必須是當日轉機。

★免費停留點數：出發地區至多2點，其他地區則配合各區航段數。

★各洲飛行次數有限制：北美6次，其餘各洲各4次。

★全程包含地表移動（SURFACE）至多16個航段，其中SURFACE也包括相同城市的不同機場。每一區至多追加飛行次數2次（啟程區不得加付）。每段追加費用：經濟艙150美元／商務艙400美元／頭等艙550美元。

★全程至少3個航段。

★跨越兩大洋航段必須搭乘航班，不得為SURFACE。

★行程中DEL← →ORD搭乘美國航空直飛航班時，至少要以3週的費用計算。

★美加地區有只允許一次東西岸直飛的航班；澳洲境內也有只允許一次直飛的航段，須詳加確認。

★出發點只允許一次國際線的起降。

★同方向行徑中，起迄點相同的航段僅能出現一次。

★六大洲界定裡的歐洲及中東，包含埃及、摩洛哥、阿爾及利亞、突尼西亞、蘇丹、利比亞、哈薩克、吉爾吉斯、塔吉克、土庫曼、烏茲別克、俄羅斯聯邦。

★非屬GLOBAL EXPLORER的航空公司，不能利用它們以航班合作進行的區間飛行；除非盟友與盟友的Codeshare班次，例如：英國航空／關島航空、美國航空／關島航空的則可以搭乘。

★關島航空可搭乘的Codeshare航班有捷星航空。

★機票開立後，行程出發前，機票允許變更條件下，第一個航段航班日期異動或航點變更時，新的里程將再重新計算一次，如遇到票價調漲，則須追加新舊價差，如遇票價調降則維持原價。

★訂位或行程異動須在原定航班起飛前更改，之後更改則要繳納美金125元。

★孩童（2～11歲）票價是成人票價的75%；幼兒（0～2歲）票價，是成人票價的10%。

哥華

American Airlines　AA美國航空

★紐約
★達拉斯
★邁阿密

★利馬

LAN　LA智利航空

★里約熱內盧

大溪地－帕皮提
★----★
復活島　★布宜諾斯艾利斯
聖地牙哥

ECONOMY CLASS / CLASSE ECONOMIQUE

Flight & Date | Vol et date   Gate | Porte   Seat | Place

AC   2   A13

Boarding time
Heure d'embarquement

Where not prohibited by law
Sauf où la loi l'interdit

★★★ 利用ONE WORLD EXPLORER網站，模擬旅行。

接上ONE WORLD網站
http://oneworldrtw.innosked.com/

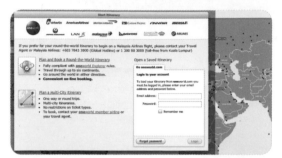

1.
按「計畫及預購」鍵
按Plan and book a Round the-world Itinerary。即使不註冊，也可以編製計畫行程。

2.
填寫人數及座位等級
雖然叫作模擬旅行，但可以編製出和實際旅行完全一樣的行程。選擇要旅行的人數和座位等級，因為要計算飛機票錢，所以最好是選擇實際搭乘的等級。

3.
填寫出發城市後選擇最初旅遊地
在最初出發地選擇了最初旅遊地後，右邊視窗就會出現和班機有關的事項，飛機移動距離會用虛線表示。在中間下方的部位，會標示出可能的區間。

4.
選擇班機的時間
檢索有航班的班機一覽表，確認並選擇出發時間、轉乘、需要時間等。

5.

依ONE WORLD規定，編製接下來的旅遊計畫

依據One World的規定，來編製旅行行程。指定班機日期的話，藍色虛線就會換成黑色實線。而且地圖上會出現好幾種標示，這些標示的意思如下：

■直航 □要轉乘一次的區間
●要轉乘好幾次的區間
△按規定不能去的地方

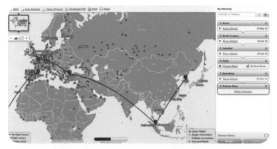

6.

陸路區間的「Surface Sector」

如果旅行中有想要陸路移動的區間的話，就檢核一下「Surface Sector」。不過即使是陸路移動，也算是一個飛行區間，所以編製計畫時要慎重。

7.

符合規定地選出所有旅遊地

符合One World規定地選擇好了旅遊地，機票行程也全都選擇好後，就會出現祝賀的字樣。如果不符規定，就會出現告知視窗，告訴你哪裡有問題，所以對於規定不必太緊張。

8.

確認機票金額

所有行程都安排好後，就會自動出現，行程中航空移動所需的費用。

9.

ONE WORLD模擬旅行結束

★02 GLOBAL EXPLORER

將屬One World協會的航空公司再追加其他航空，可說是以里程計的One World環遊世界機票祕寶。比起One World機票，它的優點是到南太平洋島和中東地區的航班較多。全部飛行次數限制最多16次，各洲中途停留都一樣是4次。此外其他部分的規定，多和One World Explorer類似。

網址 www.oneworld.com

★ 標示出主要據點都市。

GLOBAL EXPLORER 環遊世界機票價格表

(千元以下省略，四捨五入)

座位等級	經濟艙Y等級	商務艙C等級	頭等艙F等級
2萬9,000哩以內	120	—	—
* 3萬4,000哩以內	141	253	366
3萬9,000哩以內	162	—	—

<機票費用以2013年為準>

*所標示的機票價格，都不含稅（出國稅、機場使用費、保險費等）。

*票價因不定期調整，正確價格必須進一步詢問專業旅行社。

適合這樣的
旅行者

❶ 想以南太平洋群島為主的旅遊者。
❷ 重點放在澳洲、南美的旅遊者。
❸ 想拜訪3〜4個洲、15個都市以內的旅遊者。
❹ 想從澳洲到南美橫越南太平洋的旅遊者。例：紐西蘭－大溪地－復活島－智利。
❺ 想同一都市去好幾次的旅遊者。

☑CHECK POINT

★全程包含地表移動（SURFACE）至多16個航段，其中SURFACE也包括相同城市的不同機場。

★基本上，除了One World的會員航空公司外，其他可以追加利用的航空公司也很多（港龍航空、日本航空快運、日本環洋航空、祕魯航空、阿根廷航空、厄瓜多航空、愛爾蘭航空、海灣航空、太平洋航空、阿拉斯加航空、翠鳥航空、澳洲航空的聯營航班越南航空、南非航空、捷星航空、大溪地航空）。

★機票的有效期限，是從最初搭乘日第2天開始算，到回國最少要10天以上，最多1年以內。

★經過1次的洲，就不能再進入。但有例外，例如：從北美移動到南美後，為了去其他的洲，可以再回到北美轉機；亞洲地區可以有兩次跨洲入境與出境，但僅限用於有紐澳← →歐洲的行程，其中一次必須是當日轉機。

★2萬6,000哩以內的使用者，全部使用次數可達3〜10次。

★停點：全程至少2點，至多5點（指2萬6千哩以下，其餘不限）。每區至多停4點（例外，2萬6千哩以下和3萬9千哩以上為2點）

★跨越兩大洋航段必須搭乘航班，不得為SURFACE。

★同方向行程中，起迄點相同的航段僅能出現1次。

★SURFACE部分的里程要計算於全程的哩數內。

★出發點只允許1次國際線的起降。

★非屬GLOBAL EXPLORER的航空公司，不能利用它們以航班合作進行的區間飛行；除非盟友與盟友的Codeshare班次，例如：英國航空／關島航空、美國航空／關島航空的則可以搭乘。

★行程中有愛爾蘭航段時，則不可開立港龍航空的機票。

★機票開立後，行程出發前，機票允許變更條件下，第一個航段航班日期異動或航點變更時，新的里程將再重新計算1次，如遇到票價調漲，則須追加新舊價差，如遇票價調降則維持原價。

★訂位或行程異動須在原定航班起飛前更改，之後更改則要繳納美金125元。

★六大洲界定裡的歐洲及中東，包含埃及、摩洛哥、阿爾及利亞、突尼西亞、蘇丹、利比亞、哈薩克、吉爾吉斯、塔吉克、土庫曼、烏茲別克、俄羅斯聯邦。

★孩童（2〜11歲）票價是成人票價的75%；幼兒（0〜2歲）票價是成人票價的10%。

★不使用飛機的陸路移動區間，必須符合下列條件。不過是以直線距離來計算。在旅行開始的第一個國家內移動/中國和香港區間/馬來西亞和新加坡區間/美國和加拿大區間/非洲全境。

西雅圖
American Airlines AA美國航空
紐約
★邁阿密
★基多
LATAM 南美航空集團
利馬★ LANPERU LP祕魯航空
★巴西利亞
地－帕皮提 復活島★
LAN LA智利航空
聖地牙哥

GLOBAL EXPLORER區分區域

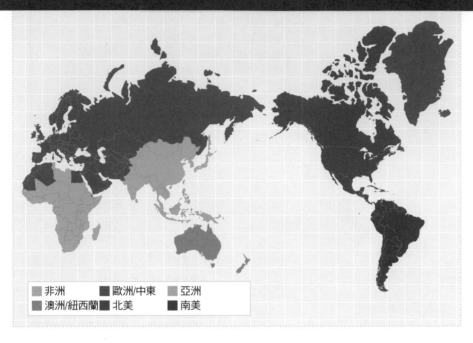

非洲　　■歐洲/中東　　亞洲
■澳洲/紐西蘭　北美　　■南美

〔GLOBAL EXPLORER里程樣本行程〕

1) 26,000哩

- 仁川－倫敦－紐約－LA－墨爾本－
　吉隆坡－仁川

倫敦
仁川
吉隆坡
LA　紐約
墨爾本

2) 29,000哩

- 仁川—香港—伯斯—約翰尼斯堡—　　或
  倫敦—紐約—LA—仁川
- 仁川—香港—伯斯—約翰尼斯堡—
  布宜諾斯艾利斯—利馬—LA—仁川

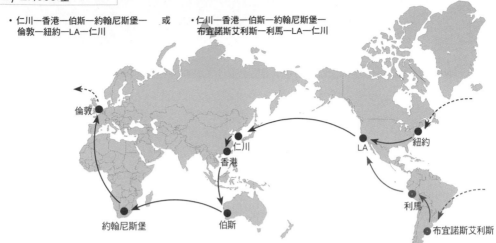

3) 34,000哩

- 仁川—雪梨—斐濟—夏威夷—
  LA—聖地牙哥—布宜諾斯艾利斯—
  倫敦—柏林—莫斯科—
  安曼—吉隆坡—仁川

4) 39,000哩

- 仁川—雪梨—奧克蘭—大溪地—
  LA—紐約—布宜諾斯艾利斯—利馬—
  聖地牙哥—布宜諾斯艾利斯—
  馬德里—羅馬—倫敦—仁川

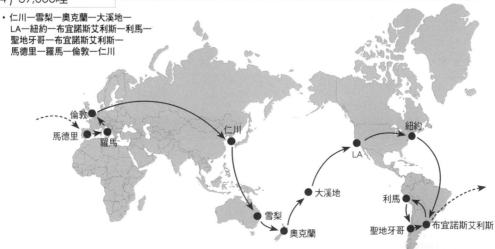

★03 STAR ALLIANCE（星空聯盟）

成立於1997年，目前擁有全世界28家協同合作航空公司的STAR ALLIANCE聯盟。加入聯盟的航空公司包括：亞德里亞航空、愛琴航空、加拿大航空，中國國際航空、新西蘭航空、全日空、奧地利航空 、布魯塞爾航空、克羅埃西亞航空、埃及航空、波蘭航空 、德國漢莎航空 、北歐航空、新加坡航空、南非航空、瑞士航空 、葡萄牙航空、泰國航空、土耳其航空、美國聯合航空、印度航空、哥倫比亞巴西航空、哥倫比亞、中美洲航空、巴拿馬航空、衣索比亞航空、長榮航空、深圳航空。STAR ALLIANCE的環遊世界機票可到全世界181個國家超過1,160個都市。因為可到地點相當多，所以相當受環遊世界旅行者的青睞。它全部行程的飛行次數限制在16次內，中途停留可達3～15次。利用STAR ALLIANCE時最要注意的是，In／Out都市不同的Open Jaw（開口行程）的陸路移動，也算在全部里程數中；這規定就是許多旅行者不用STAR ALLIANCE，而選擇其他機票的原因所在。但是比起One World，它的規定簡單多了，這是它的優點。

網址 www.staralliance.com

★標示出主要據點都市，可以旅遊全世界1,160個地方。

STAR ALLIANCE 環遊世界機票價格表

（千元以下省略，四捨五入）

等級＼哩	2萬9,000	3萬4,000	3萬9,000
經濟艙	103	122	151
商務艙	201	232	274
頭等艙	321	377	436

＜機票費用以2013年為準＞

＊所標示的機票價格，都不含稅（出國稅、機場使用費、保險費等）。

＊票價因不定期調整，正確價格必須進一步詢問專業旅行社。

Class｜Classe
ECONOMY CLASS / CLASSE ECONOMIQUE

適合這樣的旅行者

❶ 因規則複雜，無法自己規劃路線的旅遊者。
❷ 重點放在亞洲、歐洲城市的旅遊者。
❸ 喜歡亞洲航空公司的旅遊者。
❹ 想集中旅遊3～4個洲的旅遊者

☑CHECK POINT

★每套機票允許最多包含16張航班聯票（乘機聯）。非航班接駁及多個機場城市也算入航班優惠券。

★機票的有效期限，是從最初搭乘日第2天開始算，到回國最少要10天以上，最多1年以內。但商務艙和頭等艙沒有最少限期的規定。對於澳大利亞和紐西蘭始發的旅程，頭等艙和商務艙不受最短停留的限制。經濟艙行程中最後一個和第一個國際航班之間，必須間隔7天以上。

★旅行起迄點必須是同一個國家，但可以不在同一城市。

★全球分成3個區域（Traffic conferences，IATA會議區域）。

★只能依1個方向（向東或向西）進行旅行，且每個區域只能經過1次。只能橫跨大西洋和太平洋各1次；只能橫跨歐洲、非洲／中東和亞洲1次。除第1次橫跨大西洋或太平洋的航段外，洲際間行程可使用非航空（地面運輸）航段。在上述各區域內，旅行方向可以變更。

★一般情況下，環球特惠套票必須含3個或以上經停點；最多不超過15個。特惠經濟艙的特惠套票必須包括3～5個經停點。

★可在任意城市最多1次中途停留（不超過24小時），在任意國家不超過3次（美國最多5次）。起始國之外的轉機次數不限。在起始國，不允許超過2次國內轉機和2次國際轉機。

★允許非航空（地面運輸）航段，但費用自理，且里程數計入總里程數內，非航空航段也將寄入行班聯票中。如果停留超過24小時，視作1次經停。

★歐洲境外始發的旅程，要在首個國際航段起飛前預訂和確認航班。對於歐洲始發的旅程，則要在首個洲際航段起飛前預訂和確認航班。其餘航班如果還不確定，可暫不預訂。如果使用星空聯盟網路「航班預訂和查詢」線上購買時，要在預訂和出票前確認所有航班。因此，線上訂購要在首個航班起飛至少72小時之前進行。

★機票開立後，行程出發前，機票允許變更條件下，第一個航段航班日期異動或航點變更時，新的里程將再重新計算1次，如遇到票價調漲，則須追加新舊價差，如遇票價調降則維持原價。

★訂位或行程異動須在原定航班起飛前更改，之後更改則要繳納美金125元。

★小孩（2～11歲）的費用是大人費用的75%；幼兒（0～2歲）的費用是大人費用的10%。

AIR CANADA ✹ AC加拿大航空
★卡爾加里

US全美航空
U N I T E D UA聯合航空

★拉斯維加斯　★紐約
★達拉斯

Avianca.com AV巴西哥倫比亞航空
LATAM LA, JJ南美航空集團
★聖保羅

TRAVEL INFO. STAR ALLIANCE 里程＆費用計算機

計劃利用STAR ALLIANCE作環遊世界的旅行者們，可以用里程＆費用計算機，先確認一下自己路線需要的里程數。各航空公司、各區間的路線和距離，還有所需里程數，可依實施時間確認，甚至連費用都可計算出來，可以自己將整個路線檢核一遍。

線上里程和費用計算機：http://80.flightlookup.com/index1.php

下載離線使用：www.startimetable.com/StarAllianceRTWMC.exe

利用星空聯盟網站，預先規劃環遊世界。

● 進入星空聯盟網站
● http://www.staralliance.com

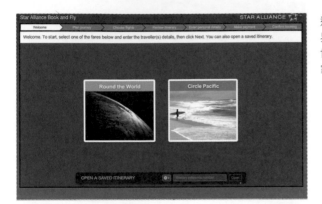

進入星空聯盟網站後，選擇環遊世界（Round the World）。除環遊世界外，也可以去南太平洋沿岸國家旅遊。

1.
指定出發國、人數和座位等級。
選擇出發國家、座位等級、旅行人數。

2.
指定出發城市後，選擇第一個旅遊地。
在最初出發國家選擇第一個旅遊地。在地圖上標示出是直航區間，還是一次轉乘區間，還是好幾次轉乘區間。下方的選項欄位，會出現飛行次數及飛行距離。

3.

依星空聯盟規定，規劃其他事項。

依規定檢核想要去旅遊的國家。想以陸路旅行的區間，在右上方的列表中選擇汽車即可。陸路區間以黃色標示，即使是陸路旅行，也會以直線距離計算在內。

4.

計算最終費用。

沒有違反星空聯盟規定地安排好行程後，就計算最終航空費用。

5.

旅行計畫完成。

選擇好環遊世界的飛行區間，就要預約飛行行程。預約好飛行行程後，詳細的飛行距離就出來了。詳細地計算旅行日數，連陸路區間也包含在內。

以里程計的環遊世界機票。目前參加聯營的航空公司有：西北航空、荷蘭航空、馬來西亞航空、法國航空、義大利航空、墨西哥航空、中國南方航空、大韓航空、越南航空、俄羅斯航空、歐洲航空、肯亞航空、羅馬尼亞航空、捷克航空等。擁有南太平洋各島間串連交織的航空網路，這是它的優點。全部行程可享中途停留3～15次，同一城市最多可訪問2次。歐洲、美洲、亞洲均需各停留1次。

網址 http://www.malaysiaairlines.com/hq/en.html

ROUND THE WORLD 環遊世界機票價格表　　（千元以下省略，四捨五入）

座位等級	經濟艙Y等級	商務艙C等級
3萬哩以內	126	249
3萬5,000哩以內	148	291
4萬哩以內	170	335

<機票費用以2013年為準>
＊不可能有頭等艙機票。
＊所標示的機票價格，都不含稅（出國稅、機場使用費、保險費等）。
＊票價因不定期調整，正確價格必須進一步詢問專業旅行社。

Class | Classe
ECONO____ / CLASSE ECONOMIQUE

適合這樣的
旅行者

❶ 計畫以非洲、中東旅遊為主的旅遊者。
❷ 計畫以南太平洋群島旅遊為主的旅遊者。
❸ 想以環遊世界海邊為主作蜜月旅行的新婚夫婦。
❹ 在經濟艙機票發給後，想把長時間飛行區間換成商務艙來旅行的旅遊者。

NW西北航空
西雅圖
芝加哥★
★紐約
MX墨西哥航空
★邁阿密
★巴拿馬

☑CHECK POINT

★因為南美沒有航空公司的據點，所以不容易連接到南美地區。
★沒有關於頭等艙的規定。也就是不可能發售頭等艙機票。
★In/Out城市不同的開放區間，看作是1次中途停留。
★機票的有效期限，從出發日開始算，最少要10天以上，最多1年以內。
★各洲間不能逆行，但同洲內可以逆行。
★一部分美國和加拿大之間的航班，若商務艙沒有座位了，會自動升級到頭等艙。
★橫越大西洋或橫越太平洋，都只能一次。
★即使是單純的更換航班，要再發券的話，都要另外付手續費。
★修正全部行程有必要再發券時，每次需再付100美元或加幣150元的再發券費用。
★機票開立後，行程出發前，機票允許變更條件下，第一個航段航班日期異動或航點變更時，新的里程將再重新計算一次，如遇到票價調漲，則須追加新舊票價差，如遇票價調降則維持原價。
★訂位或行程異動須在原定航班起飛前更改，之後更改則要繳納美金125元。
★小孩（2〜11歲）的費用，是大人費用的75%；幼兒（0〜2歲）費用是大人費用的10%。

★05 SKYTEAM ALLIANCE（天合聯盟）

成立十五年的SKYTEAM環遊世界機票，現有20家會員公司，包括：大韓航空、越南航空、中國東方航空、法國航空、義大利航空、捷克航空、荷蘭航空、西班牙歐洲航空、羅馬尼亞航空、達美航空、墨西哥航空、俄羅斯國際航空、肯亞航空、阿根廷航空、中國南方航空、印尼鷹航空、黎巴嫩中東航空、沙烏地阿拉伯航空、廈門航空。中華航空在2011年9月加入，成為正式會員，也是亞洲第四家加入者。SKYTEAM ALLIANCE是依里程計發券，可以有3～15次的中途停留；SKYTEAM環遊世界機票最大的特色是，可以利用各會員航空公司，還有可以前往其他機票不去的蒙古、俄羅斯等地區。另外，還可以利用法國航空，排進西非的行程。但是和STAR ALLIANCE一樣，In/Out的城市不同的開口行程（Open Jaw）內的陸路移動，都會算進全部里程數中，這是它的缺點。

網址 www.skyteam.com

★標示出主要據點都市，可以旅遊全世界898個地方。

SKYTEAM 環遊世界機票價格表

（千元以下省略，四捨五入）

等級 ＼ 哩	2萬9,000	3萬4,000	3萬9,000
經濟艙	126	148	170
商務艙	246	291	335
頭等艙	475	531	615

（編按：台灣SKYTEAM相關聯盟表示票價依行程不一而定。因此，僅保留上述原著資訊，作為參考概況）

＜機票費用以2013年為準＞

＊從2008年7月開始費用上漲了10%，也產生了以前沒有的頭等艙票價。

＊要注意的規定：開口行程（Open Jaw），也就是In/Out城市不同的陸路移動區間，也要計算里程。

＊所標示的機票價格，都不含稅（出國稅、機場使用費、保險費等）。

＊票價因不定期調整，正確價格必須進一步詢問專業旅行社。

Class | Classe

ECONOMY CLASS / CLASSE ECONOMIQUE

▲ DELTA 達美航空

★西雅圖

★紐約

★達拉斯

★亞特蘭大

墨西哥市★  AM墨西哥航空

坎昆 ★

★哈瓦那

Aerolineas Argentinas 阿根廷航空

適合這樣的 旅行者

❶ 計畫去蒙古旅行的旅遊者。

❷ 正在找取道俄羅斯地區的環遊世界機票的旅遊者。

❸ 西非一定要放進環遊世界路線中的旅遊者。

❹ 環遊世界只想旅遊3～4個洲的旅遊者。

☑CHECK POINT

★因南美沒有航空公司的據點，所以不容易連接到南美地區。

★In/Out城市不同的開口行程（Open Jaw）內的陸路移動，也要算進全部里程數中。

★機票的有效期限，從出發日開始到回國最少要10天以上，最多1年以內。

★相同城市限制訪問1次，滯留或換機可以達到2次。

★橫越大西洋或橫越太平洋，都只能1次。

★機票開立後，行程出發前，機票允許變更條件下，第1個航段航班日期異動或航點變更時，新的里程將再重新計算一次，如遇到票價調漲，則須追加新舊價差，如遇票價調降則維持原價。

★訂位或行程異動須在原定航班起飛前更改，之後更改則要繳納美金125元。

★小孩（2～11歲）的費用是大人費用的75%；幼兒（0～2歲）費用是大人費用的10%。

★斯堪地那維亞、北美（美國和加拿大）、香港、中國，視為一個國家。

★06 其他的環遊世界機票

Half－環遊世界機票

看字面就知道，這是可以環遊半個世界的機票。主要以印度洋和太平洋為中心，將環繞大洋的各洲圈組起來旅行的，以洲、以里程為單位的機票。One World Circle Trip Explorer、環太平洋Star Alliance、環亞Star Alliance等，基本上也是遵照One World和Star Alliance環遊世界機票的規定。已經旅遊過某洲的旅行者，在編製環遊世界計畫時，想避開之前去過的大陸時，就可以利用這種機票，它擁有有效性和低廉價格，還有全年統一價格等優點。

One World 環 3・4洲 Half

＊3洲模式：亞洲－歐洲／中東－非洲－台灣
　　　　　　亞洲－西南太平洋－非洲－台灣
＊4洲模式：亞洲－歐洲／中東－非洲－西南太平洋－台灣
　　　　　　洲際之間不可折返，但是洲內城市可以折返。

環太平洋One World Half

＊亞洲－紐澳／大洋洲－美洲（北美、南美）－台灣

環太平洋 Star Alliance Half
* 亞洲－澳洲－北美模式

北·中美

亞洲－澳洲

環亞洲 Star Alliance Half
* 亞洲－澳洲兩洲模式

亞洲

澳洲

STA特價機票

這是擁有國際學生證、國際青年證，或國際教師證的人，可享有打折優惠的機票。
現在全世界有90多個航空公司加入。個別區間的機票或環遊世界機票的規定，可以
靈活運用，日期行程修改也很容易。但是30歲以上的人不能申辦。

網址 http://www.statravel.com/cps/rde/xchg/us_division_web_live/hs.xsl/worldwide.htm

★07 世界各地的Air Pass

若計劃不用環遊世界機票，而改用各地區的Air Pass當作有用的機票的話，這種特定地區或特定洲的機票，可以讓你在較短的時間以較便宜的價格旅行。另外，將Air Pass連結上環遊世界機票來活用的話，還可以編製出更扎實的路線。即使不是環遊世界旅行，只在非洲、亞洲或南太平洋地區作短時間旅行時，這種通行證也很有用。以星空聯盟來說，就有多達10種的區域性票價，可參考http://www.staralliance.com/hk/fares/regional-fares/。

Star Alliance African Air Pass

這是能以低廉的價格環遊非洲29國、55個都市的Air Pass；只須支付比平均票價低得多的費用，就可以看到比一般行程多更多的風物，適合想在短期內環遊非洲數個國家的旅客。這種票只限於非洲和埃及境外國家的人士使用，而且只能和任何往返非洲、埃及的星空聯盟國際／洲際艙等（在非洲和埃及境外出票）一起購買，每次只能購買一份（3～10張）。另外，只適用於非洲的南非航空、埃及航空、布魯塞爾航空的經濟艙旅行，行程包括開羅和印度洋島嶼，但不含維京群島。一般來說，環遊4到10個國家較合適，因為還有最少要在出發前7天預約，才能取得座位和中途停留及專機／銜接點等細部規定，最好進入網站詳閱條文後再作預約。
相關網址
http://www.staralliance.com/hk/fares/regional-fares/africa-airpass/africa-airpass-tc/

Cathay Pacific All Asia Pass

由香港的國泰航空經營，是能以超低價旅遊亞洲城市的亞洲地區Air Pass。可以以1,880美元起，在21天內，遊亞洲42個主要都市。此證最大的魅力就是可以在美國發券，所以可以從洛杉磯、舊金山、芝加哥或紐約等美國城市出發遊亞洲。
相關網址 www.cathayusa.com/offers/aapinsider/home.asp

Europe by Air Pass

這是可以環遊位於歐洲的30多個國家、150個城市，優惠券型的機票，一次移動只要99美元起，相當便宜。以飛機移動10個城市，只花不到1,000美元即可。但只能在歐洲以外地區購買。
相關網址 http://www.europebyair.com/efp/cheapflightstoeurope.jsp

World Traveler

是環遊世界機票的一種，將南太平洋諸島的航空公司，連接組成網路。因此對想以南太平洋為中心來進行環遊世界的旅客，相當有用。可以利用的航空公司有：喀里多尼亞航空（Air Calin）、大溪地航空（Air Tahiti Nui）、萬那杜航空（Air

Vanuatu）、太平洋航空（Air Pacific）、阿拉斯加歐洲航空（Alaska Air Europa）、美國大陸航空（Continental）、古巴航空（Copa）、阿酋航空（Emirates）、地平線航空（Horizon）、全日空（Jet Air）、肯亞航空（Kenya Airways）、KLM荷蘭皇家航空（KLM Royal Dutch）、馬來西亞航空（Malaysia Airlines）、匈牙利航空（Malev Hungarian）、西北航空（Northwest）、波利尼西亞航空（Polynesian）、南非航空（South African）、斯里蘭卡航空（Sri Lankan Air）。很多是不那麼知名的航空公司，大部分地區都沒有代理商可以代購機票。這裡提供太平洋航空、KLM荷蘭皇家航空相關查詢網站。

相關網址 太平洋航空www.airpacific.com、荷蘭航空www.klm.com

（編按：上述各航空公司的合作情形，時有更動，行前請再詳加確認）

Star Alliance China Air Pass

因許多時候中國大陸地區打折，所以是旅客很喜歡的空中通行證，可以很容易連接中國大陸各地；是從中國的北方到西藏，或到鄰近東南亞的國境都市，相當便宜的機票。這種票只提供給非中國、香港特別行政區、澳門特別行政區和台灣的其他國家居民；而且只可和星空聯盟成員提供飛往／經過中國大陸、香港、澳門、臺灣的國際／洲際的航班轉機，一起購買。每次國際／洲際旅程只限購買一份票券（含3～10張，3張人民幣2810元，10張7970元）。另外，所有航班都可將里數計入旅客指定的星空聯盟飛行常客計畫。

相關網址

http://www.staralliance.com/hk/fares/regional-fares/china-airpass/china-airpass-tc/

★08 用廉價航空環遊世界

對要環遊世界的旅行者而言，最大的負擔就是，在旅行經費裡佔了最大部分的飛機票錢。因此，最近利用價格低廉、行程上也不會有麻煩的廉價航空的旅行者，有逐漸增加的趨勢。廉價航空，簡單來說，就是不配置一般大型航空公司提供的許多額外服務，取而代之的是，費用大幅地減少。機內餐點、累積里程、機場休息室、耳機等都不配置，縮減這些附加的服務，以符合廉價的訴求。特別是活用促銷活動的話，甚至可以免機票費，只要付稅金和油料錢就買得到機票了。目前全世界廉價航空有如雨後春筍般增加的趨勢，使得沒辦法應付而虧損關門的航空公司也增加了。廉價航空有它的優點，但缺點也滿多的，要和環遊世界機票好好比較一下它們的優缺點，如此才能作出明智的選擇。

★目前全世界約有54國135家廉價航空公司在營運中。

全世界廉價航空的主要據點國家

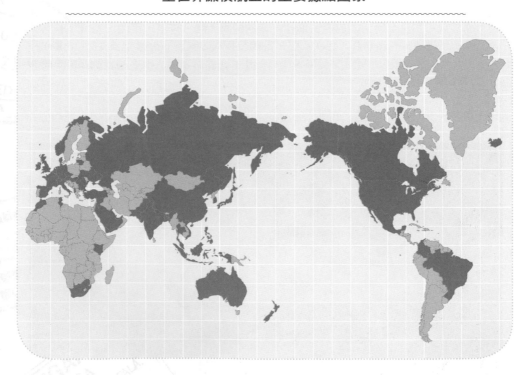

廉價航空公司的優點

1.可以用低廉的費用做遠距離的旅行。

促銷時，70%以上會依情況，只收稅金和油料錢就發給機票。

2.縮短各旅遊地移動的時間。

至道路基本設施不足的低度開發國家旅行時，移動會花上許多時間。這時付一點錢買單程機票來移動比較好。

3.對旅行時間和動線沒有限制。

不像環遊世界機票那樣，最多只有1年的期限，而且只能往一個方向，它沒有這些限制。

4.購買機票非常簡單。

到航空公司的主網頁，很簡單就能買到，而且能即時收到機票。

適合這樣的旅行者

❶ 整個旅遊期間沒有限制的旅行者。

❷ 整個行程中，亞洲和歐洲佔的比重較多的旅行者（促銷較多）。

❸ 用網路買機票，操作沒問題的旅行者（大部分是英文網站）。

❹ 喜歡航空移動勝過陸路移動的旅行者。

❺ 時間較自由，可以在一個地方長期停留以等待促銷的旅行者。

廉價航空公司的缺點

1.不是一直都很便宜。

沒有打折時，價錢和一般航空公司機票幾乎一樣，甚至可能比較貴。也沒有時常在促銷，若要等到促銷，可能會擾亂整個旅行。

2.會喪失陸路旅行的魅力。

要繼續使用便利的廉價航空的話，自助旅行最大魅力之一的陸路旅行經驗，就會喪失了。

3.沒有班機的地方很多。

洲與洲間移動時，可以選擇的航空公司不多。

4.航班時常會無故取消。

小規模的廉價航空，偶爾會無故取消航班，讓行程整個亂掉。

5.很難按計畫旅行。

環遊世界機票因為有很多規定，讓你不得不做好計畫再旅行，但利用廉價航空的話，因為都很自由，會讓旅行無限期延長。

6.目前在全世界大部分的國家，入境時都會要求要有來回機票（出國機票）。

在歐洲或北美地區，依狀況也可能會拒絕單程機票入境。

TRAVELER'S DIARY

計畫到印度旅遊後，決定過境曼谷再前往印尼蘇門答臘。利用廉價航空預約了曼谷—棉蘭的機票，旅行當天去了機場，班機突然延後一天。事前完全沒有收到任何延期通知，而棉蘭的旅館則已經依抵達日預約好了。雖然向他們提出抗議，但對方只是說聲對不起，完全沒有任何補償。結果只好讓旅館空一天沒人住，白花花的銀子就這樣飛了。

-H.H.Y-

以相似的動線旅遊時
〈環遊世界機票vs.廉價航空環遊世界〉

★只是單純的比較，供參考用。廉價航空以促銷與剛開始販賣的價格為準。

ONE WORLD航空 三大洲環遊世界

仁川→吉隆坡→德里→安曼→開羅→伊斯坦堡→倫敦→馬德里→坎昆→墨西哥城→拉斯維加斯→
舊金山→溫哥華→仁川

**TOTAL：三大洲9～20個國家（包含陸路旅遊國家），飛行13次台幣10
萬700元（不含稅，39,750元以上）。**

廉價航空 三大洲環遊世界

航空移動
陸路移動
加爾各答—德里，
法蘭克福—倫敦，
雅典—溫哥華

仁川→吉隆坡 4,240元：亞洲航空（促銷價）
吉隆坡→曼谷 795元：亞洲航空（促銷價）
曼谷→加爾各答 2,120元：泰國亞洲航空（促銷價）
德里→伊斯坦堡 13,250元：阿拉伯航空
伊斯坦堡→羅馬 3,975元：帕加索斯航空
羅馬→摩洛哥菲斯 2,120元：獅子航空
菲斯→巴塞隆納 1,325元：獅子航空

巴塞隆納→倫敦 1,590元：易捷航空
法蘭克福→坎昆 18,020元：康多爾航空
坎昆→墨西哥城 2,120元：天巡航空
墨西哥城→拉斯維加斯 6,890元：穿越航空
拉斯維加斯→舊金山 3,180元：維珍美國航空
舊金山→西雅圖 3,710元：維珍美國航空
溫哥華→仁川 7,155元：聯合航空（一般大型航空公司）

TOTAL：三大洲環遊世界13～20個國家，飛行14次台幣82,415元（含稅）。

★摩洛哥，依國際航空飛行協會的標準，歸類在歐洲。

TRAVEL INFO.
全世界廉價航空

[歐洲]

英國
易捷航空（easy Jet）、
飛行航空（Flybe）、
捷2航空（Jet2）、
英寶航空（bmibaby）

愛爾蘭
瑞安航空（Ryanair）、
愛爾蘭航空（Aer Lingus）

冰島
冰島快捷航空（Iceland Express）

法國
藍天使航空（Aigle Azur）、
法國泛航空（Transavia.com France）

德國
途易航空（TUIfly）、
德國之翼航空（Germanwings）、
柏林航空（Air Berlin）、
康多爾航空（condor airlines）

義大利
藍色快車航空（Blu-express）、
風捷航空（Windjet）、
子午線航空（Meridiana）

土耳其
太陽快捷航空（Sun Express）、
安那托利亞航空（Anadolujet）、
歐那航空（Onur Air）、
飛馬航空（Pegasus Airlines）、
阿特拉斯航空（Atlasjet）、
可蘭頓航空（Corendon）

西班牙
伏林航空（Vueling Airlines）

比利時
傑特飛航空（Jetairfly）

保加利亞
威茲保加利亞航空（Wizz Air Bulgaria）

阿爾巴尼亞
貝里航空（Belle Air）

捷克
智能翼航空（Smart Wings）

奧地利
尼基航空（Niki）、連空航空（InterSky）

荷蘭
泛航空（Transavia.com）、
埃克費航空（ArkeFly）

捷克
智能翼航空（Smart Wings）

丹麥
星寶航空（Cimber Sterling）、
丹麥泛航空（Transavia.com Denmark）

挪威
挪威穿梭航空
（Norwegian Air Shuttle）

匈牙利
威茲航空（Wizz Air）

立陶宛
星悅1號航空（Star1 Airlines）

羅馬尼亞
藍色航空（Blue Air）

俄羅斯
天空快運航空（Sky Express）、
阿維亞諾瓦航空（Avianova）

瑞士
易捷瑞士航空（easy Jet Switzerland）

烏克蘭
威茲烏克蘭航空（Wizz Air Ukraine）

[中東]

阿拉伯聯合大公國
阿拉伯航空（Air Arabia）、
杜拜航空（Flydubai）

黎巴嫩
梅那捷航空（MenaJet）

巴林
巴林航空（Bahrain Air）

科威特
半島航空（Jazeera Airways）

葉門
費利克斯航空（Felix Airways）

沙烏地阿拉伯
薩瑪航空（Sama Airlines）、
納斯航空（Nas Air）

敘利亞
敘利亞珍珠航空（Syrian Pearl）、
可汗之翼航空（Cham Wings）

[非洲]

肯亞
540航空（Fly540）

突尼西亞
迦太基航空（Karthago Airlines）

摩洛哥
亞特拉斯藍航空（Atlas Blue）、
捷你航空（Jet4you）、
阿拉伯航空摩洛哥（Air Arabia Maroc）

南非共和國
庫魯拉航空（Kulula.com）、
一時航空（1Time）、
芒果航空（Mango）

[亞洲]

韓國
濟州航空（Jeju Air）、
真航空（Jin Air）、
易斯達航空（Eastar Jet）、
德威航空（T'way air）、
釜山航空（Air Busan）

中國
好運航空（Lucky Air）、
春秋航空（Spring Airlines）

日本
日本航空快通（JAL Express）、
日空網路航空（Air Next）、
天馬航空（Skymark Airlines）、
孤獨種子航空（Solaseed Air）、
樂桃航空（Peach Aviation）、
星悅航空（StarFlyer）、
北海道國際航空（Air Do）

馬來西亞
亞洲航空（AirAsia）、
全亞洲航空（AirAsia X）、
銀航空（Silverfly）、
馬來西亞之翼航空（Maswings）、
飛螢航空（Firefly）

菲律賓
宿霧太平洋航空（Cebu Pacific）、
馬來精神航空（Spirit of Manila
Airlines）、
菲律賓航空（Airphil Express）、
亞航飛龍航空（Zest Airways）、
菲航快速航空（PAL Express）

泰國
鳥航空（Nok Air）、
泰國亞洲航空（Thai AirAsia）、
1-2Go航空（One-Two-Go Airlines）、
曼谷航空（Bangkok Airways）

印尼
獅子航空（Lion Air）、
印尼亞洲航空（Indonesia AirAsia）、
曼陀羅航空（Mandala Airlines）、
城市鏈航空（Citilink）、
巴達維亞航空（Batavia Air）

印度
印度航空（Air India Express）、
捷運航空（Jet Konnect）、
捷來航空（JetLite）、GO航空（Go air）、
靛藍航空（IndiGo）、
翠鳥航空（Kingfisher Red）、
香料航空（Spicejet）

新加坡
捷星亞洲航空（Jetstar Asia Airways）、
老虎航空（Tiger Airways）、
惠旅航空（Valu air）

巴基斯坦
天藍航空（Air Blue）、
亨沙航空（Shaheen Air）

孟加拉
GMG航空（GMG Airlines）、
最佳航空（Best Air）、
皇家孟加拉航空（Royal Bengal Airline）

尼泊爾
高士美航空（Cosmic Air）

斯里蘭卡
錫蘭航空（Mihin Lanka）

越南
捷星太平洋航空（Jetstar Pacific）

[美洲]

美國
西南航空（Southwest Airlines）、
地平線航空（Horizon Air）、
維珍美國航空（Virgin America）、
穿越航空（AirTran Airways）、
邊疆航空（Frontier Airlines）、
忠實航空（Allegiant Air）、
捷藍航空（JetBlue Airways）、
精神航空（Spirit Airlines）、
太陽國航空（Sun Country Airlines）、
USA3000航空（USA3000 Airlines）

加拿大
西捷航空（WestJet）、
加拿大越洋航空（Air Transat）、
肯捷航空（CanJet）（只限旺季）

墨西哥
英特捷航空（Interjet）、
天巡航空（Viva Aerobus）、
沃拉斯航空（Volaris）

哥倫比亞
易飛航空（EasyFly）

巴西
海洋航空（Ocean Air）、
藍色巴西航空（Azul Brazilian Airlines）、
韋伯捷航空（WebJet Linhas Aereas）、
高爾航空（Gol Transportes Aereos）

[澳洲]

澳大利亞
維珍澳洲航空（Virgin Australia）、
捷星航空（Jetstar Airways）、
V澳洲航空（V Australia）、
老虎航空（Tiger Airways Australia）

紐西蘭
太平洋藍航空（Pacific Blue Airlines）、
捷星紐西蘭（Jet Star New Zealand）

★ 編按：目前可由台灣出發前往各國的廉價航空有威航（V air）、亞洲航空、樂桃航空、香草航空（Vanilla Air）、捷星亞洲航空、酷航（Scoot）、老虎航空、宿霧太平洋航空、易斯達航空、德威航空、釜山航空、濟州航空、越捷航空（VietJetAir）等。

有問題喲！
Q&A. 環遊世界機票諮詢室

> **Q01** 獲得環遊世界機票後，在旅行中，日程還沒確定的地區，該如何預約飛機座位呢？

A01 到希望預約座位的該地區對應航空公司，或屬於環遊世界機票航空聯盟一員的個別航空公司預約即可。但即使是該集團一員的航空公司，若遇到預約截止期限，該區間也會不標示出來，因此，向想預約的路線上有固定經營航班的航空公司預約，是最保險的。飛機預約的方法大致分作三種：第一種，用電話或網路預約。如果不熟悉當地語言或英語的話，打電話回國請購買機票的旅行社幫忙預約，這是最容易又最可靠的方法。第二種，在當地的航空公司或旅行社直接預約。第三種，到達後在出機場前，到下一個旅遊地點的機場櫃檯預約。或者，如果日程要緊急變更，也可以直接到機場航空公司櫃檯預約；但是這樣也可能發生得不到OK的情況，所以最好還是要事先預約。

A02 有即使是滯留或換機也要繳納稅金（TAX）的國家和機場。目前多數將出國稅、機場使用費等，在環遊世界機票發券時一併繳納，但也有例外的，依狀況還是會要在機場直接支付。費用計算方法和規定相當複雜，而且時常變更，最好透過專門旅行社獲得正確訊息比較好。

> **Q02** 在滯留地也要繳納稅金或油料上漲費用嗎？

A03 One World有限制各洲中途停留和飛行次數的規定，要去比規定數多的地方旅遊或飛行的話，就要支付一定的追加費用，並修正路線。一區間追加飛行次數費用是經濟艙150美元、商務艙400美元、頭等艙550美元。但是，即使支付了追加費用，全部行程的飛行總數仍不能超過16次。

> **Q03** 什麼是飛行區間的追加費用呢？

Q04 如果想邊旅遊，邊做工作渡假的話，該如何利用環遊世界機票呢？

A04 最近利用環遊世界機票，連結旅遊和工作渡假的旅客，有增加的趨勢。行程是使用環遊世界機票，在6個月工作渡假之後，再環遊世界旅行6個月，之後回國。機票的有效期限，因為是本國出發後1年，如果計劃工作渡假1年以上的話，就不能用環遊世界機票了。另外在各國申請工作渡假簽證時，時常需要確認好機票或預約好機票，所以出發日期、最初訪問地、全部路線，最好都事先決定好（加拿大工作渡假）。One World推薦的路線是：本國→倫敦→（In）北歐→俄羅斯（Out）→南歐→南北美洲→亞洲→回國。前幾年，有旅行者是在澳洲工作渡假數個月賺旅費，然後在澳洲當地買環遊世界機票，環遊世界再回國。也可以參考本書介紹的環遊世界路線。

A05 胡志明市→曼谷的陸路移動區間，算第一個中途停留；孟買→德里的陸路移動區間，算第二個中途停留；因此行程不違背規定。開放區間的中途停留數不等於訪問城市數，所以In／Out兩個城市加起來算作1次。

Q05 用One World環遊世界時，陸路移動也計算旅程，蠻擔心它陸路移動區間的計算方式，尤其是One World還限制亞洲內的開口行程只有2次，所以本國→香港（滯留）→（In）胡志明市→曼谷（Out）→（In）孟買→德里（Out）→倫敦，這路線可能嗎？這樣，胡志明市、曼谷、孟買、德里，合起來是不是算4個城市的中途停留了？

Q06 環遊世界進行的方向，有限制逆行的規定，它的範圍是什麼？

A06 雖然各機票有例外的規定，但原則上都是洲內逆行可以，但不能洲間逆行。當然國家內逆行也是可以的。印度→莫斯科→西班牙→杜拜、印度→蒙古、印度→西班牙→莫斯科→杜拜、印度→蒙古、莫斯科→西班牙、杜拜→歐洲＆中東，因為都看作是同一洲，所以沒有路線上的問題。但是橫越大西洋和太平洋，因為是洲間的逆行，所以是不可以的。但是也有些環遊世界機票例外。

IATA（國際航空營運協會）目前決定的洲區間
TC1（第1地區）以北美、南美洲為中心、臨加勒比海國家
TC2（第2地區）歐洲、中東、非洲
TC3（第3地區）亞洲和南亞

相同TC內的逆行旅遊可以，不同TC間的逆行則不可以。
也就是在屬於TC1的北美、南美、加勒比海國家間旅行，逆行是可以的。在屬於TC2的歐洲、中東、非洲間旅行，逆行也是可以的。在屬TC3的亞洲和屬亞洲南部的澳洲間，逆行也是可以的。

歐洲　亞洲
北美洲
非洲　大洋洲　南美洲

Q07 計劃以2年的時間作環遊世界旅行。想以陸路移動為主來旅行，哪一種環遊世界機票最合適？計劃以亞洲、歐洲、非洲、北美、南美、亞洲這順序旅行。

A07 最重要的是發券時機。因為所有環遊世界機票的有效期限是1年，所以出發時獲得發券的話，1年以後再使用是不行的。因此，從中國以陸路旅遊到歐洲後，再取得環遊世界機票比較好。旅遊到倫敦後，在倫敦購買環遊世界機票，再旅遊北美和南美。然後再滯留亞洲，指定本國為最後中途停留地後，以回到倫敦的型態來發券，因為環遊世界機票規定，出發地和結束地要一致。這時一面滯留亞洲，一面可以前往旅遊之前陸路移動時沒有去的地方，再回到本國中途停留時，就在本國結束整個旅程。剩下的本國→倫敦區間，雖然可惜但仍放棄。如果回到倫敦的話，可利用火車移動到俄羅斯後，再利用橫越西伯利亞列車，經過蒙古或中國，再回到本國，這路線也蠻值得推薦的。

橫越歐亞的路線

❶ 本國 中國	❼ 曼谷 寮國	⓮ 新德里 巴基斯坦
❷ 北京	❽ 龍坡邦 中國	⓯ 伊斯蘭馬巴德 伊朗
❸ 上海 越南	❾ 景洪	⓰ 德黑蘭
❹ 河內	❿ 拉薩	⓱ 大不里士 土耳其
❺ 胡志明市 柬埔寨	⓫ 蒼梧 尼泊爾	⓲ 伊斯坦堡
❻ 金邊 暹粒 泰國	⓬ 加德滿都 印度	
	⓭ 瓦拉納西	

歐洲旅行

進入歐洲陸路移動

發給環遊世界機票

Q08 目前所有環遊世界機票的最多飛行次數，都是16次。各個區間的移動，是怎麼算的？

A08 以Star Alliance機票的個別陸路移動區間，相同都市不同機場，也算1個區間。也就是說從倫敦到達紐約JKF機場後，再坐巴士到拉瓜地亞機場，再坐飛機到邁阿密的話，紐約內的兩個機場搭巴士移動的區間，也包含在內，算是3個區間。一個都市有兩個以上的國際機場時，若在不同的機場出入國的話，就算是1個區間，這規定可說是硬性規定。配合過去的規定編製計畫，或正在規劃旅遊地，一定要確認這些規定有無變更，之後在購買前再檢核一下路線。但是3洲以下的機票，就算規則變更，也不會有太大的影響。

2
用環遊世界機票，
完成的 **12**條環遊世界夢想路線

在世界的某個角落，
有和我們相似的人。
也許是為了追尋，或是為了回應靈魂深處的呼喚，
我們不畏艱難地踏上旅途。

聖彼得堡
倫敦
莫斯科
貝加爾湖
伊路利薩特
華沙
溫哥華
納薩爾蘇瓦克
巴黎
烏蘭巴托
韓國
雷克雅維克
北京

dream route best

Antarctica

「五美元旅行‧環遊世界俱樂部」沈泰烈的
三大洲北極圈環遊世界路線

這是以陸路為中心的三大洲環遊世界，和既存的環遊世界路線很不同。這條路線的核心，是在北極圈的冰島及格陵蘭旅行。不是利用環遊世界機票，而是用各別的機票，將航空移動減到最少。透過陸路移動，橫越歐亞大陸後，再往北進入北極圈，是條長途的陸路旅行行程。這條路線，對那些已經旅遊過許多地方的人，或夢想有更不同的短期環遊世界旅行的人來說，是非常吸引人的。從仁川搭船進入北京，然後利用巴士或火車進入蒙古。在蒙古體驗遊牧民族的生活及大草原後，搭火車朝有貝加爾湖的伊爾庫茨克前進。之後，從伊爾庫茨克到莫斯科，一面進行為期5天的橫越西伯利亞火車之旅，一面欣賞西伯利亞廣闊的泰加森林。之後，經過飄盪著柴可夫斯基悠揚旋律的藝術城市聖彼得堡，再旅遊波羅的海三國，接著途經西歐，抵達倫敦。遊覽倫敦後，就要開始在本路線的焦點北極圈地區旅遊了。在冰島神祕的大自然裡露營，並進行汽車旅行；在格陵蘭，體驗當地伊努特人（我們稱為愛斯基摩人）獨特的生活，並體驗伊路利薩特令人屏息的冰峽灣。最後，進入美洲，遊歷溫哥華後，越過太平洋回國。這就是整個行程。

在附近可以一起去的 10個旅遊地

01 以北京為起點，旅遊中國東北和長白山
：需1週

02 在蒙古參加戈壁沙漠及集水堀越野行程
：需1週

03 在貝加爾湖的歐洪島旅行
：需1週

04 在橫越列車車站的西伯利亞內陸都市旅行
：需1週

05 以挪威為中心，遊覽北歐及索格納峽灣
：需2週

06 以法國為中心，展開西歐文化紀行
：需1個月

07 以倫敦為中心，遊覽蘇格蘭
：需1週

08 以溫哥華為中心，進行阿拉斯加汽車旅行
：需2週

09 以溫哥華為中心，遊覽美國西部城市及大峽谷
：需2週

10 以溫哥華為起點，進行班夫國家公園汽車旅行
：需1週

★ 遊歷一圈：約100天（基本路線旅遊時）
～350天（追加全部鄰近旅遊地時）
★ 預計拜訪國家數：13～20個
★ 必須費用：台幣21萬2,000元～

伯利亞橫越列車上看到的風景

冰島古佛斯

格陵蘭

拉脫維亞

俄羅斯聖彼得堡

立陶宛

蒙古戈壁沙漠

蒙古塔爾吉

旅行高手的
一句話！

貝加爾湖

好好享受旅遊冰島的樂趣

冰島面積雖小，卻是個全境都可看到生氣勃勃自然風景的地方。地表就像外星球一樣，奇特且神祕。因此，冰島以好萊塢電影拍攝場景而受到矚目。電影《普羅米修斯》裡的外星球，就是以冰島為背景拍攝成的；湯姆克魯斯深受歡迎的電影《遺落戰境》，也是在冰島拍攝。要好好地在這旅遊的話，租汽車露營旅行是最好的。冰島全境旅遊露營系統相當完善，完全不會有困難。不過夏季是旺季，很難租到車，甚至有句話說「連全世界最有錢的大富翁也很難租到」，因為設備有限，所以事前一定要預約。能體驗到非常奇特的旅遊經驗。

相關推薦：雷利・史考特導演的《普羅米修斯》

┈┈┈┈┈ 以環遊世界機票移動
┈┈┈┈┈ 陸路移動

Antarctica

「五美元旅行・環遊世界俱樂部」特別紀實團的
橫越歐亞大陸的半個環遊世界路線

這是長期旅遊入門者難以拒絕的路線，誰都曾夢想過來一趟橫越歐亞大陸的旅行。不過這條路線，和以前橫越歐亞大陸旅遊有諸多不同。以前由韓國出發的歐亞旅遊，是從當地利用陸路橫越亞洲，抵達歐洲後，再搭機返國。不過這條路線剛好相反，先坐飛機抵達目的地歐洲，再從歐洲走回亞洲；到了亞洲還沒結束，轉進東南亞，從印尼往上走到中國天津，再坐船回國，是條生氣勃勃且奇特的路線。這條路線從伊斯坦堡開始，經過可說是土耳其旅遊勝地的棉堡和卡帕多其亞後，在黑海沿岸的特拉布松取得伊朗簽證，往土伊邊境移動。之後旅遊德黑蘭、伊斯法罕、設拉子、亞茲德等，再往伊巴邊境移動。在伊朗、巴基斯坦國境準備租車旅行，抵達外國人可以租到汽車的奎達後，經過伊斯蘭馬巴德，之後就抵達本路線最美的區間罕薩了。接著往印度移動，參加普希卡駱駝節，並到瓦拉納西等主要地區旅遊，之後往加爾各答移動。一般的橫越歐亞旅行路線，是在加爾各答進入曼谷，不過這條路線，是在這裡搭廉價航空，飛往印尼蘇門答臘島多巴湖旅遊，然後經馬來西亞，往上走到泰國、寮國、中國旅行。然後在中國天津搭船回仁川。整個行程能在短時間內遊覽相當多地區，核心地區也不會遺漏，是非常豐富的路線。

在附近可以一起去的 10個旅遊地

01 以希臘為中心，旅遊浪漫島聖多里尼
: 需1週

02 包含義大利和克羅埃西亞，遊覽亞得里亞海沿岸國家：: 需1個月

03 以土耳其為中心，旅遊埃及和約旦：
: 需3週

04 以土耳其為中心，遊覽喬治亞等高加索國家
: 需3週

05 以印度孟買為中心，旅遊南印度
: 需3週

06 包含喜馬拉雅登山的尼泊爾旅行：
: 需3週

07 遊覽印尼爪哇及峇里島：
: 需2週

08 以曼谷為中心，旅遊柬埔寨和越南：
: 需3週

09 以曼谷為中心，旅遊緬甸：
: 需2週

10 以中國昆明為中心，旅遊東西藏：
: 需2週

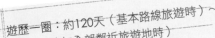

★ 遊歷一圈：約120天（基本路線旅遊時）～310天（追加全部鄰近旅遊地時）

★ 預計拜訪國家數：9～20個

★ 必須費用：台幣15萬9,000元

土耳其‧伊朗邊境

伊朗‧巴基斯坦邊境

巴基斯坦罕薩

巴基斯坦罕薩

伊朗

印度北部

伊朗德黑蘭

土耳其卡帕多奇亞

伊朗邊境

巴基斯坦卡帕

巴基斯坦邊境

掃描
QR Code

巴基斯坦邊境

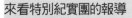

來看特別紀實團的報導

dream route
best

用1萬美元成行的
短期環遊世界路線

沒辦法放下工作的上班族，如果能果敢地請1個月的假，也可以考慮1個月的短期環遊世界。1年以上的環遊世界，事實上，難免會有要暫時隔斷所有日常關係的壓力，大家總是只能作作夢，無法採取實際的行動。這樣的話，可以仔細看看下面推薦的這個環遊世界路線。因為機票、旅館和當地的套裝行程，都在事前先預約好才出發，所以能比較安全且愉快地旅行。

冰島6天	雷克雅維克
奧斯陸	
法蘭克福	
伊斯坦堡	5天
奧斯陸	
開羅	
開羅	6天
奈洛比	4天
溫哥華	3天
韓國	
上海	3天
香港	
奧克蘭	6天

A. 以環遊世界旅行者所挑選風光最棒的冰島和紐西蘭為首，再加上古代遺跡的代名詞埃及、以野生狩獵知名的肯亞馬賽馬拉，花一個月的時間，可以全部走一遍，是很夢幻的路線。

* 這條路線利用環遊世界機票，實際上這條路線也是可以劃位的。

★ 全部時間：37天（包含飛機移動時間）
　簽證事宜：全區間免簽，或可申請機場落地簽
　預計環遊世界費用：台幣39萬7,500元

■ 免簽旅遊地	▢ 單純轉機地
■ 可申請國境簽證、落地簽證	---------- 以環遊世界機票移動
■ 需要發給簽證	────── 陸路移動

倫敦

馬德里
3天

香港

韓國

Antarctica

LA

墨西哥城
3天

邁阿密

京斯敦
3天

聖多明哥
3天

聖胡安
3天

聖荷西
3天

卡拉卡斯
3天

利馬

庫斯科
6天

復活島
4天

聖地牙哥

B. 中南美洲主要的不可思議遺跡全都涵蓋，旅行者的致命吸引力、加勒比海的焦點，大部分也都旅遊到了，同時還去了一趟知名的復活島，是以拉丁美洲為中心的環遊世界旅遊路線。如果還有4天多餘的時間，可以再追加烏尤尼鹽漠。

＊這條路線利用環遊世界機票，實際上這條路線也是可以劃位的。

★ 全部時間：35天（包含飛機移動時間）
　簽證事宜：部分地區免簽
　預計環遊世界費用：台幣38萬4,250元

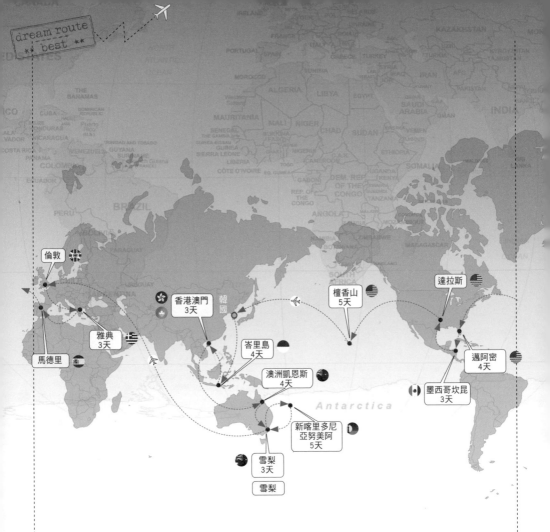

倫敦

香港澳門
3天
韓國

檀香山
5天

達拉斯

雅典
3天

馬德里

峇里島
4天

澳洲凱恩斯
4天

邁阿密
4天

Antarctica

新喀里多尼
亞努美阿
5天

墨西哥坎昆
3天

雪梨
3天

雪梨

C. 前往全世界最棒的渡假地,歷時一個多月、如夢般的浪漫旅行。對喜歡潛水和海洋運動的旅遊者來説,這是最棒的路線了。全部區間都是由免簽證的旅遊地構成(編按:此段敘述以韓國為準),只要有時間和旅費,就能無負擔地出發了。是以渡假地為主的短期環遊世界路線。

★ 全部時間:37天(包含飛機移動時間)
　簽證事宜:多數地區免簽
　預計環遊世界費用:台幣33萬1,250元

■ 免簽旅遊地		▢ 單純轉機地	
■ 可申請國境簽證、落地簽證		----- 以環遊世界機票移動	
■ 需要發給簽證		·········· 陸路移動	

D. 雖然是只有一個月的行程，但卻是以非洲和澳洲內陸為首，連南美洲也繞了一圈的五大洲環遊世界路線。在加拿大遊覽班夫國家公園，在澳洲可以於內陸盡情地奔馳，在南非共和國可以體驗Big5狩獵。在南美因為有5天的時間，可依喜好，探訪印加遺跡、伊瓜蘇瀑布、烏尤尼鹽漠，也可以選擇亞馬遜觀光行程，是相當特別的環遊世界行程。可考慮花21萬2,000元坐船參加非洲套裝行程，這條路線所帶來的體驗，物超所值。

★ 全部時間：29天（包含飛機移動時間）

　簽證事宜：多數地區免簽

　預計環遊世界費用：台幣22萬5,250元

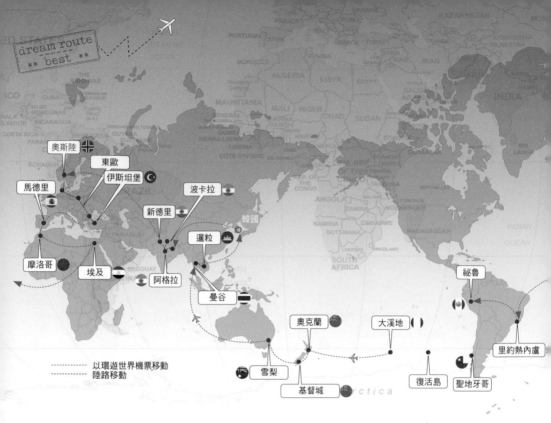

以環遊世界機票移動
陸路移動

奧斯陸
東歐
伊斯坦堡
馬德里
波卡拉
新德里
摩洛哥
埃及
阿格拉
暹粒
韓國
曼谷
祕魯
奧克蘭
大溪地
里約熱內盧
雪梨
基督城
復活島
聖地牙哥

「五美元旅行・環遊世界俱樂部」申昌勇的
3個月環遊世界路線

在這麼短的時間內緊湊地旅行，只用了90天就把主要的都市整個環遊了一遍，真是令人非常驚訝。這路線利用了One World Explorer的4大洲路線，也是唯一有連接復活島奇景之一的巨石像的航空公司，購買機票的費用約台幣8萬7,450元（不含稅），此外還需要有3個月遊30個國家的超人體力。

此路線的焦點是體驗印度的異國文化、尼泊爾的徒步攀登喜馬拉雅山、觀賞大自然的傑作挪威峽灣，還有環遊歐洲的旅行。不僅可以旅遊充滿古代遺跡和自然遺產的土耳其全境，還可以看古代埃及的遺跡，和撒哈拉沙漠的入口摩洛哥。越過大西洋來到美洲後，循著印加文明遺跡遊祕魯，到復活島看巨石像，到高更最愛的南太平洋珍珠大溪地，再到充滿原始自然的紐西蘭，看世界3大港之一的雪梨，還有歌劇院，最後來到旅遊的終點東南亞，以有背包客天堂之稱的泰國為中心，遊覽了柬埔寨吳哥窟之後，便到了回國的日子了。

在附近可以一起去的 10個旅遊地

01 可以在尼泊爾參加tour到西藏旅遊：需1週

02 從紐西蘭出發到北極圈的冷岸群島 （Svalbard）體驗永晝：需1週

03 環遊歐洲旅行：需2個月

04 以摩洛哥為中心，環非洲西海岸旅行： 需1個月

05 旅遊埃及附近的中東國家（約旦、敘利亞、 黎巴嫩等）：需1個月

06 以祕魯為起點，遊南美一周（IN祕魯庫斯科－普諾－玻利維亞拉巴斯－烏尤尼鹽漠－巴拉圭－伊瓜蘇瀑布－阿根廷聖卡洛斯德巴里洛切－智利巴塔哥尼亞－聖地牙哥OUT）：需3個月

07 在復活島和大溪地有充裕的時間休息：需2週

08 以出租旅遊車環紐西蘭南北島一周：需1個月

09 以曼谷為中心，環東南亞一周：需要1個月

10 東南亞旅遊後，以陸路旅遊越南－中國雲南地方，以渡船到成都，再回國：需1個月

★ 遊歷一圈：約100天（基本路線旅遊時） ～350天（追加全部鄰近旅遊地時）
★ 預計拜訪國家數：30～50個
★ 必須費用：台幣26萬5,000元～
★ 環遊世界機票：ONE WORLD EXPLORER 4大洲

巴西里約嘉年華

尼泊爾安娜普娜

柬埔寨吳哥窟

瑞士

智利復活島

印度泰姬瑪哈

土耳其艾菲索斯

旅行高手的一句話！

享受法屬玻里尼西亞的浪漫

法屬玻里尼西亞首都帕皮提所在島大溪地，是嚮往浪漫的戀人們很喜歡造訪的地面天堂。高更因大溪地美麗的魅力而在這裡終老，每年都會有許多遊客到此尋訪他的足跡。雖然這兒的物價跟歐洲一樣貴，但仍有絡繹不絕的遊客為了享受法國的浪漫和熱帶地方耀眼的陽光而來。One World所屬的智利航空有連接復活島和大溪地的航班。以美麗聞名的波拉波拉島也在附近。

法國聖米歇爾山

祕魯馬丘比丘

dream route
** best **

納爾維克

奧斯陸

瑞士

阿姆斯特丹

巴黎

伊斯坦堡

新德里

溫哥華

洛杉磯

紐約

馬德里

泰國

義大利

埃及

杜拜

加爾各答

香港

墨西哥

夏威夷

瓜地馬拉

峇里島

哥倫比亞

Antarctica

---------- 以環遊世界機票移動
---------- 陸路移動

「五美元旅行・環遊世界俱樂部」Lenton的
6個月環遊世界路線

在已經旅遊過的中國中、北部和大洋洲地區以外，我只選擇了自己目前想去的地方，編製了這個140天遊25個國家的路線。這條路線是利用「Star Alliance環遊世界機票3萬4,000哩以內」的選項，全部行程中有20％是利用陸路移動的。途中還短暫拜訪了有錢人的渡假中心，悠閒而且浪漫地度過了3～4天。機票約台幣8萬7,450元（不含稅），加上和富人一起休閒的行程，總共約台幣37萬1,000元。探訪了聚集中國眾多觀光勝地的雲南省、柬埔寨吳哥窟、全球創新都市杜拜、古代埃及遺跡，和整個都市都是文化財的伊斯坦堡，另外，還環遊歐洲一圈、在挪威納爾維克體驗永晝，依次尋訪世界三大瀑布之一的尼加拉瓜瀑布、古代阿茲特克文明和馬雅文明遺跡，經過最棒的休閒勝地夏威夷後，回到韓國。

泰國曼谷

墨西哥奇琴伊察

挪威索格納峽灣

中國麗江

在附近可以一起去的 10個旅遊地

01 從中國雲南省走茶馬古道到西藏旅行：需2週

02 在印度北部旅行並在尼泊爾徒步登喜馬拉雅山：需1個月

03 從埃及陸路旅行到伊斯坦堡：需1個月

04 以土耳其伊斯坦堡為中心，環遊地中海中知名島嶼：需2週

05 從挪威出發在冷岸群島體驗永晝：需1週

06 旅行埃及附近中東國家（約旦、敘利亞、黎巴嫩）：需1個月

07 從墨西哥橫越中美洲旅遊：需4個月

08 從墨西哥坎昆進入古巴後，環遊古巴一周：需2週

09 旅遊美國洛杉磯－西雅圖－溫哥華後，到阿拉斯加旅行：需2週

10 經夏威夷然後回韓國的途中，經過日本在京都附近旅行：需1週

★ 遊歷一圈：約140天（基本路線旅遊時）～427天（追加全部鄰近旅遊地時）

★ 預計拜訪國家數：25～45個

★ 必須費用：台幣37萬1,000元

★ 環遊世界機票：STAR ALLIANCE 環遊世界機票3萬4,000哩以內

克羅埃西亞普利特維切湖

加拿大溫哥華

夏威夷

土耳其伊斯坦堡

TRAVEL INFO.

環遊世界路線追加復活島

❶在環遊世界中，到以毛艾巨石像聞名的復活島一遊，比想像中困難多了；因為它位在相當孤立的地方，到達的航班每天也只有1班。從韓國境內前往的話，往返機票需花費台幣6萬6,250元～9萬2,750元。因此利用三大環遊世界機票之一的One World環遊世界機票是最好的方法。利用One World機票時，復活島是包含在南美的，所以要買包含南美洲在內的4大洲的票。

❷從南美洲可以往返復活島，但要從隸屬澳洲的大溪地帕皮提往返復活島則不可能；因為環遊世界機票洲內可以逆行，但不同洲之間則不能逆行。

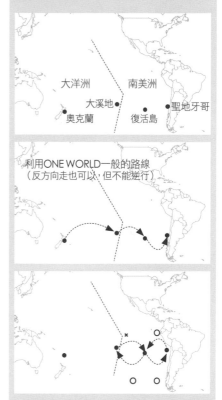

利用ONE WORLD一般的路線
（反方向走也可以，但不能逆行）

用個別機票遊復活島的方法

❶從智利聖地牙哥進入：往返機票需500～800美元

❷從大溪地的帕皮提進入：往返機票需800～1,200美元（從本國到大溪地或聖地牙哥的機票費用另計）

以環遊世界機票移動
陸路移動

「五美元旅行‧環遊世界俱樂部」高寶嵐的
328日環遊世界路線

這是單身女子獨自完成長時間環遊世界的偉大壯舉，而且還是扎實地遊完南美和非洲的模範路線。全程以One World五大洲環遊世界機票來旅行，約拜訪了30個國家。旅遊費用包括購買One World機票約台幣10萬700元、各國稅金約台幣1萬8,550元，加上旅行準備金等，共需台幣66萬2,500元。除了機票費用外，平均每天可用的經費約台幣1,590元，可以參加各地區各種tour和體驗徒步旅行等。這是很值得計劃獨自環遊世界的女性參考的路線。

這條路線的特徵是，跳過已經旅行過或日後容易旅行的亞洲地區，經過香港，直接進入非洲的南非共和國。在非洲為了安全起見，可以和各國旅客一起進行陸路汽車野生動物之旅，還可以參加位在坦尚尼亞和肯亞的吉力馬札羅山登山活動。之後，再環遊埃及－約旦－敘利亞－土耳其區間，可以欣賞到中東文化之美。歐洲地區則以遊俄羅斯和拉丁歐洲為主；南美洲有祕魯納斯卡線之旅、印加遺跡探訪、玻利維亞烏尤尼鹽漠之旅等，都是大部分旅客不會錯過的行程。之後則環遊復活島、巴塔哥尼亞高原登山、探訪馬雅遺跡和阿茲特克遺跡。

在附近可以一起去的 10個旅遊地

01 旅遊東南非的莫三比克和馬達加斯加：需3週

02 在歐洲旅遊西班牙、葡萄牙之後，旅行非洲的摩洛哥和突尼斯：需2週

03 遊俄羅斯聖彼得堡後，再遊波羅的海三國：需2週

04 利用倫敦出發的低價航空，旅遊冰島：需1週

05 從挪威出發到北極冷岸群島體驗永晝：需1週

06 從玻利維亞科洛伊科出發，遊亞馬遜：需1週

07 遊祕魯後，再遊厄瓜多和加拉巴戈群島：需2週

08 從墨西哥坎昆進入古巴後，環遊古巴一周：需2週

09 美國東部旅行後，進入加拿大，遊加拿大附近洛磯山脈：需2週

10 回國時在日本東京，利用開放區間遊福岡：需2週

★ 遊歷一圈：共328天（基本路線旅遊時）~454天（追加全部鄰近旅遊地時）
★ 預計拜訪國家數：30~42個
★ 必須費用：台幣66萬2,500元~
★ 環遊世界機票：ONE WORLD 環遊世界機票5大洲

TRAVEL INFO.

在南非出發的陸路汽車旅遊行程

南部非洲之旅開始於南非共和國的開普敦，有許多當地的旅行社，為來自世界各國的遊客，開發出了各式各樣遊非洲的小tour。大部分都是用由卡車或吉普車改造的車輛，可以和各國背包客一起旅遊、露營、住宿，還有體驗各式各樣戶外活動。在需要簽證的地方，甚至有幫忙代辦簽證的服務。如果擔心單獨旅遊南非的安全問題，便很推薦這個路線；雖然會比個別旅遊的費用多一點，但也提供了和各國遊客做朋友的機會。韓國和日本環遊世界旅行者最推薦的路線，就是：南非共和國－納米比亞－波札那－辛巴威－維多利亞瀑布，環遊一周的行程，20天約需台幣3萬9,750元。

相關網址www.dragoman.co.uk

〔汽車旅遊行程路線〕

安哥拉　尚比亞　哈拉雷　辛巴威　莫三比克　波札那　納米比亞　史瓦濟蘭　賴索托　南非共和國　開普敦

香港

希臘聖托里尼

納米比亞納米比沙漠

坦尚尼亞馬塞馬拉

祕魯庫斯科

俄羅斯莫斯科

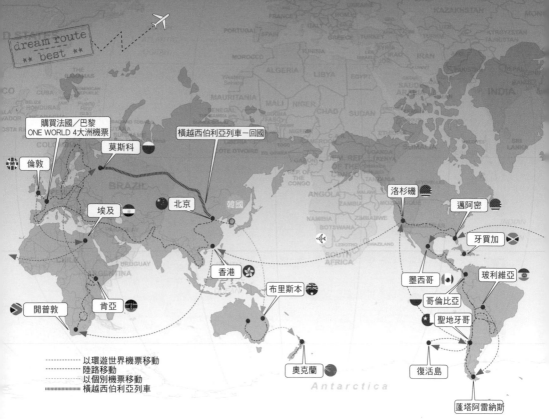

dream route
** best **

購買法國／巴黎
ONE WORLD 4大洲機票

橫越西伯利亞列車一回國

莫斯科

倫敦

埃及

北京

韓國

洛杉磯

邁阿密

牙買加

香港

墨西哥

玻利維亞

哥倫比亞

開普敦

肯亞

布里斯本

聖地牙哥

復活島

奧克蘭

Antarctica

蓬塔阿雷納斯

---------- 以環遊世界機票移動
---------- 陸路移動
---------- 以個別機票移動
ⅲⅲⅲⅲ 橫越西伯利亞列車

「五美元旅行・環遊世界俱樂部」崔大潤的
561日環遊世界路線

這是歷經約18個月的環遊世界路線，以個別陸路移動和環遊世界機票交互活用。
先從韓國以約6個月的時間陸路旅行到歐洲，之後在法國購買One World五大洲環
遊世界機票，以1年時間環遊世界。首先，在出發地巴黎旅遊，之後，前往莫斯科
搭橫越西伯利亞列車，然後從西伯利亞－蒙古－中國，回到韓國。在2001年時，
環遊世界需要的總費用台幣47萬7,000，再加上之後緊湊遊覽90多國的費用，總計
約106萬元。這種複合式環遊世界路線的優點是，將有效期限1年的環遊世界機票
接上個別陸路旅行，可以擴大旅行時間到1年以上。最近也有旅遊者，將幾乎不需
航空移動的歐亞大陸和非洲大陸，以1年時間遊畢；結束時再購買環遊世界機票，
花一年的時間遊覽剩下的美洲和澳洲。

這條路線還有一個優點——因為是以陸路通過東南亞、印度、中東、土耳其，向
歐洲前進，所以環遊世界機票基本上已經占了一半的路線，像寶石般的旅遊地都
可以親身走過，毫無遺漏地體驗世界級、有名的遺跡和自然遺產等。在一面繞地
球半圈、一面旅行80多個國家後，最後一週再搭上橫越西伯利亞的列車，可以同
時好好整理過去的旅行記憶，是一條很值得推薦的路線。

在附近可以一起去的 10個旅遊地

01 旅遊俄羅斯極東的勘察加半島：需2週

02 從中國內陸的西安開始，探訪絲路：需1個月

03 從土耳其西北部開始，環遊裡海沿岸和裡海三國：需3週

04 利用倫敦出發的低價航空，旅遊冰島和格陵蘭：需2週

05 以摩洛哥為起點環遊非洲：需2個月

06 從玻利維亞科洛伊科出發，遊亞馬遜：需1週

07 遊祕魯後，再遊厄瓜多和加拉巴戈群島：需2週

08 阿拉斯加冰河之旅：需2週

09 在澳洲利用太平洋航空通行證，旅遊南太平洋新喀里多尼亞和萬那杜的活火山：需3週

10 回韓國前，前往台灣搭阿里山登山小火車，看野柳海岸的奇岩怪石：需1週

坦尚尼亞桑吉巴

智利巴塔哥尼亞

緬甸蒲甘寺院群

智利復活島

澳洲艾爾斯岩

旅行高手的 一句話！

★ 遊歷一圈：共561天（基本路線旅遊時） ～779天（追加全部鄰近旅遊地時）
★ 預計拜訪國家數：80～90個
★ 必須費用：台幣47萬7,000元～
★ 環遊世界機票：ONE WORLD 環遊世界機票4大洲

全世界最美麗又最危險的路

環遊世界旅行者認為全世界最危險的道路，是從玻利維亞首都拉巴斯，往亞馬遜叢林的道路。1935年開通以來，每年有200～300人因意外而死亡；1995年美洲開發銀行又為它加上了「世上最危險道路」的別名。路旁都是令人膽顫心驚的懸崖峭壁，60公里長的區間大部分沒有欄杆，一路都是彎曲又傾斜的道路。這條路如此危險，卻也是出了名的美麗；它雖然位在4,300公尺的高地，但只須花3小時就可以到達僅330公尺高的亞馬遜低地帶，令人不頭暈目眩也難！在這3小時內，可以從車窗欣賞到多種山林的分布；另外在路的中段，有個叫作科洛伊科的小渡假村，以低廉的住宿設施而聞名。只需5美元，就可以在附有游泳池的休閒渡假旅館投宿，這費用也包含早餐的自助餐。前往玻利維亞除了到烏尤尼鹽漠以外，也可以利用這條道路到科洛伊科；除了可在豪華的渡假村休息外，還可以享受其他各項設施。

中國桂林　土耳其棉堡

美國大峽谷　玻利維亞烏尤尼

dream route ** best **

哥本哈根
阿姆斯特丹
捷克
馬拉喀什
奈洛比
費爾班克斯
堪格陸素克
水牛城
東京
夏威夷
加拉巴哥
拉巴斯
烏尤尼
祕魯
新喀里多尼亞
布宜諾斯艾利斯
韓國

-------- 以環遊世界機票移動
-------- 陸路移動
-------- 以個別機票移動

環遊世界夢想路線精選01
世界最美的絕境

這路線是利用Star Alliance 的3萬5,000～4萬哩環遊世界機票,1年期,需花費約台幣66萬2,500元,可以遍賞環遊世界旅行者最喜歡的地景最高絕境,從這點來看,可算是接近完美的路線;它還包含了極地和南太平洋等島,如果個別去這些地方的話,費用相當昂貴,卻也是最終會讓人不得不放棄的美麗地方。這條環遊世界路線,是從韓國出發後直接抵達歐洲,所以對已經去過這中間的中國、東南亞、印度等地方的人來說,是比較有利的。這路線能讓你在格陵蘭極地體驗愛斯基摩人的生活和萬年冰河,之後立刻到西非的撒哈啦沙漠,在野生動物大草原旅行,然後前往阿拉斯加看極光,到夏威夷看活火山和黃金海岸。另外,也能親臨世界三大瀑布之一的尼加拉瓜瀑布、環遊世界旅行者極愛的烏尤尼鹽漠,還會造訪活的進化博物館厄瓜多的加拉巴戈群島。最後一站是遊覽南太平洋、像天堂一般的新喀里多尼亞島,完成這整條的夢幻路線。機票價格約台幣10萬6,000元(不含稅),旅行時間最少需要8個月以上。

如果要從丹麥的哥本哈根前往格陵蘭和阿拉斯加,或到新喀里多尼亞島,最好避開7～8月,因為這段時間是西方觀光客蜂擁而至的季節,也可能訂不到機位;所以購買機票時得事先預約,或者在旅行中好好調整行程。

在附近可以一起去的 10個旅遊地

01 以荷蘭阿姆斯特丹為中心，遊西歐一周：需20天

02 以丹麥哥本哈根為起點，遊北歐一周：需2週

03 從摩洛哥馬拉開西，沿西北部非洲海岸線旅遊：需40天

04 從肯亞奈洛比入境後，到坦尚尼亞、烏干達、盧安達、馬拉威等鄰近國家旅遊：需1個月

05 以阿根廷布宜諾斯艾利斯為中心，到巴西伊瓜蘇瀑布和南部巴塔哥尼亞旅遊：需1～2個月

06 從玻利維亞拉巴斯，經科洛伊科到亞馬遜叢林旅遊，並探訪鄰近的祕魯印加文明：需3週

07 陸路遊厄瓜多、哥倫比亞、委內瑞拉：需3週

08 在美國水牛城利用出租旅遊車，旅遊美國東部：需2～3週

09 從阿拉斯加費爾班克斯，經安克拉治到蘇華德，作阿拉斯加列車之旅，和冰河巡航之旅：需2週

10 南太平洋新喀里多尼亞鄰近國家——萬那杜活火山之旅，和縱遊南阿爾卑斯山無汙染國家紐西蘭：需1個月

★ 遊歷一圈：約350天（基本路線旅遊時）
～500天（追加全部鄰近旅遊地時）
★ 預計拜訪國家數：45～60個
★ 必須費用：台幣66萬2,500元～
★ 環遊世界機票：STAR ALLIANCE環遊世界機票3萬5,000～4萬哩

TRAVEL INFO.

阿拉斯加費爾班克斯

位在阿拉斯加中央的阿拉斯加第二大都市。此外，費爾班克斯還以能看到地球上最美的極光聞名。距全世界能最近距離觀測極光的公園，要4小時車程。

南太平洋新喀里多尼亞

挪威索格納峽灣

瑞士阿爾卑斯山

阿根廷布宜諾斯艾利斯

玻利維亞烏尤尼

巴西伊瓜蘇瀑布

芬蘭赫爾辛基

澳洲大堡礁

阿拉斯加麥金利山

克羅埃西亞普利特維切湖

瑞士
卡帕多其亞
新德里
韓國
聖母峰
伊斯坦堡
香港
孟買
下龍灣
曼谷
凱恩斯
艾爾斯岩
雪梨
卡加利
舊金山
拉斯維加斯
布宜諾斯艾利斯
巴里洛切

-------- 以環遊世界機票移動
-------- 陸路移動

Antarctica

環遊世界夢想路線精選02
世界自然遺產探訪

這條路線的優點是，可以看到相當知名的世界自然遺產，和令人屏息的美麗風景。利用One World五大洲環遊世界機票，可以環遊世界最少6個月以上，機票費用約9萬8,050元（不含稅）。對喜歡攝影的旅行者來說，是再好不過的路線了，可以在神的國度尼泊爾享受登喜馬拉雅山的樂趣，陶醉在越南的山區和如桂林山水般的祕境下龍灣，在地球上最大的珊瑚礁澳洲大堡礁潛水，潛水後登上有世界肚臍之稱的艾爾斯岩，再越過海到猶如奇幻電影場景的土耳其卡帕多奇亞旅行，之後到有世界之美代名詞的阿爾卑斯訪問。長途飛行結束後到達南美的寬廣草原，還有到神祕的土地巴塔哥尼亞旅行，去擁有世界最美麗湖泊的加拿大洛磯山脈，再前往鑑賞BBC選定的「死前一定要去的第一名地方」美國大峽谷。

雖然遺漏了有「旅遊者的浪漫」之稱的非洲地區很可惜，但取而代之的是，從巴里洛切陸路移動到南美最南端的烏蘇懷亞，然後從這裡搭船到南極繞一下，這是很有魅力的地方。只要準備好美國和印度簽證，剩下的地方，到達當地機場就可發簽證，或免簽證，所以可以不必煩惱簽證地去旅行。

在附近可以一起去的 10個旅遊地

01 以越南為中心旅行中國雲南地方（大理、麗江、香格里拉）：需3週

02 旅遊澳洲後，旅行紐西蘭南北島：需3週

03 在尼泊爾攀登聖母峰或安納普娜峰後，利用tour遊西藏：需1個月

04 以印度德里為起點，旅遊北印度斯里蘭卡－列城－拉達克地區：需3週

05 以印度孟買為中心，訪問艾洛拉和阿贊達石窟後，到嬉皮的天堂果阿海灘旅行：需2週

06 土耳其一周：最少需3週

07 瑞士阿爾卑斯山旅遊之後，欣賞亞得里亞海沿岸電影般的風景：需2週

08 從阿根廷開始，環南美旅行（阿根廷－智利－祕魯－玻利維亞－巴拉圭－巴西－阿根廷）：需3個月

09 租汽車旅行美國、北美一周：需2個月

10 連接加拿大溫哥華－班夫/傑仕伯－卡加利，橫越加拿大洛磯山脈之旅：需2週

★ 遊歷一圈：約150天（基本路線旅遊時）～310天（追加全部鄰近旅遊地時）
★ 預計拜訪國家數：30～40個
★ 必須費用：39萬7,500元～
★ 環遊世界機票：ONE WORLD 環遊世界機票5大洲

TRAVEL INFO.

從尼泊爾去西藏的方法

一般的路線是加德滿都→友誼橋（國境）樟木→拉孜→日喀則→拉薩。在尼泊爾旅行後，一般都是用這條路線進入西藏的。西藏是中國內政治非常敏感的地區，所以並不容易在此旅行。為了從尼泊爾轉到西藏，需要申請中國簽證和「進藏確認函」（俗稱「入藏紙」）；入藏紙並不發給個人，只發給旅行團體。在尼泊爾首都加德滿都都有許多旅行社經營西藏的旅遊tour，可以利用陸路小汽車進行5天4夜的旅行，等到了西藏以後，旅客再各自旅行。

阿根廷佩里托莫雷諾冰河

阿根廷巴里洛切

尼泊爾喜馬拉雅

美國大峽谷

瑞士阿爾卑斯

越南下龍灣

加拿大班夫

土耳其葛勒梅

---------- 以環遊世界機票移動
---------- 陸路移動
---------- 以個別機票移動

環遊世界夢想路線精選03
人類文化遺產之旅

循著最棒的古代遺跡,進行環遊世界的人類文化遺產紀行之旅,兼具教育意義,很推薦給計劃帶子女一起環遊世界的人。利用Global Explorer環遊世界機票,進行3萬4,000哩大長程旅行,雖然全部行程都以飛機移動,但最少也需要3個月以上的時間,和約10萬700元(不含稅)的機票費。這趟旅行從北京的萬里長城開始,旅遊世界三大佛教遺跡之一的吳哥窟、婆羅浮屠寺院群、緬甸的浦甘寺院群、泰國的阿尤塔亞,然後結束亞洲之旅。之後跨海到中東觀賞約旦的古代都市佩特拉,和古代埃及、希臘、羅馬遺跡,再到世界三大夜景之一的那不勒斯海邊享受一下。然後跨海到美洲,觀賞印加古代都市庫斯科、被遺忘的空中城市馬丘比丘、不可思議的納斯卡線、馬雅的奇琴伊察、瓜地馬拉的古代蒂卡爾遺跡、墨西哥的金字塔都市特奧蒂瓦坎等。先熟知古文明知識再旅行,等到站在遺跡前時,感動將會增加數十倍、數百倍。

這條路線的陸路移動很多,能更接近各國家的文化和生活,這是它的優點。中國、印尼、泰國等國的簽證,和旅行最初所訪問的國家的簽證,都事先準備好了再出發,以後的行程將會更加順利。

在附近可以一起去的 10個旅遊地

01 以中國北京為中心，沿著絲路到西域地方旅行：需1個月

02 搭青藏鐵路到西藏的布達拉宮旅行：需10天

03 從印尼雅加達入境峇里島：需1週

04 以泰國為中心，遊柬埔寨、寮國、緬甸等東南亞一周：需1個月

05 到古代遺跡的大本營約旦及鄰近中東國家（敘利亞、以色列、黎巴嫩等）旅行：需1個月

06 探訪埃及古代遺跡後，在世界最早的水肺潛水地點達哈伯休息，並參加黑白沙漠tour：需10天

07 以希臘和義大利為中心，旅遊地中海沿岸港口都市和島嶼（聖托里尼島、米克諾斯島、亞得里亞海沿岸等）：需1個月

08 以祕魯為起點，遊南美一周（祕魯庫斯科－普諾－玻利維亞拉巴斯－烏尤尼鹽漠－巴拉圭－伊瓜蘇瀑布－阿根廷布宜諾斯艾利斯－智利巴塔哥尼亞－祕魯北回）：需3個月

09 中美旅行必去的瓜地馬拉的馬雅遺跡，和體驗馬雅印地安人的生活：需2週

10 瓜地馬拉安提瓜的西班牙語短期研習（可以利用週末同時旅遊瓜地馬拉古代遺跡和馬雅印地安村）：需1週～3個月

★ 遊歷一圈：約240天（基本路線旅遊時）～340天（追加全部鄰近旅遊地時）
★ 預計拜訪國家數：20～35個
★ 必須費用：45萬500元～
★ 環遊世界機票：GLOBAL EXPLORER 環遊世界機票3萬4,000哩

TRAVEL INFO.

西班牙語短期語言進修

安提瓜是瓜地馬拉以前的首都，到中南美環遊世界旅行的遊客，很多都會到這裡學習西班牙語；在中南美旅遊期間使用的西班牙語，可以立刻現學現賣，就像是拉丁美洲的語言和文化訓練所一樣。即使只是短暫的旅行，也可以感受到這裡的氣氛和周圍環境；長時間停留的遊客也很多。西班牙語研修每週5天，一天4小時，一對一授課；每週50～90美元。

允許的話，Homestay也可以；費用依位置、房間條件來計，含三餐是每天7～15美元。

祕魯普諾

敘利亞大馬士革

以色列耶路撒冷

希臘雅典娜

泰國曼谷

埃及 ras abu galum

西藏西部普蘭

厄瓜多基多

dream route ** best **

倫敦　羅馬

佩特拉

比薩　開羅

阿布辛貝

北京　韓國

曼谷

吳哥窟

洛杉磯

奇琴伊察

納斯卡

墨西哥城

庫斯科

利馬

復活島　聖地牙哥

Antarctica

---------- 以環遊世界機票移動
-------- 陸路移動
-------- 以個別機票移動

環遊世界夢想路線精選04
世界不可思議的遺跡探訪

對關心世界史的中壯年人，和沒有很多餘暇的上班族來說，這是很有利的路線，可以快速遊覽13～15處世界知名、不可思議的遺跡。按照這路線走的話，大致需要70天左右，可在最短的時間內，探訪人類創造的、難以置信的古代遺跡，環遊世界就可算是結束了，包括：秦始皇建的橫越大陸北方的萬里長城、連接數千年歷史的世界最大的不可思議遺跡埃及金字塔、約旦沙漠的紅色城市佩特拉，還有環遊世界旅行者最想看的印加文明之神祕空中城市馬丘比丘、智利的復活島等，光聽名字就讓人蠢蠢欲動想走訪一次，這些都是令人非常嚮往的旅遊地。另外，全部的旅行費用，含One World 4大洲環遊世界機票在內，只在26萬5,000元以內，以這樣的費用訪問這麼多遺跡，真可說是物超所值了。

如果是因為想去復活島而計劃南美的行程，那麼最好先去復活島，因為偶爾會出現訂不到機位的情況。另外，從納斯卡搭機，當飛到高度3,800公尺的庫斯科時，突然的高度變化會讓人有得高山症的危險，所以旅行時要特別注意健康。尤其是在抵達庫斯科後，不要立刻參加前往馬丘比丘的印加登山活動，最好先在附近村莊觀光2～3天，等適應高度後再慢慢開始行程。一面享受南美安地斯的音樂和美食，一面用心品味印加文明的精華，比較適當。

這條路線上不可思議的遺跡之旅

01 以中國北京為中心，探訪萬里長城和紫禁城

02 柬埔寨暹粒的吳哥窟和鄰近的高棉遺址

03 金字塔和英格蘭巨石陣

04 土耳其伊斯坦堡的的蘇菲亞寺院，和德林古優的基督徒地下都市

05 埃及的古代金字塔和阿布辛貝神殿

06 新7大奇景的約旦佩特拉遺跡

07 義大利羅馬的競技場和比薩斜塔

08 智利復活島上的毛艾巨石像

09 祕魯的納斯卡線和印加遺跡庫斯科、空中都市馬丘比丘

10 瓜地馬拉古代馬雅人的遺跡蒂卡爾

11 墨西哥的馬雅遺跡奇琴伊察，和金字塔都市特奧蒂瓦坎

★ 遊歷一圈：約70天
★ 預計拜訪國家數：15個
★ 必須費用：約台幣26萬5,000元～
★ 環遊世界機票：ONE WORLD機票4大洲

TRAVEL INFO.

新的旅遊地洞里薩湖（Tonle Sap）

說到柬埔寨，大部分人腦海中浮現的就是吳哥窟，其實到柬埔寨旅行還有個絕對不能錯過的地方，就是位在吳哥窟所在地暹粒附近的洞里薩湖。在這裡，可以體驗密集的沼澤濕地、傳統的水上房屋、水上漁村等，形成的柬埔寨人的自然生活。圍繞洞里薩湖形成的傳統水上房屋，對旅行者來說，可以體驗到水上的生活，算是額外附贈的特殊經驗。這個湖是東南亞最大的淡水湖，在3～5月乾季時，湖的面積是2,500平方公里，雨季時面積增大兩倍，占了全柬埔寨國土面積的20%。在暹粒搭車，1小時內可抵達，到達後可以參加遊湖的tour。7人座的船費是5～10美元，相當便宜；2小時內可拜訪漁村，看水生植物群聚地、水上市場等。另外，在柬埔寨的首都金邊還有快艇，可以搭快艇縱貫洞里薩湖，前往暹粒只需5小時，是相當便捷的交通方式，可多加活用，除了比陸路移動節省許多時間外，還相當有趣（金邊－暹粒，快艇費用是25～30美元）。

英國巨石陣

約旦佩特拉

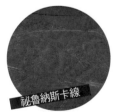
祕魯納斯卡線

庫斯科馬丘比丘

智利復活島

埃及路克索

中國萬里長城

墨西哥奇琴伊察

柬埔寨吳哥窟

土耳其艾菲索斯

倫敦 🇬🇧
法蘭克福
上海 韓國
孟買
洛杉磯 🇺🇸
杜拜
東京
紐約
香港 🇭🇰
新加坡

-------- 以環遊世界機票移動

Antarctica

環遊世界夢想路線精選05
商業目的的環遊世界

這條路線對因商務目的而要巡訪全世界的人來說，是最有效率的。為了新產品銷售通路的開拓和發掘新買家，而要到世界主要商務據點都市作市場調查，就可以利用這路線。為了構思新事業，找尋靈感，使用這條路線也很好。可以利用Star Alliance環遊世界3萬4,000哩機票，環遊3大洲；以東京和法蘭克福為首，再訪問亞洲貿易中心地新加坡、中東和非洲商業中樞杜拜、世界金融和商業中心紐約等，可在1個月的時間內，尋訪10～13個商務都市。停留每個城市時，都住商務旅館，各2～3天，飛機以經濟艙為準需要26萬5,000元，如果想使航空移動更加舒適，升級為商務艙也很好，這時就得追加9萬2,750元左右的金額。

以這條路線作環遊世界的同時，為了能發揮商務目的的成效，針對旅館和商務會議的所有日程，都要事前詳細地規劃和預約好，這是關鍵。對行程緊湊沒什麼閒暇的商務人士來說，可以試著透過各式各樣的網站，行前確認當地機場時間表、旅館一覽表和買家一覽表等。因為這是相當需要體力的行程，可以的話，最好在行程中安排1週的休息時間，有了這1週的休閒，才能養足充沛的體力。

Q. 最想去哪個商業都城，以獲得
對未來事業的靈感？（受訪者182名）

日本國際都市東京	■	16%(29名)
東方之珠香港	▌	7%(14名)
太平洋中樞新加坡	▌	5%(9名)
世界金融中心紐約	■	15%(27名)
初露頭角的中東全球都市杜拜	■	21%(40名)
中國最大的商業都市上海	■	11%(21名)
南美商業之光巴西里約	▌	5%(9名)
歐洲IT金融中心法蘭克福	▌	5%(9名)
世界之腦美國矽谷	▌	7%(14名)
其他先進都市（倫敦、巴黎、雪梨等）	▌	5%(10名)

★ 遊歷一圈：約30天
★ 預計拜訪國家數：8個
★ 必須費用：26萬5,000元～
★ 環遊世界機票：STAR ALLIANCE
環遊世界機票3萬4,000哩

TIP
有益於商業合作的網站
（編按：本段落均已更新為台灣讀者適用）

中華民國對外貿易發展協會－
http://brandingtaiwan.org/
台灣經貿網－http://www.taiwantrade.com.tw/CH/
informationlink.do?method=getDetailByBranch_
B&LINK_ID=564
台灣出進口產品資訊網－http://www.cneea.org.tw/
提供全世界各洲、各國、各領域，貿易統計資料－
www.wto.org
提供亞洲10國6,000多個企業情報資料庫－
www.asidnet.org
世界中國工商人網站－www.wcbn.com.sg
提供全世界60國160多萬個企業情報－
www.kompass.com
提供有網站的企業基本情報－www.bizwiz.com

中國上海

紐約商務諮詢

阿拉伯聯合大公國杜拜

英國倫敦

TRAVEL INFO.

商業旅行的必需品——海外漫遊服務
在海外旅行或出差時，為了順利接收到從國內
打來的重要商務電話，並和當地買家、海外夥
伴方便地溝通，海外的漫遊服務是必須的。
當然，計畫出差的人，可以預先購買GSM電
話，利用各國的SIM Card，也可以用很便宜
的通話費來通話，但對於會前往許多國家環遊
世界的商務旅行，或只作一次海外旅行的人來
說，海外電話漫遊服務是最好的方法。

＜各通訊社漫遊服務＞
（編按：更新為台灣讀者適用）
中華電信：http://www.cht.com.tw/
PersonalCat.php?CatID=16
台灣大哥大：http://www.
taiwanmobile.com/travel/travel.
html?utm_source=twm_header&utm_
medium=travel&utm_campaign=travel_
head
遠傳電訊：https://www.fetnet.net/estore/
planStore.do?cmd=initRoamFet&tag=1&
pageNo=1

3 環遊世界所有要做的準備

直到環遊世界出發的前一天
都一直滿懷期待。
為了享受準備過程的快樂，
而有了出發去旅行的念頭。
環遊世界，
從有這夢想的那一瞬間，就已經開始了。

環遊世界的預算編製

打開世界地圖，挑選想去的地方，對此構想出大略的路線，然後選擇環遊世界機票，這時剩下的事情就是編製預算，和具體地做準備了。參考環遊世界設計大師詳細的準備，以便知道編製預算、準備旅行費用和管理錢的方法。

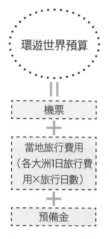

環遊世界預算

＝

機票

＋

當地旅行費用
（各大洲1日旅行費
用×旅行日數）

＋

預備金

★環遊世界的預算該如何編製？

環遊世界過來人曾說，一天平均花費35美元的話，就可以輕鬆地享受旅行了。當然隨著各洲各國的不同，其間差異頗大，所以在物價高的地方就要節省些，在物價便宜的地方就可以多享受一些，要懂得變通。環遊世界預算，一般來說是每天35美元乘以天數，再加上機票的費用；最好再準備全部預算的10％為預備金。如果在環遊世界期間，要在當地參加短期的語言學校，或挑戰各種資格證書的話，就要再追加預備金。再加上如果是離開工作崗位去旅行的，連回國後3～6個月的生活費也要準備好，這樣可以減輕心裡的負擔。依旅行者的不同，有些人可能還會剩下餘額，但大體上，大多數人是在預算用得差不多時結束旅行的。請參考以下圖表，依據各地區旅遊經費乘以日數，就能大略算出環遊世界經費了。

地區	1日旅行費用（美元）
東南亞、中國	10～25
西亞、印度	7～20
非洲	25～45
西歐、日本、北美	40～75
中南美	20～35
南太平洋	20～45
澳洲	30～55
極地	50～105

〔五牛生活者標準世界各地區1日旅行費用〕
以最近7年環遊世界旅行者的經驗為基礎，算出的平均值

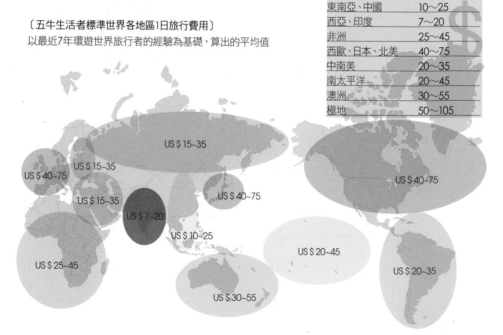

US $ 15~35
US $ 15~35
US $ 40~75
US $ 15~35
US $ 40~75
US $ 40~75
US $ 7~20
US $ 10~25
US $ 20~45
US $ 25~45
US $ 20~35
US $ 30~55

★旅行費用的準備和金錢管理的方法

環遊世界旅行費用計算好後，這一大筆錢該如何籌措呢？到了該地又該如何使用呢？都是很令人煩惱的。環遊世界旅行者一般都是用現金、信用卡、旅行支票這三種方式來準備旅行費用。兌換利率好是最好，但這是很難預料的，所以在出發前1週，將一個洲的旅遊費用換成美元即可。如果很難計算的話，就換3,000美元，其中20美元是要在最初到達地換成當地貨幣的。在不使用信用卡的地方，最好準備可代替現金的旅行支票3,000～4,000美元。為對信用卡遺失作準備，最好帶2張，VISA、MASTER、America Express都可以。有PLUS標誌的國際金融卡很多人使用，但它也有缺點，雖然到全世界任何地方都可以換得到當地的現金，比起信用卡現金服務的手續費也比較便宜，但如果不在大都市，很可能找不到ATM提款機，所以想以蠻荒地帶為旅遊中心的人，就不太好用了。

環遊世界時，最要注意的就是錢的管理。對旅行者來說，錢是左右旅行時間長度和方法的要件，所以剩下多少錢，旅行中要時刻檢查清楚。如果經過能使用信用卡和現金卡的地方，就要預先把錢提出來，並小心不要遺失。環遊世界時，沒有什麼比注意防範被偷、被搶更重要的了，尤其是西亞、中東、非洲、南美等地，除了扒竊嚴重以外，各種偷盜頻繁的事件也惡名遠播。在搭巴士時，即使很吃力，也要緊緊抱著自己的背包；常用的證件、物品和錢，也要放在隨身包裡，就像是自己身體的一部分，不管多麻煩，洗澡或上廁所時也要帶著。

Q. 計劃環遊世界的你，預計的總旅行費用？ (受訪者498名)

台幣26萬5,000元以下 (以最低生活費用旅行)	8% (42名)
台幣26萬5,000元～53萬元 (以第三世界為主的低費用旅行)	30% (154名)
台幣53～106萬元 (費用以背包客旅行的水準為準)	47% (237名)
台幣106～185萬5,000元 (為要多體驗，計劃以豐裕的資金旅行)	8% (44名)
台幣265萬元以上 (計畫豪華旅行，或退休後用全部的退休金旅行)	1% (5名)
台幣13萬2,500元以下 (挑戰不花錢的旅行，另外邊賺錢邊旅行)	3% (16名)

準備護照和全世界簽證

收集有關護照發給、有效期限、旅遊國家簽證等訊息，是規劃環遊世界旅行時必要的過程。護照是在外國旅遊時，唯一能證明自己身分的官方證明文件，一定要妥善收存和保管。對需要申請簽證的國家，也要徹底弄清楚並準備好簽證。因事先沒有準備好簽證，或因錯誤的訊息使簽證取得失敗，而須整個修改環遊世界路線的這種情況，還滿常聽到的，所以在旅行期間，要養成時刻注意檢核各國簽證取得的方法；這樣才能隨著當地的狀況調整。

★準備護照

護照在期限結束前1年，可以申請再發給，所以預定要環遊世界1年以上的旅行者，在出發前要確定護照的終止日，如果有效期限剩下不多的話，一定要申請再發給。如果不知道護照剩下的有效期限只有6個月以內，就出發旅行的話，在某些國家會被禁止入境的。

環遊世界時，護照可當作旅行者身分的證明文件，而多樣地活用它。住宿訂房入住時，在當地換錢時，在機場、港口、國境辦理出入國手續時，在機場免稅店購買免稅商品時，旅行支票遺失後再發給時，在當地利用出租汽車時，取得國際駕照時，領取國內匯來的錢時等等，需要護照的狀況，一天中可能有好幾次。因此無論何時，護照都要好好地保管，千萬不要讓護照暴露在和旅行必需品同時遺失或毀損的危險中。

旅行高手的護照使用和保管方法

❶ 想去好幾個國家旅行的話，時常會發生護照空白頁不足的情況。這是大部分環遊世界1年以上的旅行者都遇到過的問題。遇到這情況，要到當地的本國大使館或領事館辦事處，申請追加空白頁，繳交手續費後就可以貼上追加的空白頁了。

❷ 依各國情況不同，有些國家如果發現護照上有曾出入某些國家的紀錄時，就會不准入境。因此如果打算前往被拒絕入境的國家時，就要將該國的出入境印章或簽證，印在另一張紙上。舉例來說，大部分中東的阿拉伯國家，如果發現護照上有入境以色列的戳印，就會禁止入境。為應付這種情況，就要事先告知以色列出入境管理局，用另外的紙蓋出入國章。

❸ 護照的每一張紙都有連續的編號，不小心或故意毀損，就會不被允許出入境。因此不能脫落或撕破，不小心撕破也不可用膠帶貼起來，要到最近的大使館說明狀況，並處理。

❹ 護照最好放在防水的塑膠拉鏈袋，或護照專用的防水盒子裡，比較妥當，以免和信用卡、現金一起遺失或毀損。洗澡時，也要將裝有護照的包包一起帶進浴室，要養成隨身攜帶護照的習慣。

❺ 旅行中如果護照遺失或被偷，要到最近的本國大使館或領事館辦事處（如果當地沒有本國的大使館領事館辦事處，就到最近的大使館），取得旅行核可書後立刻回國（如果有充裕的時間，可在當地取得再發護照）。一旦護照遺失而回國，取得補發護照後，還要強制繼續旅行，所以護照絕對不要遺失。也有國家規定在確認身分前數個月間，是禁止出國的。

〈從照片的右頁開始，可再追加24頁供蓋章用〉

TIP
申請各種有助旅行的證明和會員證，有關資料的準備

除套裝行程以外，個別的海外旅行者即使只旅行一次，也要清楚知道各種證明書或會員證。以下介紹最好在出發前準備好的證件及它們的使用法。

國際學生證ISIC－International Student Identity Card／ISEC－International Student & Youth Exchange Card
各種博物館、美術館、和巴士費用都可打折，有些國家國內線機票也可打折。尤其在歐洲地區很管用。

國際駕駛執照International Driving License
在西歐、北美和澳洲等地區，可依狀況和路線相符的旅行者，一起租汽車旅行，不但經濟，還可感受到更多旅行的美妙。

青年旅館會員證Youth Hostel Membership Card／YHA Card
可享有在世界各地青年旅館的住宿優惠。

背包客會員證VIP Backpackers Card
主要在澳洲、紐西蘭和加拿大使用，宿所的型態，和以背包客為主的青年旅館一樣，可以有一定金額的住宿費打折優惠。但是和青年旅館比起來，會使用這張卡的頻率較少，所以不到該地區的話，就沒有必要一定要申請。

旅行支票Traveler's Check or T／C
發行旅行支票的公司在世界各國都有分公司，如果旅行支票遺失了，在該地點可以當場補發；但一定要記得遺失的旅行支票號碼。如前面所提到的，旅行者攜帶現金和旅行支票的比率，一定要以3：7來分配。

城市銀行國際現金卡Citibank／Citi One
最近許多旅行者除了備有現金和旅行支票外，使用這種國際現金卡的人正逐漸增多；利用這種現金卡，可在全世界任何國家取得當地國的現金。CITY BANK在全世界大部分國家都設有提款機，旅行者可以非常方便地使用現金卡。

旅行者保險
為預防旅行中產生各種意外事故，旅行者保險是一定要加入的。保險適用的對象，對人對物都可以；但大部分的旅行者，尤其是身負高價裝備的環遊世界旅行者，比較喜歡對物賠償較高的保險。

廉價機票
在歐洲全境、以泰國為中心的東南亞，還有澳洲地區旅行時，購買廉價機票對旅行者來說，是最有吸引力的旅遊方式；甚至有時可以比巴士還便宜地搭飛機在各個國家間移動。

★全世界簽證的取得

（編按：本單元相關簽證資訊，均已更新為台灣讀者適用）

訂好了環遊世界的日程和路線後，就要取得想前往的國家的入境許可確認證書，也就是外國人的入境證明書，常稱作簽證（VISA）；任何人為了到他國旅行，就要取得該國大使館發給的證書。有些國家會開放給某些國家的人民免簽證的入境許可；也有的國家是在該國機場付了手續費，就會當場發給簽證。還有的是在旅行中，要前往當地的國家大使館取得該國簽證的。一般來說，環遊世界旅行時，美國、印度、俄羅斯等國，要在台灣取得簽證才能入境；還有要停留6個月以上的地方，也要事先獲得簽證。其他有的免簽證或可以在當地取得簽證，並繼續旅行。

簽證的種類

簽證的種類，隨各國規定的訪問目的、滯留期間、訪問次數和訪問者的身分，而有不同。最一般的是觀光簽證，因為只因觀光目的而發給，所以不能就業或長期滯留；通常，入境簽證指的就是觀光簽證。另外，在陸路上的國境或機場、港口，不收簽證，而是即時發給要入境的外國人簽證，就叫落地簽證，通常只允許1～3個月短期滯留。過境簽證就是搭飛機移動時，單純地為過境而進入某國家，或陸路移動時沒辦法一定要經過該國時，發給的短期簽證；一般容許滯留3～7天。單次簽證是只允許使用一次的進入該國的簽證；相反的，在有效期間內，允許使用好幾次的簽證，則叫作多次簽證。此外在加拿大、日本、澳洲、紐西蘭等地，有可以一面合法工作一面旅遊或上語言學校的簽證，叫作工作渡假簽證。另外隨著訪問目的的不同，還有學生簽證、外交官簽證、交換訪問簽證、班機人員簽證、就業簽證、新聞工作者簽證、宗教簽證等。簽證的形式，有在護照上蓋章的或貼上特製貼紙的，也有發給單張簽證書等。

簽證達人的
超特級指南

❶ 能使用國境簽證的國家，大部分也能在機場取得簽證

除入境手續相當接近的幾個國家之外，大部分需要簽證的國家，都能發給落地簽證。能使用國境簽證的國家，大部分都能在機場入境時，在機場取得簽證。要注意的是，在出發地或轉機地機場，辦理搭機手續時，沒有目的地國家簽證時，就會不被允許搭乘，所以這部分事前要檢核清楚。

❷ 各國家有多樣的取得簽證的方法

事實上，不允許本國國民入境的國家非常少。如果真的很想去這些國家的話，不要太早放棄，還是可以試著用各式方法取得簽證的。在國內無法以觀光目的取得簽證的國家，也可以在鄰國透過簡單的簽證發給服務取得簽證。有的只要在國境說明入境原因，就可以入境了；特別是非洲地區的國家，各國境會隨出入境管理辦事處負責人員的不同而有許多變數，有時候也可以付錢解決。

❸ 能使用落地簽證的地方，就盡可能使用

長期旅行時，在鄰國大使館取得簽證的話，可能會發生為要等候簽證而浪費許多時間的情況。而且落地簽證的費用通常比大使館發的便宜。所以如果很希望能節省時間，即使多花些錢也無所謂的話，在能取得落地簽證地方的國境，取得落地簽證比較好。非洲國家大部分都適用這種方法。

❹ 要配合行程取得簽證

大部分簽證都有規定發給後有效期限或滯留期限，因此沒有必要事先取得要過一段時間後才會去的國家的簽證。另外，如果只短暫旅遊2～3天的國家，取得發給費用相當便宜的過境簽證比較好。像俄羅斯那樣，要訂出入境日期才發給簽證的國家，若提早入境是會被拒絕的。

❺ 簽證訊息一定要密切注意

簽證訊息是旅遊訊息中變動最快的訊息，尤其是在蠻荒地帶旅行，國境狀況時時刻刻在變，所以要時刻注意，以免白跑一趟或白付錢。

❻ 申請簽證時，要自誇旅行費用充分

在旅行中申請簽證時，發給簽證的該國大使館，時常會要確認旅行者的財務狀況。這時如果能提出證明給核發人員看，本人在入境後備有充足的經費，就會比較容易取得簽證。為了應付類似的狀況，最好身上帶著1～2張信用卡，並出示擁有最多餘額的銀行存款證明影本。

❼外國旅客的簽證訊息，不必理會

各國發給簽證的規定也會隨國籍而不同，因此與自己不同國籍旅行者的出入境有關訊息，要把它認為是和本人無關的訊息，只要參考一下大使館的位置或出入境地點即可。

❽出差證明書和邀請卡可存在隨身碟中

申請簽證時，時常會要求出示的英文出差證明書或相關英文文件，可以先存在隨身碟或筆電中，必要時改一下日期或大使館名稱，就可以在當地使用了。將護照或各種證明文件也一起存檔，在旅途中會很有幫助。

❾簽證勤快點就能取得

大部分大使館負責簽證的業務，都很晚才開始又早早結束，甚至有些一週只有2～3天辦理簽證。因此到大使館辦理簽證時，要注意排隊等候的人數，早點出發比較好。另外在國外通過國境時，為應付有些國境下午就封閉的情況，最好給自己多些時間來辦理。

❿以三顧茅廬的精神繼續申請

負責大使館或領事館發給簽證的，都是上班的工作人員，也就是說，這是人在辦理的業務；因此，如果遇到依規定很難發給簽證時，憑著本人的意志或入境理由等，多次前去說明並努力說服，可能會例外取得入境許可。這種例外被允許的情形相當多，所以要拋下自尊，只集中在取得簽證這件事情上。

全世界的簽證現況，視各國的狀況不一。目前國人可以免簽前往的國家（108個），加上可以落地簽的國家（34個），共計142國，其餘國家都必須在出發前申請到簽證，簽證細節請提前向擬前往國家的駐華機構洽詢，或參考該國網站。下述僅將免簽國和落地簽國作停留天數多寡的整合，進一步資訊可參考：外交部領事事務局網站http://www.boca.gov.tw/ct.asp?xItem=1335&ctNode=739&mp=1（以2015年12月1日資訊為準）。

一、國人可以免簽證方式前往之國家（地區）及停留天數（共106個）：

亞太地區（22個）

30天：香港（持台胞證）、吉里巴斯、馬來西亞、印尼、澳門、密克羅尼西亞聯邦、諾魯、
　　　紐埃、薩摩亞、新加坡、吐瓦魯

31天：庫克群島

45天：關島、北馬里安納群島（塞班、天寧及羅塔等島）

90天：日本、韓國、紐西蘭、新喀里多尼亞（法國海外特別行政區）、法屬玻里尼西亞
　　　（包含大溪地）、瓦利斯群島和富圖納群島（法國海外行政區）

120天：斐濟

其他：中國大陸（停留天數至台胞證過期）

亞西地區（1個）

90天：以色列

美洲地區（34個）

30天：古巴、多明尼加、聖文森、加勒比海英領地土克凱可群島、阿魯巴、開曼群島、
　　　古拉索、巴拿馬、維京群島（一個月）、安奎拉（一個月）

42天：聖露西亞

90天：美國、厄瓜多、薩爾瓦多、格瑞那達、瓜地洛普（法國海外省區）、
　　　瓜地馬拉（30～90天）、圭亞那（法國海外省區）、海地、宏都拉斯、
　　　馬丁尼克（法國海外省區）、尼加拉瓜、聖巴瑟米（法國海外行政區）、
　　　聖克里斯多福及尼維斯（最長期限90天）、聖馬丁（法國海外行政區）、
　　　哥倫比亞、百慕達、多米尼克、貝里斯、波奈、沙巴、聖佑達修斯、
　　　聖皮埃與密克隆群島（法國海外行政區）

180天：加拿大、祕魯、蒙哲臘（英國海外領地）

其他：福克蘭群島（英國海外領地）連續24個月期間內至多可獲核累計停留12個月

歐洲地區（44個）

90天：德國、安道爾、奧地利、比利時、捷克、丹麥、愛沙尼亞、丹麥法羅群島、芬蘭、
　　　法國、直布羅陀（英國海外領地）、希臘、丹麥格陵蘭島、教廷、匈牙利、冰島、
　　　愛爾蘭、義大利、拉脫維亞、列支敦斯登、立陶宛、盧森堡、馬爾他、摩納哥、
　　　蒙特內哥羅、荷蘭、挪威、波蘭、葡萄牙、羅馬尼亞、聖馬利諾、斯洛伐克、
　　　斯洛維尼亞、西班牙、瑞典、瑞士、阿爾巴尼亞、波士尼亞與赫塞哥維納、
　　　保加利亞、克羅埃西亞、賽浦勒斯、科索沃、馬其頓

180天：英國

非洲地區（5個）

90天：甘比亞、馬約特島（法國海外省區）、留尼旺島（法國海外省區）、
　　　索馬利蘭、史瓦濟蘭

二、國人可以電子簽證方式前往之國家（地區）及停留天數（共13國）

亞太地區（5個）
28天：緬甸
30天：印度、菲律賓、斯里蘭卡
三個月：澳大利亞

亞西地區（4個）
14天：巴林
30天：土耳其、阿拉伯聯合大公國、卡達

美洲地區（4個）
90天：象牙海岸、尚比亞、肯亞
三個月：加彭

三、國人可以落地簽證方式前往之國家（地區）及停留天數（共36個）：

亞太地區（13個）
14天：汶萊
15天：泰國
14～30天：寮國
30天：孟加拉、柬埔寨、帛琉、馬爾地夫、馬紹爾群島、尼泊爾、東帝汶、萬那杜
60天：巴布亞紐幾內亞
90天：索羅門群島

亞西地區（7個）
15天：伊朗
30天：約旦、哈薩克、黎巴嫩、阿曼
45天：塔吉克
120天：亞美尼亞

美洲地區（1個）
90天：巴拉圭

非洲地區（15個）
7天：多哥
30天：埃及、馬達加斯加、莫三比克、塞席爾、維德角、布吉納法索、賴比瑞亞、
　　　聖多美普林西比、茅利塔尼亞、衣索匹亞、吉布地（一個月以上）
90天：聖海蓮娜（英國海外領地）、坦尚尼亞、烏干達

TRAVEL INFO.　（編按：此段簽證費以2010年初資料為準，僅供參考）

在南非共和國開普敦，取得鄰近非洲國家簽證

幾乎所有非洲國家都要求要簽證，但毋須在台灣事先取得該國簽證，一旦取得了非洲第一個要去的國家的簽證後，即可在當地一個個地取得，既節省時間又較容易。特別是如果非洲第一個旅遊地是南非共和國的話，到簽證代辦公司支付一點點費用，幾乎所有非洲國家的簽證都可取得。

納米比亞 468蘭特／當場發給／申請書、護照影本、行程

波札那 618蘭特／時間不定／申請書、照片2張、護照影本、行程、旅館訂房證明、南非簽證影本

▶▶GCC（Gulf Cooperation Council）阿拉伯海灣國家合作理事會

阿拉伯海灣國家合作理事會，簡稱海合會。可說是中東版的歐盟，目前成員國有阿拉伯聯合大公國、阿曼、卡達、沙烏地阿拉伯、巴林和科威特等六國。其中阿曼、杜拜及卡達三國有締結Joint Visa的協定，只要持有其中一國的簽證，就可免簽訪問其他兩國。2011年5月，約旦和摩洛哥申請加入，可以預料未來到中東旅行將更加方便。

全世界旅行時必要的語言

就像「知道的越多，看到的越多」這句話一樣，旅遊時，我們知道的當地語彙越多，經驗到的也會越多。因為如果能自由溝通，旅遊起來不但會更順暢愉快，還能和當地人更親近，累積更多特別的回憶。環遊世界時最需要的語言，是英語和西班牙語，此外在中國文化圈的東南亞旅行，中文和漢字也是很有用的；在非洲蠻荒地帶旅行，史瓦希利語（西非－法語、東非南非－英語）有用；到最近很受矚目的中東地區旅行，當然是阿拉伯語最能派上用場。行前沒辦法學語言的話，可在當地上短期的語言學校，或一面跟當地人學習一面旅行，這也是不錯的方法。

★語言準備

因為每個人的語言實力差異很大，所以準備的時間和過程就會跟著不同。一般來說，具備高中二年級的英語會話實力，環遊世界大概就沒什麼問題了。另外再學些西班牙語，到中、南美洲旅行會有很大的幫助。想在當地直接學語言的話，西班牙語可到厄瓜多的基多、瓜地馬拉的安提瓜等地，參加1～2週的短期觀光西班牙語課程；中文可到五道口學；非洲旅行時唯一要學的史瓦希利語，可到南非共和國的開普敦、坦尚尼亞的桑吉巴等地學。

一窺旅行者們的語言準備方法

朴燦書
許多計劃要去旅行的人，就是因為語言的問題而不敢自助旅行。但請不要煩惱！要有「船到橋頭自然直」的膽子，勇敢地出發吧！邊和當地人接觸邊學語言，即使語言不通，往往也能溝通。

申昌勇
全部就靠一台電子辭典！

諾燁
雖然基本上要會說英語，但不是很流利也沒關係，用心和肢體語言，就能和所有地球村的鄰居溝通了。

索隆科斯都煥
因為我認為當地語言知道得越多，旅遊就會越有趣，所以旅行前我時常都會學該國的語言。放假期間要去旅遊，我就在學期中準備修課費，然後選修該國的語言。我以這種方式在學校選修語言課，選修過十次，包括基礎印地語、基礎德語、基礎西班牙語、基礎中國語、時事中國語、高級日本語、高級英語；其中西班牙語，因為旅遊的緣故，修了兩次。另外，要去蒙古旅行時，還花了台幣1,325元，登記上蒙古語學習計畫講座。

朴世浩
沒有做多少準備，只到補習班上了一個月的觀光英語課程。

朴正夕
在旅行前先稍稍學了一點西班牙語，旅行時就越講越順了；在南美待了6個月後甚至連謊話都會說了。即使不會說，能聽得懂也不錯。之前我開始學西班牙語時，旁邊的人潑冷水說：「現在學，想幹嘛啊？」我從那時開始，就一直很努力地學，到現在已經能當同步口譯的程度了。如果不是那麼努力，現在大概也只能說說簡單的招呼語而已。

張旗旭‧李正媛夫婦
只做了基本的準備，沒有做得更完善，覺得滿可惜的。尤其是到南美旅行，真是超後悔沒學西班牙語的！

李景華
我去旅行，時常都不會想太多或要做什麼準備。相當程度的英語就可以溝通了，在英文完全不能通的地方，就用比手畫腳甚至畫圖也還OK。

李在政‧李善京夫婦
沒有做特別的準備，有中學英語的程度就夠了。

山百合家族
先生負責英語，剩下的三人準備西班牙語的數字和重要單字。還有和當地人吵架時就用自己本國的語言。哈哈～

洪承熙
雖然主要的旅遊地是中南美，需要會西班牙語，但來不及準備就上路了，所以就用肢體語言和必備西班牙語來應付，後來在祕魯庫斯科上了2週的語言學校，就能和當地人對話，旅行更愉快了。雖然還不是說得很好，但總算食衣住行沒遇上什麼大問題；所以我覺得如果懂他們的語言，旅行會更加的棒。去非洲時，在火車上或宿所遇到非洲人，就跟他們學史瓦希利語。如果會說當地人的語言，將會更受人喜愛，和他們更親近。

曹誠武
曾在菲律賓上過6個月的語言學校，出現顯著的效果是在過了3個月時。旅行時用到的，時常都是那時學來的。因為覺得光靠英語在中南美洲旅行是不行的，於是白天旅行，晚上努力讀基礎西班牙會話。因為巴西講的是葡萄牙語，所以把簡單的葡萄牙會話弄熟，剩下的就用西班牙語來應付。環遊世界時，通用度最高的語言，就是英語和西班牙語了。

亞里舞
在以南美為主的旅行時，曾花了一個月的時間學習西班牙語。因為我很喜歡學外語，為了之後的旅行，在大學有選了好多這個那個的第二外國語課程。因為知道旅遊語言用不到多高階，所以也沒有再修英語了。

旅行者的住宿和網路訂房

即使不是環遊世界，旅行中最基本的就是旅館的選定。在抵達目的地後，最想先確定的就是旅館了。如果訂好了旅館，旅行時會更輕鬆愉快，心裡也會更安定些。對會到為數眾多的旅遊地旅行的環遊世界旅者來說，又該如何取得各地的住宿情報，和做多少準備再出發呢？

★環遊世界時的訂房

不是只旅行單一個地方，而是要到全世界各地的環遊世界，最令人傷腦筋的事就是找旅館了。萬一去的地方沒有房間或房間被取消了，找不到宿所，也只能噙著淚水住到高級酒店；不過所有這些失誤，往後也會變成回憶，不也讓旅行更加有趣了嗎？因為一開始不可能把所有地方的旅館都訂好，所以出發前最好透過各國、各地區的專門線上同好會，或旅遊指南，或環遊世界過來人的建議，大略地把各地旅館挑選後做成列表。之後再配合當地各式各樣的狀況，從表中訂出旅館。

如果參考國外旅遊指南《孤獨星球》（*Lonely Planet*），就可以獲得亞洲、歐洲、中東地區不錯的宿所情報。為前往南美、非洲旅行的旅者提供的宿所資訊，明顯的缺乏，而且資訊貧弱，所以要去這些地方旅行時，向過來人詢問以取得情報，是最有效的。到歐洲、美國、日本的民宿或接待家庭，也要預約好再去，比較不會出錯。環遊世界時，建議要常和旅行者們溝通交流以取得資訊；而且為了安全起見，盡可能找在同是旅行者的宿所附近。便宜但位置偏遠的旅館，最好要再慎重考慮；如果住宿客只有自己一人，為了安全起見，不要投宿比較好。最近活用「Hospitality Club」或「Couch Surfing」這類住宿網站的旅行者，有增加的趨勢；從可以免費解決住宿問題這點來看，是很值得嘗試看看的。

Q. 中長期旅行時，希望一天住宿費多少？

（以1人為準／受訪者69名）

費用	比例
1～5元	7%（5名）
6～10元	40%（28名）
11～15元	22%（16名）
16～20元	10%（7名）
21～25元	11%（8名）
26～30元	3%（2名）
31～40元	3%（2名）
40元以上	0%（0名）
不花錢旅行（露營）	1%（1名）

（美金）

全世界的宿所

青年旅館 Youth Hostel

有1,000多間，分布於世界各國，原則上只有會員可以投宿；但只要另外支付追加費用，任何人都可以入住。價格位於15～35美元左右，在歐洲、美洲或先進國家，這樣的價格算是便宜的，但在其他東南亞、南美、非洲，當地比這便宜的宿所還有很多。房間一般是4人到12人共用，也有設備和價格稍高的單人房和雙人房。同樣是青

年旅館，但會依各國、各地區的不同，時常有設備或價格上的差異。

接待家庭 Guest House

這是在中、長期旅行中，最常會接觸到的住宿類型，規模比青年旅館小，但各有特色，是背包客主要的投宿點。大部分都有衛浴設備，也有單人房、雙人房。住宿費在印度或西南亞是5美元以下，歐洲或北美是30美元以上，相差很多。

背包客之家 Backpackers

這是在澳洲、紐西蘭、加拿大可以看到的宿所，規模、設備和青年旅館相似，價格在20～30美元左右。大部分都附有可煮東西的廚房，如果有時間，可以自己煮東西吃；非單人房的住宿條件是要共用浴室和廁所。經營方式採會員制，會員的住宿費有10～20%的折扣。

住宿＋早餐 B&B（Bed&Breakfast）

這是在英國、愛爾蘭很容易看得到的宿所，可以被視作英國式的民宿。就像名字所寫的，只提供床位和早餐，住宿費在50美元左右。對背包客來說價格有些高，但可以直接體驗當地人的生活，這點是很有魅力的。

汽車旅館 Pension

這是在義大利、葡萄牙常看得到的宿所，分作單人房或雙人房，很類似國內的汽車旅館。住宿費最便宜的是50美元。

民宿 Homestay

由當地人的家改造而成。比起旅客接待之家（Guest House），雖然住宿費比較貴，但可吃到該國飲食，也可以從民宿主人那兒取得各式各樣的當地情報，是它的優點。

露宿和機場一宿

露宿基本上會消磨較多體力，也較危險，如果不是不得已，最好不要選擇露宿。但如果是清晨時要利用交通工具，或深夜才抵達轉運站或機場，在沒有辦法的情況下，只好露宿了。這時24小時的便利商店，或治安無虞的轉運站內部乾淨的地方，或機場大門附近的座位，是比較安全、可以露宿的地方。

Q. 全世界最舒適的機場是哪裡？

（受訪者112名）

機場	比例
韓國仁川機場	49%（56名）
新加坡樟宜機場	14%（16名）
香港赤鱲角機場	18%（21名）
芬蘭赫爾辛基機場	2%（3名）
荷蘭阿姆斯特丹機場	3%（4名）
馬來西亞吉隆坡機場	6%（7名）
紐西蘭奧克蘭機場	1%（2名）
土耳其伊斯坦堡機場	2%（3名）

找到了用台幣二十幾元就可以住一天的宿所，真是高興極了。

雖然有些簡陋，但對旅人來說，這裡是全世界最舒適、安全的床位了。

好客俱樂部 Hospitality Club

這是為全世界背包客設置的旅行者俱樂部。該俱樂部的會員間，可免費提供宿所，還可以和其他國家的旅行者成為朋友。透過網路，目前非常活躍地營運著，它除了可以解決單純的住宿問題，旅者還可直接和各種文化背景的人交流，這是很有魅力的地方。會員為了要享受這種優點，必須提供自己的家作為宿所，還必須分享各種情報。大部分的旅行者俱樂部網站，只是單純交換情報的網站，但這個網站在實際加入後，只要留下簡短的訊息，就可以在國外的旅遊地受到家人一般的熱情的款待，並享受免費住宿。雖然使用者以歐洲、澳洲和北美洲的旅遊者為多，但最近環遊世界旅行者為了有新的體驗，也越來越多人使用了，可以和各國的在地人見面並結為朋友。

相關網址 www.hospitalityclub.org

★環遊世界旅行者可以體驗的知名住宿網站

1 BeWelcome www.bewelcome.org
有35,000名會員，靠捐款經營的非營利網站。

除了左邊介紹的網站外，各國與各地區不同的文化交流及免費住宿網站還有：
www.craigslist.com、
www.airbnb.com、www.wimdu.co.kr
等營運中。

2 Hospitality Club www.hospitalityclub.org
排在沙發衝浪之後，是第二有名的網站，全世界有高達330,000個範圍相當廣的寄宿地。2000年開設，以廣告收入來經營。目前尚未對韓國服務。

3 Servas www.servas.org / www.servas.or.kr
1949年設立，是NGO團體，靠會員年費營運，會員數有14,000名。由年齡層較高、水準較高且通過檢核的交換住宿者構成，加入時不是透過網站，只接受書面申請書，並要面談。比較安全，申請住宿時也比較容易獲准。

4 Tripping www.tripping.com
最近開設的文化交流及敲定免費住宿的網站。也有提供短期的渡假地出租宿所情報。希望短期地將空房間或住家出租，多些收入的話，這裡也有提供和投宿客幹旋的服務。

5 Warm Showers www.warmshowers.org
2005年初開始營運，會員數有10,000名。這是為了全世界的自行車旅行者，提供幹旋免費住宿的網站。網站也為智慧型手機提供App服務。網站的營運全靠捐款和設立者個人義務服務，是非營利團體。

6 Triptrotting www.triptrotting.com
這個網站是當地人免費為觀光客提供「住宿地附近觀光導覽」，屬於社交性觀光網站。接待的信賴度，基本上算是相當高。若是想和當地人交朋友的話，這個網站很值得推薦。

沙發衝浪 Couch surfing
https://www.couchsurfing.org

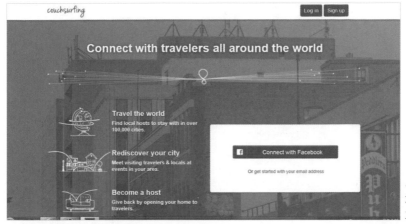

◀
沙發衝浪網頁
主畫面

沙發衝浪（Couch Surfing）是一個提供平台，讓旅行者能獲得前往國家的當地人的幫助，免費取得宿所的網路團體。這個團體是2004年，一個要去冰島旅行的美國青年，為了找尋宿所，無心地寄出一封電郵而開始的。目前加入的會員，來自231個國家，97,000個城市，共500萬人以上。

美國、德國、法國、加拿大、英國等國的會員最多，越低度開發的國家，加入的會員越少。一開始，就是單純地想免費住宿而使用它，漸漸地隨著堅實的國際網絡形成，現在範圍已經擴展到文化交流了。

可以取得免費住宿、和當地人交朋友，也可以體驗那個國家的文化，這想法雖然非常好，但仔細看看，並不全是那樣。若不是物價非常高的國家，也有可能會花更多的錢呢。

因為大部分提供宿所者（當地屋主）提供的宿所，跟觀光地區相距甚遠，這是最大的問題。遇到這種情況，除了基本的交通費要花較多，若晚一點回家也很困難，旅遊的樂趣會因此大打折扣。

再加上，要住進免費提供住所的人家，很難空著手去，這些額外的費用也不能少。尤其是像東南亞這些物價較低廉的國家，反而會得不償失。另外，最近時常發生被偷、被騙的意外，造成對沙發衝浪呈現兩極化的評價。因此旅行中要不要使用沙發衝浪，自己可要謹慎思考。目前網站有部分提供簡體中文的服務。

使用沙發衝浪的方法

1 在沙發衝浪的主網頁加入會員後，填寫好個人簡介。這是讓不認識你的人，唯一能了解你的地方，所以要表現出最大的誠意來填寫。

2 對前往地區的提供宿所者，要非常仔細地觀察（非常重要）。

3 在評價好的提供宿所者中，要挑選自我介紹確實的人。

4 選擇好提供宿所者後，寄給對方寫上旅行日期、住宿日數等的沙發申請書（request）。

5 住宿允許訊息寄來後，就要在約定好的日期前去。住宿後，上傳住宿評價，給下一位旅行者參考。

跆拳家族

環遊世界中一共體驗了7次沙發衝浪，不過感覺似乎更增加了許多不便。選擇沙發衝浪，原本是想節省住宿費，在體驗當地人的生活和結交不同的朋友方面，它也是最強的。不過，應該不是故意的吧，因沙發衝浪而體驗到不同的環境，遇見形形色色的人，反而讓支出無形中變大了。

我們一家五口，要申請沙發本來就相當困難。將心比心，以一般人的心情來看，一下子要接待5個人，真的滿困難的，所以我們家族只好在沙發衝浪網站上等待，找看看有沒有比較例外的人。

旅行初期，在沙發衝浪上積極地找尋，結果每次都令人失望，最後只好改變策略。在重視經驗的爸爸勸說下，決定讓我們三兄妹住沙發衝浪，爸媽住附近的旅館。這樣對提供宿所者和我們來說，負擔都減輕了許多。不管是要利用沙發衝浪來節省住宿費，還是要利用它的便利交通，在尋求屋主時，上了年紀的人要比年輕人好，女生要比男生好。不過對男性旅遊者來說，要他接受女屋主，還是滿困難的。另外，為了找到宿所，不顧一切，同時向不同的人發出好幾封申請書，可能會面臨無法預料的狀況，這點也要特別注意。

事實上，要取得允諾不是那麼簡單的，要找到好屋主也要花很多時間，和屋主聯繫並非總是很順利，所以說沙發衝浪絕對不是那麼經濟的手段。不過，如果你是希望透過旅行一窺當地人的生活，同時又有機會和他們談話溝通，有各式各樣體驗的話，那麼我就積極建議你使用沙發衝浪。

沙發投宿地區	住宿天數	宿所型態	提供宿所者	感想
菲律賓克拉克	2天1夜	公寓	韓國人單身女性	第一次體驗沙發衝浪，屋主是住在菲律賓的韓國女性。在旅行初期，她告訴我們很多有關自助旅行、沙發衝浪的訊息，給了我們很多幫助。在菲律賓，透過沙發衝浪網站得知這位韓國女性，於是就由她來接待我們家族。
泰國曼谷	3天2夜	咖啡店	泰國人家庭	經營咖啡店的泰國人家族。將沙發衝浪稍微當作商業用途來使用的家庭，每人一天要付100銖。第一天騰出很好的旅館級小套房，但從第二天開始，就讓我們住在像個桶子般空蕩蕩的咖啡店頂樓陽台，用厚厚的木板當作床來睡。付了錢卻住這樣的環境，感覺不太舒服。不過屋主們很開朗、很親切，人還是滿好的，讓人留下許多美好回憶。
柬埔寨金邊	2天1夜	單人房	墨西哥青年	屋主是居住在柬埔寨的墨西哥青年，大約會說12國語言，韓國話也說得不錯。在沙發衝浪網站對話時，告知房子有點小，如果不介意，就來吧。結果到他家一看，一個人住都嫌擠，是非常小的單人房，甚至屋子裡像垃圾堆一樣。爸媽住不下去，就到附近的旅館投宿。我們三兄妹則擠一擠，連房間的公共走道，也鋪上睡袋。房子狀態真的很差，不過主人滿獨特的，離開他家後，還繼續幫助我們，甚至跟我們同行（不過後來一想，託他的福，讓我們多支出了不少錢）。
越南胡志明市	6天5夜	咖啡店	越南青年	屋主是經營咖啡店的越南青年，雖然大部分的客人都是越南人，但咖啡店規定，在店內都要說英語。每週日都會舉行有獨特概念的聚會或課程，託這些活動之福，讓我們認識了很多滿好的越南朋友。住的地方是在咖啡店二樓，鋪了床墊，環境雖然不是很好，但屋主對我們家族很關照。這是沙發衝浪經驗中最好的，也比預期住了久一點。
巴西薩爾瓦多	4天3夜	公寓	巴西青年	老實、親切的屋主。房子雖然不大，但很乾淨，交通也很方便。在停留期間，不斷有沙發衝浪旅遊者來來去去，是認識朋友的好機會。
美國紐約	5天4夜	公寓	美國青年	爸媽和浩然（親戚）先住4天。一個月後，我、大哥及朋友又去住了4天。這是只有一人居住的家，環境非常好，交通也很方便。屋主人很好，又聰明伶俐

旅行者的
沙發衝浪體驗

去南美旅行時，在祕魯體驗過3天2夜，在哥倫比亞則體驗了6天5夜。兩次都是住家，祕魯的屋主是單身，哥倫比亞的屋主是一家人。優點是，能和當地人交談，更進一步好好地了解那個國家的文化；但因為沒有自己的空間，所以有些不方便，這是事實。另外，外出時間要配合屋主，這也是滿麻煩的。

——路上遇到愛

為了在紐約、慕尼黑等大都市節省房錢，並和當地人接觸，就使用了沙發衝浪。雖然自己非常有誠意地寄出申請書，但都被拒絕了。相反地，我的女性朋友一次就成功了，真是有差別待遇啊。不過對女性來說，到第一次見面的人家中，還是相當危險，真的要好好看清楚其他旅行者對屋主的評價，因為不時地，會聽到一些不好的消息。

——李準赫

透過「沙發衝浪」（Couch Surfing），認識了住在泰國曼谷的華僑夫婦，並在他家住了4天。他們還為旅行者特別準備了一間房間，他家是中產階層乾淨的別墅，距市內也很近很方便。這對夫婦1年內會出國旅遊2～3次，可算是旅遊迷。他們為各國來的旅行者提供宿所，當然也提供當地的旅遊情報，因為自封是旅遊指南，依據他們的指示可以玩得相當好。他們過去2年間提供住宿，同時和歐洲、美國、日本、澳洲的旅行者結為朋友，透過這些朋友的介紹，到海外旅遊就可免費住宿了。這對非常幸福的夫婦，讓我看到了另一種新的生活，也讓我有了要像他們一樣地生活的想法。

——的的喀喀81

出發前要檢核的事項

（編按：本單元均已更新為台灣讀者適用）

在出發環遊世界前，要整理、準備的東西相當多。辦理各種保險、手機、銀行相關業務、兵役或替代役等，總是讓人傷透腦筋。不過，如果有步驟地一項一項規劃處理好，就不會那麼吃力。

強制保險和身邊事務整理

整理國民年金保險

國內民眾只要沒有加入任何一種社會保險（勞保、公教保、軍保、農保），政府就會強制民眾投保國民年金。如果旅行在外，只要戶籍仍在，都可以透過親友持續繳納；如果沒有人可代勞，或計劃出國時間較長，則可以採預繳的方式。只要打電話和勞保局連絡就可辦理預繳。但有一種情況要特別注意，雖然有繼續繳費，但只要長達2年以上未再入境國內的話，戶籍就會先被戶政事務所除名，這時，國民年金的投保權利也會跟著喪失；這種情況，只能等本人回到國內後，再重新申請。
詳細資訊參考：行政院勞工保險局網站
http://www.bli.gov.tw/default.aspx
或電洽：02-23961266～6066

申請健保費暫時停止繳納

出國期間可選擇繼續繳納，那麼健保當然繼續生效；如果選擇暫停繳納，則必須出國前先辦好停繳手續（如果來不及辦理就離境了，可委託代理人協辦，以辦妥當日開始生效），而且還必須離境超過六個月，才符合停繳資格。也就是說，凡離境期間（以出入境資料為主）沒有超過六個月，即使事先辦理了手續，回國後還是得補繳健保費。
委託代理人辦理，須由本人擬一份「委託書」，交由代理人（成年人都可）備妥彼此的身分證正本及印章，前往健保局辦理。
中央健保局網址：http://www.nhi.gov.tw/
健保諮詢服務專線：0800-030598

旅行者保險

在旅行事故發生危險性最高的最初3個月，最好加入旅行平安保險之後再加入長期滯留保險。大部分的長期滯留保險，因為不能對旅客所攜帶物品遺失作保險，所以一定要另外加入保障攜帶物品的保險才比較放心。相關細節，建議多比較幾家保險公司的保單內容。

各種繳款和定期繳納金

利用線上自動繳款系統，在海外也可以檢核自己的狀況，也有準備公認認證書和線上詢問申請。

其他周邊事項整理

- 信用卡換成海外信用卡，並解除手機簡訊通知
- 各種生活保險，在旅行期間若要停繳保險費，該期間保險將不適用，建議行前與業務人員討論，舉例：可以保單墊繳或其他方式處理。

製作當地旅行情報筆記

有旅行經驗的人，肯定都曾體會過「似曾相識」這句話的意思。知道的越多，就能看到越多，這就是旅行。甚至有人買各都市的詳細旅遊指南，搜集齊全看完後，才出發旅行。首先可在手掌大小的小冊子正面，寫上旅遊國家和該城市名作為標題，並寫上最重要的換錢情報、2～3個住宿處地址、想看的地方一覽表和簡單情報、有事時聯絡的政府機構地址。而在後面，寫上出發旅行後，在當地得到的追加的情報，這樣一本獨家旅遊指南就完成了。真正的旅遊指南，只要帶第一個和最後一個旅遊地的即可，剩下的在當地買或與其他旅遊者交換取得。尤其要注意，旅遊指南最好帶英文版，將有助於和其他國籍的旅行者溝通，活用度也比較高。

出發前先瀏覽會有幫助的國外網站

❶ 全世界各國各地區慶典檢索網站
www.whatsonwhen.com/
可以各式各樣慶典的主題和地區名，很容易地檢索到慶典時間和其他訊息。

❷ 寂寞星球
www.lonelyplanet.com/
這是全世界背包客最喜歡的英文旅遊指南官方網站。時時上傳值得信賴的諸多情報。是必訪的網站。

❸ Virtual Tourist
www.virtualtourist.com/
是各國旅遊者的旅行部落格入口網站，可以見到無數的旅行高手。是背包客必訪的知名英文網站。

❹ Priority Pass Membership
http://www.prioritypass.com.tw/TC/index.cfm
這是可使用全世界500多個機場休息室的會員網站。計劃以環遊世界機票旅遊1年的話，這個網站就很有用。

❺ UNESCO世界遺產情報網站
http://whc.unesco.org/
以聯合國教科文組織指定的全世界文化、自然、紀錄遺產等基礎情報，還有和聯合國教科文組織有關的情報。對編製環遊世界路線也很有幫助。

❻ EXPEDIA渡船情報網
www.expedia.com
可獲得以歐洲為中心，航行大西洋和地中海的渡船情報，並知道價格、路線，甚至預約和購票都可以。

❼ 全世界最低價機票比較
www.LowCostAirlines.org
可以檢索全世界各國、各航空公司最低價的機票。幾乎是時時更新訊息。

❽ STAR ALLIANCE里程計算機
http://www.staralliance.com/hk/
是Star Alliance主要網站，標示有里程計算機，下載後，有助編製路線，並可擬算環遊世界全部區間的里程數。

❾ 世界地圖大全
www.lib.utexas.edu/maps
可以多樣的標題找出相關的世界地圖，還載有相當有趣的地圖情報。是一定要進去看一下的網站。

❿ 全世界旅館情報
www.tripadvisor.com
以各旅館提供的基本情報為基礎，檢附有全世界旅館使用者生動的體驗心得。有全世界20多萬間旅館的情報和300多萬篇使用紀實。

⓫ 南極之旅
http://astro.uchicago.edu/cara/vtour
如果計劃在環遊世界中要去南極旅遊，這是很有幫助的網站。詳細記載了南極探險、開拓的故事。可以很容易地了解南極和南極的探險。

⓬ 全世界冒險之旅KUMUKA
www.kumuka.com
對各洲、各路線的登山tour作介紹，可預約各式各樣主題的當地建議tour。並可獲得全世界各地區的建議路線情報，非常有用。

⓭ KBS世界網路
http://world.kbs.co.kr/chinese/
可掌握全世界各地特派員傳回來的生動情報，還可以透過動態畫面看到當地狀況。尤其是Video Library很值得一看。

有關安全的網站

❶ Travel Health Online
www.tripprep.com
為旅遊者，提供全世界各國醫療體系、危險性、疾病預防和旅遊地現況等情報。

環遊世界中在海外工作的情報網站

❶ Find Job Overseas across the globe
www.overseasjobs.com
可廣範圍地檢索全世界長期、短期工作有關的情報。

❷ 為重複工作旅行者準備的網站
www.transitionsabroad.com
這是為打算超長期停留在海外，為準備旅費，反覆地工作、旅遊的旅行者提供訊息的網站。

其他有關情報網站

❶ Uiversal Currency Converter
www.xe.com/ucc/
時刻提供全世界所有貨幣的兌換比率。旅行中可以查看下個旅遊地點的兌換率。

❷ 全世界班機機上餐情報
www.airlinemeals.net/
可看到各區間、各班機機內餐食的照片；還有推薦給旅行者的排行榜。

❸ 在機場留宿Know－How
http://sleepinginairports.com
必須在機場露宿的話，這裡整理了露宿方法、各機場的設備環境等情報。網羅了全世界220多個機場的情報。

腳踏車環遊世界推薦網站

❶ 讓腳踏車環遊世界變得容易
p://www.bikeworldtravel.com/index_eng.htm
這裡介紹了可說是腳踏車旅遊開拓者夫婦的故事，還有在旅途上遭遇的人間溫暖故事。

❷ 查理的環遊世界一周
http://7lee.com/xe/community
可線上觀賞生動的最新的動態影像，影像是環遊世界之旅目前抵達的地方。

❸ Alastair Humphreys
www.alastairhumphreys.com
花4年3個月騎腳踏車旅遊60個國家的照片和情報。還很有趣地展示了不同角度的世界。

❹ Down The Road
www.downtheroad.org
正在進行中的、7年腳踏車環遊世界的網站。以解釋世界的角度，呈現了世界不同的樣貌。

❺ Cycling Around The World
www.cyclingaroundtheworld.nl
一面以腳踏車踏遍全世界，一面按各地區，整理出拍攝的動影像和照片。照片拍攝技術相當了不起。

其他的腳踏車環遊世界推薦網站
www.tour.tk
www.kenkifer.com/bikepages/links/tourlink.htm
www.mikebentley.com/bike/touring.htm

❓該如何收集有關環遊世界的情報？

（受訪者158名）

網路旅遊同好會	44%（69名）
旅行社網站	4%（7名）
旅遊指南或旅遊雜誌	29%（46名）
周邊的過來人	12%（19名）
報紙雜誌的記者報導	5%（8名）
拜訪觀光局或文建會	3%（6名）
其他	1%（3名）

❓環遊世界旅行者最喜歡的旅遊指南

（受訪者157名）

孤獨星球（Lonely Planet）	42%（67名）
腳印（Foot－Print）	3%（5名）
國內旅遊指南	11%（19名）
印出網路上找到的資料	22%（35名）
直接製作自己專屬指南	7%（11名）
報紙雜誌的記者報導	3%（6名）
不用指南去旅遊	7%（12名）
其他國外指南	1%（2名）

環遊世界的行李打包

環遊世界是長期旅行，不是搬家。如果揹著比自己還大的行囊，會消耗很多體力，旅行起來也很吃力；而且因為能看出是旅遊新手，可能還會成為犯罪目標。旅行中，越是老手旅行者，他的背包大小和行李重量就越小越輕。說背包的重量是旅遊成功與否的關鍵，一點也不為過。在出發作長期旅行時，最好準備兩個背包。一般的物品放在大的背包裡，重要的物品放在小的背包裡。裝大背包時，先把衣服整齊地放入，剩下的空間再盡量不要有空隙地放其他物品。小的背包放相機、旅遊指南、日記、電子辭典、MP3等小物品，盡量能很方便地隨時取用。女性旅遊者揹45公升的背包、男性依體格揹50～60公升的背包較適當。

★環遊世界或長期旅行者的必需品

旅行的核心必需品
基本攜帶品
選擇性攜帶品

護照	在海外，護照是唯一有公信力的身分證。
美金現金	有緊急支出的必要時，它是最有用的貨幣。要視為應急金來攜帶。
台幣現金	依狀況，可能也有緊急使用的情形。
旅行支票	要有序號才能再發給。
信用卡	國際信用卡最少要有1張。
海外旅行保險	和身體有關的保險、和攜帶物品遺失有關的保險，還有飛機墜機或遇難的保險。
環遊世界機票	像護照和現金一樣重要的旅行生命水。
緊急聯絡處	為防遺失一定要準備2個。
各種證明書影本	為防遺失或被偷，多準備一些，每個行李都放一點。
	（護照、簽證、旅行支票號碼、身分證、機票等）
各旅行國家簽證	在國內能很容易地取得的國家簽證，事先取得，這樣可以節省通關時間。
黃卡（黃熱病預防接種確認書）	為到中美洲或非洲特定國家旅行，入境時必須要有的確認證明。
背包&輔助包	背包太重太擠的時候，用輔助背包來收納會更易攜帶，要準備密接身體的。
救急醫藥箱	消化劑、止瀉劑、軟膏、消毒藥、繃帶等。
旅遊指南	只準備第一個國家和第二個國家的，其他的在當地取得情報。
	旅遊書時常是背包裡最大的物品。
衣服	襯衫：3件
	褲子：3條
	夾克：寒冷地帶或沙漠需要
	防風夾克：防下雨或防寒用
	襪子：3雙
	內衣：3套
	褲子或裙子：換穿用的，各1件
	短褲：薄的易乾的1件
	游泳衣：在可以體驗海洋運動的旅遊地，是必須的。

證明照片	旅遊途中申請簽證和各種會員證時需要。各尺寸大小的都多準備些。
里程卡	可以累積聯合的各航空公司的里程。環遊世界後，因里程數夠，也可能使用免費機票旅行。
國際學生證	會在意想不到的地方，獲得相當金額的打折優惠。
國際駕照	在可利用出租汽車來旅行的地方，很有用。可在當天發給。
收納包	幫助個別收納後，再裝進背包中。
拉鍊塑膠袋	可防水，並能保護、保管各種證明文件。
錢包	裝當地小額錢幣的小錢包。觀光時買東西時可以使用。
帽子	剪裁好的、材質較輕的。
太陽眼鏡	保護眼睛時需要。
涼鞋	慎重購買質地好的、舒適的。
眼鏡、隱形眼鏡	比起隱形眼鏡，眼鏡比較方便。
手帕	擦手或擦汗時使用。準備可當作頭巾用的大小的。
毛巾	小而且機能性卓越的運動毛巾2條左右。
洗臉用具	到當地再準備。
綁頭髮橡皮筋	長期旅行中，頭髮留長時可用。
小鏡子	準備鋁製的超小型的。
刮鬍刀機	準備用電池的小型的。
指甲剪	依各國情況，常會不容易買到。
針線盒	長期旅行時相當有用的東西。
洗潔精	到當地再準備。
旅行用繩索	有結的有彈性的繩索，曬衣服時可用。
書	平時想讀的書，或閱讀進度落後的書一本。旅行時可和同國旅遊者交換。
鬧鐘	為不要錯過交通時間等而準備。準備小型的。
手表	甚至當鬧鐘的多功能電子表較有用。為了旅行安全起見，不用太貴的。
數位相機	長期旅行時，輕的、袖珍型比較好。如果是攝影迷需要中上價位的相機，遺失風險高，要特別注意。
計算機	討價還價時或兌換貨幣時，計算時用。手掌大小即可，太大或太小都不方便。
電子字典	大部分包含計算機和鬧鐘功能，這類的比較有用。
MP3	轉機或搭車時，可以用來打發時間。
筆電＆UMPC （超小型筆電）	如果是環遊世界的旅行者，可以用來保管照片和信件。便宜、較小的，比較好用。

護照防水套	將信用卡等放在一起保管。
原子筆＆護照大小的便條紙	移動中要緊急使用便條紙傳遞消息時有用。
小的鎖	用當地交通工具移動時，或在團體宿舍時，要鎖住背包時需要。
密碼鎖	鎖房門或行李時使用。
電子鎖	長距離移動時，為保障背包或輔助貼身包的安全而使用。
手電筒（小）	夜間移動或在集體宿舍時很好用。
萬用刀	在很多事項上都有用，是必備用品。
濕紙巾	長途巴士移動、登山或沙漠tour時，是最棒的洗臉工具。
曬衣繩	體積小堅固的連內衣都可曬的曬衣繩，很多地方都能用到。
塑膠袋	有很多用途，很多地方都能用到。
橡皮筋	有很多用途，很多地方都能用到。當地的橡皮筋大多是低級品。
泡麵湯匙、管狀辣椒醬	長期旅行當地食物不合胃口時，是必備的用品。

TIP

環遊世界十位過來人說的，旅行時不推薦的小東西

❶ **國際現金卡**　不但兌換比率高，手續費也很貴。

❷ **青年旅館會員證**　青年旅館一般都比背包客旅館貴。

❸ **筆電**　如果是想使用網路的話，攜帶隨身碟到當地網路咖啡店也可以。如果是要儲存照片和旅行紀錄，建議攜帶1kg的超小型筆電。

❹ **變壓器**　又重又大，但使用機會很少。

❺ **冬季睡袋**　可以個人床單代替，如果要帶，建議帶春秋用的羽毛睡袋。

❻ **小抱枕**　幾乎使用不到。

❼ **高級相機**　不是攝影迷的話，不要攜帶比較好。

❽ **液體食品**　破損時會讓背包整個濕掉，而且又重。如果依賴自己準備的食物，會讓自己花更多時間才能適應當地食物。

全世界電子產品
插頭類型

TRAVEL INFO.

（編按：本單元均已更新為台灣讀者適用）

準備國際駕照

長期旅行的話，可能會遇到一兩次要開車的情況。這時國際駕照就很有用了。申請國際駕照的手續十分簡便，申請當日就可取得，有效期限是從發給當日開始，最長3年，如果在台灣的駕照有效期限低於3年，則依駕照的效期為準；因此在接近出發前，再去申請比較好。另外，國內駕照如果被吊銷，國際駕照的效力也同時取消。申請時，需要帶護照正本、駕照、身分證、二吋照片兩張、申請費台幣250元。有些國家不承認我國國際駕照，或即使可用我國國內駕照換發當地駕照，但是大多手續複雜；相關細節，建議進一步洽詢各地所屬監理站國際駕照窗口。

TIP

魔鬼氈

又叫作「魔術氈」，是有效利用背包空間時必備的用品。可以用來捆紮物品，或使背包穩固安全地背在身上。在附近的紡織品店或百貨店，按長度來買。1公尺約台幣26.5元左右。
網路販賣店 www.edongwha.com

中長期旅行的預防接種

在走遍地球村時，想要沒有病痛，健健康康地旅行的話，出發前就一定要做好預防接種和準備好備用的藥品。短期的海外旅行，罹患霍亂或當地普通疾病而被迫回國的，大有人在。這是大部分的人對健康問題太不敏感所造成的結果。環遊世界時，一定要做預防接種的疾病是黃熱病，另外依各國情形，有些要做肝炎接種或準備瘧疾藥。事前一定要弄清楚。

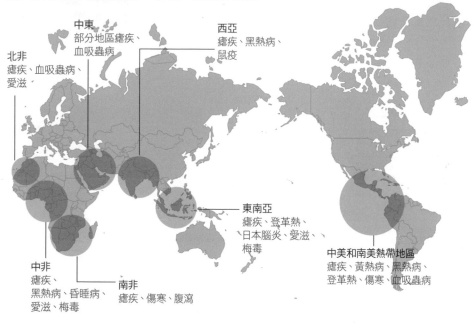

中東
部分地區瘧疾、血吸蟲病

西亞
瘧疾、黑熱病、鼠疫

北非
瘧疾、血吸蟲病、愛滋

東南亞
瘧疾、登革熱、日本腦炎、愛滋、梅毒

中美和南美熱帶地區
瘧疾、黃熱病、黑熱病、登革熱、傷寒、血吸蟲病

中非
瘧疾、黑熱病、昏睡病、愛滋、梅毒

南非
瘧疾、傷寒、腹瀉

＊最近全世界都在流行流感和A型肝炎，旅行前應該要先到醫療機構接受預防接種

★環遊世界時一定要做的預防接種

黃熱病

黃熱病（Yellow Fever）是以蚊子為媒介的細菌疾病。在非洲中部和中美地區時常發生；特別是赤道南北緯20度內的範圍。出發前要確認一下有沒有黃熱病發生國家，如果有，一定要做預防接種。這些國家大部分都有規定，如果沒有黃熱病接種卡，就不能入境。預防接種要到世界保健機構認定的地方接種才行。重要的是，一定要在出發前10～14天接種，接種1次，10年有效。因為黃熱病沒有特別的治療方法，所以到發生地方旅遊時，一定要用蚊帳，可能的話最好穿長袖衣服和長褲。防蚊藥劑也是需要的。黃熱病潛伏期3到6天，感染後死亡率是5％。接種後3天內可以簡單地淋浴，禁止沐浴、洗三溫暖和喝酒。依個人狀況，接種後3到7天可能會產生肌肉疼痛，所以要小心不要過度運動。

要求黃熱病預防接種的國家

非洲 迦納、加彭、甘比亞、尼日、盧安達、馬拉威、馬利、茅利塔尼亞、布吉納法索、蒲隆地、貝南、塞內加爾、蘇丹南部、烏干達、衣索比亞、尚比亞、吉布地、喀麥隆、肯亞、坦尚尼亞、多哥、波札那。

中南美 蓋亞那、法屬圭亞那、瓜地馬拉、尼加拉瓜、巴西、玻利維亞、委內瑞拉、貝里斯、厄瓜多、宏都拉斯、哥倫比亞、哥斯大黎加、祕魯、巴拿馬、多巴哥。

瘧疾

這是環遊世界旅行者最煩惱的部分；到底需不需要服用瘧疾預防藥，到現在還沒有定論。問問過來人，答案也是千差萬別；有說一定得服用的人；也有人說服了也沒用，反而會讓身體不舒服。到底正確答案是什麼呢？這要看當地溫度的狀況而定。事實上，即使服用了瘧疾藥，也不能百分之百預防；而且每週都得吃藥，藥非常的毒，也會對身體不好。而且即使在當地罹患了瘧疾，只要充分休息並徹底接受治療，大部分人都能痊癒，再次舒服地旅遊；因此事前需不需服用，還是要由你自己決定了。

各旅行國家瘧疾預防接種的種類

奎寧（Chloroquine）
到墨西哥、尼加拉瓜、貝里斯、瓜地馬拉、哥斯大黎加、宏都拉斯、巴拿馬、多明尼加等中美洲國家，還有土耳其、埃及、葉門、敘利亞、阿曼等中東地區旅行時，要準備。

美爾奎寧（Mefloquine）
對奎寧產生抗藥性的熱帶熱瘧疾，要服用此藥。大部分發生瘧疾的國家，都使用這種藥。

四環黴素（Doxycycline）
在叢林茂密的泰國北部、寮國南部、柬埔寨附近，還有到南太平洋地區的巴布亞紐幾內亞和所羅門群島旅行時，要記得帶這種藥。

預防瘧疾的原則

❶ 在危險地區盡量不要被蚊子叮到，要穿長袖長褲。
❷ 在危險地區旅行時，最好服用預防藥；出發前1～2週前就得開始服用。因為即使服了藥，仍有可能會感染瘧疾，所以如果回國後出現了發燒的症狀，要立刻去醫院診治。
❸ 如果在旅行中感染了瘧疾，一定要在當地接受治療。如果硬是拖著不舒服的身體堅持回國治療的話，可能會錯過治療時機，而有生命危險。

TRAVELER'S DIARY

我在環遊世界旅行時，曾在非洲坦尚尼亞罹患過瘧疾。雖然服用了瘧疾藥美爾奎寧，但仍沒有用，甚至心悸。身體慢慢開始痛起來，然後發燒、無力，一直昏睡，沒食慾，一天只吃一餐就不想吃。這症狀持續了一個禮拜。接著洗頭或梳頭時，頭髮開始嚴重掉落；但已經不會身體疼痛或拉肚子了，只覺得很疲倦。我有點擔心，就到當地醫院做檢查，終於弄清楚是罹患了瘧疾。在當地服了最新的藥，再休息1週左右，就完全恢復了。在漫長的旅遊期間，只被蚊子叮五次就得了瘧疾，大概沒有人比我運氣更差了吧。　　—朴素真—

各旅遊地必要的預防接種

霍亂

到霍亂危險地區旅行時，比起預防接種，勤洗手、注意飲食還更有效。當然更好的方法是避開發病率高的地方。但是依各國規定，也有國家要求在入境時要做霍亂預防接種的；可到該地區的檢疫所做預防接種，之後再出示相關證明書即可。

傷寒

到東南亞、非洲、中南美地區旅行時，如果要到遠離市區的地方，或長期滯留，做預防接種比較好；有服藥和注射兩種方法。服藥有70%的預防效果，無副作用，很安全；但如果腸胃疾病嚴重、正在接受抗生素治療，或免疫力低下的人，就要注意。服用一次，藥效是5年。

▶▶環遊世界最好知道的 醫療＆疾病相關英文

腹痛	stomachache
蕁麻疹	urticaria
消化不良	indigestion
水泡	vesicle
嘔吐	vomiting
搔癢症	pruritus
腹瀉	diarrhea
腳氣	athlete's foot
食物中毒	food poisoning
發疹	rash
感冒	cold
生理期	menstruation
頭痛	headache
糖尿病	diabetes mellitus
貧血	anemia
骨折	fracture
過敏	allergy
燒傷	burn
高血壓	hypertension
扭傷	sprain

TRAVEL INFO.

出門在外不舒服時怎麼辦？

在國外生病時，如果沒有預約，是很難找到醫師診察的，而且要花很多時間等候。另外，沒有醫師處方的藥也很難買到，所以一定要準備常備藥；特別是本身原本就有些病症的旅遊者，因為要跟國外醫院溝通，所以一定要取得英文處方簽，以免遇到無法治療的可怕後果。此外和醫療相關的英文，也一定要記起來，再出發。

環遊世界過來人的建議

在環遊世界旅行中，最須注意的第一名是安全，第二名也是安全。要預防天災這種不可抗力的發生，是不可能的；但因人而起的強盜或竊盜事件，旅行者事前卻可以防範。即使是去最危險的地方旅遊，強盜或竊盜的手法大都相似，所以如果事先知道防範他們的方法，是可以相當程度保障自己的安全的。首先，不要提供給有加害意圖的人動機，這最重要。大部分的旅遊者在旅遊初期都比較小心謹慎，但過了一、兩個月後就慢慢鬆懈下來，會很疏忽或粗心大意。一般來說，女性比男性小心，旅遊經驗少的比旅遊經驗多的更小心。換句話說，旅遊經驗豐富的男性，遇到意外事故的危險最高；因此，即使是有好幾次旅遊經驗，也要時時刻刻小心謹慎不放鬆，並做好萬全的預防措施。

★安全旅行的6項建議

advice
1

旅行初期不要說「現在正在環遊世界，未來還有很多行程要走」這樣的話
外表看起來善良的加害者，聽到這樣的話，會在內心吶喊「有大魚了」也說不定。這句話，他們聽起來可是「我的錢很多喲～」的意思。在旅遊地，沒必要炫耀自己的環遊世界計畫。如果一定要炫耀的話，要說這裡是環遊世界最後一站，旅費都花得差不多，現在準備要回國了，這樣比較好。

advice
2

高價的記錄裝備要悄悄地使用
時常聽說或在網路上看到，許多日本旅客在住宿處拿出高價的裝備使用，結果2～3個月後就不見了。筆電或UMPC還有高價的攝影機（DSLR），要盡可能在使用單人房時，再充電或使用。尤其是在南美或西亞地區旅行時，美麗的風光非常多，會常從背包中拿出攝影器材使用。就在這瞬間，手持凶器的武裝強盜就來了，並喊著「Money！Money！」因地域原因或沒有其他方案，不得不投宿在多人共用一房的宿舍時，如果要使用筆電，一定要準備防筆電被偷的鋼線。

advice
3

背包要時常緊貼著自己身體帶著
利用巴士、計程車或火車，在危險地區移動時，行李盡可能要放在自己的身邊。把行李放在計程車後車廂，付了車費後，行李就被載走了，這種情形也曾經發生過。最好行李放在後座自己身旁，即使巴士有放行李的空間，也要拜託司機讓行李放在自己的座位前抱著。迫不得已，就把重要的東西移到小背包，帶在身邊，大的放到行李間，下車時也要注意。尤其是在西亞、南美洲或非洲地區，會有行李員幫忙上下行李，曾經有人遇到，行李一不注意，就被送上了其他車輛而搞丟的荒唐情形。自己的行李確認被放上車後，再上車；下車時，也盡可能快點下來，自己親自接下行李比較好。

advice 4

越重要的東西要放在越難拿到的地方

重要的東西依序是：護照、旅行費用、機票、高價裝備、其他旅行用品。隨著重要度，越重要的要放在背包越深的地方。長期旅行的人，很多會把重要的護照放到腰包或輔助包中，其實這是非常危險的保管法。

advice 5

炫目的服裝或招搖的行為，絕對禁止

背包的顏色鮮豔華麗，衣服也都是名牌。這些會對當地人造成一種壓迫感，壓迫感會變成反感，也是造成無罪惡感犯罪的原因。因此在旅行地點，盡可要要穿簡便的T恤、方便舒適的褲子，揹著素素的實用背包，將對安全有所幫助。

advice 6

要注意自己的血氣方剛、意氣用事

不問國籍，年輕男性的特徵就是在女性面前會特別顯得精力旺盛。顯示自己的活力和能力並不是壞事，但超越自己能力的表現，就叫作意氣用事了；貿然地挑戰自己沒經驗過的、毫無所知的事物，還可能導致發生意外。沒有充分的行前情報，就試圖去冒險，會先讓愛你的家人、朋友擔心，所以一定要自制。

TRAVELER'S DIARY

在南美旅行時來到巴西的聖保羅。曾聽說這裡是犯罪案件很多的地方，雖然很小心，但還是因瞬間錯誤的判斷，損失了珍貴的相機。在火車站，大家正在等火車時，車站出現了一輛很漂亮的火車，為了不想錯過這畫面，我拿出相機拍了起來。這時突然眼前出現一個大個兒，擋在我前面，顯示腰間的手槍，大叫「Money！Money！」我本來想說只有一個人還可以跟他打一下，但對面好像還有另一個人也拿著槍，因為我沒辦法如他們所願地拿出錢，他們就搶走我的相機。才稍一鬆懈，就遇到了這種事，真的是不能掉以輕心啊！

—P.TK—

在泰國旅行時，曾投宿在韓國人經營的宿所。因為是長期旅行的最後一站，所以心情比較輕鬆，再加上和投宿在這裡的許多人都很熟，於是問題就產生了。因為天氣熱想洗澡，就把腰包暫時放在床上，不到1分鐘的時間，和護照放在一起的信用卡和錢都不見了。就在當天晚上，不知道是誰在曼谷某家知名的百貨公司，用我的信用卡刷了2,000美元。這讓我得到一個教訓，旅行中不管多熟多親密，行李或特別重要的東西，都不能隨便放在看得到的地方。

—金英彩—

★長距離飛行時的健康管理法

❶ 睡眠最優先
長途旅行中，如果要維持好的狀態就要睡好覺。因為只要睡得好，一到旅行地，就能以開朗的心情開始旅行了。在飛機裡，防礙睡眠最大的原因就是噪音。飛機裡的噪音在機艙越前面越小，所以可能的話，坐到越前面越好。尤其是平常有失眠症的人，在買票時，就要盡量拜託劃前面一點的位子。對旅行經驗豐富的人來說，機內最好的座位，就是空中小姐對面靠近安全門的位子；最差的座位，是晚上會被頻頻出入廁所的人打擾的、最後面靠近廁所的座位。另外，白天靠窗的座位很好，但晚上卻是靠走道的座位較好，因為出來走動走動較方便，還可伸伸腿活動一下，紓解肌肉的疲勞。

❷ 不要為了吃機上餐而刻意挨餓
有旅行者會為了想多吃一點機上餐，而在搭乘飛機前故意餓肚子，這樣不但營養不均衡，還可能因攝取過多不合胃口的食物而生病。在上飛機前，一定要稍稍吃點東西；還有因為機內乾燥的環境，可能會使人頭痛，所以要記得適時補充水分。更不能用喝酒來代替喝水。

❸ 避免攝取過多咖啡因
為了驅逐疲勞感，有的旅行者會在飛行中喝咖啡。大量的咖啡因會防礙睡眠，而破壞生理時鐘，這會對身體敏感的旅行者造成傷害。長時間旅行時，為了平安地移動到下個旅行地，要盡可能地用水或果汁來維持身體狀況。

❹ 長距離飛行後，行程要安排鬆一點
在長途飛行到達遺跡或自然遺產等目的地後，要盡可能地編製第二天能輕鬆觀光的行程。可到附近輕鬆地散散步或休息，第三天再去登山或參觀遺跡，才不會造成身體不適。

★給女性旅遊者的10項建議

advice 1

帶著家人的照片旅行

「單身旅行的女子，是自由戀愛主義者。」很多男性會這麼認為。尤其是印度、巴基斯坦附近地區，還有中東、西北非、中美地區和臨加勒比海國家，都是這樣認為的。才剛認識不久，就有人毫不猶豫的表白：「我愛妳」、「我們結婚吧」，這時最有用的擋箭牌就是家人的照片和結婚戒指了。即使是未婚，也要準備張假的、好像和先生、孩子合拍的家族照。對方如果知道妳是已婚的有夫之婦，就會減少過度親密的意圖。帶著假的戒指，也是不錯的方法。

advice 2

要準備能通報危險狀況的裝置

為防範自己陷入危險，或需要通知別人來幫忙等狀況，最好帶著能發出巨大聲響的警報器或哨子等基本配備。即使只使用一次也值得。是女性旅行者的必需品。

advice 3

要斷然地拒絕

旅行中，若不明確地說「No」的話，可能會招惹麻煩。自己的身體得自己保護，所以必須熟悉斷然拒絕的方法。在當地沒有理由的親切，或說要帶妳去偏僻的地方看風景，腦袋裡就得浮現「沒有什麼比安全更重要」這句話，並斷然地拒絕，「No, thanks!!!」。

advice 4

在挑選住宿處時，一定要確認是安全無虞的

到達陌生的旅遊地後，最先要做的就是訂房。和男性旅遊者不同，女性旅遊者要更進一步地檢核住宿處才行；要確認除了自己以外有沒有其他投宿客。旅店老闆或經營者是男性的話，也是危險因素之一。投宿客多的話，某種程度來說是比較安全的。比起其他人介紹的旅店，要投宿在值得信賴的旅遊指南上所介紹的、評價好的宿所。

advice 5

內衣曬在室內

大部分女性都會注意這點，但有些女性旅遊者仍會在任何地方曬內衣，這不僅會刺激男性的性好奇，甚至會引發他們偷取。內衣可曬在床後面或女生宿所裡；如果是單人房，就用曬衣繩曬。

advice 6

深夜移動時要特別小心

盡量不要在深夜到達新的旅遊地，要檢核行程再移動。實在沒辦法的話，找個值得信賴的同伴同行比較好。萬一還是不可行的話，就在轉運站或機場明亮、安全的地方過一晚，第二天天亮再移動。

時常有必要說謊

要把在國內準備的獨特設計的手機、MP3或電子錶展示出來，並騙人說它有非常特別的功能。舉例來說，擁有衛星導航、GPS定位系統，能把我所在的位置，時刻透過衛星傳送到當地的大使館和家人那邊。這會讓純真的當地男性心生警惕，不敢輕舉妄動。在印度、中東地區，還有非洲等比較偏僻的地方，這是很好用的方法。不過在大都市或先進國家用的話，就會被投以異樣的眼光了。

要精打細算

到可以享受便宜購物樂趣的旅遊地時，許多旅行者會因為物價比在自己國內便宜，做出違反出發前告誡自己的行為，在百貨公司大買特買一番。甚至有人準備了6個月的旅遊經費，因過度消費，一個月就用完了。過度的消費不但會縮短旅遊行程，也是造成行李過重的主要原因，這點不要忘了。

服裝盡可能中性化

每個人都有想讓自己看起來漂亮的慾望，但在旅遊時，簡便的上衣、卡其色的褲子，還有不變形的帽子，最多擦擦防曬乳就夠了。想在旅行中被人稱讚美麗的話，在有眾多同伴同行的時候，再來打扮自己吧。

別忘了「男人都是狼」這句話

在旅遊地因自制力鬆懈，或不知怎麼地感覺孤單，而對遇見的男性同行者產生依賴，這種情形也是可能發生的。但要特別注意，別陷進浪漫的氣氛中，而做出即興的行為來。很晚了還在宿所單獨跟某男生喝酒，這種行為也要特別小心；當然也可能變成美好的回憶或姻緣，但為防範意外於未然，「男人都是狼」這句話，千萬別忘了。

Q. 旅行中遇見的愛是怎樣的愛？
（受訪者240名）

因為孤獨而擴大解釋成的愛	18%（45名）
是更特殊的愛	16%（40名）
那不是愛，很可能是當下獲得安慰的對象而已	15%（37名）
旅行中的愛，回到現實後只剩下虛構	16%（40名）
旅行時的愛和日常的愛沒有差異	9%（22名）
旅行時遇見的愛要切斷	23%（56名）

為完成環遊世界要注意的5件事

從數年前就開始計劃環遊世界，一面等待出發的日子，一面相當努力地克服無聊又吃力的職場生活。終於夢想即將實現了，我以旅遊者的身分，收到了許多祝福和祝賀的電子郵件；現在就剩下出發，享受那沒辦法應付似的幸福日子。但是在準備過程中，一些向來認為和自己完全無關的問題，對長期旅行的旅行者來說，卻造成了莫大的困擾。甚至因為這些問題，也可能就這樣放棄了期盼已久的環遊世界。對環遊世界旅行者來說，有什麼是比戰爭、綠林好漢、天花更危險的東西呢？

Q. 環遊世界或長期旅行時，產生危機感的事件或事故？（受訪者284名）

項目	比例
遺失旅行費用和物品（尤其是護照或現金）	19%（55名）
遇到強盜或暴行	9%（26名）
自然災害（地震、乾旱、洪水、火山等）	5%（15名）
戰爭或紛爭（內戰、國境紛爭等）	8%（23名）
遇到旅遊旺季及淡季	10%（27名）
在國內家人發生事故或問題	19%（55名）
旅行同行者或其他旅行者發生事故或事件	4%（13名）
旅行中出現孤獨感或老毛病犯了	12%（35名）
異性關係問題	4%（14名）
其他（對旅行本身感覺懷疑時）	7%（21名）

1 感覺旅行如日常生活一般

這是旅行初期完全不會出現的症狀，一般6個月以上的長期旅行者才會發生。大部分是沒有特別的計畫，在東南亞一帶一面閒晃，一面享受它便宜、安全、好玩的環境，而一、兩個月不想走的悠遊型旅行者——很多會出現這種症狀。症狀的特徵是無論看了多美的風景、多偉大的古代遺跡，都不會特別興奮。早上起床到街上，在當地遊覽，到旅遊地逛一圈回來；晚上就到酒吧喝一杯或吃一餐，然後回旅館睡覺。就像平常上班一樣，規律反覆，把旅行當成了平常例行的生活，是最糟的情況。要對旅行有激動、有感動，還有對新事物充滿好奇時，旅行才有價值。在逐漸加長的旅程中，發現自己不知怎麼地在無意識中出現了這症狀的話，就要檢核一下旅行前計劃的路線，並調節移動速度。還有一面增加旅遊地的數目，一面讓自己勤快些地進行旅行，就能很容易克服了。

2 因體力差而產生的無氣力症

很多人認為旅行是甜蜜和無壓力日子的延續，但其實身體受到的壓力不容小覷。時時刻刻改變的溫差和時差，還有高度的變化、季節的轉換、每天每天聽到的不懂意思的外語，這些全都是壓力。早上一起床就要找餐廳，為了移往下個目的地要奔走買車票，移動中一刻都不能放鬆地顧慮安全問題。到另一個陌生的地方後，又要為重新找宿所到處奔波，這就是旅行者的一天。許多旅行者正努力想以飲食補充體力，但那也不是件容易的事，因為對當地飲食陌生，吃久了，再健康的人，也會有幾次嚴重身體不適。身體不舒服的話，什麼都會變得無意義，什麼事都無所謂了。因此體力管理，對環遊世界旅行者來說，是再怎麼強調都不為過的。旅行出發前的6個月，就要為強化體力而做輕度的運動；旅行初期過度透支體力，後面玩起來就累了，要盡可能地減輕行李重量，以防過度消耗體力。還有突然的時差或高度變化，如果沒有給自己適應的時間，就不要勉強去參加當地的活動。享受旅行要以健康的體力為基礎，這個大前提絕對不要忘了。

TIP
在伊斯蘭文化圈旅遊時要注意的事項

❶ 在伊斯蘭文化圈，不是伊斯蘭教的旅行者，不要穿他們的傳統衣服或面紗；
　但是拍紀念照穿戴一次是沒關係的。

❷ 拍攝或欣賞正在祈禱的伊斯蘭教信徒，不但是違反禮儀的行為，也相當危險。

❸ 對他們的宗教或習慣持否定意見的話，絕對不能表露出來，否則會被包圍，
　引起大爭論。

❹ 情侶結伴旅遊時，絕對不要有過度親密的舉動或親吻等行為。

❺ 男性旅客要避免講些在本國朋友間常開的有關女性的玩笑。

❻ 最好不要提到有關以色列、酒、迷幻藥、性等事物。

❼ 被當地人招待到家中時，不要過度稱讚主人家中的東西。因為在伊斯蘭文化圈，有主人
　把客人稱讚的東西送給客人的習慣，這樣可能會造成彼此的負擔。

❽ 當地女性如果被拍照，會有受侮辱的感覺，所以看到女性的腳底或碰到手指的行為，都要小心。

❾ 批評自己的家人，會被視為是胡作非為的人。在伊斯蘭文化圈，家人要比自己更受到尊重。

❿ 女性旅遊者不要穿短裙、短褲或無袖上衣。頭罩絲巾或布巾，成群地走動，是預防麻煩的方法。

3 深度的孤獨感和思鄉病

這種症狀一般在旅行開始的第3、6、9個月時，會最嚴重。在旅行中遇到的旅遊者，無論是誰，都曾陷入深度的孤獨感和思鄉病中；但只要這段時間過去，就又會恢復生龍活虎的模樣。因此如何好好地熬過這段時間，是個關鍵；家人照片、和家人通話、和其他旅人對話，都有幫助。症狀嚴重時，就在旅客多的住宿處休息幾天，一面檢討行程並找個同行者，都是很好的克服方法。

4 對安全不敏感

特別是旅遊進行得很順利，都沒有問題或事故時，自己就會在不知不覺中掉以輕心。切忌犯一般人只會注意前3個月的毛病，要時常檢核自己的安全狀態。這時要仔細地檢查看看，是不是有什麼東西莫名其妙不見了，或身體有沒有產生什麼變化，並用手冊記錄下來，以便和下次作比較。一面檢核，一面把旅行前認為可能有用但後來卻用不到的東西、增加的紀念品、旅行照片、聽膩的CD等，打包寄回家，以減輕行李。安全是旅行能否持續的關鍵，不要忘了。

5 對自身的控制力枯竭

在自己國內，有各種評判和社會的威信，或是許多禁止事項，但到了旅遊地，因為沒有了任何限制，可能就敢去做以前想都不敢想的事；舉例來說，過度飲酒、吃迷幻藥和性行為等這些都是。旅行除了可欣賞無數的美景外，它還給了旅遊者很大的自由作禮物，但要確實享受自由，還要有徹底的自我控制力作為後盾才行。許多旅行者都認為，在旅行中多樣的體驗和遇見各式各樣的人，就是旅行美好之所在。但要銘記在心的是，這並不包含頹廢或不健康的體驗在內。

旅遊新手的
環遊世界日記

7月19日　世界之大，想去的地方堆起來像山一樣高

最後，吞下李次長所有的虐待，和朴前輩老處女的歇斯底里的唯一理由是，我每個月的存款和每個月累積的退職金。意思就是錢？全都是因為錢？當然不是那樣。因為那些錢，承載了我這段時間的被壓迫和悲傷的眼淚，它可以帶我前往有自由、解放、夢、希望的國度。在三十歲前，一定要試著去做的五件事的第一件，就是環－遊－世－界。今天，終於決定了環遊世界出發的日子。期待已久的D-day是明年的1月1日！為什麼放著溫暖的春天、秋天不去，要選在天寒地凍時出發？其實是有我的理由的。因為在1月1日出發，有新年新開始的感覺，而且2～3月時，剛好在溫暖的亞熱帶旅行，應該不會有什麼問題。依據「五牛生活者」的忠告，一旦打開特地買的環遊世界用的筆記本，寫下想去的地方，環遊世界就開始了。啊，但實際一寫才發現，想不太出來要寫哪裡。我連忙查閱旅遊書籍、網站、報紙等資料，不厭其煩地仔細尋找自己想去的地方。光是寫名單，就花了一個多禮拜。不過，為了不要發生在離開美洲前往澳洲的飛機上，才發現「啊，馬丘比丘漏掉了！」這種慘劇，我寧願多花些功夫讓名單長一點。就這樣一本筆記本快寫完了。沒關係，我還會再做一次嚴格的篩選。嗯……接下來，是不是要把目的地標示在地圖上了呢？！一口氣準備了10張地圖，並且開始在地圖上，細心地圈上我想去旅遊的地點。卡薩布蘭加在哪裡，布拉格又在哪裡？埃及呢？天啊！早知道以前就好好讀地理了……

＊我想去的旅遊地

香港、曼谷、普吉島、清邁、吳哥窟、永珍、龍坡邦、加爾各答、瓦拉納西、新德里、阿旃陀、大吉嶺、伊斯坦堡、葛勒梅、佩特拉、開羅、路克索、阿布辛貝、亞歷山卓、倫敦、巴黎、羅馬、伯爾尼、柏林、布拉格、布達佩斯、聖彼得堡、莫斯科、馬德里、卡薩布蘭加、傑內、紐約、邁阿密、墨西哥市、安提瓜、哈瓦那、利馬、庫斯科、烏尤尼鹽漠、伊瓜蘇瀑布、布宜諾斯艾利斯、加拉巴哥、蓬塔阿雷納斯、復活島、基督城、雪梨、凱恩斯、艾爾斯岩

STEP1　環遊世界時想去的地方都標示在地圖上。------

姓名朴幼員年齡雞蛋一半−1　　身份非貴族的單身

座右銘無條件GO! 人生目標環遊世界

`7月30日` 第1順位VS第2順位目的地，比選男朋友還要更加慎重！

不知道有沒有一輩子四處旅行的單身百萬富翁。這麼多地方要在1年內走完，就算擠出我所有的積蓄，連離職金湊上也只不過那麼一點，夠環遊世界嗎？答案是？不可能。賓果！還要大幅修改名單。刪除…再刪…不刪。不刪不行嗎？啊～我夢想著的這49個地方中，到底要刪哪個呢？這不是跟從身上剜肉一樣嗎？我終究下不了手。到旅遊前輩的網站上逛逛，看看有沒有解決的方法。答案意外的簡單：「環遊世界時，要優先選擇距離遠的地方，距離近的地方，以後個別去就可以了。」不過只要2～3天旅程的地方，環遊世界時不去，要什麼時候去呢？而且，一次只去一個地方的機票會比環遊世界機票貴很多欸……接受前輩金科玉律的忠告，挑出非第一順位的18個地方，果敢地刪除了。一定要去的地方塗成藍色，含淚將推到第二順位的地方塗成橘色。還有在地圖上，也在第二順位的18個地方上畫上×。以後有錢，再和姊姊一起去玩吧。現在的美麗，要維持到那個時候喲！呵呵。

＊我想去的旅遊地

香港、曼谷、普吉島、清邁、吳哥窟、永珍、龍坡邦、加爾各答、瓦拉納西、新德里、阿旃陀、大吉嶺、伊斯坦堡、葛勒梅、佩特拉、開羅、路克索、阿布辛貝、亞歷山卓、倫敦、巴黎、羅馬、伯恩、柏林、布拉格、布達佩斯、聖彼得堡、莫斯科、馬德里、卡薩布蘭加、傑內、紐約、邁阿密、迪士尼樂園、墨西哥市、安提瓜、哈瓦那、利馬、庫斯科、烏尤尼鹽漠、伊瓜蘇瀑布、布宜諾斯艾利斯、加拉巴哥、蓬塔阿雷納斯、復活島、基督城、雪梨、凱恩斯、艾爾斯岩

STEP2　只留下非去不可的，其他的就忍痛刪除。

8月4日 不三心兩意，怎麼叫女生呢！

決定出第一順位的旅遊地點後，我就把旅遊筆記收起來，為的是等興奮的心情稍微平息後，再做一次檢討，所謂心急吃不了熱豆腐。然後，拿出地圖攤開一看，怎麼這麼悽涼啊，那麼多想去玩的地方去哪裡了？幾乎沒留下什麼了。不過再仔細一想，是因為要考慮到時間的緣故啦，總共31個地方，每個地方待1天，也要1個月；我本來還想一個地方待1年呢，那不是要花31年了嗎。再把第一次挑出的49個旅遊名單拿出來，把第一順位、第二順位的旅遊地再做一下調整。換了三個地方後，我的最終名單出爐了。旅遊地點設定好之後，感覺輕鬆多了，卻也更茫然了，接下來要對這些地方做什麼呢？該怎麼做呢？只覺得孤立無援。是不是要訂出各旅遊地到達、離開的順序呢？再看看這31個地方在哪裡，畫上星號。所謂好的開始是成功的一半，我已經往前走了一大半了。加油～！

＊我最後選擇的旅遊地

香港、曼谷、清邁、吳哥窟、永珍、龍坡邦、加爾各答、瓦拉納西、大吉嶺、伊斯坦堡、葛勒梅、佩特拉、開羅、路克索、倫敦、巴黎、布拉格、布達佩斯、馬德里、卡薩布蘭加、紐約、墨西哥市、安提瓜、利馬、庫斯科、烏尤尼鹽漠、伊瓜蘇瀑布、蓬塔阿雷納斯、復活島、基督城、凱恩斯

STEP3 環遊世界旅遊地最終決定版。 ---------------------------------

8月12日 終於，我的環遊世界路線圖確定了

前幾天上網到環遊世界同好會聚集地看了一下。越準備，越頭痛；但聽了旅行回來的前輩的話，就像在荒地闢了一條高速公路似的，豁然開朗。就像老師說的要不恥下問；有問題，問就對了。按照前輩的建言，又往前走了一大步。把地圖上標示的星號，按洲圈起來。噢～怎麼會這樣？好令人驚訝，只不過是畫上圈，旅行的方向性和路線就開始出現了耶。把旅遊地按洲圈起來一看，我要旅遊的洲，一共有5洲。編製路線的基本原則是：「為減少時差的負擔，要由東往西移動。」配合此原則，有兩條路線可行，一條是亞洲→歐洲→北美→南美→大洋洲這順序，一條是亞洲→大洋洲→歐洲→北美（→南美）。不過我的第一順位旅遊地點——南太平洋的復活島，在環遊世界機票中，只有ONE WORLD有到，所以最後我選擇了第一條路線！而且我連機票也決定好了！Oh Yeah！

＊訂出訪問的洲數和方向性
將想去的旅遊地按洲圈起來
決定洲數：一共5大洲
決定環遊世界的方向：考慮時差適應問題，決定由東向西進行

> STEP4　把旅遊地按洲圈起來。

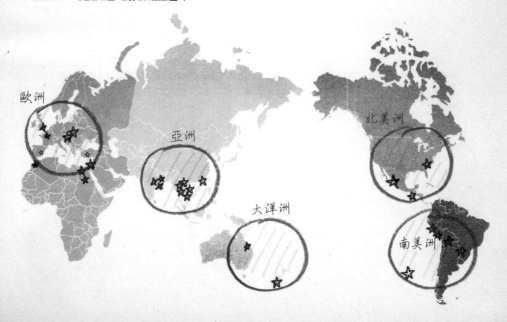

8月14日 在世界地圖上，畫上第一個箭頭

哇，被堵住了。好幾天都原地踏步。各洲旅遊地圈起來以後，「然後呢？要做什麼呢？」我選擇的ONE WORLD環遊世界機票，沒有它可以抵達城市的路線。現在我必須做什麼？不要猶豫，去問！打通電話去問ONE WORLD環遊世界機票客服中心，就知道可以上網（www.oneworld.com/ow/flight-info/where-we-fly），網站上有網路互動式電子地圖（Interactive Network Map），可以查詢ONE WORLD的連接路線、航行路線。進去一看，有按城市分、按區間分的航空路線，非常詳細。如果要問較細的問題，英文要好才行。但進出好幾次，也比較熟悉了。各洲之間可連接處和不可連接的地方；以航班合作的區間；無論如何一定要經過幾個特定的城市，才能連接兩個城市的區間等情報都有。以此為基礎，決定了In－Out都市，和銜接各洲的城市後，把各城市用箭頭連接起來。說起來很容易，但光想著要怎麼規劃路線頭就痛了起來。每天晚上都像高三一樣熬夜用功，為了向環遊世界的夢想再踏出一步，不知不覺頭髮都白了。要是高中時我有這麼用功，現在我可能是醫師、法官也說不定……。

＊幾項要知道的訊息
❶ 在亞洲的好幾個城市都需要由香港轉機。
❷ 在歐洲和北美間移動，大部分都要在倫敦或馬德里轉航。
❸ 因為沒有直接連接南美和亞洲的路線，因此要在北美和澳洲轉航。

STEP5 訂出各洲In－Out 都市，並畫上箭頭。 ------------------------------

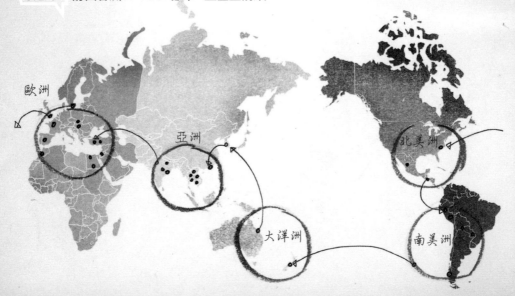

8月21日 各洲裡的箭頭出現了

終於，各洲內的航空移動區間，用箭頭連接起來了。為完成這項工作，每天進進出出好幾次網路互動式電子地圖（Interactive Network Map）。雖說不過是在地圖上畫幾個箭頭，但背後可是絞盡了腦汁啊！以後上了年紀，為防止老人癡呆，就可以來編製一下環遊世界地圖，一定可以讓腦袋更靈光。其中，我的第一順位旅遊地點——復活島和紐西蘭的基督城，不是直接連接區間，因此又追加了一個原本不在計畫中的大溪地帕皮提路線。要編製航空路線，一定要了解該機票的規定，進到ONE WORLD網站，卻全部都是英文。於是我就向過來人徵詢意見，終於連接了航空移動路線；到回國，一共需要搭乘飛機移動14次。最後結論是，亞洲部分航空移動3次（是ONE WORLD限制的各洲航空移動最多的次數），還要追加1次中途停留。不過漸漸又對ONE WORLD環遊世界機票和編製路線的方法，產生了很多新的煩惱。反正沒事，要不要再編製新的路線？機票該跟哪家旅行社買呢？要不要跟每次編製路線有問題時，就打電話去詢問的那家旅行社買？可是那家旅行社分社不多。那W旅行社呢？K旅行社？還是每次詢問都最親切的那一家？啊～聲音最好聽的那位男士那家好了！

＊對編製路線有幫助的網址
★www.oneworld.com/ONE WORLD環遊世界機票主頁
★www.oneworld.com/ow/air-travel-options/round-the-world-fares/oneworld-explorer＃fareEstimatesForm ONE WORLD 環遊世界全世界各國機票費用表、更改之規定的一覽表
★www.oneworld.com/ow/flight-info/where-we-fly 網路互動式電子地圖（Interactive Network Map），可確認ONE WORLD全世界班機連接網
★www.oneworld.com/ow/flight-info/downloadable-timeables/installation-instructions ONE WORLD 環遊世界旅行設計者
★www.christen.dumon.co.uk/CXRule/ONE WORLD 最新規定一覽表（英文）
★http://cafe.daum.net/owtm 可把環遊世界路線，給過來人檢證的五牛生活家環遊世界俱樂部
★www.perpetualtravel.com/rtw/ 網羅環遊世界旅行者資訊（英文）

STEP6　各洲內的旅遊地，用箭頭標示出以飛機移動的區間。

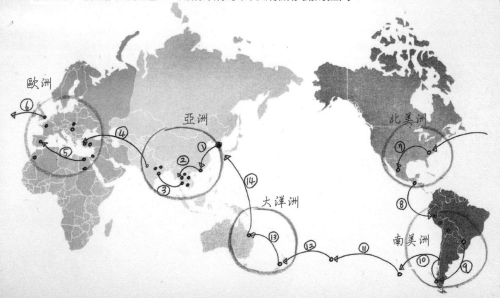

航空移動路線一決定,接下來,就要加上時間了。放空很久的大腦又得開始強制運轉了,頭腦會更靈光吧?除航空移動的旅遊地外,針對剩下的旅遊地,檢查它們的距離、位置、簽證,就可以比較容易地完成陸路移動路線了。陸路移動區間,盡可能不要重複往返;即使不是計畫中的行程,如果在路線中還有新的旅遊地點,也可以去繞一繞。各旅遊地的資料,可上專門研究該地的網站搜集;在編製細部的日程時,可參考這些資料。呵!陸路移動區間也連上了,手上的這份地圖已經很像環遊世界地圖了。這真的是我做的嗎?一開始,看起來那麼寒酸的環遊世界路線,不一會兒,就完成了。過去3週的「熬夜」,腦袋像走馬燈似地都快轉暈了,肚子也因吃了太多泡麵而冒出了贅肉,不過無論如何,還是讓我留下了感動的眼淚。

＊我最終的環遊世界路線
首爾(出發)→香港→清邁→龍坡邦→永珍→曼谷→吳哥窟→曼谷→加爾各答→大吉嶺→瓦拉納西→新德里→伊斯坦堡→葛勒梅→佩特拉→開羅→路克索→馬德里→卡薩布蘭加→馬德里→布達佩斯→布拉格→巴黎→倫敦→紐約→墨西哥市→安提瓜→利馬→庫斯科→烏尤尼鹽漠→伊瓜蘇瀑布→蓬塔阿雷納斯→復活島→大溪地→基督城→凱恩斯→首爾(回國)
→航空移動 →陸路移動(香港、聖地牙哥、倫敦、邁阿密等地,因是陸路移動抵達,故省略了轉航。)

STEP7 定出除航空以外,剩下旅遊地點的陸路移動路線。

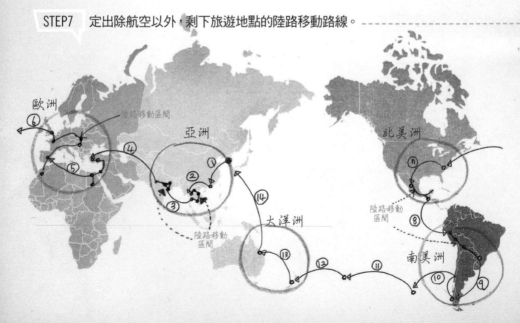

9月1日 我的完美路線，專家也肯定

終於鬆了一口氣。今天還要做一件事，這是完成最終路線一定要做的事。我這張在臥室自己上網查資料、規劃的路線，機票真的能配合上嗎？所以今天要請專家和航空公司確認一下。航空公司的回答是？OK！畢竟發機票是航空公司的事，他們會考慮國際間的情勢，隨時改變航程，因此，直接詢問發給機票的航空公司是最好的。出發日子也選定在1月1日了，那就買機票吧！但是網路上的前輩們說：「買機票不要那麼急，要多給自己一些時間。」因為機票一旦賣出，要再更改路線會非常麻煩，而且補發的票還要再付手續費。事實上，我對自己也不是十分有信心，也許明天又會有要增加的地方。換衣服、換錢還可以，換機票可就麻煩了。在地圖上把航空區間、陸路區間都標示清楚後，就把這張最終路線圖貼在書桌前吧。啊，光看肚子就餓起來了，不是說看到地圖就想到吃啦，想到未來1年內都不能再隨心所欲地吃東西了，我得趁這段時間好好地多吃一點，今天就吃炒年糕、糯米腸吧！

＊到目前已決定的事項
❶ 洲移動：以亞洲→歐洲→北美→南美→澳洲→亞洲這順序，由東向西進行環遊世界
❷ 環遊世界機票：ONE WORLD 5大洲經濟艙＋亞洲地區追加中途停留（stopover）一次
❸ 利用OPEN JAW陸路移動區間：標示出的A～F共6個陸路移動區間

STEP8　最終製作完成的路線圖，交由專家或旅行社認定。
　　　　OK的話才能買機票。

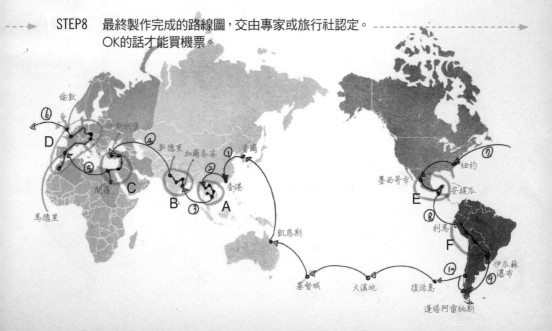

一山還有一山高。重要的路線確認後，稍微喘了口氣再回來，這次要考慮停留的時間了。每個地方要停留幾天，最好事先安排好，旅行起來比較安心。因此從昨天開始，決定要去圖書館報到了。在旅遊書角落找到位置坐下，就像準備考試一樣，認真地收集各地區旅遊指南的資料，看了一兩天，又開始掌握「最少要去一次的地方」、「過來人按各旅遊地各城市作的旅遊日數統計」等。然後打開我的筆記，整理我的環遊世界路線和旅遊地點。用A～F標示出陸路移動區間，大約會停留幾天也標示出來。香港3天夠嗎？東南亞30天？大致分配完停留天數後，把各地區、各城市停留的日數加起來，亞洲48天、歐洲62天、北美49天、南美31天、大洋洲27天，共217天。這時別忘了還要追加些日數，讓旅行能更有彈性些，「包含可修正航空移動的時間，和因當地狀況而需要的調整時間，總共能彈性調整的日數是全部日數的20%！」這是在哪裡知道的呢？是五牛生活者俱樂部。加總以後，我的總日數是266天。一想到這兒，連腳趾頭都顫抖了起來。要和家人說再見了！你們要好好的，我走了！

旅遊地和陸路移動區間	旅行天數	旅遊地和陸路移動區間	旅行天數
香港	3	E區間中美	30
A區間東南亞	30	安提瓜語言學校	14
B區間西南亞	15	F南美區間	20
C區間土耳其、中東	30	蓬塔阿雷納斯	7
摩洛哥卡薩布蘭加	7	復活島	4
D區間歐洲	25	大溪地	3
紐約	5	紐西蘭	14
		澳洲凱恩斯	10
環遊世界時預計循序停留天數共217天			

＊我最終的環遊世界天數
循序停留天數217天＋
飛機移動天數5天＋
多餘旅行天數44天
＝
總旅遊天數266天

STEP9　在各旅遊地各區間的路線上，寫上預計要停留的天數。

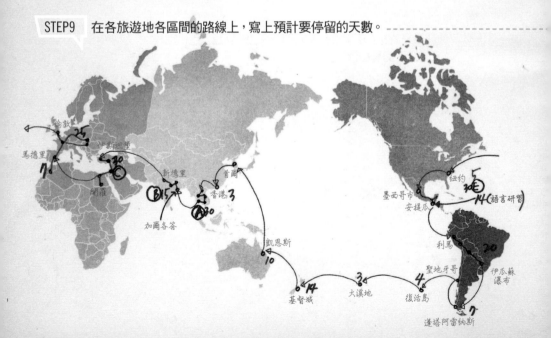

9月16日　9個月旅行台幣66萬2,500元！結算！

決定了旅遊路線和旅遊時間，現在開始要作環遊世界預算的規劃了。按常識來算的話，就是：（旅行時間×1天旅行費用）＋機票費用。這裡以五牛生活家全世界各區域的1日旅行費用為基準（P.18），各地區預測停留費用就出來了。有物價高的地方，也有低的地方，取平均值。此外還有相當金額的稅金、旅行者保險、物品購買費、通信費、情報收集費、買旅遊指南的費用等，這些出發前要支付的費用，也要追加。另外，還要加上意外事故預備金、旅行中想參加的行程或戶外活動等費用。這樣一算，我的環遊世界全部所需費用是43萬元。但這不是全部。旅遊回來後，也可能無法立刻就業；回來後還要整理照片、紀錄等，到寫好文章po上網前的這3～6個月間的生活費（每月2萬元），這些也要準備好才能出發。全部加一加約66萬元。也許，我把環遊世界旅行日記po上網或出書，可以一本賣上千元也說不定？那麼我是不是該先找個主題再出發呢？要不要先和出版社商量一下？我是不是要催一下我的退職金……，明天打通電話給人事金小姐吧。這樣包含回國後6個月的適應費，約台幣66萬2,500元，結算～！

項目		預計需要費用	
環遊世界準備費用（包含購買旅行備品、收集資料費、旅行保險費、整理身邊一些瑣事的所有費用）		2,000美元	
環遊世界機票發給費用（含稅）	以ONE WORLD 5大洲經濟艙為準	約5,000美元	
各地區體驗活動費（清邁登山、吳哥窟門票2天、泰式按摩、大吉嶺玩具火車、土耳其體驗熱氣球、摩洛哥沙漠之旅、在歐洲購買歐洲鐵路火車票、紐約城市之旅、祕魯納斯卡輕航機之旅、玻利維亞烏尤尼鹽漠之旅、伊瓜蘇瀑布遊船之旅、紐西蘭租露營車2週、澳洲水肺浮潛3天）	參照線上最新資訊的費用	約3,000美元	
環遊世界預計旅行費用	Total	1萬4,310美元	1萬7,465美元
旅行預備金（全部費用約10%）	Total×10%	1,431美元	1,747美元
回國後的適應費用（3～6個月內的最低生活費）	1,000美元／圈	3,000美元	6,000美元
我的環遊世界總預算		1萬8,741（最低預算）	2萬5,212（決定預算）

STEP10　參考各旅遊地1日費用，計算出總旅行經費。

9月7日

鏘鏘～！
經過長時間的準備
我的夢想路線
終於誕生了

倫敦
布拉格
巴黎
布達佩斯
馬德里
伊斯坦堡
葛勒梅
開羅
卡薩布蘭加
路克索
新德里 大吉嶺
瓦拉納西
加爾各答
清邁
曼谷
首爾出發
香港
凱恩斯

航空移動
陸路移動

全部日程	2009年1月1日出發～9月23日回國，共266天
預計拜訪國家數	25～30國（包含單純滯留）
需要費用	約台幣47萬1,700元～66萬2,500元
環遊世界機票	One World 5大洲環遊世界機票
準備簽證	參照本書簽證相關單元（第160頁）

我完美的環遊世界天數

	環遊世界準備項目	重要度	數年前	1年前	300天前	200天前	100天前	90天前	80	70
1	下定環遊世界的決心	★★★★★								
2	訂出只屬於自己的旅行主題	★★★★								
3	牆壁上貼上世界地圖	★★★								
4	訂出想去的旅行地	★★★★★								
5	訂出環遊世界路線	★★★★★								
6	選定環遊世界機票	★★★★★								
7	參加環遊世界過來人聚會	★★★								
8	檢證並再檢查路線	★★★★★								
9	編製全部的預算	★★★★★								
10	決定主要移動方式（決定使不使用環遊世界機票）	★★★								
11	環遊世界機票發給	★★★								
12	檢視當地狀況（危險國、禁止旅遊國）	★★★								
13	籌備環遊世界旅行經費	★★★★★								
14	健康檢查和健康管理	★★★★★								
15	探讀有關旅遊地的書籍	★★★★								
16	加強語言（英語、西班牙語等）	★★★								
17	其他語言加強（當地語言）	★★								
18	收集有關環遊世界的網路訊息	★★★★								
19	準備向外國人做的自我介紹（美食、風俗等）	★★								
20	檢視海外住宿網站	★★								
21	向家族和同事通報、說服、徵求同意等	★★★★★								
22	上班族提出辭呈	★★★★★								
23	大學生辦休學	★★★★								
24	處理國民年金、醫療保險	★★★★								
25	處理兵役問題（預備兵、民防兵）各種課稅換成自動入戶	★★★★★								
26	線上發給銀行業務有關證明書	★★★★								
27	處理居住地（出租、搬家、賣掉等）	★★★★★								
28	電話服務終止、手機服務暫時中止	★★★★								
29	家族和朋友歡送會	★★★								
30	取得護照	★★★★★								
31	取得各國簽證	★★★★★								
32	取得永久網路電話號碼	★★								
33	製作旅行者名片	★★★								
34	製作旅行網頁（網頁、部落格、臉書等）	★★★								
35	尋找贊助者和募集後援金	★★								
36	健康檢查（齒科、眼科等是必須的）	★★★★★								
37	取得海外使用的卡（信用卡、現金卡等）	★★★★								
38	換錢並取得旅行支票	★★★★								
39	購買並收集旅遊指南	★★★★								
40	加入長期旅行者保險	★★★★								
41	購買常備藥	★★★★								
42	取得國際駕照	★★★								
43	取得各種會員證（青年旅館證、國際學生證等）	★★★								
44	做預防接種（黃熱病、登革熱、感冒等）	★★★★★								
45	列出旅行攜帶物檢核表	★★★★								
46	購買旅行用品	★★★★								
47	準備旅行服裝及鞋襪	★★★★								
48	熟悉PC、GPS、數位相機的操作法	★★★								
49	收集有關電子紀錄裝備的資料	★★★								
50	放好隨身聽或MP3等	★★								
51	最後打包行李	★★★★★								

0	40	30	20	10	7天前	5天前	3天前	2天前	前一天晚上	出發日	我的環遊世界準備狀況檢核／確認					
											20%	40%	60%	80%	100%	Check
											20%	40%	60%	80%	100%	Check
											20%	40%	60%	80%	100%	Check
											20%	40%	60%	80%	100%	Check
											20%	40%	60%	80%	100%	Check
											20%	40%	60%	80%	100%	Check
											20%	40%	60%	80%	100%	Check
											20%	40%	60%	80%	100%	Check
											20%	40%	60%	80%	100%	Check
											20%	40%	60%	80%	100%	Check
											20%	40%	60%	80%	100%	Check
											20%	40%	60%	80%	100%	Check
											20%	40%	60%	80%	100%	Check
											20%	40%	60%	80%	100%	Check
											20%	40%	60%	80%	100%	Check
											20%	40%	60%	80%	100%	Check
											20%	40%	60%	80%	100%	Check
											20%	40%	60%	80%	100%	Check
											20%	40%	60%	80%	100%	Check
											20%	40%	60%	80%	100%	Check
											20%	40%	60%	80%	100%	Check
											20%	40%	60%	80%	100%	Check
											20%	40%	60%	80%	100%	Check
											20%	40%	60%	80%	100%	Check
											20%	40%	60%	80%	100%	Check
											20%	40%	60%	80%	100%	Check
											20%	40%	60%	80%	100%	Check
											20%	40%	60%	80%	100%	Check
											20%	40%	60%	80%	100%	Check
											20%	40%	60%	80%	100%	Check
											20%	40%	60%	80%	100%	Check
											20%	40%	60%	80%	100%	Check
											20%	40%	60%	80%	100%	Check
											20%	40%	60%	80%	100%	Check
											20%	40%	60%	80%	100%	Check
											20%	40%	60%	80%	100%	Check
											20%	40%	60%	80%	100%	Check
											20%	40%	60%	80%	100%	Check
											20%	40%	60%	80%	100%	Check
											20%	40%	60%	80%	100%	Check
											20%	40%	60%	80%	100%	Check
											20%	40%	60%	80%	100%	Check
											20%	40%	60%	80%	100%	Check
											20%	40%	60%	80%	100%	Check

PART02

DIVE INTO A DREAM!

漫遊在
環遊世界的
夢想中

1 環遊世界旅行者説的
Best of Best 世界旅遊地

印加的神祕都市馬丘比丘、亞馬遜的伊瓜蘇瀑布、
北極的極光、神的山喜馬拉雅、非洲的大草原……
光聽名字，內心就無法平靜，
胸口有個地方一直騷動著。
等著我們去探訪的地方
如同夜空中閃閃發亮的星星，
散落在地球的各個角落。

約旦佩特拉

西藏拉薩布達拉宮

印度泰姬瑪哈

柬埔寨吳哥窟

埃及古代文明地

環遊世界時一定要去的
必遊遺跡地

在廣闊的地球各地，過去數千年間，人類留下了不可磨滅的遺產。

其中受聯合國教科文組織保護，指定為文化遺產的，就超過了600個。

在這麼多文化遺產中，也有因具特殊的原因和神祕的故事，而被保留下來

的驚人遺跡。人生很難再有第二次環遊世界的機會；在這一生不會再來第

二次的情況下，有沒有一定要看的、特別的遺跡呢？過去10年，曾受環遊世

界的旅行者極力稱讚的、人類最偉大的遺跡如下：

墨西哥特奧蒂瓦坎

智利復活島巨石像

祕魯馬丘比丘

英語通用度

☆ 只能用當地語言或肢體語言溝通
☆☆ 觀光地或旅館大致可以用英語溝通
☆☆☆ 可以用英語進行普通會話
☆☆☆☆ 當地語和英語共同使用
☆☆☆☆☆ 所有人都能像母語一樣使用英語

環遊世界時最想看的遺跡是什麼？（參與者259名）

埃及古代文明地	15%（41名）
約旦失落的城市佩特拉	14%（37名）
柬埔寨吳哥窟	12%（32名）
祕魯印加文明馬丘比丘	25%（65名）
祕魯古代納斯卡線	0%（1名）
希臘的雅典衛城	1%（4名）
智利世界不可思議的復活島	6%（18名）
西藏拉薩布達拉宮	8%（23名）
印度白色陵墓泰姬瑪哈	10%（28名）
墨西哥金字塔城特奧蒂瓦坎	4%（10名）

新七大奇景

瑞士電影製作人維那爾・韋伯主張要以我們這時代新的七大奇景，取代過去古代的七大奇景，於是開始了7年的票選活動，全世界有超過1億位網民投票，結果在2007年7月7日於葡萄牙里斯本，宣布了「世界新七大奇景」。

① 約旦古代都市佩特拉　② 祕魯的印加遺跡馬丘比丘
③ 墨西哥奇琴伊察金字塔
④ 印度的泰姬瑪哈　⑤ 義大利的羅馬競技場
⑥ 中國的萬里長城　⑦ 巴西的巨大基督像

檢索關鍵字	馬丘比丘／
	Machu Picchu
國家／都市	祕魯庫斯科近郊
一天旅行費用	US＄20～
語言	西班牙語／
	英語通用度 ★★
旅行最適期	4～10月

① 馬丘比丘 MACHU PICCHU

（編按）簽證：洽詢「祕魯駐台北商務辦事處」辦理 http://www.peru.org.tw

環遊世界時一定要去的遺跡地第一名！

　　「失落的城市」馬丘比丘，是印加文明留下的、燦爛的文化遺產，整座城市就是一個遺跡。四面都是懸崖峭壁和山谷，從密林覆蓋的山腳往上看，完全看不到它，只有從空中，才能看到整個城市的全貌，所以又被稱為「空中城市」。印加文明是15世紀到16世紀，支配南美安地斯地方的強大帝國，但因西班牙的侵略者而滅亡。印加帝國最後一個城市馬丘比丘，位在亞馬遜河源頭──烏魯班巴（Urubamba）河的峽谷地帶，海拔2,280公尺的山頂上。這偉大的城市於1911年，被美國考古學家耶魯大學拉丁美洲歷史教授賓漢姆發現。當時賓漢姆教授探險隊，原是要找尋印加帝國最後一個首都維爾卡班巴（Vilcabamba）的，結果戲劇性地發現了馬丘比丘。

　　過了400年，才被揭開面紗展現在世人面前的這個神祕城市，有太陽的神殿和宮殿、居住地區、各種作業場所、學校、梯田、日晷、大禿鷹石等，充滿了眾多的遺跡，旅行者進到這裡，好像掉進了神祕的世界。用數噸重的巨石搭建而成的神殿和住家，做工精巧，巨石接縫連一張紙都無法穿過；此外還有完美的排水設施，還可供農事使用，相當驚人。但是創造這燦爛文化的人們，未留下任何痕跡就突然從地球上消失了。在超越時間、空間的人類史上，留下永恆之謎的馬丘比丘，被全世界1億網民投票選為「新七大奇景」。印加都市馬丘比丘，也被選為環遊世界時一定要去的地方第一名，它是個充滿了神祕、疑問和各種臆測的古代都市。

Asia	Cambodia

檢索關鍵字	吳哥窟、吳哥城／
	Angkor Wat,
	Angkor Thom
國家／都市	柬埔寨暹粒
一天旅行費用	US $10～
語言	柬埔寨語／
	英語通用度 ★★☆
旅行最適期	11～5月

② 吳哥窟 ANGKOR WAT

（編按）簽證：落地簽，可參考「外交部
領事事務局全球資訊網」
http://www.boca.gov.tw

登上陡峭的階梯後，眺望整個遺跡充滿幻象的全貌

　　1850年，法國傳教士夏爾・艾米爾・布意乎，將他到中南半島熱帶密林時，偶然發現神之宮殿的這段經歷，寫成書出版。當時動植物學家亨利・穆奧看到這本書，為了找到故事中那充滿魅力的傳說中的宮殿，1858年即出發前往柬埔寨探險。在第二次探勘時，才見到這個在地球上隱藏了400年的巨大都市，它的存在始被世人所知。妝點該地輝煌歷史的，就是吳哥王朝偉大的遺產吳哥窟。屬高棉帝國的吳哥王朝，是9世紀到15世紀，600年間，統治中南半島的王國，王朝復興期時，人口多達100萬人，和同時代的英國倫敦人口6萬人相比，可以想像吳哥王朝是多麼的繁盛。吳哥窟是「城市的聖殿」的意思，有寬200公尺的人工水道圍繞，面積東西1.5公里，南北1.3公里，中央塔的高度達65公尺。建於12世紀初的這間聖殿，以左右對稱的完美建築結構，和纖細、精巧的石雕裝飾而聞名，尤其是代表須彌山的中心塔（須彌山是佛教認為的世界中心），更可說是這寺院中的一朵花。另外爬上傾斜70度的陡峭高梯後，眺望吳哥遺跡的全貌，除了說是如夢似幻外，很難找到其他詞彙形容了。

　　距吳哥窟1.7公里處的吳哥城（巨大的都市的意思），是吳哥王朝最後一個首都。遺址全部由城牆包圍，城外有人工湖環繞，只有5個城門可出入。該城有印在柬埔寨紙鈔上的巴戎寺（Bayon）、印度教寺廟的巴芳寺、有大象雕刻的鬥象台、被稱為天上宮殿的天宮（Phimeanakas）等遺跡。尤其是巴戎寺的石像臉，已經變成了吳哥的象徵，是最受歡迎的景點。

檢索關鍵字	開羅、金字塔、路克索、
	阿布辛貝／Cairo、
	Abu Simbel Temple、
	Luxor
國家／都市	埃及全境
一天旅行費用	US＄15～
語言	阿拉伯語／
	英語通用度 ★★☆
旅行最適期	11～3月

③ 埃及古代文明地 EGYPT PYRAMID

（編按）簽證：落地簽，可參考「外交部
領事事務局全球資訊網」
http://www.boca.gov.tw

奇蹟似的古代文明發源地之建築物

　　四大文明發源地之一的埃及，以擁有全世界任何遺跡無法相比的歷史價值，和年代悠久的遺跡而自豪。埃及的古代遺跡遍布全境，所以無法單獨挑一地來旅行。如果要挑選其中最具代表的三個地方，就是有國王的墓地之稱的吉薩大金字塔、阿布辛貝和路克索的「帝王谷」（Valley of the King）。首先是紀元前2600年，古王國時期建造的吉薩三大金字塔，毋庸置疑的，它是埃及的象徵，也是古代七大奇景中，唯一留下形體的。在埃及首都開羅近郊的岩石高原上，以一定距離，建造了古夫王、卡夫拉王、孟卡拉王的金字塔。其中被稱作大金字塔的古夫王金字塔，是人類最大的石造建築，底座每邊長230公尺，高達到146.5公尺。它平均以2.5噸的石塊，共230萬顆，從底部一層一層向上堆起，總重量推測達770萬噸；而且每年動用10萬名工人，是花了20年才完成的人類最大的作品。

　　位在埃及南部的阿布辛貝神殿，是埃及歷史上最偉大的法老、太陽的兒子──拉美西斯二世建立的。為了讚頌自己的偉大，以尼羅河峭壁的砂岩建成寺院，入口有四個20公尺高的巨大坐像，還有為王后建立的神殿。現在的神殿，因擔心興建阿斯旺水壩而被淹沒，聯合國教科文組織努力將它移位中──從1969年開始，4年間花了4,200萬美元的工程費，將3,200年前的神殿分解後再重組，移動了70多公尺。拉美西斯二世以建築王聞名，現在埃及留下的歷史建築物大部分都是這時期建造的。最後是位在路克索的「帝王谷」，王族和貴族的陵墓，露出的部分像金字塔一樣。為了防止陪葬品被盜，而建造在峽谷。但儘管如此，大部分的王陵還是被盜了，唯一沒被盜的是1922年發現的圖坦卡門（Tutankhamen）王陵。

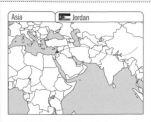

檢索關鍵字	佩特拉／Petra
國家／都市	約旦安曇的西南部
一天旅行費用	US＄20～
語言	阿拉伯語／
	英語通用度 ★★
旅行最適期	春、秋

④ 佩特拉 PETRA

（編按）簽證：落地簽，可參考「外交部
領事事務局全球資訊網」
http://www.boca.gov.tw

山窮水盡處，出現令人難以置信的古代城市

英國詩人威廉·培根吟唱說，佩特拉是「像永恆一樣久遠的，玫瑰色的紅城市」。

地球上現存的無數文化遺產中，沒有一個像佩特拉那樣富戲劇性的了。在陰暗綿長的黑暗峽谷盡頭，出現了發出粉紅色光彩的驚人景象，和巨大的神殿，除了驚艷之外，很難表達內心的感動。1812年，到非洲探險的瑞士年輕探險家布爾克·哈德，從沙漠商人那兒聽到了被遺忘的古代城市佩特拉，之後布爾克·哈德就變裝成阿拉伯人，跟著貝都因人嚮導去尋找佩特拉，在那裡他遇見了歷史的另一頁——消失的古代城市佩特拉。

佩特拉是希臘語「岩石」的意思，那兒曾是聖經上記載的厄多姆王國和納巴特王國的首都。摩西逃出法老的土地後，經過佩特拉，進入「應允之地」迦南。佩特拉是紀元前納巴特人建造的城市，全盛期約有3萬人居住在這裡，相當繁榮。納巴特人是紀元前7世紀到2世紀居住在阿拉伯半島的遊牧民族，他們在沙漠的岩石地帶，將納巴特建築風格，融合了希臘、羅馬樣式建成這座城市。佩特拉不是由無數個建築物堆積而成的，而是從峭壁的底部開始切割進去而建成的。它有宮殿、神殿、劇場、商店、鋪設好的道路、沐浴場、水道等，是個具備了所有城市設施的地方，尤其是卡茲尼（Khazneh Firaoun：阿拉伯語寶物的意思）神殿，更可說是納巴特文化首屈一指的傑作。這座紀元前1世紀建造的希臘化樣式的神殿，高40公尺，寬28公尺，做工之精巧令人難以置信是紀元前建造的。佩特拉的魅力，就在日落時分，隨著夕陽西下，時刻變化的、夢幻似的色彩，因此又曜稱它為「玫瑰之城」（Town of Roses）。

檢索關鍵字	泰姬瑪哈／ Taj Mahal
國家／都市	印度阿格拉
一天旅行費用	US＄10～
語言	印度語、英語共用
	★★★★
旅行最適期	10～3月

⑤ 泰姬瑪哈 TAJ MAHAL

（編按）簽證：洽詢「印度-台北協會」辦理，地址：台北市基隆路一段333號2010室，電話：（02) 2757-6112

地表上最美麗的墳墓

是在印度能一睹蒙兀兒（Mughul）帝國榮光的特殊文化遺產；更是地球上最美麗的白色墳墓。詩聖泰戈爾曾這樣形容泰姬瑪哈：「永恆之中一滴愛的淚珠。」位在蒙古帝國首都阿格拉（Agra）江邊的泰姬瑪哈，是有「建築狂」之稱的蒙古帝國皇帝沙賈汗的作品。1631年王后在德干高原生下第15子後離開人世，為了紀念心愛的王后，建造世上最美麗墳墓的劃時代壯舉，於焉展開。由當時的天才建築家共同設計，並請來法國、義大利、土耳其等地最棒的工匠協力建造。工程時間共22年，約2萬人參與，為搬運建材動員1,000多頭大象。裝飾外壁的最高級大理石，採自拉賈斯坦邦；裝飾內部的寶石，由土耳其、埃及、緬甸、中國、西藏、巴基斯坦等世界各地蒐集而來。也就是說，算是個國際性的工程。

通過由紅色砂岩做成的巨大拱型正門後，蒙兀兒樣式的寬廣庭園即映入眼簾。庭園的中央有條長達300公尺的直線水道，水道的盡頭就是美麗絕倫的純白色圓頂陵墓。巨大墳墓內外都精巧地鑲嵌上華麗的準寶石作裝飾，讓旅行者猶如身臨幻境。據說，工程結束後，沙賈汗為了不會再有第二座這樣的建築物出現，將所有參與工程的匠人的手都砍斷。但是後來沙賈汗的兒子篡位，他被軟禁在阿格拉城，直到死亡，長達八年的時光歲月，沙賈汗都只能透過窗戶遙望著愛妻沉眠的白色陵墓；死後也和太太一起埋葬在泰姬瑪哈。以「地球上所有人類建造的建築物中最美麗的」來形容都嫌不足，泰姬瑪哈是環遊世界時一定要去的地方。

檢索關鍵字	復活島、毛艾／
	Easter Island
	智利復活島
國家／都市	US＄35〜
一天旅行費用	西班牙語／
語言	英語通用度★★
旅行最適期	11〜4月

⑥ 復活島的巨石像 EASTER ISLAND

（編按）簽證：洽詢「智利商務辦事處」辦理，地址：110台北市信義路5段5號7B-06室；電話：(02) 2723-0329

被巨大石像環繞的島，解不開的謎

「到底是誰？為什麼在這裡？怎麼做出這些東西來的呢？」1968年到南太平洋孤島探險的瑞士人達尼肯，將島上環島放置的人面石像發表了出來，因而受到世界矚目。他綜合從島民那兒聽來的故事和該地流傳下來的傳說，認為：「人面石像是很久以前外星人來到這個島後，為懷念故鄉而建造的。」從那時開始，眾說紛紜，除了外星人說以外，有認為復活島是下沉大陸的一部分，有認為他們是亞特蘭提斯大陸的後裔，於是這裡變成了世界性的、不可思議的舞台。最後達尼肯的外星人說，被認為是世紀詐欺事件而告終，但這個島已經變成觀光客要一看「外星人巨石像」的知名觀光勝地了。

1722年復活節，航行在南太平洋的荷蘭海軍羅根維，發現了這座神祕的島，為紀念發現日，遂將它命名為「復活島」。但原住民卻稱它為「拉帕努伊」，是大島的意思。復活島是個火山島，有20多個火山口，還有無樹的草原。被稱作毛艾（Moai）的巨石像，遍布全島沿岸，沿著海岸共有900多個，高度從2公尺到20公尺不等，但大部分是5公尺到7公尺左右。重量更是恐怖，小的20噸，大的90噸。巨石像都是用容易雕刻的火山石做成，從5世紀開始，將近1,000年的時間，由人們製作出來。大部分的巨石像，在過去數百年間，被放置在全島沿岸；很特別的是，它們都是排成一列地面向太陽。復活島很久以前是亞熱帶樹林密布的島，但經過不斷的火災和砍伐，還有部族間長久的戰爭，才變成了今天這光禿禿的模樣。雖然今天世人已對巨石像有了部分了解，但它仍有許多不可知的祕密尚未解開。

檢索關鍵字	布達拉宮／Potala Palace
國家／都市	中國西藏拉薩
一天旅行費用	US＄10〜
語言	西藏語、中文／英語通用度★
旅行最適期	春、秋

⑦ 布達拉宮 POTALA PALACE

（編按）簽證：台胞證，可洽詢各旅行社代為辦理

世界的屋脊，西藏最美麗的夏宮

　　布達拉宮是建在西藏（有「世界屋脊」之稱）首都拉薩的，達賴喇嘛的夏宮。布達拉宮的歷史，從7世紀建立西藏最早的統一王朝的松贊干布王開始。唐朝文成公主下嫁為其王妃的松贊干布王，為了保管唐朝皇帝送給他的結婚禮物，而蓋了最初的布達拉宮。布達拉之名是由傳說中西藏守護神觀世音菩薩的居所——印度的布達拉山而來。由此可以看出，西藏佛教相信居住在布達拉宮的達賴喇嘛就是觀世音菩薩的化身。目前留下的建築物，大部分是17世紀第五世達賴喇嘛所建。金色的屋頂，以紅色和白色裝飾的布達拉宮內部，共有1,000間房間、1萬個寺堂和寺院，還有多達20萬座的佛像。另外，因為高117公尺、長360公尺，所以無論在拉薩哪裡都可以看到它，是西藏的象徵。

　　布達拉宮主要是由石頭和木材建成，大致分為白宮和紅宮。白宮內保存了數千冊書籍和古代文獻；以黃金屋頂而聞名的紅宮，安放著除六世達賴喇嘛以外的、五世到十三世八位達賴喇嘛的遺體。安放達賴喇嘛遺體的靈塔，都用各種寶石和黃金華麗地裝飾著；其中五世達賴喇嘛的靈塔裝飾得最為華麗，鑲嵌了1,500多顆的鑽石、珍珠、翡翠、珊瑚，還鍍上重達3,700公斤的金箔。西藏的藍天，和反射出耀眼光芒的布達拉宮，可以說是所有背包客的浪漫想望。

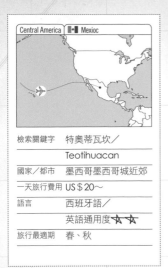

檢索關鍵字	特奧蒂瓦坎／
	Teotihuacan
國家／都市	墨西哥墨西哥城近郊
一天旅行費用	US＄20〜
語言	西班牙語／
	英語通用度 ★★☆
旅行最適期	春、秋

⑧ 特奧蒂瓦坎　TEOTIHUACAN

（編按）簽證：洽詢「墨西哥商務簽證文件暨文化辦事處」辦理，地址：台北市基隆路一段333號15樓1501、1502、1504室，電話：（02）2757-6566，簽證組：（02）2757-6595

中美洲的古代城市，為神而建的金字塔

　　說到金字塔，腦海中浮現的總是埃及，但將目光轉到中美洲，會出現讓你驚訝的新的光景，那就是被稱作金字塔城的「神之城市」──墨西哥的特奧蒂瓦坎。這個古代城市，從紀元前2世紀左右開始建造，紀元4世紀達到全盛期，當時人口高達20萬；但卻在仍享受著全盛期繁榮興盛的7世紀時，突然消失了蹤跡，也變成了纏繞著眾多假說的世界不可思議之一。

　　在這裡的無數古代遺跡中，最吸引旅行者的當然是金字塔。埃及的金字塔是國王的墳墓，特奧蒂瓦坎的金字塔則是神殿。位在金字塔頂端的神殿，是舉行祭神儀式的地方。被稱作「亡者之路」的這條路，長4公里，寬40公尺，沿著它走會看到世界第三大的太陽金字塔和月亮金字塔。太陽金字塔和埃及的金字塔不同，它沒有尖頂，底部是四方形的，每邊長230公尺，高達66公尺，共有248階階梯。走到邁向死亡的「亡者之路」的盡頭，就是底邊邊長150公尺，高60公尺的「月亮金字塔」。在金字塔的頂端，會舉行將人體獻給月神的宗教儀式。這可怕的儀式持續了很長一段時間，直到16世紀西班牙人入侵才消失。在特奧蒂瓦坎，除金字塔外，還有許多神殿和住宅遺跡，是個相當神祕的地方；它和奇琴伊察的馬雅遺跡，是中美洲旅遊的核心，也是到中美洲一定要去看看的兩個地方。

挪威索格納峽灣

俄羅斯勘察加半島

摩洛哥撒哈拉沙漠

辛巴威、尚比亞維多利亞瀑布

在旅途中遇見的
最美麗的風景

在旅遊途中，會突然遇見令人意外的動人美景。就那樣偶然的、不費吹灰之力地不期而遇，或匆匆走過時驚鴻一瞥。這世上到處充滿著出乎旅行者意料之外的、令人驚艷的美麗風景。在這些地方裡，有聯合國教科文組織指定的自然遺產，還有很多是沒被指定但非看不可的地方。極地的神祕風景、熱氣蒸騰的沙漠、耀眼的美麗湖泊、鬼斧神工的峽灣、驚人的火山等，各地變幻無窮、千姿百態的自然世界，是環遊世界時一定要去看看、去體驗一下的地方。

冰島極光

加拿大班夫國家公園

美國大峽谷

巴西、阿根廷伊瓜蘇瀑布

法屬玻里尼西亞波拉波拉島

玻利維亞烏尤尼鹽漠

阿根廷佩里托莫雷諾冰河

Q. 環遊世界時最想去看的風景是哪裡?（受訪者294名）

美國大峽谷	10%（29名）
法屬玻里尼西亞波拉波拉島	14%（42名）
巴塔哥尼亞的貝里多莫雷諾冰河	7%（22名）
伊瓜蘇瀑布和維多利亞瀑布	9%（27名）
玻利維亞烏尤尼鹽漠	21%（63名）
冰島極光	11%（33名）
加拿大班夫國家公園	7%（22名）
挪威索格納峽灣	6%（17名）
俄羅斯勘察加半島	5%（15名）
摩洛哥撒哈拉沙漠	8%（24名）

South America　Bolivia

檢索關鍵字　烏尤尼／Uyuni
國家／都市　玻利維亞波多希
一天旅行費用 US＄10
　　　　　　（tour費除外）～
語言　　　　西班牙語／
　　　　　　英語通用度★★
旅行最適期　11～3月

① 烏尤尼鹽漠 UYUNI

（編按）簽證：可在玻國任何駐外使館處申辦，離台灣最近的辦事處位在東京，可參考「外交部領事事務局全球資訊網」
http://www.boca.gov.tw

世上最令人難以置信的景象

它其實是沙漠，但完全推翻了我們到目前為止對沙漠的固定觀念。不是由沙造成的沙漠，而是由鹽造成的沙漠，不親眼目睹，是無論如何都不會相信的景象。世界最大的鹽沙漠——烏尤尼的鹽漠，位在玻利維亞波多西（Potosi）州的西邊，海拔3,650公尺的山頂上。很久很久以前這裡曾是一片海，因地殼變動，海被聳起的陸塊填成湖，之後湖裡的水受地形影響慢慢蒸發，就變成巨大的鹽漠了。白白的一大片平地，一望無際，面積約11,858平方公里。厚度最少1公尺，最多到120公尺重達數百億噸的鹽，可供玻利維亞人民吃數千年還有餘。沙漠上還有用鹽做成的旅社，從餐桌到床，外牆到內部裝飾，全部都用鹽塊做成。另外，在沙漠中間還有個很特別的島，叫「漁夫島」，能看到數千年壽命的巨大仙人掌。

鹽湖的最大魅力是雨季時，雨水匯集在鹽漠中形成湖泊的景象。這時在像鏡子一樣的水面上，會反射藍天和白雲，水天一色，很難分清楚天和地，感覺自己就像置身天堂一般，非常美麗。到了晚上，天上所有的星星都在湖中閃爍著，相當壯觀。烏尤尼和祕魯的馬丘比丘，都是所有想到南美旅行的人一定要去的地方。

檢索關鍵字	波拉波拉／
	Bora Bora Island
國家／都市	法屬玻里尼西亞社會
	群島
一天旅行費用	US＄100〜
語言	法語、英語／
	英語通用度★★
旅行最適期	5〜11月

② 波拉波拉島 BORA BORA ISLAND

（編按）簽證：免簽，可停留90天

到地球上最美麗的珊瑚礁島旅行

　　波拉波拉島被稱作地上樂園、南太平洋的珍珠、世上最美麗的島，和印度洋的馬爾地夫一樣，因聳立於美麗洋面，而成為被世人所知的南太平洋上的小島。它位在南太平洋玻里尼西亞社會群島（Societe）中的大溪地島的西北邊，是個長10公里、寬4公里的珊瑚礁島，有6,000人居住著。包含波拉波拉島和大溪地在內共118個小島組成的島群，政治上的國家名稱是法屬玻里尼西亞，全部都是法國的領地。我們較熟悉大溪地這名稱的原因是，法屬玻里尼西亞的首都帕皮提，位在大溪地島上，還有高更也在這裡住過。波拉波拉原來的名稱是「從黑暗中冒出來」這種意思的「帕帕烏」（Va Vau），後來因到這來的歐洲人發音錯誤，才變成今天的波拉波拉島。本島於1767年英國艦隊造訪而開始被世人知曉；之後二次世界大戰期間，因美國人駐屯而有名。本島被小珊瑚礁像項鍊一樣地環繞著，並形成形形色色的美麗潟湖（Lagoon）。

　　在南太平洋熱情的陽光照射下，海水看起來透明清澈到令人不敢相信自己眼睛所見的地步；這一切都像風景明信片一樣美麗。許多部電影和連續劇就以這裡為背景，它同時也是好萊塢明星的別墅勝地。在歐洲人死前一定要去的地方中，波拉波拉島也被列為其中之一。

檢索關鍵字	大峽谷／Grand Canyon National Park
國家／都市	美國亞利桑那州
一天旅行費用	US＄50～
語言	英語
旅行最適期	終年

③ 大峽谷 GRAND CANYON

（編按）簽證：洽詢「美國在台協會」
http://www.ait.org.tw/zh/visas.html
台北分會：台北市信義路三段134巷7
號，電話：（02）2162-2000
高雄分會：高雄市新興區中正三路2號5
樓，電話：（07）238-7744

神祕又驚人的巨大峽谷全景

　　就像名字一樣，它的規模超大，長446公里、寬從6公里到30公里、深1,600公尺，是世界最大的峽谷；被BBC選為「死前一定要去的地方第一名」，也是美國人最想去的觀光地第一名。和自由女神一樣，它也是美國的象徵，此外它還具有世界級觀光勝地的頭銜。亞利桑那州北部高原地帶，有科羅拉多河流經，流經處因溶蝕作用，遂產生了巨大的大峽谷。大峽谷始於太古宙時期的幾億年間，在被河川激流削切、推擠，而侵蝕成的河谷峭壁上，還可以看到地球進化的過程。也就是說，在這個神祕又驚人的地方，可以一眼看盡地球長久的歷史，可說是活生生的地質學教科書。當看到360度廣角展開的峭壁，那像年輪一樣的斷層顏色變化，還有高聳入雲的奇岩怪石，大自然的莊嚴和偉大，會讓人不由得低下頭來。

　　雖然是荒涼的高原，但這裡有1,500多種植物、300多種鳥禽和76種哺乳類動物棲息在此，還涵蓋了好幾個印第安保護區。2007年，在冒出地表1,200公尺的峽谷上，設置了21公尺長的空中步道，全部是玻璃打造，讓人可以像是從空中俯瞰大峽谷一樣。它在1919年被指定為美國國家公園，1979年聯合國教科文組織登記為世界遺產。

檢索關鍵字	伊瓜蘇／Iguazu Falls
國家／都市	巴西、阿根廷
一天旅行費用	US＄25～
語言	阿根廷：西班牙語； 巴西：葡萄牙語／
英語通用度	★★★★☆
旅行最適期	4～6月

（編按）簽證：洽詢「巴西駐台商務辦事處」，地址：台北市中山北路6段197號5樓，電話：(02) 2835-7388
（編按）簽證：洽詢「阿根廷駐台商務文化辦事處」，地址：台北市基隆路一段333號國貿大樓1004室，電話：(02) 2757-6556（簽證組） http://www.argentina.org.tw/about2.htm

④ 伊瓜蘇瀑布&維多利亞瀑布 IGUAZU FALLS & VICTORIA FALLS

看聲勢浩大的巨大瀑布直瀉而下

橫跨巴西、阿根廷、巴拉圭三國的伊瓜蘇瀑布，比世界三大瀑布之一的非洲維多利亞瀑布和美國的尼加拉瓜瀑布，合起來還要大。它寬4.5公里，落差100公尺，每秒的放流水量就有1萬3,000噸。在安靜的夜裡，離這兒20公里外的地方都能聽見瀑布的聲音，可想而知，伊瓜蘇瀑布的規模有多大。伊瓜蘇是印第安語「巨大的水」的意思。在全部275個瀑布中，被稱作「惡魔的喉嚨」高84公尺的瀑布，最受歡迎，事實上它的恐怖程度更像是「惡魔的嘴巴」。伊瓜蘇瀑布80%屬於阿根廷，但從巴西這邊眺望的景致比較美。

維多利亞瀑布流經南非的辛巴威跟尚比亞共和國的邊境，是世界三大瀑布之一。當地人叫它「莫西奧圖尼亞」，意思是「聲若雷鳴的霧」。像伊瓜蘇瀑布一樣，它也是以雄偉巨大著稱；長1.7公里、落差110公尺、每秒放流量8,000噸，瀑布任何時候都是雲霧繚繞著的。

（編按）簽證：洽詢「辛巴威駐南非總領事館」，地址：17F, 20 Anderson Street, Johannesburg 2000, South Africa，郵政信箱：P.O. Box 61736 Marshaltown 2107，電話：011-8382156
（編按）簽證：（尚比亞）洽詢Chief Immigration Officer，P. O. Box 50300，Lusaka, Zambia或尚比亞駐新加坡領事館，地址：672 A1 junied Rd. #01-02, Biztech Centre, Singapore

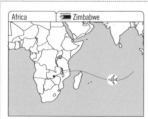

檢索關鍵字	維多利亞／ Victoria Falls
國家／都市	辛巴威、尚比亞
一天旅行費用	US＄15～
語言	英語
旅行最適期	旅行最適期 3～5月

檢索關鍵字	冰島／Iceland
國家／都市	冰島南部地方
一天旅行費用	US＄50
	（tour費除外）～
語言	冰島語／
	英語通用度 ★★★★★
旅行最適期	10～3月

⑤ 冰島極光　ICELAND AURORA

（編按）免簽，可停留90天

令世上所有旅人內心激動的凍原之春

　　孤懸在北大西洋中的島國——冰島，是在冰與火中誕生的神祕國度。和由火山岩形成的沙漠不同，它是突然冒出於海面的冰原，是只長草和苔蘚的一片凍原（Tundra）大地。這所有的景象，會令來冰島觀光的旅客，產生好像來到外星球一樣的錯覺。冰島以夏季旅遊地聞名；冬季也有新的景點，吸引許多歐洲觀光客前來，那就是只有地球的極地才會出現的神祕自然現象——極光。極光是大氣中的氧和氮，碰撞太陽中產生出來的電離子而產生的現象；只出現在地球磁場弱的極地地區。

　　冰島南部地方常出現極光。因位於北緯20～25度地區，天氣好的話，冬天的晚上，幾乎每天都能看到極光；而且還能看到極光中最美的、青綠色簾幕般的極光，這是讓旅行者最迷戀的。極光的英文名字歐若拉（aurora），是拉丁文黎明的意思，法國科學家依羅馬神話中的黎明女神「厄俄斯」而命名。

	Africa ■ Morocco
檢索關鍵字	撒哈拉／
	Sahara Desert
國家／都市	摩洛哥馬拉喀什
一天旅行費用	US＄20
	（tour費除外）～
語言	阿拉伯語、法語、
	西班牙語／
	英語通用度 ★★★
旅行最適期	9～4月

⑥ 撒哈拉沙漠 SAHARA DESERT

（編按）簽證：可向摩洛哥駐日本大使館申辦，地址：東京都港區南青山5-4-30，電話81-3-5485-7171

縱橫浩瀚沙漠的浪漫沙漠之旅

　　撒哈拉沙漠，是聖修伯里的《小王子》中，主角在沙漠迫降時，和離開行星B612的小王子見面的地方；是全世界最大的沙漠，同時也是佔據了北非大部分地區的沙漠。我們對沙漠的印象一般都是乾燥、貧瘠之地，但對撒哈拉，想到的卻是浪漫的愛情故事。撒哈拉從大西洋到尼羅河，東西長5,600公里、南北長1,700公里，是個相當大的沙漠。它占了全世界沙漠面積的26%，比南極大陸小一點。撒哈拉西起大西洋沿岸的摩洛哥，往東橫跨茅利塔尼亞、阿爾及利亞、查德、尼日、突尼斯、利比亞、蘇丹、埃及等國；是世界最廣大且乾燥的地區，年平均日照量達4,300小時，是全世界受日照最多的地方。在這麼大片的面積中，完全是沙漠的地方占了26%；剩下的全是岩石覆蓋的荒蕪地。在荒涼炎熱的撒哈拉沙漠上，居住了250萬人，其中大多是遊牧民族。在由撒哈拉相連的各國，有許多充滿異國風味的沙漠之旅行程（tour）；而在埃及，每年都舉行在撒哈拉沙漠奔跑的馬拉松大賽。

South America	Argentina

檢索關鍵字	冰川國家公園／
	Los Glaciares
	National Park
國家／都市	阿根廷巴塔哥尼亞，
	加拉法提
一天旅行費用	US $ 25～
語言	西班牙語／
	英語通用度 ★★
旅行最適期	旅行最適期 12～3月

⑦ 佩里托莫雷諾冰河

PERITO MORENO GLACIER

（編按）簽證：洽詢「阿根廷駐台商務文化辦事處」，地址：台北市基隆路一段333號國貿大樓1004室，電話：(02) 2757-6556（簽證組）http://www. argentina.org.tw

和巨大冰河相遇的徒步登山

由旅行者票選的南美旅行Big5，是印加城市馬丘比丘、烏尤尼鹽漠、伊瓜蘇瀑布、亞馬遜叢林和巴塔哥尼亞高原。其中巴塔哥尼亞高原加上喜馬拉雅山，是徒步登山迷們最喜愛的地區。在巴塔哥尼亞高原上，有許多特出的、美麗的自然遺產，其中最多人造訪的，就是佩里托莫雷諾冰河。巴塔哥尼亞高原旅行的焦點，是位在阿根廷聖克魯斯省的「冰川國家公園」（Los Glaciares）。屬世界自然遺產之一，可就在眼前地觀賞到雄偉的冰河樣貌。佩里托莫雷諾冰河是除極地以外，世界最大的冰原——巴塔哥尼亞冰原的一部分，寬5公里，高最高達100公尺。旅行者沿著登山路，即可看到大冰山；運氣好的話，在屋子裡就可以看到冰塊掉落湖中的情景。冰川國家公園有大大小小200多個冰河，其中烏沙拉（Uppsala）和維德瑪（Viedma）冰河，面積比佩里托莫雷諾冰河還要大兩倍以上。

North America	Canada

檢索關鍵字　班夫國家公園／
　　　　　　Banff National Park
國家／都市　加拿大班夫
一天旅行費用　CAD50～
語言　　　　英語
旅行最適期　終年

⑧ 班夫國家公園 BANFF NATIONAL PARK

（編按）免簽，可停留180天

湖水和森林交錯的絕境

　　落磯山脈的焦點——班夫國家公園。世界各國的旅行者一致公認全世界最美麗的湖，全都在班夫。國家地理雜誌將班夫的露易絲湖（Lake Louise），選為世界十大絕境之一。BBC把班夫選為死前一定要去的50個地方的第11名。另外好萊塢的許多部名片也是在此拍攝的，看電影就可以感覺到班夫一帶的風景有多棒、多美了。瑪麗蓮夢露的《大江東去》、布萊德彼特的《真愛一世情》和《刺殺傑西》都在班夫的弓河（Bow）拍攝；還有以無以復加的雄偉場景令觀眾訝然、勇奪奧斯卡三冠王的《斷背山》，也在這裡取景。

　　班夫國家公園於1885年成為加拿大第一個國家公園。由3,000公尺高的萬年雪山和冰河所造出的翡翠綠湖水，搭配上無邊無際綿延的針葉樹林，任何人看到都會不由得發出讚嘆之聲。班夫最受歡迎、以美麗絕境著稱的露易絲湖，本來名字是艾伯塔湖，後來以英國維多利亞女王的女兒之名來命名，改成了露易絲湖。任何季節去班夫，都能看到美麗的風景，隨著季節的變化，可以泡溫泉、滑雪、登山、乘皮筏、釣魚等，享受各式各樣的戶外活動。這整個地區全都已經被登錄為世界的自然遺產了。

© iStockphoto.com/Kamchatka

Europe	■ Russia

檢索關鍵字	勘察加／Kamchatka Peninsula
國家／都市	俄羅斯勘察加半島，彼得羅巴甫洛夫斯克‧勘察加市
一天旅行費用	US＄30（tour費除外）～
語言	俄羅斯語／英語通用度 ★
旅行最適期	春、秋

⑨ 勘察加半島　KAMCHATKA PENINSULA

（編按）簽證：過境簽證，洽詢「莫斯科台北經濟文化協調委員會駐台北代表處」辦理；詳情參考：「外交部領事事務局全球資訊網」http://www.boca.gov.tw

重現史前時代自然風貌、蠢蠢欲動的火山地

　　阿拉斯加的冰河、紐西蘭的古樸自然、瑞士被雪覆蓋的阿爾卑斯山、美國黃石的火山湖等地表上美麗的奇景，全都聚集在此。它離韓國意外地近，但卻相當陌生，還誤以為是非常遙遠的地方呢。那裡仍原原本本地珍藏著遠古的自然，是世界最大的火山地帶。它是地球上棲息最多熊的地方，是北極熊的故鄉；也是鮭魚洄游的地區。所以，這個位在俄羅斯最東邊的勘察加半島，可說就是個棲息了眾多珍貴動植物的大自然寶庫。

　　連俄羅斯本國國民要去遊覽勘察加半島，都要有邀請函，是個極度受到保護的地方。半島上有黃泥正在滾沸翻騰著的世界最大泥漿火山地帶、充滿了水蒸汽的巨大間歇泉峽谷、會噴火的活火山、無數的火山口湖等，半島全境熾熱的火山隨時都在躍動著。勘察加半島有300多座火山，其中有30座是活火山；這也就是它被稱作「活著的土地」的原因。棲息在勘察加半島的北極熊，占了全世界北極熊的20%。每年秋天，多達40多種的鮭魚會再洄游到這裡；而為了抓鮭魚，北極熊也會聚集在江邊，形成一幅非常壯觀的景象。勘察加半島上如果沒有人跡、恢復了它的原始面目，就會好似回到了伊甸園。

　　因為它離主要的旅遊地較遠，如果要單獨到勘察加半島旅行，必須要負擔較多的費用，所以盡量參加團體旅遊比較合適。

Europe	Norway

檢索關鍵字	索格納峽灣／
	Sogne Fjord
國家／都市	挪威卑爾根
一天旅行費用	US＄50
語言	（tour費除外）～
	挪威語／
	英語通用度 ★★★★
旅行最適期	6～11月

⑩ 索格納峽灣 SOGNE FJORD

（編按）免簽，可停留90天

被峭壁和山環抱著的、蜿蜒展開的美麗峽灣

　　想徜徉在大自然中，享受自然的呼吸，那麼在北歐各國中的首選就是挪威。位在斯堪地那維亞半島邊緣的挪威，有全世界最長最深的美麗峽灣——索格納峽灣。從海岸進到內陸心臟的峽灣之旅，被稱作是挪威旅遊的「首美」，拜訪這個如詩如畫的地方，感覺只有抒情詩人和神仙才配得上住在這裡。彎彎曲曲綿延204公里的峽灣，拉直成一直線的話，可以繞地球半圈了。峽灣水深1,300公尺，而周邊高聳的峭壁和山，卻高達2,000公尺。從山頂上向下俯瞰峽灣，就像從又高又陡的懸崖峭壁往下望一樣。

　　峽灣是在冰河期之後，被冰川侵蝕成了狹長的山谷，海平面上升之後，海水倒灌進這些近海岸的河谷，便形成了U字形或V字形的峽谷。當它的全貌展現在旅行者眼前時，任誰都會感動不已。像被刀切過似的峭壁，和繞過山腰時出現的新風貌，還有那散落在懸崖峭壁下的美麗村莊，真可謂是自然景觀的極致。每年有500萬名觀光客為了

一睹峽灣的壯觀景色，而來到挪威，比挪威人口（450萬）還多，由此可知，這裡具有多大的魅力了。

中國哈爾濱冰燈節

英國諾丁丘嘉年華　德國慕尼黑啤酒節

蒙古那達慕節

西班牙蕃茄節　　義大利威尼斯嘉年華

日本札幌雪祭

印度普希卡駱駝節　　泰國潑水節

光看都讓人很興奮！
世界最愉快的節慶

慶典！慶典！慶典！環遊世界時，絕對不能漏掉的另一個主題。地球上現有的國家中，無論它多麼小，每年也總會舉行數十個慶祝活動。有宗教慶典、民族固有活動的慶典、單純為了歡樂而舉行的慶典等，種類繁多。

要參加完所有的慶典，不用多說，事實上是不太可能的；所以這裡將特別受旅行者喜愛的、充滿異國風采的慶典彙整如下，如果旅行時間剛好能配合，就可以去參加。讓全身感受一下慶典的熱力，也是旅行時不可或缺的樂趣，對吧？

巴西里約嘉年華

Q.最想去體驗的節慶是什麼?（受訪者168名）

巴西里約嘉年華		26%（45名）
西班牙蕃茄節		19%（33名）
德國慕尼黑啤酒節		14%（24名）
泰國潑水節		10%（17名）
義大利威尼斯嘉年華		7%（13名）
蒙古那達慕節		3%（6名）
日本札幌雪祭		7%（12名）
英國諾丁丘嘉年華		4%（8名）
中國哈爾濱冰燈節		1%（3名）
印度普希卡駱駝節		4%（7名）

South America	Brazil

檢索關鍵字	里約嘉年華／Rio Carnival
國家／都市	巴西里約熱內盧
一天旅行費用	US＄20～
語言	葡萄牙語／
英語通用度	★★
節日期間	2月底到3月初
相關網址	www.rio-carnival.net

① 里約嘉年華 RIO CARNIVAL

（編按）簽證：洽詢「巴西駐台商務辦事處」，地址：台北市中山北路6段197號5樓；電話：（02）2835-7388。

從早到晚持續4天的熱情森巴慶典

　　每年到了2月底3月初，南美大國巴西，就會被要觀賞慶典的國內外觀光客弄得人聲鼎沸，熱鬧異常。也稱作「森巴」的世上最大的慶典——里約嘉年華，因為在世界三大天然良港的里約熱內盧（Rio de Janeiro）舉行，因而得名。慶典從復活節前50天的星期六開始，到星期三結束，共舉行4天，期間不分晝夜地持續狂歡慶祝。為了慶祝里約嘉年華，聽說巴西國民全國上下足足準備一年，可見他們有多熱愛這個活動。

　　里約嘉年華是將葡萄牙移民慶祝的四旬節，和非洲奴隸為忘記痛苦而愉快地唱歌跳舞的活動，合併起來後產生的。直到1930年代前半期，它仍只不過是個普通的、街道上的慶祝活動，後來開設了森巴學校、學生大規模地到街上遊行後，才發展成現在這樣的世界最大慶典。森巴學校是為了製作遊行穿的服裝而開設的學校，人們進入森巴學校後，花一整年的時間為遊行作準備，並傾注所有的熱情在這上面。因此里約嘉年華的核心，可說就是森巴遊行了。為森巴舞者遊行所設計的道路，可以容納約6萬人；在森巴遊行隊伍中，每個團體光是跳森巴舞的人就有4,000名。這期間，參加慶典的國內外觀光客人數達70萬人，觀光收益達台幣212億元，稱它是世界最大的慶典，應當之無愧。

檢索關鍵字	蕃茄節／La Tomatina
國家／都市	西班牙瓦倫西亞、 布尼奧爾
一天旅行費用	US＄50〜
語言	西班牙語／ 英語通用度 ★ ★
節日期間	8月最後一週的星期三
相關網址	www.latomatina.org

courtesy of Spanish Chamber of Commerce

② 蕃茄節 LA TOMATINA

（編按）免簽，可停留90天。

一面扔蕃茄一面盡情地享受打鬧

　　西班牙瓦倫西亞地區西邊40公里的一個小村布尼奧爾（Bunol），每年8月會吸引全世界的觀光客到此，相當熱鬧。因為這個小村，正在舉行全世界知名的扔蕃茄慶典「蕃茄節」。1944年因蕃茄價格暴跌，憤怒的當地農民將蕃茄扔向市議員以紓解怒氣，就這樣變成了今天的蕃茄節。每年為參加這狂亂的戰鬥，當地人當然不用說了，還有許多不遠千里而來的觀光客，也走上街頭加入混戰。

　　8月最後一個星期的星期三，一到上午11點，村莊的廣場上就會灑上橄欖油，滑溜溜的，連站都站不起來。然後人們為了爭奪講台上掛的火腿，就開始爭先恐後地往講台移動，但又都要小心自己的腳步以免滑倒；最後當有人搶到火腿後，蕃茄大戰就正式開始了。首先大家是互相噴水，然後撕破衣服，在宣告慶典開始的廣播聲中，五輛大型卡車載了約100萬顆蕃茄到來。5萬公斤的蕃茄被倒在街上，參加慶典的人就撿起來互相亂扔，大戰就開始了。街道上全是蕃茄還有蕃茄汁，在歡笑打鬧聲中，慶典持續2小時，最後在廣播宣告閉幕聲中結束。蕃茄節結束後，所有參加的人一面合力將街道清掃乾淨，一面相約明年的慶典再見。

Europe	Germany

檢索關鍵字	十月節／Oktoberfest
國家／都市	德國慕尼黑
一天旅行費用	US＄50～
語言	德語／
	英語通用度 ★★★
節日期間	9月第三週的星期六
相關網址	www.oktoberfest.de

③ 慕尼黑啤酒節 OKTOBERFEST

（編按）免簽，可停留90天。

在啤酒的故鄉享受世界最大的啤酒慶典

啤酒的故鄉德國慕尼黑，每年10月會舉行世界三大慶典之一的世界最大啤酒節，當地叫作「十月節」。慶典從9月第三週的星期六到10月第一週的星期日，共舉行16天，這期間，會有約800萬名的觀光客湧入慕尼黑，透過慶典獲得的收益約台幣265億元；1公升一杯的啤酒會喝掉640萬杯，吃掉70萬隻雞和100多頭牛。世界各地前來的觀光客大部分都是很會喝啤酒的，單靠這個慶典，就替慕尼黑製造了許多營收，目前已發展成慕尼黑的一項產業了。

1810年為慶祝巴伐利亞王國路易一世結婚典禮，各村莊載著啤酒前來參加慶祝會，這就是慶典的由來。之後慕尼黑最具代表的6個主要啤酒公司，站出來成為慶典的後援者，遂演變成今天這個具世界級規模的慶典。慶典由慕尼黑市長站在裝滿皇家釀造啤酒的啤酒桶上，宣布該年新生產的啤酒問市而開始。之後穿著民族服裝和貴族服裝的遊行隊伍，就從位在華格納的劇場出發，一面跳舞一面遊行；接著進入由啤酒商建造可容納3,000人的大帳篷酒店，一面吃喝一面慶祝這擁有200年歷史的節日。

Asia　■Thailand	
檢索關鍵字	潑水節／Songkran Festival
國家／都市	泰國全境
一天旅行費用	US＄10～
語言	泰語／英語通用度★★★
節日期間	4月13日
相關網址	http://www.thailandlife.com/songkran-festival/index.php

④ 泰國潑水節 SONGKRAN FESTIVAL

（編按）簽證：洽詢「泰國貿易經濟辦事處」辦理，地址：台北市松江路168號12樓，電話：(02) 2581-1979。

連大象都動員出來的噴水大戰慶典

　　每年的4月13日，亞洲的觀光大國泰國就整個變成了水鄉澤國。不是梅雨，不是颱風，也不是洪水，是因為慶祝新年的活動、水的慶典──「潑水節」（songkran）。Songkran是梵語「新年」的意思。所以潑水節就是迎新年，是泰國最大的傳統節日，就像我們的農曆年一樣。接連舉行3天，活動的第一天，要打掃住家和沐浴等，為迎接新年作準備；第二天要到寺廟用泥土堆個小塔；最後一天，也就是4月15日，要到寺廟供養，並祈願新的一年平安幸福。依照傳統的風俗，為祈願來年豐收和給對方祝福，都是用灑水的方式，像給甘霖一樣，後來就慢慢演變成潑水，最後竟變成了今天甚至拿出水龍頭來噴的噴水大戰。全世界許多背包客剛好在這時旅行的話，就會來泰國參加潑水大戰。水槍、水龍頭、水桶，甚至連大象都動員出來噴水，真的是能噴水灑水倒水的東西，全都上場了。在潑水節期間，衣服連暫時乾一下的機會都沒有，這兒變成了歡樂的水戰場。

　　泰國各地都舉行潑水節，但在泰國第二大都市清邁，活動特別華麗、熱情。規模之大，每個商店街都各具特色，其中清邁的華麗花車最有名。清邁曾誕生過兩位環球小姐，是以出美女而聞名的村莊，所以在這期間還會舉行美女選拔大會。在曼谷全世界背包客的大本營──考山路（Khaosan Road），則有最火熱的潑水大戰。

攝影／泰國觀光局

攝影／林春旭

檢索關鍵字	札幌雪祭／Sapporo Snow Festival
國家／都市	日本北海道，札幌
一天旅行費用	US＄50～
語言	日語／英語通用度★
節日期間	2月
相關網址	www.snowfes.com

⑤ 札幌雪祭 SAPPORO SNOW FESTIVAL

（編按）免簽，可停留90天。

冰天雪地中的雪之慶典

　　札幌，是透過電影《情書》或《鐵道員》而令人感到相當熟悉的地方，許多旅遊者都夢想到舉行雪祭的北海道一遊。世界三大慶典之一的札幌雪祭，在札幌最大的公園展開為期1週的活動。由雪和冰做成的300多座雕刻，以自由女神像為首，還有倫敦的大笨鐘、義大利的比薩斜塔等世界知名的建築物，和電影《納尼亞傳奇》的人物、各種動物，還有世界各地的城市和知名人物等，都做得維妙維肖，令人目不暇給。做這些作品，要用掉8,000輛5噸卡車載的雪。札幌雪祭肇始於1950年，當地的青少年在公園做出自己的冰雕作品。之後為安慰第二次世界大戰戰敗的傷痛，讓市民們再站起來，而成為正式的慶典。除冰雕作品外，還有以雪女王選拔大會為首的滑冰秀、雷射秀、音樂會、服裝秀等各式各樣活動進行。雪祭每年從2月初開始。

攝影／林春旭

Europe	██ Italia

檢索關鍵字	威尼斯嘉年華／
	Venice Carnival
國家／都市	義大利威尼斯
一天旅行費用	US＄50～
語言	義大利語／
	英語通用度 ★★
節日期間	2月
相關網址	www.carnevale.venezia.it

⑥ 威尼斯嘉年華 VENICE CARNIVAL

（編按）免簽，可停留90天。

面具和服裝變身成中世紀貴族

在義大利水都威尼斯，每年2月會舉行全世界最優雅的慶典。為了要參加以面具慶典而知名的威尼斯嘉年華，這裡會湧進來自全世界100多萬的觀光客。原來從16世紀開始，每6個月會舉行一次的華麗慶典，在佛羅倫斯共和國沒落後，也隨即消失了，直到1970年才再重新開始。在持續3週的嘉年華期間，音樂、戲劇、舞蹈等相當多活動隨即展開。嘉年華最耀眼的當然是面具了，在嘉年華的中心地——聖馬可（San Marco）廣場和街道上，帶著面具、穿著禮服，從頭到腳經過精心打扮的人們，一波一波湧來。從戴上面具的瞬間開始，所有人都擺脫了宗教、身分和男女的差別。

參加嘉年華的當地人為準備每年嘉年華的到來，會聚集整個家族或朋友，大家一起製作完美華麗的面具和衣服；還有在變裝成中世紀優雅的貴族後，就要日夜不分地在威尼斯的街道上漫步。事先沒有準備面具的觀光客，也可以在街上賣面具的商店，選購各式各樣不同價位的面具和帽子再加入。販售的面具大部分都是純手工製的，收藏價值也很高。

© iStockphoto.com/joyview

檢索關鍵字	那達慕節／Naadam Festival
國家／都市	蒙古全境
一天旅行費用	US＄10～
語言	蒙古語／英語通用度☆
節日期間	7月11日

⑦ 那達慕節 NAADAM FESTIVAL

（編按）簽證：洽詢「駐台北烏蘭巴托貿易經濟代表處」，地址：台北市基隆路一段333號國貿大樓11樓1112室；電話：（02）2722-9740。

在蒙古最大的慶典中體驗三種傳統競技

在蒙古，每年7月11日獨立紀念日時，會舉行全國最大的活動「那達慕」。蒙古族最大的活動那達慕持續3天，以首都烏蘭巴托為中心，在全蒙古各地同時展開。那達慕的正式名稱是「Eriin Gurvan Naadam」，「三種重要競技」的意思。這三種重要的競技——摔角、射箭、騎馬，可說是騎馬民族蒙古人最擅長的技藝了。13世紀初平定了亞洲後，又向西歐征伐，最後形成橫跨歐亞大陸大帝國的成吉思汗，為慶祝勝利，讓士兵們舉行摔角、射箭和騎馬比賽，於是變成了這個慶典的起源。

在重要的出席人士中，以蒙古總統為首，在烏蘭巴托革命廣場進行開幕儀式，之後展開盛裝遊行。在烏蘭巴托市內許多地方也會舉行各式活動，但最受歡迎的還是「三種重要競技」。首先是摔角，從全國各地來的500名選手，在2～3天內，不分體格地在草原上同時展開競賽；最終的優勝者被賦予英雄的封號——「阿爾斯楞」，是獅子的意思。隨著優勝次數的增加，會賦予巨人、大巨人、超大巨人這些封號。接著是射箭比賽，男子75公尺40發，女子60公尺20發，最終優勝者被稱作「梅爾肯」——傳說中的英雄的名字。最後是那達慕的焦點——騎馬比賽，比賽聚集了全國各地最棒的馬匹，在兩天中展開15～30公里的競逐。

檢索關鍵字	諾丁丘嘉年華／
	Notting Hill Carnival
國家／都市	英國倫敦
一天旅行費用	US＄50～
語言	英語 ★★★★★
節日期間	8月最後一週
相關網址	http://www.nottinghill-
	carnival.co.uk/

⑧ 諾丁丘嘉年華 NOTTING HILL CARNIVAL （編按）免簽，可停留180天。

可比擬里約嘉年華的、歐洲最大的嘉年華

　　諾丁丘嘉年華是歐洲最盛大的街道慶典活動，每年8月最後一個禮拜，在倫敦西部的諾丁丘小鎮舉行。這個嘉年華，是1964年玻利維亞特立尼達出身的黑人樂團，為團結勞動階級而開始的。初期參加者以西印度群島移民為主；但是現在，巴西、俄羅斯、菲律賓、阿富汗、庫德族等各地移民者都會來參加。另外，慶典期間，單單觀光客每年就有高達200萬人。各式各樣的舞蹈、音樂表演，讓這個慶典融入了濃濃的加勒比海風味，在舉行期間，諾丁丘地區洋溢著歡欣的慶祝氣氛，並展示了各種民族的服裝。穿著華麗服裝的舞者、美麗的花車，還有演奏著各式音樂的樂團，全都融合一起舉行大遊行。遊行隊伍長達5公里，在爵士、嘻哈、funky潮舞、house音樂等樂器聲中達到高潮。規模不輸巴西里約嘉年華，是歐洲最具代表的國際級嘉年華。

攝影／Conea　　　　　　　　　　　　　　　　　攝影／Ariel Chen

Asia　　　India

檢索關鍵字	普希卡駱駝節／Camel Fair
國家／都市	印度拉賈斯坦普希卡
一天旅行費用	US＄10〜
語言	印度語、英語共用
	★★★★★
節日期間	11月

⑨ 普希卡駱駝節 PUSHKAR CAMEL FAIR

（編按）簽證：洽詢「印度-台北協會」辦理，地址：台北市基隆路一段333號2010室，電話：（02）2757-6112。

世界最具異國風味的慶典，在印度小村喧騰

　　普希卡，是位在印度西北部拉賈斯坦省的一個小村落。印度教經典中曾提到的五大聖地之一、對印度教徒有特別意義的普希卡湖，就位在這裡。平時只有朝聖者或背包客們會順便造訪的這個小村落，每年11月卻會舉行大規模的慶典，全村人聲鼎沸、熱鬧非凡。為了來看這個又稱為「駱駝節」的「普希卡節」，除了全印度人以外，甚至連外國觀光客也會蜂擁而至。

　　這是一個駱駝市場和宗教活動同時舉行的慶典，為了買賣以駱駝為首的牛、馬、羊等牲畜，從拉賈斯坦各地聚集來的商人和觀光客，簡直多到人山人海的地步。以單日家畜市場來說，這是全世界最大規模的，約有10萬人聚集在這裡。慶典一開始，首先是為裝扮華麗的駱駝舉行選拔大會；同時進行騎駱駝奔馳的駱駝跑步比賽。慶典期間，在駱駝市場外還有販賣鐲子、項鍊、陶瓷器等拉賈斯坦地方手工藝品的市集，也有當地的傳統——跳舞相親表演等，整個慶典非常歡欣熱鬧地展開。普希卡節將人、神還有駱駝融合為一，是全世界最具異國風味的慶典。

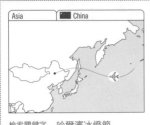

Asia	■ China

檢索關鍵字	哈爾濱冰燈節
國家／都市	中國黑龍江省
一天旅行費用	US＄10～
語言	中文／英語通用度★
節日期間	1月

⑩ 哈爾濱冰燈節

（編按）簽證：台胞證，可洽詢各旅行社代為辦理。

越夜越美麗的冰雕公園

　　在中國黑龍江省的哈爾濱，每年1月5日到2月底，會舉行大規模的冰燈節。這個慶典從1963年第一次開始，1985年正式舉行第一屆哈爾濱冰燈節，並正式確立為每年的正式活動。哈爾濱的冰燈節事實上是冰燈節和冰雪節一起舉行的，但因為冰燈規模較大，所以冰燈節更為有名。

　　冰燈節在兆麟公園舉行，該公園是為紀念中國的抗日運動英雄李兆麟而建。哈爾濱冰燈節是全世界冰雪祭中規模最大的；全世界有名的冰雕家作品，共1,500多件會在松花江邊12萬坪的腹地上展示。展示的作品有依據該年的主題而創作的，有世界知名的建築物、動物或各種知名的美術作品等的冰雕作品。冰燈節相當受到觀光客的喜愛，原因是所有的冰雕內部都裝了五色燈，一到晚上，神祕美麗的光烘托整個展場，變幻成了童話故事裡的舞台。

烏茲別克撒馬爾罕　　中國西安

敘利亞大馬士革　　葉門沙那　　尼泊爾加德滿都

摩洛哥菲斯

印度瓦拉納西

埃及開羅

馬利傑內

伊朗亞茲德

和人類的歷史共存，

時間停駐的古城

地球上存在的無數個都市中，有當代創建的現代化都市，也有歷經數千年歷史歲月的古老城市。大部分被指定為文化遺產的城市，都是具有歷史價值的，該地充滿了神祕驚人的故事。在環遊世界時，會經過許多歷史悠久的城市，也有很多地方是和悠久的宗教有關的。

由過去數年間結束環遊世界之旅的旅行者，票選出來的最棒的古城如下：

Q. 環遊世界時一定要去拜訪的古城是哪裡？（受訪者197名）

古城	比例
葉門沙那	19%（38名）
烏茲別克撒馬爾罕	8%（16名）
尼泊爾加德滿都	9%（18名）
埃及開羅	7%（15名）
馬利傑內	8%（16名）
摩洛哥菲斯	12%（24名）
敘利亞大馬士革	11%（23名）
伊朗亞茲德	5%（11名）
印度瓦拉納西	11%（23名）
中國西安	6%（13名）

檢索關鍵字	沙那／Sanaa
國家／都市	葉門沙那舊城
一天旅行費用	US＄20～
語言	阿拉伯語／
	英語通用度 ★☆
旅行最適期	9～3月

① 沙那 SANAA

（編按）簽證：需簽證，可以參考「外交部領事事務局全球資訊網」或洽詢旅行社。

世界最古老的神祕古城

　　位在阿拉伯半島的葉門首都沙那，是世界最悠久的人類居住地之一，它的歷史超過2,500年。以舊約聖經的舞台而聞名的此地，是製造方舟的諾亞的兒子山姆所建造的城市。傳說曾受示巴女王治理過，示巴女王就是以色列所羅門王曾拜訪過的、衣索匹亞的示巴女王。另外，它也是我們相當熟悉的《一千零一夜》故事舞台；尤其是建築在海拔2,300公尺高地上的沙那舊城，整個舊城市都被指定為世界文化遺產，它本身就是個博物館；有用黏土和磚建造的12座公共浴池、106座清真寺、6,500多座住宅，大部分都具有1,000年以上悠久的歷史。

　　在阿拉伯國度任何地方都找不到的、以獨特的造型裝飾外壁的建築物，還有直聳入天的清真寺塔，是沙那的象徵。它是被城牆包圍的古城，巷弄間還有驛車拉著走，路旁有非常古老的商店和市場賣著古時就在使用的物品。這裡展現在旅行者眼前的所有風景都和文明世界不同，仍保持著中世紀的模樣。任何人朝舊城的巷弄間走去，就會好像掉進了一千零一夜的世界似的，有一種相當神祕的感覺。

Africa	Morocco

檢索關鍵字	菲斯／Fes
國家／都市	摩洛哥菲斯舊城
一天旅行費用	US＄20～
語言	阿拉伯語／
	英語通用度★★★
旅行最適期	春、秋

② 菲斯 FES

（編按）簽證：可向摩洛哥駐日本大使館申辦，地址：東京都港區南青山5-4-30，電話81-3-5485-7171。摩洛哥在台無辦事處，據2009年2月網友建議，可在日本辦理；建議再詳加查詢。

找不到起點，看不到終點，
像迷宮一樣延伸的古代城市

　　菲斯是摩洛哥最古老的都市，是1,000年前穆罕默德後裔伊德里斯王朝的首都。因為完好地保存著中世紀伊斯蘭王朝的都市模樣，所以整個老城區都被指定為世界文化遺產；尤其是舊城迷宮彎曲的1萬條巷弄，被公認是世界最長的巷弄。半徑不過2公里的舊城，巷弄長度加起來竟長達100公里；一旦走進去，就會像踏進了找不到盡頭的迷宮似的，旅行者更是難以脫身。此外，在這裡只能徒步通行。

　　迷宮似的巷弄間，有傳承1,000年的各種皮革作業場和工坊，還有手工藝品商店沿著巷弄排開。尤其菲斯的皮革產業，是全世界規模最大的；由於使用的是天然材料，數百年來堅持傳統古法製造，義大利米蘭和法國巴黎的知名品牌，長久以來都是用這裡的製品，品質相當受到肯定。菲斯除了皮革製品以外，還以地毯和陶瓷器等手工藝品而聞名，一般公認產品設計洗練、做工精緻。舊城以1,000年前建的清真寺為首，擁有數百年歷史的建築物比比皆是，其中還有世界最古老的大學之一的卡魯因清真寺。

檢索關鍵字	大馬士革／
	Damascus
國家／都市	敘利亞大馬士革舊城
一天旅行費用	US＄20〜
語言	伊朗語／
	英語通用度 ★★
旅行最適期	春、秋

③ 大馬士革 **DAMASCUS**

（編按）簽證：敘利亞在台無辦事處，可洽詢各旅行社代為辦理。

阿拉伯文化的象徵、世界最棒的古代城市

　　敘利亞的首都大馬士革，是現存都市中歷史最悠久的城市。紀元前，它即是東方文化的中心，並是伴隨著基督教和伊斯蘭教一同興旺盛衰的歷史城市。這個城市的名字在舊約聖經裡就已出現，它的起源可上溯到紀元前3,000年。在幼發拉底河畔發現的新石器時代的黏土板上，可以找到它最初的紀錄；另外，埃及的莎草紙（Papyrus：可說是紙的起源）和亞述的碑文，也可以找到有關大馬士革的紀錄。過去5,000年來，大馬士革的都市機能從未喪失過一次，是唯一持續有人定居、生活的地方；它位在敘利亞的沙漠綠洲上，自古因貿易和朝聖而快速地繁榮發展。

　　城裡散布著伊斯蘭、羅馬、基督教、拜占庭等樣式的美麗建築物，仍保存著各文明的痕跡，可以一眼看盡過往歲月的歷史。其中705年建的伊斯蘭四大聖地之一的烏馬雅德（Umayad）清真寺，也是大馬士革的象徵；甚至有種說法：「在這裡祈禱一次，相當於其他地方祈禱一萬次。」可見它神聖的程度了。2008年大馬士革被選為阿拉伯文化的首都，並被登錄進世界文化遺產之中。

檢索關鍵字	瓦拉納西／Varanasi
國家／都市	印度瓦拉納西
一天旅行費用	US＄10～
語言	印度語／
	英語通用度 ★★★★
旅行最適期	10～3月

④ 瓦拉納西 VARANASI

（編按）簽證：洽詢「印度-台北協會」辦理，地址：台北市基隆路一段333號2010室；電話：(02) 2757-6112。

擁抱恆河的神聖宗教城市

寫《湯姆歷險記》的美國大文豪馬克吐溫說，瓦拉納西市是「比歷史還久遠、比傳統還久遠、比傳說還久遠的城市」。擁有超過3,000年歷史並被恆河環抱的這個城市，也是印度教聖地中最重要的地方。每天早上和晚上，江邊會進行神聖的宗教儀式；每年還有數百萬名朝聖者來到這裡，在恆河聖水中沐浴。雖然河上浮著人的屍體、動物的屍體，還有排泄物，但印度教徒全都以虔敬的心接受，因為他們相信，在神聖的河中沐浴，可以消滅一生的罪孽；死後，將自己的骨灰撒在河中，能夠擺脫輪迴。河邊的火葬場，從早到晚都在進行火化屍體的儀式。

全世界很難找到一個像瓦拉納西這樣將居民的生活和宗教儀式，這麼完美地融合在一起的地方。就像瓦拉納西因歷史太久遠，而無法得知其確切的起源時間一樣，這裡歷史悠久的建築物也相當多，市中心大大小小的印度教寺院共1,500多座。在這個每天早上總是煙霧繚繞的古代城市，聽著遠遠近近傳送而來的誦經聲，會讓旅行者恍然忘了時間，以為回到了過去。瓦拉納西除了是印度教的聖地外，也是佛教、耆那教、錫克教的聖地。

檢索關鍵字	加德滿都／
	Katmandu Valley
國家／都市	尼泊爾加德滿都
一天旅行費用	US＄10～
語言	尼泊爾語／
	英語通用度 ★★☆
旅行最適期	10～3月

⑤ 加德滿都 KATHMANDU VALLEY

（編按）簽證：落地簽

美麗的印度教建築物，讓人有幸福感的古代城市

　　世界唯一信奉印度教、像是世界屋脊喜馬拉雅山前院的國家，就是尼泊爾。加德滿都是尼泊爾的首都；它和近郊其他王朝的都城──帕坦、巴德崗，並稱為歷史名城──加德滿都峽谷。加德滿都一帶全境已被指定為世界文化遺產，可見它的歷史、文化價值相當高；峽谷內，散布著比全世界任何地方都多的佛教和印度教寺院。人們開始在加德滿都峽谷生活，是紀元前的事了；但具備都市的樣貌，是從15世紀的馬拉王朝開始。

　　18世紀後半葉，統合了各小王國、建立了統一國家的廓爾喀王朝，將加德滿都定為尼泊爾王國的首都。今天全世界最勇猛的傭兵──被稱作廓爾喀的傭兵，全部都是他們的後裔。古城有以王宮為首的美麗木造建築物，還有女神居住的寺院等，它們和當地的市場相當巧妙、和諧地融合在一起。還有超過2,000年歷史的佛教寺院猴廟（Swayambbunath），和以世界最大而自豪的博拿佛塔（Bodhnath），這兩處更是不能遺漏的、加德滿都峽谷的象徵。加德滿都近郊的帕坦王宮和巴德崗，仍原原本本地保存著古代都市的樣貌，及許多美麗的建築物，這兩座古城也是會讓旅行者感覺幸福的地方。

Africa　Egypt

檢索關鍵字	開羅／Cairo Giza
	Pyramids
國家／都市	埃及開羅
一天旅行費用	US＄15～
語言	阿拉伯語／
	英語通用度 ★★★
旅行最適期	11～3月

⑥ 開羅　CAIRO

（編按）簽證：落地簽，可參考「外交部
領事事務局全球資訊網」
http://www.boca.gov.tw

充滿了埃及王朝巨大遺跡的城市

　　古代文明的發祥地，埃及的首都開羅，人口1,700萬，是非洲居住人口最多的城市。埃及的國土95%是沙漠，開羅也是建在沙漠上的城市；開羅是在西元969年正式建立成都市的，但它的歷史在這之前就開始了。開羅，是由阿拉伯語「開希落」（Al Qahirah），勝利者之意演變而成的地名；它是連接亞洲、非洲的戰略要衝地，也是肩負著王朝的興盛衰亡之地。尤其是13世紀馬木留克王朝，引領開羅至最輝煌的全盛期，這時不但建設了無數的清真寺、公共建築物、住宅、市場等，還讓開羅成長為世界經濟的中心。

　　市內有古城寨和無數座清真寺，其中最有名的地方是愛資哈爾（Al Azhar）；這是奉獻給預言家穆罕默德的女兒法蒂瑪的清真寺，建於972年。975年又建好附設的伊斯蘭學校。這所學校，算是今天全世界歷史最悠久的大學。另外古城的城廓，是用孟菲斯（Memphis）金字塔的石頭建成的。開羅整個城市都是一個巨大的遺跡，因為這裡除了保存埃及王朝偉大遺物的博物館外，還充滿了數不清的古建築物。但能令開羅聲名遠播的，還是非金字塔和獅身人面像莫屬。金字塔也是埃及的象徵，就位在開羅近郊的吉薩；它也是古代的不可思議中，唯一留下實物的建築物。金字塔現在也被指定為世界文化遺產。

檢索關鍵字	撒馬爾罕／
	Samarkand
國家／都市	烏茲別克撒馬爾罕舊街
一天旅行費用	US$30~
語言	烏茲別克語、俄語
	／英語通用度★
旅行最適期	4～9月

⑦ 撒馬爾罕 SAMARKAND

（編按）簽證：需簽證，烏茲別克在台無辦事處，可洽詢各旅行社代為辦理。

藍色建築物，透露出神祕感的東方羅馬

有「絲路的寶庫」之稱的撒馬爾罕，又被稱作「中亞的珍珠」或「東方的羅馬」，是中亞最古老的城市；也是烏茲別克第二大都市，紀元前5世紀開始形成城市，不過因為之前就有人在此生活，所以都市的歷史推測應該超過3,000年。因位在連接歐洲和亞洲的路口，成為絲路貿易的要衝而壯大繁盛，但在1220年卻被要征服歐洲的成吉思汗滅亡。之後，成吉思汗後裔的帖木兒王朝，又以撒馬爾罕為首都，於是此地再次進入全盛期。讓撒馬爾罕變成「東方的羅馬」的帖木兒王朝，除了使其商業和文化繁盛之外，又興建了無數的建築物，使它成為美麗的都市。以極盡華麗而自豪的巨大清真寺，王族的墳墓、學校等遍布整個街區，都是美麗的遺跡和遺物。在撒馬爾罕的古代墳墓中，最美麗的墳墓「夏伊辛達」（Shahi Zinda）是這裡最具象徵意義的建築物。

「夏伊辛達」的意思是「永生之王的陵墓」，是預言家穆罕默德堂兄弟庫山的墳墓，庫山是最早將伊斯蘭教傳播至中亞的人。帖木兒王朝喜歡藍色，所以將此地稱作撒馬爾罕，意思是「藍色的城市」。撒馬爾罕是個和絲路歷史密切相關的地方，它那玲瓏的、發出藍光的建築物，隱約地透出了神祕感。整個撒馬爾罕城都已被聯合國教科文組織指定為世界文化遺產。

檢索關鍵字	亞茲德／Yazd
國家／都市	伊朗亞茲德
一天旅行費用	US＄10～
語言	伊朗語（波斯語）／
英語通用度	★★☆
旅行最適期	春、秋

⑧ 亞茲德 YAZD

（編按）簽證：需簽證，可參考「外交部領事事務局全球資訊網」。
http://www.boca.gov.tw

在祆教的聖地遇見古代的美麗

　　2,500年前，從印度到北非曾建立過一個大帝國，名叫波斯；繼承波斯的國家就是現今的伊朗。伊朗境內到處散布著古時候留傳下來的大規模遺跡。波斯帝國的首都波斯波利斯和設拉子（Shiraz），還有被稱為「世界的一半」的伊斯法罕（Isfahan）、祆教的聖地亞茲德（Yazd）等都是文明古城；將伊朗全境稱為古代的博物館，一點也不為過。其中首屈一指的，就是擁有超過3,000年歷史的城市——亞茲德；土黃色迷宮似的巷弄、傳統的家屋，還有在那長長小路盡頭遇見的蒙著黑面紗的女人，讓亞茲德更充滿了神祕的氣息。亞茲德是因古代波斯宗教祆教（建立了哲學思想的基礎）的發源地而遠近馳名。記載了大哲學家尼采的思想和哲學陳述的《查拉圖斯特拉如是說》一書中，查拉圖斯特拉就是波斯語「祆教」的意思。也就是說預言家查拉圖斯特拉，以自己的名字來給祆教命名。

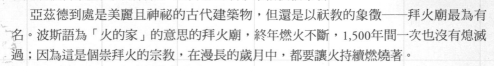

　　亞茲德到處是美麗且神祕的古代建築物，但還是以祆教的象徵——拜火廟最為有名。波斯語為「火的家」的意思的拜火廟，終年燃火不斷，1,500年間一次也沒有熄滅過；因為這是個崇拜火的宗教，在漫長的歲月中，都要讓火持續燃燒著。

檢索關鍵字	傑內／Djenne
國家／都市	馬利傑內舊城
一天旅行費用	US＄10～
語言	法語／英語通用度★
旅行最適期	11～3月

⑨ 傑內　DJENNE

（編按）簽證：洽詢「馬利駐日本大
使館」辦理，地址：3-12-9, Kami-
osaki,Shinagawa-Ku 141-0021,Japan
電話：（002-81-3）5447-6881

用泥土建成的、西非獨特的文明

　　位在西非馬利的傑內，是撒哈拉沙漠以南地區歷史最悠久的城市，它的起始可以上溯到紀元前250年左右。傑內獨有的、用泥土做成的建築物，被人類學者稱為「傑內傑諾」（傑諾是老城區的意思）。現今的舊城是9世紀時開始建造的，因撒哈拉商人的貿易而大大地發展起來。傑內的舊城被登記為世界文化遺產，那在任何地方都看不到的獨特的「大清真寺」，吸引了眾多觀光客前來參訪。現在的「大清真寺」是1906年在原大清真寺的舊址上建造起來的，13世紀建造的原大清真寺，因過度豪華而被教主下令拆掉。

　　現存世上的泥土建物當中，體積最大的就是傑內的「大清真寺」了；它以令人驚嘆的美，吸引了全世界建築家的目光。它是以棕櫚樹作骨架，泥土磚塊搭牆，再用江邊的泥土和稻穗混合而成的「敷泥」敷在外牆上而成。周長150公尺、高20公尺的規模，還有90根屋頂支柱。清真寺的屋頂，加上了象徵純潔多產的鴕鳥蛋形裝飾，建築物的外牆也平均分布了獨特的突出物作裝飾；這樣的建築樣式，和以拱柱、對稱的伊斯蘭建築風格完全不同，是只有傑內才有的。另外，這裡除了清真寺外，還留有2,000多座用泥土建成的傳統房屋。

檢索關鍵字	西安
國家／都市	中國西安
一天旅行費用	US＄10～
語言	中文／英語通用度☆
旅行最適期	春、秋

⑩ 西安

（編按）簽證：台胞證，可洽詢各旅行社代為辦理。

世界四大古都之一，唐朝最大的國際都市

中國西安是古代貿易之路──絲路的起點，以前稱作長安；和羅馬、雅典、開羅，合稱為世界四大古都，也是中國旅遊的核心。在紀元前11世紀到紀元後10世紀的3,000年悠久歷史中，有13個王朝在西安歷經興盛衰亡。其中，在西周、秦、西漢、唐，是最興盛的時期；尤其在唐朝，西安是中國經濟、政治、文化的中心，也是當時中國最大最繁榮的城市。當時西安面積東西寬10公里、南北長8公里，居民有150萬人；世界上所有的思想、文化，都以西安為中心，說它是當時的世界中心也不為過。當時居住在西安的外國使節超過數千人，可以想像這都市在當時是多麼偉大了。

西安舊城全境到處有著具考古價值的遺跡；不過再怎麼樣也比不過西安最受世界矚目的觀光名勝──秦始皇陵的兵馬俑。在建立了中國第一個統一王朝的秦始皇陵墓裡，完整地保存著6,000多尊真人大小的兵馬俑；從1974年開始挖掘的秦始皇陵，直到今天仍尚未完全開挖完畢。秦始皇的兵馬俑被認定為世界的奇觀之一，也被指定為世界文化遺產。

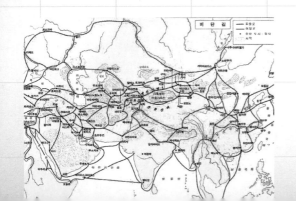

西藏西部岡底斯山轉山路　尼泊爾喜馬拉雅　中國四川省亞丁風景

巴基斯坦喀喇崑崙

坦尚尼亞吉力馬札羅

全世界最壯觀的
徒步登山旅行地區

05

大部分結束環遊世界的旅行者都覺得最值得推薦的旅行經驗，當然就是徒步登山了。徒步登山可親身體驗神祕的大自然，路線繁多，有登上萬年被冰雪覆蓋的喜馬拉雅山的路線，也有在熱帶叢林探險的路線，或是前往聖地朝拜的路線等。其中，旅行者們的首選就是尼泊爾的喜馬拉雅山和巴基斯坦的喀喇崑崙山，以及地球地面末端、南美的巴塔哥尼亞高原。依路線的不同，所需費用差異很大，但如果選到了符合自己的地區，那將會是讓你一輩子難忘的珍貴記憶。如果不是環遊世界，應該很難有這樣的機會，徜徉在大自然的懷中吧！

委內瑞拉羅賴馬

紐西蘭米佛峽灣

南美巴塔哥尼亞

Q. 最想去走的徒步登山地區是哪裡？（受訪者256名）

地區	百分比
尼泊爾喜馬拉雅登山	27%（70名）
巴基斯坦喀喇崑崙地區	15%（39名）
南美巴塔哥尼亞一帶	11%（29名）
紐西蘭米佛峽灣	9%（24名）
中國四川省亞丁風景區	7%（19名）
馬來西亞婆羅洲島的京那巴魯	2%（5名）
坦尚尼亞吉利馬札羅登山	6%（16名）
南美委內瑞拉羅賴馬	5%（13名）
西藏西部岡底斯山克拉	9%（24名）
印尼爪哇婆羅摩火山	6%（17名）

檢索關鍵字	喜馬拉雅登山／
	Himalaya Trekking
國家／都市	尼泊爾安娜普娜、
	藍塘喜馬拉雅、聖母峰
一天旅行費用	US＄10〜
語言	尼泊爾語／
	英語通用度 ★★★☆
旅行最適期	旅行最適期 10〜3月

① 喜馬拉雅 HIMALAYA

（編按）簽證：落地簽。

挑戰多種路線的喜馬拉雅山登山活動

　　無論是喜不喜歡山，世界的屋脊喜馬拉雅都是人們想去一探究竟的地方。喜馬拉雅是由梵語「雪」的意思的「喜馬」，和「停留」意思的「拉雅」組合起來的，全意是「雪停駐的地方」。從超過8,000公尺的高峰，到連個名字都沒有的小規模山峰都有，這裡就如登山專家和登山客的聖地，除了有登山專家的攀登行程外，也有一般人會喜歡的健行路線，相當多樣。最具代表的行程，按路線分有：安娜普娜（Annapurna）、藍塘喜馬拉雅（Langtang Himalaya）、昆布聖母峰（Khumbu Everest）等。安娜普娜登山路線又再分為安娜普娜主路線，和安娜普娜基地營路線。主路線是繞安娜普娜外圍一圈的路線，最少需要15天以上，最高到達海拔5,416公尺的「羅陸拉」（Thorong La）峰。往安娜普娜內側進入的路線，也就是安娜普娜基地營路線則需要8天左右，最高登點海拔4,150公尺。

　　被稱作「世界最美麗的溪谷」的藍塘谷地，位在尼泊爾和西藏接壤地帶，比起聖母峰或安娜普娜，這裡的登山客比較少，可以以更舒適的心情享受喜馬拉雅登山樂趣。依起始地點分為短的5天行程和長的10天行程。最後，可說是喜馬拉雅登山路線焦點的聖母峰登山路線，一般都是以飛機抵達起始地點的；分為兩個區間，一個是可以在眼前欣賞喜馬拉雅山的卡拉帕塔（Kala Patthar）地區，一個是可以遇見聖湖的格吉歐里（Gokyo-ri, 5,360公尺）地區。兩個地區都超過海拔5,000公尺，攀登起來相當艱難，旅行者可能會為高山症所苦；不過，所有的登山路線，都會在每隔2〜3小時有村落或山莊出現，可以適時的休息一下。

TRAVEL INFO. 喜馬拉雅登山行程

1. ABC（安娜普娜基地營：Annapurna Base Camp Trek）
最少需要2週的旅行時間。登山加一般水準的住宿，還有當地的餐飲，最少需花費美金500元左右；這是最一般的行程，也是最發達的路線。最高地點是4,150公尺的基地營，可依體力選擇不同的登山區域。

2. 安娜普娜環繞線（Annapurna Circuit Trek）
最少需要3週的旅行時間。登山加一般水準的住宿，還有當地的餐飲，最少需花費美金800元左右。這是登山區間最長的路線，所需時間因人而異，最快結束的，也要花15天左右。中間有可搭飛機到達的村莊，如果登山過程覺得太累的話，可以在此搭飛機立刻下山。最高地點是羅陸拉峰，海拔5,416公尺。

3. 安娜普娜潘恩山瞭望台（Poon Hill Route Trek）
最少10天左右可以結束，是比較短的路線，適合時間比較不夠的旅行者。最高地點才海拔3,200公尺，所以登山者不太會得高山症。在瞭望台可以看到整個安娜普娜群山。全部費用最少美金300元。

4. 聖母峰基地營（Everest Base Camp Trek）

最少需要3週的旅行時間。登山加一般水準的住宿，還有當地的飲食，最少需花費美金800元左右。可以眺望到包含聖母峰在內的昆布喜馬拉雅美麗的群山，需要2週的登山時間。因為最高點的卡拉帕塔海拔有5,545公尺，所以大部分人都會受高山症所苦。通常會搭飛機抵達登山的起始點。

5. 藍塘喜馬拉雅（Langtang Himalaya Trek）
和西藏接壤的美麗地區，最少需要2週的日程。最少需花費500美元左右，海拔最高到4,300公尺。

喜馬拉雅登山活動的高潮，海拔4,200公尺的安娜普娜基地營。

Asia	Pakistan

檢索關鍵字　喀喇崑崙登山／
　　　　　　Karakoram Trekking

國家／都市　巴基斯坦拉卡波希、
　　　　　　南迦帕爾巴特、K2

一天旅行費用　US＄10～

語言　　　　烏都語／
　　　　　　英語通用度★★★

旅行最適期　5～10月

② 喀喇崑崙 KARAKORAM

（編按）簽證：巴基斯坦在台無辦事處，
可洽詢各旅行社代為辦理。

不易接近的險峻山峰

　　位在喜馬拉雅山最西端的、北巴基斯坦的喀喇崑崙山脈，充滿了可媲美喜馬拉雅的世界級高山。以被稱作「天空絕對的君王」的世界第二高峰K2為首，超過8,000公尺的高峰共有5座，大部分的山都是非常荒蕪且險峻的。喀喇崑崙登山路線比起尼泊爾，除了難度更高外，費用也多出許多。尼泊爾的登山設施算是好的，登山途中還不時有山莊或村落，即便是小團體或是個人旅行也能成行。但巴基斯坦有名的登山路線，全無為登山客準備的住宿設施，大部都是揪團來，或是行程中包含了登山的旅行社整團來，這時從住宿到飲食的所有裝備，都要請行李伕搬運，因此花費也比較高。

　　喀喇崑崙登山路線的核心，當然是朝K2邁進的巴托羅冰河路線（Baltoro Glacier），其間，會看到只有在電視新聞中才會出現的世界高峰和絕壁，它們的美麗和壯觀是會令人屏息的。另外，巴托羅冰河是世界最高山嶽上的冰河，長達60公里。雖然這是大部分拜訪巴基斯坦的登山客夢想的路線，不過因為會花許多時間和金錢，如果不是專程到此旅遊的話，對環遊世界旅行者來說，是不太容易挑戰的。一般的旅行者會選擇位在罕薩可立馬巴德（Karimabad）的拉卡波希（Rakaposhi）登山路線。以卓絕的景觀而自豪的拉卡波希登山路線，從當天來回到需要花3～4天的行程都有，還可以直接在冰河上行走。除了拉卡波希路線外，還有可以眺望8,000公尺高峰南迦帕爾巴特（Nanga Parbat）的仙女草原（Fairy Meadows）健行路線，這也是很受歡迎的。在巴基斯坦，除了這些路線以外，還有約100多個小的登山區間，選擇非常多。

TRAVEL INFO. 喀喇崑崙登山行程

1. 拉卡波希基地營（Rakaposhi Base Camp Trek）

可以眺望美麗的拉卡波希（7,788公尺）峰的登山路線，雖然也有當日行程，但大部分旅行者較喜歡2天1夜的行程。雖然最後是登上拉卡波希基地營（3,261公尺），但和尼泊爾不同，營地裡什麼都沒有。一般都是在登山起始地先住一晚，之後當天來回；或是帶著帳篷到營地睡一晚。建議體力允許的話，就在營地睡一晚，還可以體驗看看這裡如夢似幻的夜晚。

2. 南迦帕爾巴特仙女草原登山路線（Fairy Meadows Trek）

需要4天左右時間的這個行程，也就是第一次登上南迦帕爾巴特的德國探險隊的路線。搭吉普車到達海拔2,600公尺的村莊後，再沿著美麗的梯田開始登山。在冰河環抱的草原上的營地，還有德國探險隊的慰靈碑。

在喀喇崑崙公路旅行途中看到的風景。

檢索關鍵字	巴塔哥尼亞登山／
	Patagonia Trekking
國家／都市	智利彭塔阿雷納斯
一天旅行費用	US＄10～
語言	西班牙語／
	英語通用度 ☆☆☆
旅行最適期	旅行最適期 12～2月

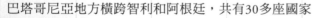

③ 南美巴塔哥尼亞 PATAGONIA

（編按）簽證：洽詢「智利商務辦事處」
地址：台北市信義路5段5號7B-06室
電話：（02）2723-0329

浮在翡翠綠湖上的冰河

位在地表末端、南美最南端的巴塔哥尼亞，是仍維持著上古神祕風貌的地方，和喜馬拉雅山一起列為世界上最受歡迎的登山地區。巴塔哥尼亞高原位在阿根廷和智利的最南端，沿著安地斯山，又再分成西邊的巴塔哥尼亞安地斯，和東邊的巴塔哥尼亞大地。巴塔哥尼亞是「大腳」的意思，西元1520年人類第一個環遊世界者麥哲倫，看到原住民的大腳後，就為這裡取了這個名字。

巴塔哥尼亞地方橫跨智利和阿根廷，共有30多座國家公園，但是登山的核心還是非智利的百內（Torre del Paine）國家公園莫屬。百內國家公園是巴塔哥尼亞登山路線的名勝，也以世界最高的登山路線自豪。其中以需耗時5天的，由灰冰川到山腳呈W字型行走的「百內W登山路線」最為有名。登山途中，會看到在豐富多變的天氣中，發出祖母綠光芒的冰河湖、美麗的溪谷，還有令人嘆為觀止的世界級巨大峭壁。尤其是高達1,000公尺的垂直峭壁——塞羅托雷（Cerro Torre）和費茲羅伊（Fitz Roy），這樣巨大的峭壁是全世界攀岩家夢寐以求的。它們夢幻般的日落也很有名。百內國家公園內有10多個冰河和冰河湖；其中最有名的是可以看到灰冰川湖上漂浮著深藍色的冰河。另外，公園內還棲息著美洲獅和狐狸等26種保育類動物，和105種藻類，也分布著許多植物。世界上能看到這麼多樣風貌的登山路線，可是寥寥無幾呢。

Asia	China
檢索關鍵字	岡底斯山、須彌山／Kailash Kora
國家／都市	中國西藏西部
一天旅行費用	US＄10～
語言	西藏語／英語通用度★
旅行最適期	旅行最適期 春、秋

④ 岡底斯山轉山路 KAILASH KORA

（編按）簽證：台胞證，可洽詢各旅行社代為辦理。

攀登眾神之山的朝聖之路

　　在懷抱著喜馬拉雅山的藏西高原中，最幽深隱密的地方就是眾神之山。被稱為宇宙的中心、地球的肚臍的聖山——岡底斯山，最高峰岡仁波齊峰海拔6,714公尺，它是佛教、印度教、耆那教、苯教（Bon）四大宗教的最高聖地，也是印度河的發源地，也有人說就是傳說中的須彌山。西藏人心中最神聖的山——岡底斯山，是釋迦牟尼化形成彌勒佛的地方，故也稱這座山為「佛的眼睛」。印度教徒們則將此山的山峰視為濕婆神的象徵，是神的安身處。耆那教徒們則相信，這裡是聖人超脫的地方。

　　西藏高原是海拔4,000公尺的高地，要去藏西的路相當險難，可以說是最吃力的登山路線；雖然路途這麼遙遠又驚險，它仍是全世界眾多旅行者最嚮往的地方。事實上要去岡底斯山，比起健行路線，朝聖路線還比較近些；通向岡底斯山的朝聖路線大致分成兩種，一條是向外轉的路線，一條是向內轉的路線，通常向內轉朝聖的較多。像這樣繞著岡底斯山轉，就叫作「轉山」。向內轉山，是以順時針方向，以2天3夜朝聖53公里，從海拔4,675公尺開始，最高到達5,620公尺的地方。朝聖時依順時鐘方向的原因是西藏人認為右比左神聖的緣故。在很短的時間內登上高處已經很吃力了，西藏人在整個朝聖過程中，還必須以五體投地的方式進行。他們認為到岡底斯山朝聖一次，可以消除所有現世的業障，朝聖100次的話，就能擺脫輪迴。

TRAVEL INFO. 去須彌山的路

從拉薩越過西藏高原到岡底斯山需要5天，要走約1,200公里的路。從拉薩出發，經過甘孜－日喀則－拉孜－薩嘎－仲巴－帕羊－須彌山，然後到達岡底斯山最終目的地塔欽；可算是無數旅行者生平最偉大且有意義的朝聖路線。經過了遙遠又驚險的過程，當見到岡底斯山的瞬間，自己就變成了全世界最善良的人了。從拉薩到岡底斯山，吉普車出租費往返要2,000美元，所以最好幾個人結伴旅行。個別旅行時要另外檢附核可書，沒有核可書的旅客，也可以透過搭便車旅行的方式前往須彌山。

攝影／李東陽

Asia　■ china

檢索關鍵字	亞丁
國家／都市	中國四川省
一天旅行費用	US＄10〜
語言	中文／英語通用度★
旅行最適期	春、秋

⑤ 亞丁風景區

（編按）簽證：台胞證，可洽詢各旅行社代為辦理

烏托邦的代名詞，香格里拉的再現之地

　　1933年詹姆士・希爾頓出版了他的小說《消失的地平線》一書，書中稱位在喜馬拉雅山的香格里拉是地上樂園。小說引起了全世界的注意後，無數的旅行家、探險家和學者，為找尋小說中位在喜馬拉雅山的香格里拉，而踏上探險之路，卻全部失敗。1997年中國政府正式宣布，中國南部雲南省的中甸就是小說中的香格里拉，甚至連地名也改成了香格里拉；但現在這個香格里拉，因中國政府的觀光政策而做了許多人為建設，並有很多商業化色彩，和香格里拉這名字已不相符。反而是離這兒不遠，有個地方較接近真正的香格里拉，那就是有萬年雪山和有原始林覆蓋的深谷，被稱作「香格里拉之魂」的亞丁。

　　亞丁在1930年登上國家地理雜誌的封面，被認為有天堂般的風景。亞丁的登山路線，也像岡底斯山一樣是神聖的朝聖路線。亞丁風景區內有3座6,000公尺高的雪山，全都依達賴喇嘛指示奉為神山。登山路線大致分為內線和外線，從當天來回到5天行程的都有。攀登海拔4,000公尺以上的高山地帶是相當消耗體力的，這點要注意。在登山途中，會看到萬年雪山、耀眼的冰河、牛奶色的湖、閃爍的星星、原始的山林、寬廣的草原和牧場，還有各式各樣的動植物。中國政府現在正積極開發亞丁，希望這裡不要再變成第二個商業化的香格里拉。

TRAVEL INFO. 去亞丁的路

亞丁位在雲南省和四川省的交界處，雖然從雲南或四川都可以前往，但它卻是在不太容易接近的地區。不管是從雲南省出發或從四川省出發，都要先進入稻城，才能前往亞丁。可以從雲南省的省會昆明，搭巴士或飛機到香格里拉，再從香格里拉搭巴士到稻城，需要10小時。也可以從四川省的成都搭巴士直達稻城，但這樣要花一天的時間。

Oceania　New Zealand

檢索關鍵字	米佛峽灣／Milford Sound
國家／都市	紐西蘭皇后鎮
一天旅行費用	NZD50〜
語言	英語
旅行最適期	11〜4月

⑥ 米佛峽灣 MILFORD SOUND

（編按）免簽，可停留90天

萬年雪山和如畫的湖，搭配而成的夢幻登山路線

　　有巨大的山脈和廣闊的平野，在由峽灣和冰河營造出的神祕自然中，登山，可說是如置身天堂一般。自然風光絕美的紐西蘭，擁有全世界最美麗山路的9條「Great Walks」登山路線。在紐西蘭南島峽灣國家公園中，最為壯麗的自然景觀就是米佛峽灣。南阿爾卑斯山（Southern Alps）的神祕萬年雪山，搭配上如畫般的美麗湖泊，這夢幻的登山路線，不分男女老幼都要來走一走。南阿爾卑斯山這名字的意思就是位在南方的、像瑞士阿爾卑斯山一樣美麗的山。冰河期後，海平面上升，海水流進被冰河侵蝕造成的溪谷中變成U字型的峽谷，就是峽灣；在紐西蘭他們不叫峽灣（Fjord），而是叫「Sound」，海峽的意思。

　　米佛健行路線是1888年昆丁・邁肯尼最先開發的。由於紐西蘭人們對大自然的珍惜與愛護，米佛峽灣今天仍維持著它原始的面貌。從「女王的城市」皇后鎮（Queenstown）出發，經過蒂阿瑙湖後，健行程就開始了。山路總長54公里，要花4天3夜的時間才走得完。登山途中，會看見萬年雪山、美麗的溪谷、河、冰河湖、翁

鬱的叢林，還有高580公尺、排名世界第五大的瀑布。最後，搭船觀賞米佛峽灣，登山遂在飽覽峽灣所有風光中結束。除了欣賞冰河融化後形成的、高155公尺的史特林瀑布，及高160公尺的包溫瀑布外，還可以和海豚、企鵝、海豹等動物接觸。在米佛峽灣登山時，對仍維持著天然原貌的紐西蘭自然風光，純粹欣賞並愛惜，是最好的方法。

Africa	Tanzania

檢索關鍵字	吉力馬札羅登山／Kilimanjaro
國家／都市	坦尚尼亞
一天旅行費用	US＄800～
語言	史瓦希利語／英語通用度 ★★★★
旅行最適期	7～8月

⑦ 吉力馬札羅 KILIMANJARO

（編按）簽證：落地簽，可參考「外交部領事事務局全球資訊網」http://www.boca.gov.tw

以超絕的熱情登上「非洲之魂」

位在非洲大陸東部海岸的坦尚尼亞，擁有非洲的最高峰，也就是非洲之魂的吉力馬札羅山。海拔5,895公尺的吉力馬札羅山，史瓦希利語是「發光的山」的意思；山頂上常年積雪，因此也叫做「白山」。雖然橫跨坦尚尼亞和肯亞邊境，但最高點是在坦尚尼亞。有趣的是，兩國邊境都是一直線的，只有在吉力馬札羅山所在部分是曲線，原因要回溯至兩國仍是殖民地的時候。1885年柏林會議，將非洲分割統治，有吉力馬札羅山的肯亞由英國統治，坦尚尼亞由德國統治。但在1889年，德國人梅爾向英國女王請託，最先登陸非洲成功的德國皇帝非常喜歡吉力馬札羅山，所以希望女王能把吉力馬札羅山讓出來。於是英國女王讓出此山，新畫的國境線就一直沿用至今。

肯亞和坦尚尼亞總共6條登山路，但大部分都是從坦尚尼亞出發。從肯亞出發的話，會在登山途中穿越國境。和其他地區的登山不同，登吉力馬札羅山，從山腳到山頂都是上坡路，會消耗非常多的體力，甚至還會得高山症。所需時間是6天，要有嚮導和行李伕隨行。登山路上每1,000公尺會有三個山站，各山站都備有手推車，以運送得高山病而無法行走的人。此外，攀登吉力馬札羅山，必須是擁有坦尚尼亞政府發給許可證的人，才能通行。現在吉力馬札羅山因地球暖化的緣故，每年有許多雪被融化，據說山頂的萬年雪到了西元2015～2020年就會完全融化。吉力馬札羅山是很值得保護的珍貴自然遺產，我們應該盡力維持它美麗的樣子。

檢索關鍵字	卡奈瑪國家公園／Canaima National Park
國家／都市	委內瑞拉玻利瓦爾州
一天旅行費用	US＄25～
語言	西班牙語／英語通用度 ★★☆
旅行最適期	10～5月

⑧ 羅賴馬　RORAIMA

（編按）簽證：國人不易辦理，可參考「外交部領事事務局全球資訊網」http://www.boca.gov.tw

保存地球上最獨特、最原始自然環境的山

　　橫跨南美委內瑞拉、蓋亞那（Guyana）和巴西三國，位在三國國境接壤地帶的圭亞那高原，擁有地球上最獨特自然環境的群山。因20億年前的地殼變動，而產生的這些高山，仍維持著它原始自然的風貌。當地印第安人稱這些山為桌山，因為它們的山頂都是一片平坦，像張桌子一樣。在圭亞那高原上這樣的桌山共有100多座，其中最有名的，就是位在卡奈瑪國家公園內的奧揚特普伊山（Auyan Tepui）和羅賴馬山（Roraima Tepui）。奧揚特普伊山有全世界最高的、979公尺高的天使瀑布（Angel Fall）；羅賴馬山海拔2,772公尺，有所有桌山中最高的登山路線。奧揚特普伊山在當地語的意思是「惡魔的山」；天使瀑布的當地語是「位在最高地的瀑布」的意思；羅賴馬是「水之母」的意思。這些桌山的邊緣，都像刀切過似的，是直線下垂的懸崖峭壁，有些峭壁甚至長達1,000公尺。除了桌山之外，大部分都屬熱帶稀樹草原地帶，是生長了無數植物的熱帶濕地。

　　登羅賴馬約需6天的時間，必須先到首都加拉加斯搭輕航機。雨季之外的時間到訪，大致上都算是容易的，早晨還能體驗到雲霧就在你身邊繚繞的驚奇。卡奈瑪國家公園的草原地帶，是個自上古以來即維持獨立的生態系地區，具有非常多樣的生態環境。《夏洛克·福爾摩斯》的作者柯南道爾，從這個多樣的生態環境得到靈感，而寫了《失落的世界》（*The Lost World*）。直到今天，圭亞那高原的眾桌山仍維持著太古的模樣，依然是未開發的狀態。

克羅埃西亞十六湖公園

俄羅斯貝加爾湖

尼泊爾薩加瑪塔國家公園

中國九寨溝＆黃龍

澳洲大堡礁

坦尚尼亞賽倫蓋堤＆
恩格龍格魯國家公園

環遊世界時一定要去的
聯合國教科文組織自然遺產

我們為了看世界各地的遺跡和人們，或者為了體驗大自然的驚人之處而去
環遊世界。目前，聯合國教科文組織選定的世界自然遺產有600多個，而且
這數字每年還在增加中。在這些自然遺產中，有比較容易到達的地方；但
也有像格陵蘭這樣的極地或極乾的沙漠，實際上只能接近它們的一小部分
的地方。不過即使只能接觸一部分，因為它極高的價值和驚人的景致，仍
是環遊世界時一定要拜訪的。

旅行者最容易接近的、一般行程中比較會去的，還有環遊世界過來人最推
薦的、聯合國教科文組織選定的自然遺產，如下：

加拿大洛磯山國家公園

美國黃石國家公園

委內瑞拉卡奈瑪國家公園

厄瓜多加拉巴戈群島

Q. 環遊世界時一定要去看的自然遺產是什麼？(受訪者185名)

中國九寨溝&黃龍	17% (32名)
加拿大洛磯國家公園	11% (22名)
坦尚尼亞賽倫蓋堤&恩格龍格魯國家公園	15% (29名)
尼泊爾薩加瑪塔國家公園	11% (21名)
俄羅斯貝加爾湖	3% (6名)
克羅埃西亞十六湖公園	9% (17名)
委內瑞拉卡奈瑪國家公園	8% (15名)
厄瓜多加拉巴戈群島	7% (14名)
澳洲大堡礁	6% (12名)
美國黃石國家公園	9% (17名)

攝影／蘇智真

Asia	China

檢索關鍵字	九寨溝、黃龍
國家／都市	中國四川
一天旅行費用	US＄10（不包含門票）～
語言	中文／英語通用度★
旅行最適期	春、秋

① 九寨溝和黃龍

（編按）簽證：台胞證，可洽詢各旅行社代為辦理。

到神仙住的地方旅行

　　有句話說：「黃山歸來不看山，九寨歸來不看水。」可見九寨溝的祕境，多受中國人讚揚了。九寨溝位在四川省省會成都北邊440公里處；幾年前，要到這裡的路又遠又險難，如果不是極具冒險精神，很少會有人想到這裡來的。但自從九寨溝的祕境被世人知道後，中國政府就大規模地投資建設了高速公路和機場，並將九寨溝、張家界、桂林連成一線，成了外國觀光客最喜歡造訪的觀光勝地。九寨溝最早是個樵夫發現的，之後這個「神仙住的地方」才漸漸被人知道。由海拔2,000公尺到4,000公尺的高山和溪谷組成的九寨溝，簡直是個童話世界；在50公里的Y字型溪谷裡，大大小小的湖有100多個，並有13座美麗的瀑布。尤其是「五色湖」，顧名思義，是可以看到五種色彩的美麗湖水。那令人難以置信的翡翠綠湖水，搭配上周圍的樹林，營造出一種神祕的氛圍。九寨溝大致分作樹正區、寶鏡崖區和日則區三個溪谷，每一個都是不容錯過的絕境。被指定為世界自然遺產的此地，為防止受污染，觀光客必須搭乘環保車輛，每天限制1萬2,000名觀光客進入。

檢索關鍵字	賽倫蓋堤、恩格龍格魯
	╱Serengeti, Ngorongoro
國家╱都市	坦尚尼亞北部
一天旅行費用	US＄100左右（tour費用）
語言	史瓦希利語╱ 英語通用度 ★★★★
旅行最適期	6～3月

② 賽倫蓋堤&恩格龍格魯
SERENGETI & NGORONGORO

（編按）簽證：落地簽，可參考「外交部領事事務局全球資訊網」。
http://www.boca.gov.tw

到野生動物的天堂探險

當腦海中浮現非洲大陸時，應該不會有別的地名像賽倫蓋堤這樣，令人感覺更親近的了。許多人小時候都曾在電視上看過非洲的野生動物世界，並曾作過到非洲探險、當探險家的夢。紅紅的落日，廣闊熱帶草原上展開的一大片晚霞，一群獅子悄悄地踮著步找獵物，這種種神祕新奇的景象，可以一面坐在吉普車上眺望，一面暫時讓自己變成小時候夢裡的探險家。坦尚尼亞的賽倫蓋堤和恩格龍格魯國家公園，就是可以實現這種想像的地方。賽倫蓋堤，是馬賽語「無垠的草原」的意思；它是個橫跨坦尚尼亞和肯亞的廣闊公園。在國家公園內，棲息了2,000頭獅子、2,700頭大象、6萬匹斑馬、15萬匹湯姆森瞪羚、8,000頭長頸鹿、150萬頭黑尾牛羚等，共300萬頭的動物。尤其是在雨季結束的6月初，會有150萬頭的牛和20萬頭的羚羊、瞪羚、斑馬，成群地在大草原上大遷徙。

緊鄰賽倫蓋堤的恩格龍格魯公園內有個直徑達19公里的巨大火山口，這裡的動物種類比賽倫蓋堤還多。當看到和火山口自然風光和諧地融合在一起的各式各樣動物時，令人不由得產生是不是身在「伊甸園」的錯覺。這裡的湖邊，無論何時總是聚集了成群的紅鶴，還棲息了2萬5,000頭的獅子、大象、河馬、水牛、獵豹、鬣狗、黑犀牛等。在火山口周邊的平原上，住著我們很熟悉的馬賽族（Masai）。

Asia	Nepal

檢索關鍵字	聖母峰／Mount Everest，Sagarmatha National Park
國家／都市	尼泊爾，昆布喜馬拉雅
一天旅行費用	US＄10～
語言	尼泊爾語／英語通用度 ★★★
旅行最適期	10～3月

③ 薩加瑪塔國家公園 SAGARMATHA NATIONAL PARK

（編按）簽證：落地簽

聖母峰全景盡收眼底

薩加瑪塔是梵語「宇宙之母」的意思，它也是尼泊爾稱呼世界屋脊聖母峰（8,848公尺）的名字。珠穆朗瑪是西藏語，意思是「世界的女神」。將世界屋脊喜馬拉雅山脈的一部分指定為國家公園，就成了薩加瑪塔國家公園；由最高的聖母峰，還有洛子峰、卓奧友峰、馬卡魯峰等超過8,000公尺的巨大山峰，和6,000～7,000公尺的群峰組成。它是全世界所有登山愛好者永遠的夢想、登山者的浪漫，萬年雪山和冰河像全景圖似的在眼前展開。

即使不是要攻頂的登山專家，也有健行路線可以讓任何人眺望到聖母峰。有可以在眼前看到聖母峰的卡拉帕塔（Kala Pattar, 5,623公尺）路線，和會看到印度教聖湖的格吉歐里（5,630公尺）路線，這兩條路線全都是又長又高的路線，會消耗許多體力。在登山路上，會經過和現代文明有相當距離的貧瘠村落，還有在山腳會看到一些巍巍矗立著的古老寺院。雖然是萬年雪山，但在山腳下卻形成了熱帶雨林，在這些密林裡，棲息著貓熊、麝這些珍稀的動物。薩加瑪塔的國際公認名字——埃佛勒斯是1865年來到這裡測量的英國人，為了紀念他們的測量局長喬治·埃佛勒斯，而以其名命名的。

昆布喜馬拉雅的絕美全景

檢索關鍵字	班夫＆傑士伯國家公園
	Banff＆Jasper
	National Park
國家／都市	加拿大班夫、傑士伯
一天旅行費用	CAD＄50～
語言	英語
旅行最適期	終年

North America　Canada

④ 加拿大洛磯山國家公園
CANADA'S ROCKY MT.

（編按）免簽，可停留180天。

用萬年雪凝聚成的翡翠綠湖

　　世界最大的自然保護區加拿大洛磯山脈，每年有將近1,000萬的觀光客，前來一窺它美麗的自然景觀，是世界級的名勝。包含了班夫、傑士伯、優鶴等國家公園，這裡3,000公尺以上的萬年雪山、冰河和美麗的湖泊，如畫般的風景就在眼前延伸開來；除此之外，在這無汙染的自然環境中，還棲息著黑熊、馴鹿、山羊、鹿等各種動物。在大大小小的國家公園中，班夫在1885年最早被指定為國家公園。班夫國家公園內有全世界最美麗的湖——露易絲湖（Louise）和夢蓮湖（Moraine），雪山像屏障似地包圍著這兩座湖，這兩座湖是由萬年雪融化後形成的，因內含大量的礦物質，而呈現出綠寶石般的顏色。

　　沿著連接班夫和傑士伯國家公園的「冰原公園路」（Icefields Parkway）走的話，就會走到北美最大的冰原——哥倫比亞大冰原（Columbia Icefield），在那裡可以親身體會直接走在冰上的新鮮感覺。另外，沿路還有許多湖泊，其中弓湖（Bow Lake）和佩托湖（Peyto Lake）以風景優美著稱。弓湖清澈見底，湖底的小石子都能數得一清二楚；佩托湖美麗的翡翠綠則令人不由得發出讚嘆聲。在加拿大洛磯山旅行的中心都市班夫，還能享受滑雪、登山、泛舟等各式各樣的運動。

可與喜馬拉雅美景媲美的洛磯山脈

檢索關鍵字	普利特維切十六湖
	國家公園／Plitvice
國家／都市	克羅埃西亞薩格勒布
一天旅行費用	US $ 10～
語言	克羅埃西亞語／
	英語通用度 ★★
旅行最適期	春、秋

⑤ 普利特維切十六湖國家公園
PLITVICE LAKES PARK

（編按）免簽，可停留90天。

湖、小溪、瀑布相連的公園

　　拜訪東歐的時候，一定要去這個傳說中精靈住的湖區，它就是隔著亞德里亞海（Adriatic Sea）和義大利遙遙相對的克羅埃西亞的普利特維切。歐洲最美麗的湖——普利特維切湖，1979年被指定為世界自然遺產。由白河（Crna）和黑河（Bijela）形成的16個湖和92個瀑布，階梯式地相連著。湖分作上部湖和下部湖，在最高處的湖海拔639公尺，在最低處的湖海拔503公尺，相差136公尺的兩群湖間，由瀑布和小溪相連。湖水中所含的碳酸鈣，經數千年的累積，形成了石灰沉積物，這些沉積物就成了天然的堤壩，並隔絕出湖泊來。另外，湖底累積的碳酸石灰，也讓湖水變成了美麗的翡翠綠色。

　　普利特維切湖的進化仍然在持續進行。每年湖底最多可堆高2.5公分，未來還是會繼續產生新的堤壩和瀑布。公園除了湖和瀑布之外，還棲息著熊、狼、山貓等各種動物。

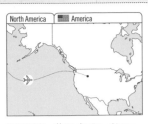

檢索關鍵字	黃石／Yellow Stone
國家／都市	美國懷俄明州
一天旅行費用	US＄50～
語言	英語
旅行最適期	5～10月

⑥ 黃石國家公園
YELLOW STONE NATIONAL PARK

（編按）簽證：洽詢「美國在台協會」
http://www.ait.org.tw/zh/visas.html
台北分會：台北市信義路三段134巷7
號，電話：（02）2162-2000
高雄分會：高雄市新興區中正三路2號5
樓，電話：（07）238-7744

陶醉在大自然的驚異中，全世界最早的國家公園

　　黃石國家公園位在美國西部的懷俄明州，1872年被指定為全世界第一個國家公園。這裡和大峽谷一樣，擁有美國最驚人的大自然景觀，也是全美地殼活動最活躍的地方；因地下噴出的富含礦物的噴泉水，將岩石染黃，所以被稱做黃石公園。公園內有300多個間歇泉，和1萬多個冒出滾燙泥漿的池；這裡擁有的間歇泉，占了全地球間歇泉數的一半。其中老忠實噴泉（Old Faithful），每隔一小時噴出高達50公尺的水柱，是黃石公園最具代表性的間歇泉。周邊超過百年的住宿旅店，櫛比鱗次；此外，黃石公園身為最早的國家公園這點，也是吸引觀光客的原因之一。

　　除老忠實外，「黑池」（Black Pool）也很有名，和一般有透明水色的美麗印象不同，它的標題是「全世界最恐怖的湖」。這座深270公尺的湖，因湖水具強酸性，人一掉進去就會瞬間融化掉，相當恐怖。黃石公園是因火山活動而產生的巨大火山口，最後一次爆發是在64萬年前；不過一直到現在，仍不斷地活動中，火山口何時會再爆發不得而知，萬一爆發的話，巨大的火山灰可能會造成另一次的冰河期到來也說不定。黃石公園的99%都尚未開發，維持著天然的自然生態系，是北美地區棲息最多種保育動物的地區。

©iStockphoto.com/janza

檢索關鍵字	卡奈瑪／Canaima National Park
國家／都市	委內瑞拉圭亞那高原
一天旅行費用	US＄25（tour費用除外）～
語言	西班牙語／英語通用度 ★★☆
旅行最適期	10～5月

⑦ **卡奈瑪國家公園** CANAIMA NATIONAL PARK

（編按）簽證：國人不易辦理，可參考「外交部領事事務局全球資訊網」。
http://www.boca.gov.tw

猶如回到侏儸紀時代的上古生態系

　　珍藏著原始形貌的卡奈瑪國家公園，位在南美委內瑞拉的東南部，和巴西、蓋亞那國境接壤。公園面積的65%都是桌山，桌山是20億年前因地殼隆起和侵蝕作用而形成的，山頂平坦，看起來像桌子一樣，因此當地人都稱它為桌山（Tepui）。桌山側面像被刀切過一樣的絕壁，最高可達1,000公尺；在圭亞那高原，這樣的桌山有超過100座。桌山山頂就像和外界隔絕一樣，仍維持著獨立的生態系，可看到非常多樣的生態環境。除桌山外，山下是寬廣的草原地帶，叫做大熱帶草原區。

　　卡奈瑪國家公園的旅遊核心是世界最高的瀑布——天使（Angel）瀑布和羅賴馬山。天使瀑布是1935年尋找黃金山的探險家Angel發現的，高979公尺的瀑布，比尼加拉瓜瀑布還高15倍；另外，攀登羅賴馬山的健行路線也是卡奈瑪國家公園的主要景點。卡奈瑪國家公園多樣的生態環境，也給了小說家柯南‧道爾侏儸紀時代的靈感，寫出《失落的世界》（*The Lost World*）一書。現在圭亞那高原上的許多桌山，仍保持著原始未開發的狀態。

Oceania	Australia

檢索關鍵字	大堡礁／ Great Barrier Reef
國家／都市	澳洲昆士蘭
一天旅行費用	UD40（tour除外）～
語言	英語
旅行最適期	終年

⑧ 大堡礁 GREAT BARRIER REEF

（編按）簽證：可查詢「澳大利亞商工辦事處」www.australia.org.tw，或「澳洲移民暨公民部」。www.immi.gov.au

世界最大的珊瑚群落，海洋運動的天堂

位在澳洲昆士蘭省（Queensland）海岸，是個從外太空都可以看到的巨大有機體，被稱作大堡礁。它是長2,000公里的珊瑚礁群落，經聯合國教科文組織指定的世界上最大的遺產。這裡以2,900個暗礁和華麗的色彩而聞名，其中有500多個珊瑚礁，還有1,500多種魚類棲息。雖然有許多珊瑚礁沉在海裡，但因海水透明，大部分都可用肉眼看見。這些珊瑚礁都是經過數萬年才生成的，由於氣候溫和、降雨適中，才能形成這些美麗的珊瑚群落。大堡礁是游泳、潛水、浮潛、帆船等海洋運動的天堂；不能下水，或是比較喜歡靜態活動的觀光客也可以乘坐玻璃船，觀賞形形色色神祕的海底世界。此外，這裡也是《海底總動員》明星尼莫的故鄉，棲息了各式各樣的熱帶魚、鯊魚、座頭鯨、海龜。大堡礁除了珊瑚礁外，還有70多個大小島嶼，其中有一些還有為觀光客準備了休閒渡假的設施。

澳洲北部的凱恩斯，是觀光大堡礁的據點，每年有300萬名觀光客為觀賞大堡礁而來。大堡礁除了是海洋活動聖地，更被BBC選定為「死前一定要去的50個地方」第二名，僅次於美國的大峽谷。

本頁所有攝影／江俊宏

檢索關鍵字	加拉巴戈群島／ Galapagos Islands
國家／都市	厄瓜多加拉巴戈群島、 聖塔克魯茲島
一天旅行費用	US＄30（tour除外）～
語言	西班牙語／ 英語通用度 ★★☆
旅行最適期	11～6月

⑨ 加拉巴戈群島 GALAPAGOS ISLANDS

（編按）免簽，可停留90天。

從創造論到進化論，動搖人類認知的島

位在赤道國家厄瓜多西邊970公里的加拉巴戈群島，是在人類歷史上寫下新頁的地方，因為這裡推翻了一直以來人類相信的「神創造萬物」的說法。1835年來到加拉巴戈群島的達爾文，在調查了這裡棲息的獨特動植物後，發表了他的進化論，「適者生存，物競天擇」。他發表的進化論主要內容是：所有物種，當個體間發生變異時，只有適合環境的個體才能生存；不適合環境的則滅亡。達爾文在加拉巴戈探險時，帶回來了3隻小烏龜，其中一隻在澳洲的動物園活到176歲，是世界紀錄中最長壽的動物，2006年因心臟麻痺殞命。

加拉巴戈群島由58個島和暗礁組成，1535年由西班牙人勃蘭加（Berlanga）發現。加拉巴戈是西班牙語「烏龜」的意思，勃蘭加看到島上生活著許多烏龜，因此就把這裡叫做加拉巴戈。和外界完全隔離，獨自進化的這座孤島，特有種的比例是世界第一。這裡以在陸地上重量達200公斤的象龜為首，還棲息著鬣蜥、企鵝、海豹等；海中則棲息著鯨、鯊、魟魚等。除4個主要的島有人居住外，其他都是無人島。

Europe ■ Russia

檢索關鍵字	貝加爾湖／
	Baikal Lake
國家／都市	俄羅斯伊爾庫次克
一天旅行費用	US＄20～
語言	俄語／英語通用度☆
旅行最適期	7～9月

⑩ **貝加爾湖** **BAIKAL LAKE**

（編按）簽證：過境簽證，洽詢「莫斯科台北經濟文化協調委員會駐台北代表處」辦理，詳情參考：「外交部領事事務局全球資訊網」http://www.boca.gov.tw

在世界最古老的湖經歷永晝

　　被稱作西伯利亞珍珠的貝加爾湖，是和韓國有密切關係的世界自然遺產，理由是貝加爾湖中的奧爾洪島，傳說是韓民族的發源地。奧爾洪島是貝加爾湖22個島中最大的一座島，據說成吉思汗的墳墓也在此。貝加爾湖位在俄羅斯東南部的伊爾庫次克（Irkutsk），和布里雅特（Buryat）共和國之間，是世界上最古老的湖，也是最深的湖，水深達1,642公尺。長640公里、寬48公里，面積幾乎跟台灣一樣大，含納了全世界淡水水量的五分之一；透明度達42公尺，乾淨程度第一級，所以也被稱作全世界最清澈的湖。具有3,000萬年悠久歷史的貝加爾湖裡，幾乎囊括了所有地球上的淡水生物。這裡2,500種動植物中，有80%是只生長在這裡的特有種，別的地方看不到；除了世界唯一的淡水海豹以外，具代表性的還有鐵甲鯊，和貝加爾湖特產的奧木爾魚（Omul）。

　　每年夏天，樺樹掩映下，無數的黃尾鴝會到這裡繁殖，相當壯觀；遊客可以到湖附近的有名村落李斯特維揚卡（Listvyanka）走走，在湖邊散步或搭船到島上旅遊也可以。夏天可以體驗到永晝，冬天則可以觀賞置身北極一般湖水凍結的驚人景象。李斯特維揚卡露天咖啡店有賣烤貝加爾湖特產的奧木爾魚，這是到貝加爾湖旅行時一定要嚐嚐的美食。

尼泊爾波卡拉

中國雲南省大理

印度拉達克列城

土耳其葛勒梅

中國陽朔／桂林

埃及達哈伯

巴基斯坦罕薩

寮國龍坡邦

印尼多巴湖

泰國擺鎮

讓旅行者流連忘返的
隱遁之地

環遊世界時，會意外地遇到一些在夢境或童話世界裡才會出現的地方。人們稱這樣的地方是「垂釣歲月之處」。因為它們具有低廉的費用、沉靜的風景、親切的人們、奇妙的氣候及各式各樣的景觀；一旦踏進來，就很難再脫身了。因此許多旅行者在旅行途中，為了舒緩疲憊的身心，就會到這樣特別的地方來，短則停留幾天，長則幾個月；將剩下的旅行期間都在此度過的也有。它到底有什麼魅力，會這樣讓人流連忘返呢？那只有經驗過的人才知道囉。

厄瓜多維爾卡邦巴

Q. 環遊世界時想長期逗留的地方是哪裡？
（受訪者262名）

其他讓旅行者流連忘返的旅遊地

尼泊爾波卡拉	28%（75名）	寮國北部古代都市龍坡邦（Luang Prabang）
巴基斯坦罕薩	37%（99名）	中國廣西省甲天下山水陽朔／桂林近郊
印尼多巴湖	10%（27名）	泰國北部美麗的山村擺鎮（Pai）
中國雲南大理	12%（33名）	埃及潛水天堂達哈伯（Dahab）
厄瓜多維爾卡邦巴	10%（28名）	土耳其像外星球一樣的葛勒梅（Goreme）

Asia	Pakistan

檢索關鍵字	罕薩／Hunza
國家／都市	巴基斯坦可立馬巴德
一天旅行費用 US＄10～	
語言	烏都語／
	英語通用度 ★★☆
旅行最適期	春、秋

① 罕薩 HUNZA

（編按）簽證：巴基斯坦在台無辦事處，可洽詢各旅行社代為辦理。

猶如傳說中行程最後會抵達的平靜村莊

不久前，在喜歡冒險的旅行者之間，傳說這裡有條經典的旅遊路線；這是新羅高僧海潮往來西域的路線，也是絲路大商隊必經之路。跨越世界屋脊帕米爾高原和喀喇崑崙山脈，長1,200公里的喀喇崑崙高速公路，就在這條傳說之路上。喀喇崑崙高速公路，從中國喀什，連接到巴基斯坦的伊斯蘭瑪巴德，兩國政府花了20年才完工。這條路途經萬年雪山、冰河、深邃的溪谷、刀削似的峭壁，相當壯觀，但也是條非常險難的道路；不過在路的盡頭，有世界上最美麗的村莊「罕薩」。

環遊世界旅行者過來人票選想再次造訪的地方第一名──罕薩，是世界公認的長壽村；60～70歲都還不被視為老人的地方就是這裡。長壽的祕訣是這裡乾淨的空氣、乾淨的水，還有無壓力的平靜生活所帶來的精神上的安定感；再加上這裡的有機蔬菜、牛奶、杏、起司，還有素食，也是祕訣之一。這個村落海拔2,500公尺，古王國的聖地就位在山腳下，萬年雪山像畫一般地環抱著它。村落的人用雪山上融化的水來灌溉梯田，並放牧山羊、綿羊等來過活。春天，有高大的白楊樹和綻放的杏花；夏天，變成融成一片的深綠色世界，還有巷弄裡小孩的嬉鬧聲。罕薩村的美，會讓人有想永遠待在這裡的衝動，是個無論何時都會讓旅行者放開胸懷的、很特別的地方。

Asia	India

檢索關鍵字	列城／Leh
國家／都市	印度拉達克
一天旅行費用	US＄10～
語言	印度語／英語共用
	★★★★★
旅行最適期	6～9月

② 列城 LEH

（編按）簽證：洽詢「印度-台北協會」辦理，地址：台北市基隆路一段333號2010室，電話：(02) 2757-6112

所有旅人都推薦的北印度的寶石

　　透過小說《長久的未來》（編按：Helena Norberg-Hodge，*Ancient Future: Lessons from Ladakh for a Globalizing World*），拉達克這個神祕的地方才被世人知道，並造成了轟動，它屬北印度查謨‧喀什米爾省。拉達克的中心都市是位在荒涼高原上，以雄偉的喜馬拉雅山為背景的列城；1974年以前，因領土紛爭、喀什米爾的宗教糾紛等，這裡是禁止外國人前來的禁地。後來因少數旅行者，世人才開始知道這個香格里拉，同時更增加了它的神祕感。現在已經開放，任何人都可以去，不過開放後，因受流入的外界文化影響，目前當地文化受到了汙染，已是不容忽視的事實。

　　列城雖屬印度領土，但宗教、文化卻和巴基斯坦一樣；而且比起西藏首都拉薩，保存了更多西藏文化。這裡以前是西藏的領土，10世紀時從西藏分離出來後，成為拉達克王國的首都，並繁榮起來，有「小西藏」之稱，是比任何地方都更適合體驗西藏文化的地方。因為每年只有6～9月有巴士通行，所以大部分遊客都會選在這個時候來此旅行。到列城遊覽的遊客，大部分都是為了要充分體驗西藏文化而長期滯留的。

　　在拉達克王國全盛時期建立的「列城王宮」（Leh Palace），和可以看見西藏文化精髓的無數寺院，都是不容錯過的遊覽重點。另外像綠洲似的周邊村落和湖泊，也是旅行者的駐足地。列城是旅行者推薦的北印度寶石，也是喜歡隱遁生活的人一定要去的旅遊地。

檢索關鍵字	波卡拉／Pokhara
國家／都市	尼泊爾波卡拉
一天旅行費用	US＄10～
語言	尼泊爾語／
	英語通用度 ★★☆
旅行最適期	10～3月

③ 波卡拉 POKHARA

（編按）簽證：落地簽

如夢一般平和的喜馬拉雅村落島

在尼泊爾，可以近距離觀賞喜馬拉雅的地方，就是波卡拉。這個尼泊爾的第二大都市，是個會讓人眼、心、頭腦冷靜下來的，最棒的休憩城市和湖畔城市。波卡拉是尼泊爾語「湖」的意思，波卡拉曾因為是印度和中國的中繼貿易站而十分繁榮，不過今天已經轉變成觀光都市了。它是喜馬拉雅登山活動的高潮，安娜普娜登山路線的出發地，也是來自世界各地的登山客的基地營。因屬亞熱帶氣候，冬天也很溫暖，而且不論在哪都能看到雄偉的喜馬拉雅山；另外，還懷抱著由萬年雪融化而成的、巨大的費娃湖，這裡具備了完善的觀光設施，因此有許多遊客長期停留在這裡。

到波卡拉的大部分遊客，會在這裡待上短則數天，長則數月，然後再出發攀登喜馬拉雅山。因體力的緣故不方便登山的旅行者，可以參加一天行程的近郊山區迷你登山，這樣也可以更近距離地觀賞到喜馬拉雅。在波卡拉，販賣有關登山用品的店櫛比鱗次，可以買到所有登山需要用的東西。登山結束後，大部分的人會在湖的周邊長時間停留；安靜地在湖邊散步，或在漂流的船裡讀書，或品嚐便宜又美味的食物。天氣好的時候，乘著船遊湖，可以欣賞湖水中如夢似幻的雪山倒影。早上到湖邊還不錯的咖啡店喝杯提神咖啡，或在溫暖的午後，坐在漂流的船中讀本書，任誰都無法逃出這幸福的魔法中。

Asia	China

檢索關鍵字	大理
國家／都市	中國雲南省
一天旅行費用	US＄10～
語言	中文／英語通用度 ★
旅行最適期	春、秋

④ 大理

（編按）簽證：台胞證，可洽詢各旅行社代為辦理。

撼動旅行者之心的魅力總結地

在中國，有好多彷彿有魔力一般的地方，一走進去就不想出來了；其中會讓旅行者流連最久的，就是雲南省的大理古城。位在古茶馬古道交易路線上的大理，具有讓旅行者流連忘返的所有要素。首先是有可以感覺古代都市精髓的古城，再來是低廉的住宿費、便宜好吃的各式各樣食物、豐富的觀光資源、溫暖的氣候、乾淨的空氣，還有體驗少數民族的生活樣貌和感情……，所有這些都會動搖旅行者的心。

大理是唐朝時南詔國的首都，也是宋朝時大理國的首都；另外，它也是世界有名的大理石生產地，這正是現在此地名稱的由來。旅客可在古城內的傳統房舍住宿，也可以逛逛古時候的街市。水道旁是連綿的美麗柳樹、傳統紀念品店、小巧的茶店，和歷史悠久的古城，出人意料的和諧地融合在一起。大理古城後面，有海拔4,122公尺的蒼山，俯視著古城。蒼山的雲霧和雪山之美，在中國古早以前就已經很有名了。旅行者可以騎著小馬，像古人一樣，搖搖晃晃地登蒼山。在大理的魅力中，絕對不能漏掉的還有洱海；洱海是中國第七大湖，長度達40公里，每天會有許多觀光客在湖邊路上排隊，為的是要到洱海湖中美麗的島上度過特別的一晚，然後帶著滿懷的幸福回來。

South Ameria　Ecuador

檢索關鍵字	維爾卡邦巴／
	Vilcabamba
國家／都市	厄瓜多羅加
一天旅行費用	US＄10〜
語言	西班牙語／
	英語通用度 ★★☆
旅行最適期	11〜6月（當地的夏天）

⑤ 維爾卡邦巴 VILCABAMBA

（編按）免簽，可停留90天。

徹底治癒身心的平和村落

　　位在赤道的國家厄瓜多，是個上被萬年雪山、下被蒸騰熱氣鎖住的大地。厄瓜多還有個名勝維爾卡邦巴。維爾卡邦巴和巴基斯坦的罕薩村，一同被選為世界三大長壽村之一。這個村莊住了世界上最多90歲，甚至100歲以上的老人；5,500位住民中，有50位90多歲的居民，100歲以上的則有10位，80歲的可以叫做年輕人了。溫暖的氣候、萬年雪融化的食用水、積極的體力勞動，和規律的飲食習慣，是村民們長壽的祕訣。

　　各旅遊地讓旅客流連忘返的共同點不外乎無污染的自然環境、溫暖又乾淨的空氣，還有均衡充足的飲食，這裡一應俱全。物價也相當低廉，只要5美元就可以住進附有美麗陽台的宿所。村民比世上任何地方的人都親切、熱情，他們會招待觀光客到家裡作客。當地市場賣的蔬菜不僅新鮮，價格更是令人驚喜的實惠，而且菜販還會額外附送一大堆。因為這些魅力要素，讓許多外國人以療養為名來到維爾卡邦巴。目前共有200位來自世界各地的外國人在這裡創造屬於自己人生的第二春。不論是為了療養難以治療的心病，或是為了享受寧靜的沉思時間，抑或純粹想放鬆一下，維爾卡邦巴都是最佳的休養地點。旅行中有機會到此一遊的話，不用擔心年紀的問題，來盡情享受創造有趣生活的過程吧。

檢索關鍵字	多巴／Danan Toba
國家／都市	印尼蘇門答臘島
一天旅行費用	US＄5～
語言	印尼語／
旅行最適期	英語通用度 ★★★☆
	4～10月

⑥ 多巴湖 DANAU TOBA

（編按）簽證：洽詢「台北印尼經濟貿易代表處」辦理，地址：台北市內湖區瑞光路550號6樓（倫飛大樓），電話：（02）8752-6170

在湖邊渡假村和湖中島嶼，享受無與倫比的自由

　　東南亞最大的湖——多巴湖，是外國背包客間最佳的「追回歲月」的地方。美麗的自然景觀、乾淨的空氣，還有超乎想像低廉的物價，讓旅行者流連忘返。位於印尼蘇門答臘島上的多巴湖，是7萬5,000年前火山爆發所造成的巨大火口湖，長度達100公里，水深達450公尺。

　　多巴湖的旅遊核心，是湖中浮著的、有新加坡那麼大的夏夢詩島（Samosir），又被稱為長期旅行者樂園、背包客的天堂。湖邊有便宜的渡假中心，不到5美元就可以住宿，還可以從巨大的落地窗欣賞湖水，和如屏風一般環抱湖水的美麗山脈。也有旅行者長期租下一棟椰影婆娑的宿所，然後租腳踏車或機車到島上探險。夏夢詩島雖然屬熱帶雨林地區，但因為海拔高，所以不怎麼熱，也沒有蚊子；人們都很親切，所以外國旅行者都稱這裡是「平和的土地」。無拘無束地躺下睡覺，或讀書，或在湖邊散步，甚至跳進乾淨的水裡，或享受什麼都不做的自由，這裡是身心疲憊的旅行者最理想的隱遁之處了。此外，有個有趣的說法：如果多巴湖的火山爆發，產生的灰塵會遮住太陽，地球將又再進入冰河期。

絲路　　　九寨溝＆黃龍　　　亞丁風景區

西藏　　　茶馬古道

黃山

雲南省　　　龍脊梯田　　　桂林　　　張家界

世界絕境中，占了三分之一的
中國祕境

說中國擁有世上所有類型的風景，也不為過。有寬廣的沙漠、無垠的草原、海拔4,000公尺以上的高原地帶和雪山，處處都是美景。還有由無數條河流和雄偉溪谷組成的、隱藏在各處的神祕風景，像磁鐵似地，吸引著旅行者前來。

旅行難易度

★	經費和時間充裕的話,能很容易到達的地方。
★★	依旅遊者個人情況,稍微費力即可到達的地方。
★★★	較費力,不容易接近的地方。
★★★★	距離遠且較危險的地方。

中國全境的名勝遺跡和美麗的風景,如果全部都要體驗看看的話,恐怕要花一輩子的時間吧。就像中國悠久的歷史一樣,這麼多樣的美麗風景,只旅行一兩次是絕對不夠的。

攝影／蘇智真

Asia	China

一定要看	在古城感覺風情、到附近山區健行
旅行最適期	全年都可以,尤其是春季和秋季
旅行難易度	☆

① 雲南

（編按）簽證：台胞證，可洽詢各旅行社代為辦理。

回到過去的雲南古村鎮

　　雲南省是全中國風景區最多的省份,不但風景美,還可以體驗少數民族的生活。在這個地區內,無論去哪個地方,都能感受到它獨特的魅力,不過其中最受歡迎的還是大理和麗江。這些古鎮有溫暖的氣候、乾淨的環境,無數觀光客在此長期停留,追憶歲月。大理是雲南省歷史最悠久的古都,有3,000年的長久歷史,在13世紀毀於蒙古之前,都是大理國的首都;被稱作大理,是由於這裡產大理石。

　　大理的魅力在於歷史悠久的古城,和海一般寬廣的洱海湖。大理古城是以蒼山為背景、明朝時期所建的歷史城市;旅行者可以在城內古色古香的旅社住宿,也可以到近郊的少數民族村,或洱海湖一遊。洱海湖因形似人的耳朵,所以稱作洱海,又被稱為「中國的阿爾卑斯」,可見其風景之優美。經過大理往茶馬古道的方向前進150公里處,就會抵達納西族的故鄉麗江。被指定為世界文化遺產的麗江古城,仍完好地保存著古時候的文化精髓。貫穿古鎮的水道中有清澈的流水,連綿的柳樹沿路迎風搖曳;晚上在老屋屋瓦下,一盞盞燈籠透出如夢似幻的光芒。除麗江古城外,這裡還有很多很棒的觀光地,其中玉龍雪山和虎跳峽是旅行者一定要走的行程。海拔5,596公尺的玉龍雪山周圍的登山行程相當發達;虎跳峽則是玉龍雪山的峽谷,也是第二有名的登山行程。

Asia	China

一定要看	沿著玄奘和尚的路，勘查古代交易路線，並體驗維吾爾人的生活
旅行最適期	全年都可以，春、秋最適合
旅行難易度	★★

② 絲路 SILK ROAD

（編按）簽證：台胞證，可洽詢各旅行社代為辦理。

沿著絲路遇見歷史城

　　絲路是將中國特產的絲和西方文物作交易的東西貿易之路。這條路沿途多是沙漠和荒蕪之地，經過中國最乾燥的地區。絲路遇到塔克拉瑪干（Taklamakan）沙漠後，分為西域北路和西域南部，但兩條路的起點都是西安。旅行者將會從絲路旅行的核心地西安出發，經過敦煌、吐魯番、烏魯木齊、喀什之後，再從喀什經過帕米爾高原，繼續往烏茲別克旅行。在這條旅行路線上，有許多擁有輝煌文化歷史的都市；首先是西安，它是唐朝的首都，當時世界最繁榮的城市。在西安，和秦始皇有關的遺跡也很多，其中兵馬俑和法門寺是西安觀光的重心。建立中國第一個統一王朝的秦始皇，在他的兵馬俑坑中，完好保存著6,000多尊真人大小的兵馬俑。還有法門寺，是發現佛祖真身舍利的地方，被稱作「中國考古學之花」。

　　經過西安後，到達的是綠洲城市敦煌。敦煌的莫高窟被稱作「佛教最大的石窟」；它從西元4世紀開始，歷經1,000多年，總共建造了500多個洞窟。尤其是莫高窟的第17窟，西方掠奪者曾在此發現新羅慧超和尚所寫的《往五天竺國傳》，現在《往五天竺國傳》被收藏在巴黎國立圖書館中，禁止一般人閱覽。走過敦煌後，就到了盛產葡萄而聞名的吐魯番，吐魯番的居民大部分是維吾爾族。過了吐魯番是烏魯木齊——「美麗的牧場」之意；烏魯木齊是個會讓人聯想到阿爾卑斯的美麗地方，在這裡將會遇見中亞的許多民族。最後，經過烏魯木齊後，來到中國絲路的終點站——喀什；喀什是中國最西的城市，身在其中會讓人誤以為到了中亞的某個城市，而不是在中國。

攝影／Tina

Asia	China

一定要看	去看傳說中的武陵桃
	花源，間接體驗眾多
	少數民族的生活
旅行最適期	從春天到秋天最適合，
	冬天稍涼
旅行難易度	☆

③ 張家界

（編按）簽證：台胞證，可洽詢各旅行社
代為辦理。

在世外桃源漫步，難以言喻的感動

　　張家界是中國第一個國家公園，被稱作「武陵源的入口」；它是個美麗的孤峰均勻遍布的地方，被讚譽為集黃山、桂林優點於一身。中國人有句話說：「人生不到張家界，百歲何能叫老翁。」可見這裡是中國人畢生一定要去一次的地方。亞熱帶原始林中冒出的奇異山峰和秀麗的峽谷，形成如夢似幻的景象；3,000多座奇峰，高聳向天，令遊客個個瞠目結舌。這裡是3億8,000萬年前，從海中冒出的土地，經反覆的侵蝕、風化作用，而形成的天下絕境。高達400公尺直聳入天的山峰，每個都有不同的形貌；垂直山峰間繚繞的雲霧，把這裡變成了地上的神仙世界。

　　張家界大致分作：張家界國立山林公園、天子山風景區、索溪峪風景區等三處。其中張家界國立山林公園是發展最多的、由秀麗山峰和原始林組成的絕境。天子山風景區樹木繁茂的山特別美麗，青綠色向上冒的群峰組成的壯觀場面，令人不由得發出讚嘆。尤其是從天子山高335公尺的電梯裡往下眺望，更是言語難以形容的美。最後的索溪峪風景區，是沿著張家界和天子山展開的深谷，在這裡可以欣賞到無汙染又神祕的自然風光。另外，在張家界也可以看到許多少數民族，以土家族、苗族、白族為首的各少數民族，仍固守著傳統方式生活著。

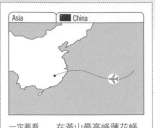

一定要看	在黃山最高峰蓮花峰（1864公尺），觀賞天下第一的雲霧
旅行最適期	開花的5～6月、雲海最美的7～9月
去的方法	進入中國大陸後，轉搭境內班機直航黃山
旅行難易度	★

④ 黃山

（編按）簽證：台胞證，可洽詢各旅行社代為辦理。

死前一定要去的水墨畫裡的名山

黃山又被稱為「水墨畫之母」。和李白一樣的當代偉大詩人及眾多畫家們，都曾以黃山為對象吟詩歌詠入畫過。明朝學者徐霞客曾稱讚道：「五嶽（中國五大名山，泰山、華山、嵩山、衡山、恆山）歸來不看山；黃山歸來不看嶽。」黃山是「中國人死前一定要去的名山」，由72座奇岩怪石和雲霧、松樹組成的風景，就像一幅活動的水墨畫一樣，堪稱天下絕境。黃山原來的名字是黟山，傳說黃帝在此修煉得道昇天，唐朝時，唐玄宗篤信佛教，遂將此山改稱黃山。

黃山因黃山四絕而聞名，那就是奇松、怪石、雲海、溫泉。奇松是指奇異的松樹，就是在山峰、峭壁間，長出姿態奇異的松樹，而且每棵都被命名了。其中被稱作迎客松的松樹，是奇松的代表，樹齡達1,000年之久；還有怪石，指形似人物或動物的怪異岩石，和奇松一樣也每顆都有名字，共有1,200多個。鋪排如海的雲，叫做雲海，是首屈一指的黃山風景絕境。最後是溫泉，泡溫泉是到黃山旅行最後階段的享受，所有風景都欣賞完後，可以藉此紓解疲勞。另外黃山有名的溪谷也很多，尤其是翡翠谷，有200多個美麗的蓮花池，其中花鏡池是電影《臥虎藏龍》拍攝的地方，沿著溪谷的竹林相當優美。

攝影／林宜姍

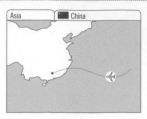

一定要看	一面遊覽灕江，一面鑑賞奇妙的桂林山水。看鸕鶿抓魚
旅行最適期	終年氣候宜人，全年都可旅遊
去的方法	搭班機直航上海後，再搭乘境內班機或火車
旅行難易度	★

⑤ 桂林

（編按）簽證：台胞證，可洽詢各旅行社代為辦理

遊覽中國天下第一的絕境

提到中國美麗的自然風景，桂林是絕對不能漏掉的；中國人票選中國十大名勝時，桂林是僅次於萬里長城的第二名。被取名為桂林，是因為當地有很多桂樹。桂林卓絕的山水，自古即聲名遠播，甚至有「桂林山水甲天下」之說，也就是桂林山水天下第一，身為桂林人，比成為神仙還更好的意思。這裡的神祕風景名聞遐邇，每每成為中國的象徵登在海報上。

桂林位在中國南方，有著壯族、苗族、傜族等少數民族居住的廣西壯族自治區中，在灕江的西邊。數億年前，因火山爆發產生的地殼變動，而形成了喀斯特地形，並使數千個奇異的山峰矗起；這樣的山峰，搭配上在峭壁間蜿蜒的河水，創造出了這如夢似幻的風景。這裡溫暖的亞熱帶氣候，終年都適合旅行，這是桂林最大的優點。另外，秋天時，飄散在桂林全境的桂花香，是遊覽山水時的額外贈品。桂林旅遊的焦點是，搭遊船遊覽灕江的途中會經過有小桂林之稱的陽朔，是桂林絕境中最美的地方；另外，也有中國最棒的背包客街，很多旅客都在這個住宿費便宜、物價低廉的陽朔，捕捉桂林絕境的山水之美。

攝影／林宜姍

| Asia | China |

一定要看	去看傳說中的武陵桃花源，體驗接觸眾多少數民族的生活
旅行最適期	從春天到秋天最適合，冬天稍涼
去的方法	搭班機直航到上海，再搭巴士
旅行難易度	旅行難易度★

⑥ 龍脊梯田

（編按）簽證：台胞證，可洽詢各旅行社代為辦理

少數民族造的驚人梯田

　　現在中國知名的旅遊地都會湧入如潮水般的遊客，簡直到了人山人海的地步。這時為了避開繁雜擁擠，可以選擇到內陸一點的、旅客較少的隱密村落旅行。龍勝的「龍脊梯田」，看名字就知道這裡有「像龍背一樣的梯田」，是個新興的內陸旅遊地。這裡的偏僻村落，在10多年前還是個禁止旅人進入的少數民族領地，後因中國政府的觀光政策才開放的。

　　在旅行者抵達龍勝的瞬間，取代了大自然奇景的人造奇景，會讓人不由得發出讚嘆之聲。它的壯觀程度，甚至會讓人懷疑真的是人力創造出來的嗎？這裡沒有平地只有險峻的高山地帶，少數民族為了種植糧食，遂將整個山開墾出來成為梯田。從海拔880公尺的山頂開始，數百階的梯田連到山谷。這梯田從元代開始建造，歷經200年才完成。真可說是少數民族歷經千辛萬苦才淬煉出來的結晶。隨著不同的季節，龍脊梯田會呈現出不同的風貌，尤其是秋天的金黃色稻浪，相當壯觀。最近觀光客紛紛湧入，使得這裡的少數民族有了不少改變，所以最好盡早到這裡來旅遊，好好地體驗龍勝最具魅力的龍脊梯田和少數民族的生活。

新疆
攝影／JJ

2 「五美元旅行・環遊世界俱樂部」推薦的 一生中最特別的旅遊地

微風捎來地球某個角落的氣息。
那裡的天、地、風，
甚至連空氣，都那麼純粹。
追隨風的旅人，
自己也變成了風。

朗伊爾城

冷岸群島

格陵蘭

奧斯陸

亞西亞特

伊格魯伊特

雷克雅未克

法蘭克福

溫哥華

韓國

納薩爾蘇瓦克

倫敦

渥太華

LA

奧克蘭

烏蘇懷亞

因弗卡吉爾

布宜諾斯艾利斯

南極羅茲灣

南極畢德斯灣

旅行者 最後的浪漫 前往極地旅行

到全世界旅行，一定會很嚮往新的、陌生的地方。能直接吸引好奇心前來的地方，它們到底有什麼魅力呢？因為距離太遠、訊息不足、費用太高，而使旅行者將它排在名單最後面的，就是地球的兩極，也就是位在南極、北極極地的旅遊地了。它們好像有點難到達似的，只感覺相當遙遠。不過現在到極地旅行，已經可以稍微容易些了。

南極佩林休拉的萬年雪

南極 ANTARCTIC

和地球上最驚人的自然相遇

人類保存的最後一個神祕大陸——南極。南極令人驚異的自然風光，是用所有美麗的
詞藻都無法形容的。南極面積1,360萬平方公里，有376個台灣大，占了地球全部面積
的9.2％；相當於中國和日本加起來那麼大。南極大陸的98％覆蓋著平均高達2,160公尺
厚的厚冰；南極的冰量相當於現今地球現存淡水量的70％。科學家說，如果因地球暖
化而使南極冰融化的話，地球的海平面會上升60～70公分。南極是所有旅行者最後的
浪漫。未知的南極大地過去雖是科學家和探險家的工作地，但現在已經變成誰都可以
去的旅遊地了。旅遊者搭著遊艇，在數萬年的冰山之間遨遊，觀察鯨魚、企鵝、海豹
等各種南極動物；登上大陸後，可以寄張全世界最特別的「南極明信片」回國。

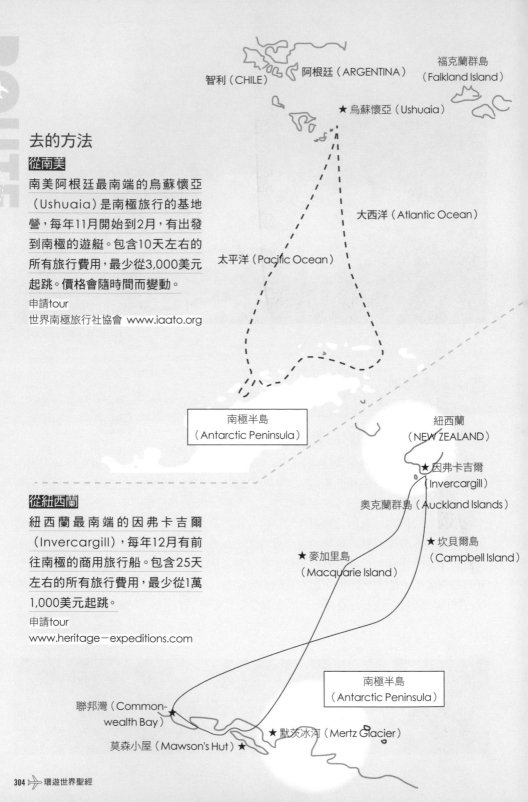

去的方法

從南美

南美阿根廷最南端的烏蘇懷亞（Ushuaia）是南極旅行的基地營，每年11月開始到2月，有出發到南極的遊艇。包含10天左右的所有旅行費用，最少從3,000美元起跳。價格會隨時間而變動。

申請tour
世界南極旅行社協會 www.iaato.org

從紐西蘭

紐西蘭最南端的因弗卡吉爾（Invercargill），每年12月有前往南極的商用旅行船。包含25天左右的所有旅行費用，最少從1萬1,000美元起跳。

申請tour
www.heritage－expeditions.com

智利（CHILE）

阿根廷（ARGENTINA）

福克蘭群島（Falkland Island）

★烏蘇懷亞（Ushuaia）

大西洋（Atlantic Ocean）

太平洋（Pacific Ocean）

南極半島（Antarctic Peninsula）

紐西蘭（NEW ZEALAND）

★因弗卡吉爾（Invercargill）

奧克蘭群島（Auckland Islands）

★坎貝爾島（Campbell Island）

★麥加里島（Macquarie Island）

南極半島（Antarctic Peninsula）

聯邦灣（Common-wealth Bay）

莫森小屋（Mawson's Hut）★

★默茨冰河（Mertz Glacier）

2001年11月，搭乘從智利最南端蓬塔阿雷納斯（Punta Arenas）出發的阿根廷油船「卡賓提斯號」，航行了6天，終於到達了喬治國王島（King George Island）的世宗基地。當時我是第一個以旅行者身分進入世宗基地的人。因為當時個人是不能搭乘飛機或租用飛機到達此地的，所以就搭乘了往南極的油船，每天支付48美元的飲食及機艙費，在相當吃力且特別的狀況下到達南極。結束了6天嚴重暈船之苦後，終於抵達喬治國王島時，我的體力已經用盡，幾乎是累癱在地上的地步。後來在世宗基地研究員的照顧下很快恢復了，並開始體驗南極生活的樂趣。南極比我出發前所想像的還美，美得驚人，但因地球暖化，連這裡美麗的冰山都開始融化了；讓我深深感受到，地球上所有的人都該更珍惜自然，希望南極的美能繼續保留到下一個世代。南極不正是我們人類珍貴的未來嗎？　　　　　　—朴守正—

TRAVEL INFO.

前往南極的飛行之旅

從智利最南端的蓬塔阿雷納斯越過麥哲倫海峽，是1小時30分鐘的飛行行程，然後會到達各國南極基地的所在地喬治國王島。南極冰河旅遊行程（tour），只在南美的夏天（台灣的冬季）才有，有1天的行程，也有2天1夜的行程。到達南極後，有觀察海獅、企鵝、鯨魚等的活動，拜訪人類最初踏上南極土地的地方。另外，還可以走到中國的南極基地去繞一圈，也可以到鄰近的島旅遊。尤其是去看企鵝的集體棲息地，無法言喻的感動會如潮水般湧來。旅遊團使用的飛機大部分都是小型的，因為座位不多，所以要事先預約。

1天行程US 2,500，2天1夜行程US 3,500

申請tour 維多利亞探險旅行社 Fax:5661-621092／Phone:5661-621010

網址 www.victory-cruises.com

7月時才到來的北極春天

格陵蘭的那沙村

格陵蘭 GREENLAND

極光和冰河，永晝和永夜的土地

格陵蘭是全世界最大的島；和英文名字「綠地」不同，它是國土大部分被冰雪覆蓋的「冰雪地」。人口有5萬6,000人，首都（1萬5,000人居住）有北極大學，也有完備的社會制度。雖然是丹麥的領地，卻能行使完整的自治權，獨立行政。和我們長得很像的伊努特人，是社會的主要成員，大部分從事漁業和觀光業。格陵蘭是相當有魅力的地方，不過卻和南極一樣不太為人所知。旅行者可以搭乘狗雪橇在數萬年的冰上奔馳；可以欣賞極光和冰河，還有永晝和永夜。白天找尋北極熊的蹤跡，晚餐可以嚐嚐看在沿岸抓到的海豹和鯨魚肉。最適宜旅行的時間是溫暖的7～8月；不過如果要體驗沒有太陽的永夜，或零下20～40度令人動彈不得的天氣的話，冬季旅遊更有魅力。但是，也有句話說：「如果你的職業是科學家、探險家，或者你是純粹想自虐的人，就推薦你冬天來此旅遊。」由此可見，千萬別小看它的酷寒。如果換作是夏天來此旅遊的話，則要知道這裡會有大批大批的蚊子。

海豹肉1斤3,500元。
「老闆，請給我1斤海豹肉、半斤鯨魚肉。」

穿著傳統服裝的伊努特人，和我們長得超像的。

去的方法

去格陵蘭的方法有兩種。在丹麥搭格陵蘭航空（Air Greenland），或在冰島搭低價的冰島航空（Air Iceland）即可到達。格陵蘭航空終年有航班，但冰島航空只在6月到9月初有航班。由於冰島航空的費用是格陵蘭航空的1/3，因此背包客較喜歡搭乘冰島航空前往。我國沒有直航冰島，必須在英國轉機。從英國到冰島需要3個小時；從冰島到格陵蘭需要2小時。在格陵蘭各村落移動，都是使用直升機或渡船。

相關網址

格陵蘭旅遊情報 www.greenland-guide.com
格陵蘭廉價航空 www.airiceland.is
格陵蘭移動路線 www.aul.gl

在丹麥利用格陵蘭航空（Air Greenland）

格陵蘭
（GREENLAND）

堪格陸素克（Kangerlussuaq）★

納薩爾蘇瓦克（Narsarsuaq）
★

哥本哈根
（Copenhagen）

在冰島利用冰島航空（Air Iceland）

格陵蘭
（GREENLAND）

堪格陸素克（Kangerlussuaq）
★

納薩爾蘇瓦克（Narsarsuaq）
★

冰島
（ICELAND）

雷克雅未克
（Reykjaavik）

TRAVELER'S DIARY

2004年橫越歐亞大陸後，經冰島前往格陵蘭旅行；我被那裡驚人的極地自然風光震懾住，也因伊努特人和我們如此相像的相貌而驚訝不已。每天都能嚐到從海中抓來的海豹肉和鯨魚肉做成的料理，也能吃到用數萬年冰融化的水煮的咖啡和拉麵。在格陵蘭旅行期間，透過和當地人頻繁地交流，知道了格陵蘭最令人著迷的旅遊地，在那裡我留下了終生難忘的美麗回憶。另外，在格陵蘭旅行時發現了個有趣的事實——格陵蘭偉大的歷史：「什麼事都沒發生……。幾百年就這樣過了……。仍然什麼事都沒發生。」

－T5浪人－

冷岸群島 SVALBARD ISLAND

地球上有人類居住的最北村落

以斯匹次卑爾根（Spitsbergen）島為首的，挪威領地冷岸群島，有著有人居住的最北的村落，比格陵蘭或阿拉斯加任何村落更北。位在冷岸群島的主島——斯匹次卑爾根島上的朗伊爾城（Longyearbyen），是

世界最北的村落，也是冷岸群島之旅的起點；旅館、餐廳、旅行社、商店全都聚集在這裡。另外韓國的北極基地——茶山研究站，就位在朗伊爾城附近的尼奧利頌（Ny-Alesund）。這裡是到冷岸群島旅行的人所能到達的最北的地方，也是體驗北極世界最佳的地點；不想體驗沒有太陽的永夜的話，夏天來旅遊是最合適的。從4月中旬到8月中旬，是太陽不落的永晝期間，也是可以好好體驗北極魅力的夢幻時期。旅行者可以搭乘狗雪橇，在雪原上奔馳；或套上滑雪板，享受冰上滑雪之旅；也可以享受冰河巡航之旅。在冷岸群島棲息了5,000頭北極熊，將近人口的2倍，還有馴鹿、海豹、北極狐等，所以這裡也是個觀察北極動植物的極佳地點。

用北極熊骨頭做的鑰匙圈

> TRAVELER'S DIARY
>
> 幾年前夏天，我在北歐旅行，順便到冷岸群島作了短暫的停留。因為「北極中的北極」這說法，引起了我強烈的好奇心，遂到這個世界最北的村莊一探究竟。聽說這裡是最接近北極極點的地方，於是我心裡期待著看到冰屋，也想像著說不定會有愛斯基摩人在這裡生活，結果這裡完全跟「都市」一樣；除了旅館、商店、餐廳一應俱全外，大部分行程也都是要透過當地旅行社才能成行。我也是透過旅行社參加北極冰河徒步旅行並體驗冰河巡航之旅的tour。雖然永晝看不到星星，但在某天夜裡，我奔馳在無垠的雪原上，那情景令我永難忘懷。　　—Lablefish—

TIP

冷岸群島國際種子儲藏庫

在冷岸群島的斯匹次卑爾根島上，為因應世界末日，正在為一個巨大的計畫作準備。就是在海拔130公尺高的地方，挖掘了深120公尺的隧道後，用強化混凝土建了3座最先進的房間。這裡為預防因核戰和各種自然災害使地球作物滅絕，而儲藏了分布在地球上的450萬種種子；所以是擔心未來200年間發生任何天災地變而設計的。以零下18℃以下的溫度保存種籽，可以將種子完好地保存最多1,000年；這個為未來著想的保管所，可以說是現代版的諾亞方舟。

去的方法

要到冷岸群島的朗伊爾城，只有一個方法，那就是從挪威的奧斯陸進入。我國不能直航到奧斯陸，所以要從倫敦、巴黎或法蘭克福轉機。從奧斯陸到朗伊爾城，每天都有斯堪地那維亞航空的班機，花4小時即可抵達。

相關網址

斯匹次卑爾根旅行情報和tour商品情報 www.spitsbergentravel.no
預約冷岸群島機票 www.sas.no

冷岸群島
（Svalbard Island）

★朗伊爾城（Longyearbyen）

挪威海Norwegian Sea

冷岸群島
（Svalbard Island）

瑞典（SWEDEN）

芬蘭
（FINLAND）

挪威（NORWAY）

★奧斯陸（Oslo）

TRAVEL INFO.

到地球的盡頭──北極點，旅行

到北極點旅行，現在已經不是只有探險家才能挑戰的極限了，一般人，不管是誰都可以一遊。可以參加從俄羅斯的莫曼斯克港乘破冰船出發的16天大長征，來讓這個夢想實現。這個行程在北極夏天的7月和8月之間，進行二、三次；包括有觀察北極點和北極圈野生動物的行程，也有搭直升機在冰封北極上空移動的行程，相當多種。另外也可以到俄羅斯最北的法蘭士·約瑟夫地群島，欣賞那令人印象深刻的自然風光。包含所有費用在內的行程，費用從53萬元到66萬元左右。

申請tour www.quarkexpeditions.com

阿拉斯加（Alaska）

北極點（North Pole）
★

加拿大（CANADA）

格陵蘭
（Greenland）

★摩爾曼斯克（Murmansk）

挪威（NORWAY）

芬蘭（FINLAND）

媽！我到北極了。這是
「話人付費的電話～」
打了電話，更殷切地
家了。

近十年最熱門的旅遊地

如寶石一般，卻不太為人所知的旅遊地，透過旅行回來的人的照片和口述，才開始稍微被世人知道。從雖然聽過名字但對那裡有什麼卻一無所知的陌生國度，到隱藏在知名大國一隅的小旅遊地，都正在開始嶄露頭角。下面就來介紹，最近十年浮現，旅行者最熱愛的地點吧。

Q. 未來可能成為最受矚目旅遊地的是哪裡呢？

(受訪者216名)

地點	比例
冰島	11%（25名）
克羅埃西亞	7%（16名）
葉門	8%（19名）
茶馬古道	25%（55名）
南太平洋島國	7%（17名）
俄羅斯勘察加半島	6%（13名）
波羅的海3國	6%（14名）
加勒比海島國	7%（16名）
中亞	11%（24名）
美國	7%（17名）

1 茶馬古道

無數背包客的浪漫

世上最險難，同時也最美的路，茶馬古道是人類歷史最悠久的文明之路，比數千年前留下來的絲路還早200年。這條路從中國南部的雲南省和四川省開始，經過西藏東部到尼泊爾和印度，最後連接到遙遠的歐洲。之所以叫茶馬古道，是因為透過這條路，將中國南方產的茶，和西藏的馬作交易，於是就被賦予了這個名字。除了茶之外，鹽和藥材等生活必需品，也有透過這條路交易。茶馬古道也是條記錄人們生活的路。總長達5,000公里的這條路，位在平均海拔4,000公尺以上的高地，沿途刀削似的懸崖峭壁、蒼鬱的樹林，還有萬年雪山連綿展開。茶馬古道的古路，一直是禁止外國人出入的禁區，後經少數敢冒險的旅行者探訪後，才被外界知道。經造訪過的旅行者講述這條路上的美麗自然風光，和純樸的人們令人感動的故事，現在這條路已變成眾多旅人的浪漫追求地了；知道這條路價值的中國政府，最近也已軟化態度，允許外國人出入。茶馬古道上有名的古村相當多，其中旅行者最喜歡停留的有名古鎮，以大理古城和浪漫的麗江，還有現名為香格里拉的中甸，及被稱作「鹽的溪谷」的鹽井等為代表。旅行者以巴士、吉普車或徒步通過這些古鎮之後，再進入西藏的首都——世界屋脊拉薩。這個旅程對旅行者來說，是發現自己另一個面貌的小冒險或探險。

去的方法

茶馬古道之旅可以從雲南省的昆明，
和四川省的成都兩地開始；旅行者較
喜歡從雲南省開始，因為從四川省出
發的旅程，是一直連接到藏東的路線，
會看不到茶馬古道上的古鎮大理、麗
江、香格里拉等。現在我國有班機直
航昆明和成都。

拉薩　八一　八宿　成都
鹽井
德欽
香格里拉
不丹　麗江
印度　大理
緬甸
中國　昆明

茶馬古道

TRAVEL INFO.

從雲南經藏東進入拉薩的路線，是比任何路線都耗費體力的一條路，所以選擇適當的旅遊時
機，比什麼都重要。春、秋是旅行的最佳時機，因為基本上，進入茶馬古道的地點，是在香格
里拉以後的區間，如果開始下雪的話，旅遊路線就會被封住；遇到這種情況，就只好掉頭回來
了。走訪茶馬古道途中，有許多如夢似幻的徒步旅行區間，像虎跳峽、梅里雪山、亞丁風景區
等，所以一定要去體驗看看。

令人聯想到希臘聖托里尼的突尼西亞比塞大。

突尼西亞 TUNISIA

溫暖的氣候和異國的文化，美麗的地中海

《紐約時報》選出的「2008年一定要去的53個地方」中，突尼西亞排在寮國、葡萄牙首都里斯本之後，位居第三名。占了國境40%的東北方海岸與地中海接鄰；國境的南邊和西邊則是連接利比亞和阿爾及利亞的沙漠。因地理位置的緣故，自古就扮演了連接非洲和歐洲的橋樑角色。在超過3,000年的歷史中，曾受羅馬、拜占庭、鄂圖曼土耳其等許多王朝的影響，所以文化遺產相當豐富。到近代又受到法國的支配，所以又融合了法國和阿拉伯文化，呈現出多樣的文化風采。國民90%信奉回教，是個標準的回教國家，但因受多種文化的影響，所以和土耳其一樣對其他文化是比較寬大的。突尼西亞和葉門一樣，對我們來說比較生疏，但了解了以後，會發覺它也是個相當親切的地方。首先是讀過暢銷小說《羅馬人的故事》的話，就會知道「漢尼拔戰爭」。傳說中的名將漢尼拔翻越阿爾卑斯山，攻陷羅馬帝國，漢尼拔的祖國地中海盟主國迦太基，就位在突尼西亞首都突尼斯的附近。古代迦太基和羅馬的部分遺跡仍保留在那裡。另外，位在南部的傑魯巴島，是荷馬史詩《奧迪賽》的舞台，世界性的入口網站「Trip Advisor」也將它選為「2008年最棒的旅遊地第一名」。此外還有吐澤，我們熟知的電影《英倫情人》、《星際大戰》等，拍攝地點就在吐澤的沙漠。突尼西亞全境遍布觀光景點，從地中海美麗的渡假中心、古代羅馬遺跡、充滿異國風味的文化，到美麗的撒哈拉沙漠，具備了所有吸引觀光客前來的條件，是個相當有魅力的國家。離歐洲很近，氣候又溫暖，可以想見，以後將和摩洛哥一起成為非洲旅遊的重心。

去的方法

因為我國沒有直航突尼西亞，所以要從周邊國家轉機進入。可以在伊斯坦堡轉土耳其航空，或在羅馬轉義大利航空抵達；另外在杜拜、埃及、巴黎、摩洛哥、法蘭克福、卡達等地也可以到突尼西亞。也可以利用渡船，從義大利穿越地中海進入。

相關網址

突尼西亞觀光局http://www.cometotunisia.co.uk/、http://antor.com/members/Tunisia/

推薦旅遊地

突尼斯（Tunis）

是突尼西亞的首都，也是北非最現代化的城市；美麗的街道和露天咖啡店，讓人聯想到歐洲的城市。受法國殖民地時期的影響，建築物多，觀光景點也多姿多采，尤其是當地市場，更會擄獲旅行者的心。名將漢尼拔的祖國位在突尼斯近郊的古迦太基地區，那裡可以看到迦太基遺跡和羅馬時代的遺跡。臨地中海的比塞大（Sidi Bou Side），和希臘必去的聖托里尼很像，走在藍白相間的街道上，令人不由得發出讚嘆聲。

艾爾捷（El Jem）

是突尼西亞最具代表的遺跡地，因市中心有羅馬時代留下的圓形競技場而聞名。這裡的圓形競技場和羅馬的圓形競技場非常相似，長138公尺，寬114公尺，歷時238年完工。艾爾捷在羅馬統治時期，有名的別墅相當多，現在每年夏天在圓形競技場上，會有各種藝術表演。

吐澤（Tozeur）

在突尼西亞旅行絕對不能錯過這個地方，後來因為是電影《英倫情人》、《星際大戰》的拍攝地而更聲名大噪。這裡是進入撒哈拉沙漠的路口，近郊還有有名的鹽湖，都市周邊花木扶疏的綠洲共有200多個。在完好地保存著古時風貌的街道上，可以一窺沙漠民族的生活風貌和藝術靈魂。

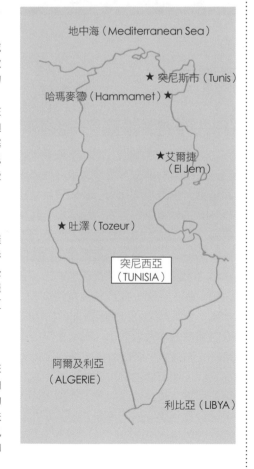

地中海（Mediterranean Sea）

★ 突尼斯市（Tunis）

哈瑪麥德（Hammamet）★

★艾爾捷（El Jem）

★ 吐澤（Tozeur）

突尼西亞（TUNISIA）

阿爾及利亞（ALGERIE）

利比亞（LIBYA）

在寮國旺陽宿所眺望到的風景。

寮國 LAOS

《紐約時報》推薦「一生不可錯過的旅遊勝地」

位在中南半島，比越南、柬埔寨較晚才被知道的寮國，和緬甸一樣成為最親切，且最受旅遊者稱讚的地方。展現著不受外界汙染、純樸熱情笑容的寮國人，讓旅行者立刻擺脫孤單，覺得親切起來。寮國雖然曾被殖民過，但固有文化仍被完好地繼承著，還有很強的宗教力量作為生活的支柱。到寮國旅行的話，最少需要花10天的時間，因為和我國沒有直航，所以要從鄰近的泰國或中國，搭飛機或以陸路交通移動。旅行者最喜歡的路線是，從曼谷到達國境都市廊開後，進入寮國首都永珍（Voentiane），然後以永珍為起點向北移動並慢慢地旅行。寮國的旅遊地遍布全國，但大部分旅遊者都是以首都永珍、旺陽、龍坡邦為重點來享受旅遊的。也有很多人在龍坡邦以陸路移動進入中國，或越過湄公河到泰國北部地區長期旅遊的。

最近寮國旅遊地區擴大了，有眾多高山族居住的北部龍南塔（Luang Namtha）和滿欣（Muang Sing）、南部的代表都市百細（Pakse），都成了人氣很旺的旅遊地了。這裡看不到海，卻可以看到美麗的河流、矗立著金色佛塔的寺廟、寺廟中出來托缽的僧侶虔誠的面貌。吱吱喳喳玩樂的小孩，巷弄市場中以開朗笑容迎接你的人們，所有的這些，都會和寮國美麗的風景一起長存在記憶中。寮國被《紐約時報》選為「一生不可錯過的旅遊勝地」之一。

去的方法

因為沒有直航到寮國,所以要先到周邊國家,再以飛機或陸路進入。可進入寮國的鄰國有泰國、柬埔寨、越南、中國,不過從泰國進入最容易。泰國又分從首都曼谷進入,和從最北部城市清萊進入兩種方法。從曼谷的背包客街考山路出發到達永珍的話,出入境所有手續都會一併處理。想要個別前往的話,可在巴士站抵達國境都市廊開,接著通過國境,然後再次利用當地交通工具,抵達永珍。在清萊移動到國境後,搭船越過湄公河,然後要再走一天才能抵達龍坡邦,是比較麻煩的路線。可利用飛機從曼谷到永珍,或從清邁到龍坡邦。寮國的簽證可在周邊國家發給。

相關網址 寮國觀光局 www.visit-laos.com

寮國旺陽農村一景

舉行傳統活動的永珍居民

▌推薦旅遊地

永珍(Vientiane)

永珍是「月亮之城」的意思,後來法國殖民時期,將它改成比較歐式的叫法,變成Vientiane,不過中文名字還是永珍。永珍作為一國的首都,稍微感覺有些簡陋,不過它仍是體驗寮國宗教、歷史和文化最好的地方。具路標作用的大金佛塔,收藏了釋迦牟尼佛的肋骨;建於1818年的施沙格廟,則保存了6,899座佛像。

旺陽(Vang Vieng)

有小桂林之稱的旺陽,位在永珍北邊3~4小時車程的地方。像是背包客天堂的這裡,沿著江邊有各種住宿設施、咖啡店林立、長期旅遊者很多。旅行者通常乘著木筏、竹筏或小艇遊河,悠閒地消磨時光,或到附近的少數民族村走走,花一天的時間體驗他們的生活。

龍坡邦(Luang Pravang)

被指定為世界文化遺產的龍坡邦,是位在寮國北部的小都市,也是旅行者非常喜愛的地方。這裡曾是寮國第一個統一王國瀾滄王朝的首都,正如名字具「偉大黃金佛都市」之意一樣,到處是遺跡。低廉的物價、純樸的人們、少數民族的夜市場、美麗的寺院和王宮等,這裡有非常多的觀光景點。

中國(CHINA)

緬甸(MIYANMAR)

★龍南塔(Luang Namtha)

★龍坡邦(Luang Pravang)

越南(VIETNAM)

★旺陽(Vang Vieng)

★永珍(Vientiane)

泰國(THAILAND)

寮國(LAOS)

★百細(Pakse)

沙那的舊城入口

葉門 YEMEN

4

地球上歷史最悠久的人類居住地

位在阿拉伯半島最南邊的葉門，隔著紅海和非洲大陸遙遙相對。雖然名聲不如相同地區的埃及或約旦響亮，但葉門驚人的歷史文化教材可是數量豐碩。葉門是世界上歷史最悠久的人類居住地，整個國家就算被稱作古代博物館也不為過。另外它也是我們相當熟悉的世界名著《一千零一夜》的真實場景，並且，也是在《舊約聖經》中出現過的古代城市。葉門旅遊的核心是指定為世界文化遺產的沙那（Sanaa）舊城，還有古代都市夕班（Shibam）。有2,500年歷史的葉門首都沙那舊城，街上有12座公共澡堂、106座清真寺、6,500棟家居住宅，1,000年以上的老建築物櫛比鱗次；巷弄也仍維持著原來的模樣。其中，巷弄間高聳的尖塔，和外牆有獨特圖案的建築物，令人印象特別深刻。有「沙漠的曼哈頓」之稱的夕班，是個以東西寬500公尺、南北長400公尺的城牆包圍著的古代城市，城內留有400多座16世紀建的5～9層高的建築物，它們是人類最早的高層建築物，密密麻麻地櫛比鱗次，現在仍有7,000多位住民居住其中。建築物都是用泥土和磚建造的，每層有20多個房間。此外，13～15世紀時葉門的首都、歷史城市宰比德（Zabid），以及目前正挖掘出大規模遺跡的示巴王國古代遺跡地馬里布（Marib），也是最近相當受到旅行者喜愛的城市。

沙那、馬里布、夕班、宰比德等，葉門神祕的古城，仍完好地保存著它數千年前的模樣。進入舊城的旅客，會有種彷彿在過去的時空中旅行的錯覺。

去的方法

目前我國沒有直航葉門。可以在阿拉伯聯合大公國的杜拜或阿布達比，搭乘海灣航空抵達沙那。從葉門的周邊國家，如埃及、約旦、土耳其，也可以到達。因此，到葉門旅行最好的方法是也同時旅遊埃及。

相關網址 葉門旅遊情報 www.yementourism.com

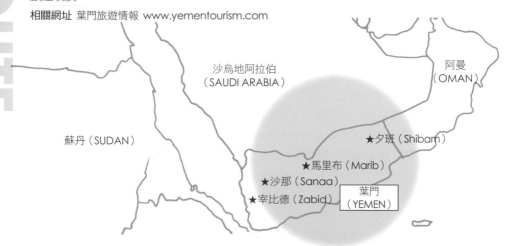

沙烏地阿拉伯
（SAUDI ARABIA）

阿曼
（OMAN）

蘇丹（SUDAN）

★夕班（Shibam）

★馬里布（Marib）

★沙那（Sanaa）

★宰比德（Zabid）

葉門
（YEMEN）

冰島南部的小村落維克馬爾達

冰島 ICELAND

火與冰形成的自然奇景

冰島是遠離歐洲的一個島國，因此許多到歐洲旅行的人，就不會將此地包含在旅遊行程中。不過，歐洲人從很早以前就將冰島選為最棒的旅遊地了；最近，我國旅行者也掉進了冰島誘人的魅力中。冰島是個由火和冰形成的驚人國度。旅行者在一下飛機的瞬間，還以為降落到了外星球呢；四周都是火山爆發後，噴發的熔岩造成土地向上隆起的景象，就像是不久前才生成的，那麼的生氣蓬勃。冰島是火山活動非常活躍的國家，現今島上的火山活動每年都在逐漸變大中。到冰島旅行所遇到的各種自然環境，多到令人非常驚訝，好像坐著時空機移動一樣，所有東西都在瞬間出現。正要經過一棵樹都沒有的草原時，突然變成了一片荒蕪高原；正想看清這片荒蕪高原時，又變成了間歇泉地區；當看到間歇泉產生的感動尚未消失前，眼前又出現了巨大的冰河。每個瞬間都有驚喜，在這個連續的驚喜中，旅行者除了發出讚嘆聲外，就只能做出驚訝的表情了。鯨魚、北極狐狸、馴鹿、貂等動物，還有無數的瀑布、極光，甚至火山……竟然能在這個不算大的國家，看到這麼多的自然景觀，真的很神奇。冰島的這些神祕風光，除了是電影《魔戒》的舞台外，也是許多奇幻文學的靈感來源。如果計畫去歐洲旅遊，一定要來這裡；這裡是絕對不會讓你後悔的絕佳旅遊地。

去的方法

從我國到冰島的方法有兩種。從歐
洲主要都市搭飛機前往,和從挪威
的卑爾根搭遊船前往兩種。想要更
節省經費的話,可以在倫敦史丹地
(Stansted)機場搭低價航空「冰
島快捷航空」。旅行可以加入冰島
當地的tour,或租汽車旅行;不過
冰島的出租汽車連汶萊國王都很難
租到,不容易利用。冰島可以免簽
證停留90天。

相關網址

冰島列車www.icelandexpress.com
冰島船班www.smyril-line.fo
冰島旅遊情報www.tourinfo.is

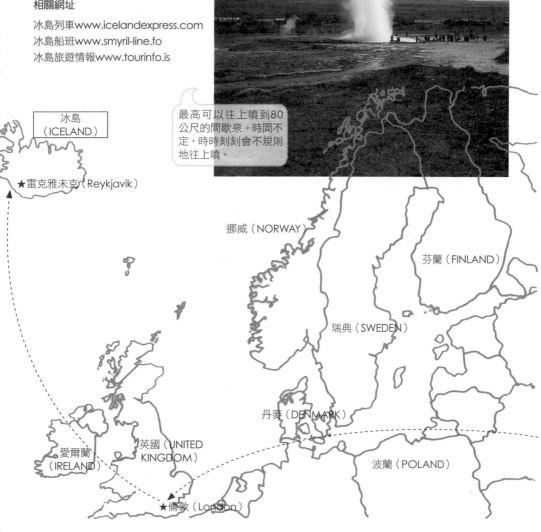

最高可以往上噴到80
公尺的間歇泉。時間不
定,時時刻刻會不規則
地往上噴。

冰島
(ICELAND)

★雷克雅未克(Reykjavik)

挪威(NORWAY)

芬蘭(FINLAND)

瑞典(SWEDEN)

丹麥(DENMARK)

愛爾蘭
(IRELAND)

英國(UNITED
KINGDOM)

波蘭(POLAND)

★倫敦(London)

古佛斯瀑布

高60公尺的史克卡瀑布，傳說瀑布那邊藏有寶物。

牛奶色的人工湖藍潟湖，是冰島有名的觀光地之一。

有無數冰塊浮在上面的冰潟湖，是只有極地才能看到的美麗風景。

TRAVELER'S DIARY

夏天曾在冰島進行三個禮拜的露營旅行。到冰島旅行的許多外國旅行者都喜歡露營旅行，因為能更接近美麗的大自然。露營地大部分都是在離主要城市不遠的地方，露營設施也蠻完善的，所以沒有什麼大困難。要說冰島多有魅力，可以說是美國、加拿大、勘察加半島加起來的總和程度吧。要去冰島旅遊的話，最少花兩週以上，幾個人一起租一輛車同遊。雖然說連汶萊國王都很難租到車，但如果事先預約的話，還是可以比較便宜（一天台幣2,650元以內）地租到。這裡是交通費相當貴的地方，所以租車不但更有效率，最棒的是，還可以前往內陸的夢幻越野火山路一遊。冰島……總歸一句話，是最棒的！

－T5浪人－

推薦旅遊地

黃金圈（Golden Circle）
以冰島首都雷克雅未克為中心，將三個地方連起來的行程，這三個地方是：利用地熱形成的巨大溫泉渡假中心藍潟湖（Blue Lagoon），還有一次最高噴出80公尺的間歇泉（Geysir）、歐洲最大的古佛斯（Gullfoss）瀑布。這些都是冰島旅遊的核心地，時間不多的遊客比較適合這類行程。

北部峽谷地帶
以火山爆發後形成的米湖（Lake Myvatn）為中心，徒步走過冰山洞窟和火山口後，再去傑古沙龍（Jokulsargljufur）國家公園中的巨大峽谷，接著到歐洲最美麗的黛提瀑布，最後前往呈馬蹄型、山勢向上聳起100公尺的阿斯沛勒葉溪谷。

南部冰河地帶
以維克（Vik）為中心，搭乘滑冰車在米爾塔休庫冰山（Myrdalsjokull）的萬年雪上奔馳，再到冰潟湖上，欣賞數萬年的冰山。最後前往傳說藏有拓荒者寶物的、高60公尺的史克卡（Skoga）瀑布，享受最棒的溪谷徒步之旅。

最近爆紅的旅遊地

可以看到夢幻祕境的旅遊地，最近出現了好幾個。不像是現實世界的神祕風景，美得令人屏息。如此特殊的景致，是無數動畫及電影的靈感來源，也真的被拍進了影片裡。現在就來介紹這些在國內無法體驗到、風景非常特殊的旅遊地吧。

1 馬達加斯加 MADAGASCAR

擁有珍稀生物及猢猻樹的神祕島

位在非洲，但完全不像非洲國家的地方，就是馬達加斯加。當我們想到非洲，腦海中浮現的就是大象、獅子這些野生動物，但在馬達加斯加卻完全看不到牠們的蹤影。我們比較熟悉的，是電影裡的馬達加斯加。地理上雖然屬於非洲，但因為和非洲陸塊被海峽隔開，所以自行發展出全新、獨立的生態系。也因此馬達加斯加不太被外界所知，只知道它是個神祕的島嶼。馬達加斯加，南北長達1,600公里，是世界第四大島。東西兩側有平原分布，內陸地區則是高原。

約6,500萬年前，它從非洲大陸分割出來，之後建立了完全獨立的生態系，目前有珍稀動物寶庫之稱。島上擁有許多在其他地方很難找到的動、植物，其中，狐猴可說是馬達加斯加的代表性動物。透過動畫電影看到而熟悉的狐猴，已知是這個島上食物鏈中，最上層的捕食者。不像非洲國家食物鏈最上層的捕食者是獅子、鬣狗，這裡的捕食者是狐猴，感覺有些可笑，不過牠可是這個島上獨立發展的生態系，進化後留下的遺產，是比其他猴子歷史都悠久的靈長類。

若說這裡最具代表性的動物是狐猴，那最具代表性的植物，當然就是猢猻樹了。透過《小王子》而聲名大噪的猢猻樹，全世界共有8種猢猻樹分布，其中有6種就只能在馬達加斯加看到。事實上，許多人去馬達加斯加旅行的理由，就是為了看猢猻樹。猢猻樹在馬達加斯加全島都有分布，其中最有名的就是穆隆達瓦的猢猻樹大道。這條大道已是聞名全球的地方了，也是到當地必去的景點。模樣新奇又巨大的猢猻樹大道，特別是在日落時分，景緻如夢似幻，令遊客讚嘆不已。在穆隆達瓦市區，可參加利用四輪傳動車輛，前往猢猻樹大道的各種旅遊行程。

磬吉國家公園是另一個必去的景點。被聯合國教科文組織列為世界自然遺產的磬吉國家公園，有像刀一樣冒出的巨大石灰岩林，時常被拿來和中國雲南的石林相比。

穆隆達瓦

前往方法

目前我國沒有直達馬達加斯加的班機。要從泰國轉機，從泰國到馬達加斯加要9小時，距離相當長。從機場搭車前往狐猴樹大道所在的穆隆達瓦，要10個多小時，所以搭飛機比較方便。馬達加斯加本身不是個容易旅遊的地方，所以要事先規劃好，才不會浪費時間。

相關網址

駐南非共和國台北聯絡代表處
www.taiwanembassy.org/ZA
馬達加斯加航空網站（編按：台北設有辦事處。）
http://www.airmadagascar.com

莫三比克海峽
（Mozambiqye Channel）

★ 安塔那那利佛
（Antananarivo）

穆隆達瓦★
（Morondava）

印度洋
（India ocean）

日本屋久島 YAKUSHIMA

日本最早被指定的聯合國教科文組織世界自然遺產

1990年代國內掀起一陣日本動畫旋風，其中一部電影《魔法公主》，是由在我國也有相當多粉絲的宮崎駿所導演。宮崎駿的電影，大部分都以實際存在的場所為背景。像《神隱少女》是以台灣的九份為背景，《風之谷》以巴基斯坦的罕薩為背景，《霍爾的移動城堡》則以法國史特拉斯堡和柯爾瑪為背景。《魔法公主》的舞台也實際存在。電影中那片神祕的樹林，就位在日本最南端的屋久島上。

大部分都是山的屋久島，大小是濟州島的四分之一。它是地球上地衣最多的地區，因為1年裡有高達4,500～7,500釐米的降雨量，且幾乎每天都下雨。所以有人說，屋久島1年有366天下雨。這個特殊原因，讓這裡的樹林變得非常茂密，生長的樹樹齡都高達數千年以上。這裡被1,000年以上的杉樹林覆蓋著；3,000年以上的屋久杉也櫛比鱗次；屋久島的象徵——繩文杉，樹齡更高達7,200年。

另外，樹林裡還有像杉樹一樣多的鹿和猴子棲息著。「2萬人，2萬鹿，2萬猴子。」這句話充分描繪出屋久島的情形。在樹林各處，會不時地遇到來神祕樹林旅遊的徒步旅行者，這些過程也充滿了神祕感。因為這樣的自然環境，讓屋久島成了日本第一個被

聯合國教科文組織指定為世界自然遺產的地方，更顯示出它的價值。徒步旅行者可以在幾條指定的公園徒步旅行路線裡作選擇。記住，這裡夏天也非常冷，要注意穿著。整體來說，春天、夏天是來屋久島旅遊最舒適的季節。

前往方法

要前往屋久島，首先要去九州最南端的城市鹿兒島。在鹿兒島坐船、搭飛機都可以，搭飛機要30分鐘，坐船要2小時。國內有班機直達鹿兒島。坐船的話，要先到福岡，然後再從福岡搭火車到鹿兒島。從鹿兒島到屋久島的飛機和船，價格相差很大，所以大部分人喜歡搭船，比較便宜。屋久島上從旅館到民宿，各式住宿設施都有，可依個人喜好來選擇。

相關網址

屋久島真波
www.realwave-corp.com

西澳 WEST AUSTRALIA

《孤獨星球》選定的世界十大旅遊地

澳洲是個巨大的陸塊，也是全世界第六大的國家。分作東澳和西澳，西澳佔了澳洲三分之一的面積。光是西澳，面積就有韓國的33倍大，人口卻只有230萬人。西澳大部分地區都是極度貧瘠的沙漠地形，所以作為觀光景點，一直不太受到矚目。澳洲的觀光景點，主要都分布在東部；從交通上來看，西澳也相當遙遠，不容易到達。不過西澳的首府伯斯，它的美和魅力已經開始為人所知了，那沙漠地形的特異景觀，透過媒體介紹，逐漸浮現出來。因此最近專門來西澳觀光的遊客，有越來越多的趨勢，他們不惜花大錢也要來造訪，航空公司也開始開闢路線。

想要好好地旅遊西澳，租輛車是一定需要的。一般大眾汽車或四輪傳動吉普車，不同的選擇會帶來完全不同的旅遊體驗。選擇一般大眾汽車的話，就只能在以伯斯為中心的海岸主要觀光地旅遊；租四輪傳動吉普車的話，就是真正的越野旅行了。西澳是原始內陸的故鄉，稍微離都市遠一點，立刻就進入了內陸，一大片無垠的紅色內陸大地，隨即呈現在眼前，可以在這裡體驗到越野旅行的真髓。

尤其是西北部的皮爾布拉地區，是地球上擁有和火星極相似環境的地方，也是每年美國太空總署（NASA）的科學家，必定會來造訪的實驗場所。其中的卡里吉尼峽谷，被喻為地球大自然的頂級版，是個為旅客提供終極冒險體驗的美麗場所。在這原原本本

地珍藏了太初地球樣貌、歷史最悠久的峽谷裡，可以看到25億年以上的地層。有好幾個在峽谷各角落體驗驚心動魄探險的行程，可供遊客選擇。另外，還能以非洲才能看到的猢猻樹為背景，欣賞夜空無數的星斗。澳洲內陸是地球上能用肉眼觀察到最多星星的地方。2010年，全世界最棒的旅遊書《孤獨星球》，將西澳選定為世界十大旅遊地。

前往方法

目前我國沒有直航班機到伯斯。可以在航班比較多的新加坡轉機，或在吉隆坡轉機，都是不錯的方法。尤其在吉隆坡，廉價航空亞洲航空的分公司——全亞洲航空，有直達伯斯航班，可以很省錢地抵達西澳。如果想到西北部內陸旅遊，時間又不多的話，比起在伯斯租車，選擇搭國內線前往較好。

推薦旅遊地

溫丹(Wyndham)★

庫努納拉(Kununurra)★

普爾努盧盧
(Purnululu National Park)★

德比(Derby)★

布魯姆德比(Broome)★

菲茲洛克羅欣
(Fitzroy Crossing)

霍爾茲克里克
(Halls Creek)★

珊瑚海岸
(Coral coast)

賀蘭德港 (Port Hedland)

★卡拉隆(Karratha)

西北部
(North west)

埃克斯茅斯(Exmouth)★

格魯海洋公園(Ningaloo Marine Park)★

湯姆普萊斯★
(Tom Price)

★卡里吉尼國家公園(Karijini National Park)

珊瑚灣(Coral Bay)★

紐曼(Newman)

卡那封(Carnarvon)★

黃金內陸
(Golden Outback)

德納姆(Denham)★

★蒙基米亞(Monkey Mia)

鯊魚灣海洋公園★
(Shark Bay Marine Park)

卡爾巴里(Kalbarri)★

▲梅格奈山(Mt Magnet)

萊弗頓(Leverton)★

傑拉爾頓(Geraldton)★

★利奧諾拉(Leonora)

當加拉(Dongara)★

★孟席斯(Menzies)

荊棘島(Abrolhos Islands)●

朱里恩灣(Jurien Bay)

★卡爾古利(Kalgoorlie)

尖峰石陣(The Pinnacles)★

伯斯(Perth)

蘭斯林(Lancelin)★

天鵝谷(Swan Valley)

羅特尼斯島(Rottnest Island)★

弗里曼特(Fremantle)★

★諾斯曼(Norseman)

洛金罕(Rockingham)★

曼都拉(Mandurah)★

邦伯里(Bunbury)★

可麗(Collie)

巴塞爾頓(Busselton)★

橋鎮(Bridgetown)★

★艾斯波倫斯(Esperance)

登斯波若(Dunsborough)★

曼吉馬普(Manjimup)★

瑪格麗特河(Magaret River)★

彭伯頓★
(Pemberton)

南西部(South west)

沃波爾(Walpole)★

丹麥★
(Denmark)

奧爾巴尼(Albany)★

【連接南太平洋的，大西洋航空路線圖】

美得耀眼的
南太平洋
異國風情旅遊地

包含澳洲、紐西蘭在內的南太平洋眾多島嶼，總稱為大洋洲。這些由眾多小島組成
的國家，雖然分布區域相當廣，但實際上一般人對它們的印象，卻只有那幾個新興
旅遊地和渡假中心。不過，巴布亞紐幾內亞、所羅門群島、萬那杜、新喀里多尼
亞、斐濟、薩摩亞、東加、法屬玻里尼西亞等，對背包客來說，卻是相當有魅力的
地方。其中，萬那杜不僅有火山，也是潛水的天堂；新喀里多尼亞的海洋運動相當
有名，也有很多人前來探察生態系。尤其是地球最後一塊蠻荒之地的巴布亞紐幾內
亞，是最有魅力的叢林探險地。到大洋洲的小島國家旅行，以新的視野和角度來看
南太平洋，也是一種新體驗。

萬那杜 VANUATU

世上最幸福的人居住的島國

南太平洋的小島國萬那杜，是全世界國民幸福指數第一名的國家。這裡不是產石油的富有國家，也不是社會福利完善的國家，甚至是世界數一數二的貧窮國，但是因為慾望少、滿足並盡情享受生活，因此他們認為自己是世界上最幸福的國民。雖然國民大部分都沒有職業，但也沒有乞丐和露宿街頭的人。萬那杜國民是由美拉尼西亞人（Melanesian）和玻里尼西亞人（Polynesian）組成，人口約20萬；位在澳洲東北邊

2,000公里的地方。社會基礎建設相當簡陋，很多地方到現在還沒有電可用，但是這些缺點卻是最吸引喜歡冒險的旅遊者的地方。由眾多島組成的萬那杜，每個島都有它獨特的魅力，所以會讓旅行者煩惱不知要去哪個島才好。可以在首都所在地的埃法特島（Efate）體驗萬那杜人的生活和文化；在南部的坦那島（Tanna）欣賞火山在眼前噴發的景象；在中部的五旬節島（Pentecost），體驗保持傳統的原住民的生活，和高空彈跳的始祖——地上彈跳；在北部的聖靈島（Espiritu Santo）水肺潛水，看第二次世界大戰時沉沒海底的戰艦和戰鬥機。即使不潛水，利用浮潛也可以看到沉入海底的戰爭殘骸，還有像儒艮這樣新奇的海中動物。

以淘氣可愛的臉迎接旅行者的萬那杜原住民小孩。在這裡可以遇見世界上最幸福的人。

去的方法

我國沒有直航萬那杜，可以從萬那杜周邊國家澳洲、紐西蘭、斐濟進入。不過，最容易的方法是從澳洲的布里斯本前往。萬那杜航空（Air Vanuatu）和太平洋航空（Air Pacific）有到首都維拉港，機票可透過航班中心，很容易買到。在各島移動時，可利用船和輕航機。移動時間長的船班（大部分是貨船）比較危險，這時利用輕航機比較好（編按：國人可以辦理落地簽證前往）。

相關網址

飛行中心www.fightcentre.com.au

萬那杜旅遊情報www.vanuatutourism.com

TRAVELER'S DIARY

在萬那杜旅行，記憶最深刻的地方是坦那島。雖然很喜歡火山瞬間爆發的壯觀景象，但沒有什麼比和純樸的原住民交流，更觸動我心了。即使不用語言、不用手勢，單從臉上就可以感覺一切。停留在原住民村，和他們一起生活的這段期間，讓我深刻感受到：人可以很幸福地生活，也可以很善良地生活，這和擁有多少無關。在萬那杜旅行的時候，有許多驚人的體驗，其中之一就是這個國家國民的英語和法語實力。因為1980年代初，英國和法國曾共同治理過的緣故，所以連南太平洋上的小島國原住民，都會說這兩種語言……真令人驚訝。^^

—浪人—

推薦旅遊地

南部坦那島（Tanna）

萬那杜從北到南火山遍布，其中坦那島是全世界可在最近距離看到火山爆發過程的地方。每5～10分鐘，你會看到坦那島的亞蘇爾（Yasur）火山在眼前噴發的壯觀景象，還伴隨著往上冒的火山灰。可以參加維拉港旅行社的tour，或個人造訪坦那島後再參加當地的tour。

北部聖靈島（Espiritu Santo）

北部的聖靈島是潛水的天堂。因為前面的海域有許多沉在海底的飛機和戰艦，使全世界潛水者蜂擁而來，興起一股熱潮。另外還有美國丟棄100萬噸戰爭物資的地方——Million Dollar Point 也是公認的最佳浮潛地點。聖靈島的盧甘維爾（Luganville）是萬那杜第二大都市，潛水的所有必要設施系統，這裡都具備。

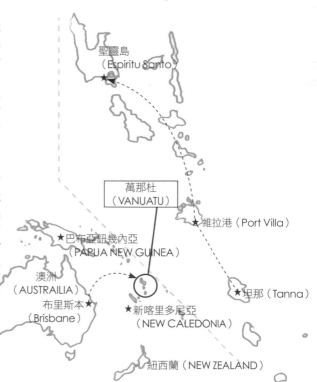

聖靈島
（Espiritu Santo）

萬那杜
（VANUATU）

維拉港（Port Villa）

巴布亞紐幾內亞
（PAPUA NEW GUINEA）

澳洲
（AUSTRAILIA）

布里斯本
（Brisbane）

坦那（Tanna）

新喀里多尼亞
（NEW CALEDONIA）

紐西蘭（NEW ZEALAND）

2 新喀里多尼亞 NEW CALEDONIA

最像天堂的熱帶樂園

有「最接近天堂的島」之稱的熱帶樂園新喀里多尼亞，對我們來說還相當陌生，不過已經是許多日本人夢想中的旅行地了。和萬那杜相鄰，被珊瑚礁環抱的法屬新喀里多尼亞島，位在澳洲東邊1,500公里處。新喀里多尼亞棲息全世界各地都找不到的珍奇動植物，因此除了觀光客外，還有許多生態學家為了研究而前來。是世界四大生態系之一，占了全世界3,000多種原生固有種動植物的70%以上，也就是說全世界原生固有種動植物的70%，都只棲息在這裡。此外，這裡也是海洋運動的天堂。1,600公里的珊瑚礁，是潛水者的樂園；翡翠綠的海邊和珊瑚海灘，美得令旅行者忍不住喝采。有「小尼斯」之稱的首都努美亞（Noumea），因受法國殖民統治的影響，在這裡可感受到融合法國文化和美拉尼西亞人文化的獨特氛圍。在被叫做「大島」（La Grande Terre）的本島上，有大的山脈聳立和許多奇異的地形，也有許多因此開發出來的各式登山行程，很受歡迎。南部的松木島（Ile Des Pins），和由烏維亞（Ouvea）、馬雷（Mare）、利福（Lifou）等島組成的忠誠島（Loyalty Island），還有星星點點散布在大島（即代表新喀里多尼亞的本島）周圍的小珊瑚礁島，都以擁有獨特的景觀而自豪。被稱作熱帶樂園的新喀里多尼亞，也被稱作是「最接近天堂的島」；這是因為40年前日本作家到新喀里多尼亞旅行後，出版了《最接近天堂的島》（編按：森村桂《天国にいちばん近い島》）這本小說而得名。

去的方法

在日本東京和大阪搭乘國際喀里多尼亞航空（Air Calin），可以直達。另外，也可以在澳洲雪梨和布里斯本搭乘喀里多尼亞航空，可以透過飛航中心預約到機票。要注意的是，喀里多尼亞航空只在單週有班次。

相關網址

喀里多尼亞航空www.aircalin.com
新喀里多尼亞觀光局www.visitnewcaledonia.com

Q. 哪裡的潛水點有最美的麗珊瑚？

（參與者91名）

地點	百分比
澳洲大堡礁	17%（16名）
泰國南部島嶼及海岸	10%（9名）
埃及紅海的達哈伯	27%（25名）
貝里斯加勒比海岸的世界第二大珊瑚礁群	5%（5名）
美拉尼西亞群島（關島、塞班島、帛琉沿岸）	6%（6名）
玻里尼西亞群島（大溪地、庫克群島沿岸）	9%（8名）
加勒比海沿岸	6%（6名）
馬爾地夫	5%（5名）
菲律賓長灘島	8%（7名）
其他	4%（4名）

★烏維亞（Ouvea）

新喀里多尼亞
（NEW CALEDONIA）

★利福（Lifou）

★弗（Vho）

米湖（Lake Myvatn）

馬雷（Mare）

推薦旅遊地

到新喀里多尼亞任何地方，都能玩得很滿足。在努美亞，可以體驗法國和美拉尼西亞的文化和飲食；在松木島的天然游泳池享受如夢似幻的浮潛。想要有更新一點的旅行經驗的話，可前往忠誠島的馬雷或烏維亞，尤其是烏維亞島是西太平洋最美麗的島，還登上了新喀里多尼亞觀光手冊的封面。想看不一樣的自然景觀的話，可以前往本島北部科內（Kone）地區的弗（Vho），弗的紅樹林（Mangrove）濕地紋路，曾登上世界暢銷寫真集《從天空看地球》的封面。

努美亞
（Noumea）

★松木島（Ile Des Pins）

攝影／Vins & Benica

巴布亞紐幾內亞 PAPUA NEW GUINEA

「哇～外國人耶！」
也許是有生以來第一
次看到的外國人？！

仍有野性的、地球最後的蠻荒地

新幾內亞島是比格陵蘭小的世界第二大島，也是文明尚未開化的最後一塊蠻荒地。巴布亞紐幾內亞是由新幾內亞島的東部和周邊小島構成；是一處會令喜歡冒險和探險的人，目不轉睛的奇異地方。國民90％都生活在叢林中，絕大多數都是以物易物，而不使用貨幣。在熱帶叢林中最少有800多個部族仍完好地保存著原始的狀態，並各自使用著自己的語言生活。在樹林中的原住民，有些仍用石斧打獵、貝殼交易，仍不知道地球是圓的。甚至直到最近，仍有從未看過一次文明世界樣子、完全與世隔絕般生活在叢林中的人。另外，這裡也是地球上最後一個仍保留吃人風俗的地方。到現在仍有人說島上的某些地方有食人風俗，不要前往。巴布亞紐幾內亞驚人的自然，吸引了全世界的學者前來。這裡有地球的自然博物館之稱，棲息了無數的動植物，每年還在發現新的物種中，因此學者把新幾內亞島稱為「伊甸園」。巴布亞紐幾內亞是「短髮」的意思，是把馬來語「巴布亞」，加上「新幾內亞」（西班牙探險家因當地人很像非洲的幾內亞人，故稱此地為新幾內亞）組合而成。野性的自然、蓊鬱的叢林、高原地帶的風光、用羽毛作為裝飾的原住民，還有無數的野生動植物，正誘惑著全世界的旅行者。

去的方法

有抵達巴布亞紐幾內亞首都莫士比港的飛機，在日本、新加坡、菲律賓、澳洲、印尼等地，都有據點。最快到達的方法，是在日本東京搭乘國際新幾內亞航空（Air Niugini），可以直接抵達。透過澳洲凱恩斯或布利斯班也可以；機票可透過飛航中心預約。

相關網址

新幾內亞航空 www.airniugini.com.pg
巴布亞紐幾內亞旅遊情報 www.pngtourism.org.pg

文明的手完全沒有探進去過的原始海邊，和原住民的豪華別墅。

推薦旅遊地

遍布整個幾內亞島的眾多部族各具特色。無論到哪個地區旅遊，都要有相當的勇氣，最多人去的地區是比較接近首都莫士比港（Port Moresby）的科科達。在這裡可享受叢林健行；從南邊海岸通過叢林再連接到北邊海岸的路線，可以體驗到徒步旅行的最高樂趣。因安全上的理由，個別徒步旅行是不可能的，一定要透過旅行社參加行程才可。除此地區以外，在高地（Highland）地區的戈羅卡（Goroka），可以體驗各式各樣的原住民生活；北邊的小島是世界知名的潛水地點，還能看到第二次世界大戰後，沉眠於海底的戰爭碎片。

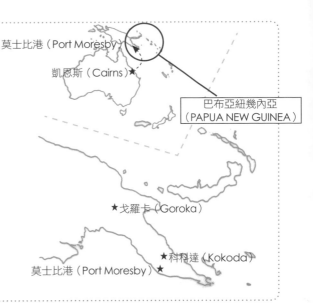

TRAVELER'S DIARY

巴布亞紐幾內亞是個比想像還要危險的地方；但是稍微注意的話，還是可以安全地結束旅行的。去巴布亞紐幾內亞旅行，時常會有這裡好像是魔法世界或幻想世界的感覺，因為叢林深處隱藏了各種現實世界無法看到的村落。想好好品嚐新幾內亞島的魅力的話，就要前往位在中央的高地地區，可能的話，最好在慶典期間前往。因為慶典時村莊的人們會把自己裝扮一番，他們的模樣就像電影看到的食人族。在莫士比港附近繞繞，或只到科科達徒步旅行，就能充分感受新幾內亞的魅力了；如果條件允許的話，建議前往新幾內亞島西邊的印尼屬地伊里安查亞走走，在那地球上最後一塊蠻荒地上，住著最奇異的人們。

—羅卡特—

TRAVEL INFO.

印度洋的異國情調旅遊地聖誕島

聖誕島位在印尼沙巴島南邊360公里、澳洲西北邊2,700公里處，國土的大部分都被指定為國家公園，可見它自然的保存狀態有多卓越了。這個小島是受到世界生態學者和知名媒體矚目的地區之一。每年雨季時，可以在這個小島上目睹最奇特的景觀。被稱作「聖誕紅蟹」的螃蟹，生長在熱帶雨林地區，每年11月到1月間，為了繁殖，會往大海大遷徙，期間紅色的螃蟹共約1億8,000萬隻，遍布全島，整個島看起來像鋪了一層紅地毯似的。這個驚人的場面，吸引了眾多專程來看這奇景的澳洲觀光客前來聖誕島。但是約有1%的螃蟹會在移動中被汽車壓死或被原住民捕捉；即使是1%也有180萬隻，數量也是很驚人的。想去聖誕島的話，除了在澳洲的達爾文搭飛機前往之外，沒有別的方法了。

相關網址 www.maniacworld.com/Red-Crabs-on-Christmas-Island.html

西伯利亞列車

隨著「西伯利亞」這名字的神祕感，加上火車旅行帶來的浪漫和悠閒，橫越西伯利亞列車旅行是所有旅行者共同的憧憬；但是，橫越列車並不是任何人都可以很容易體驗的旅行。首先，要在火車裡最少待一個星期，每個主要都市都要停留的話，旅行時間會增加15～30天。另外，語言溝通困難、造成旅行者困擾的俄羅斯警察，還有，要是碰到在大都市出沒的光頭黨或黑手黨的話，這旅行除了時間、費用外，就還需要勇氣了。不過，要是準備工作再更勤快點、更積極點的話，浪漫的火車旅行——橫越西伯利亞列車，是任誰都可以搭乘的。

★莫斯科（MOSCOW）

新西伯利亞（Novosibirsk）

貝加爾湖
（BAIKAL LAKE）

西伯利亞主線

★伯力（Khabarovsk）

伊爾庫次克
（Irkutsk）

★鄂木斯克

★海參崴（Vladivostok）

★烏蘭巴托
（Ulan Bator）

滿洲支線

蒙古支線

★北京（Beijing）

火車停車時，盧布要準備充分。俄羅斯大嬸牌家常小吃攤的誘惑，是很難抵擋的。

連接海參崴和莫斯科的橫越西伯利亞列車（TSR Trans Siberian Railway）總長9,297公里，相當於地球周長的四分之一。在7天6夜間行駛156小時，經過59個主要車站；火車行駛期間時區足足變換了7次，因此旅行者每天早晨起來要再對時，這是蠻獨特的經驗。本列車於1891年，由俄羅斯皇帝尼古拉二世擔任委員長一職開始建設；但是因極度的寒冷和險難的地形，還有勞工的暴動，工程進行得並不順利。甚至在修築世界最大的淡水湖貝加爾湖230公里工程路段時，有數千名工人殉職。在迂迴曲折間，橫越列車終於在開工後25年的1916年完工了。從海參崴出發的火車，經過極東的伯力會看見廣闊無邊的針葉樹林泰加森林。之後再依次來到「西伯利亞的珍珠」貝加爾湖、杜斯妥也夫斯基流放地鄂木斯克（Omsk），最後第7天抵達終點站莫斯科的雅羅斯拉夫（Yaroslavi）車站。7天6夜的長途旅程中，旅行者可以看到車窗外的廣闊平原、樺樹林、草原，每天都有新的面貌，還有日出、日落，西伯利亞的壯闊真令人驚嘆。

俄羅斯國民牌的速食麵，沒有吃過這個，就不能説你坐過西伯利亞列車。

橫越西伯利亞列車的三條路線

起站和經過地點不同，但終點都是莫斯科。第一條路線是從海參崴出發的「西伯利亞線」（Trans-Siberian）；第二條是從中國北京出發，途經蒙古的「蒙古支線」（Trans-Mongolian）；第三條從中國北京出發，途經長春的「滿洲支線」（Trans-Manchurian）。旅行者最喜歡的路線是「蒙古支線」，因為會經過荒涼的戈壁沙漠，又越國境經過蒙古的首都烏蘭巴托；是可以一次體驗到蒙古草原、戈壁沙漠和貝加爾湖的最佳路線。三條路線雖然起點和前段途經路線不太相同，但都在貝加爾湖附近的伊爾庫次克會集，伊爾庫次克又被稱為「西伯利亞的巴黎」，是個可以體會西伯利亞文化精髓的城市。火車票依據旅行時期和等級，價格變動很大，所以最好事先把價格弄清楚。

相關網址 www.sv-agency.udm.ru/sv/rutrains.htm

TRAVEL INFO.
橫越西伯利亞列車的核心！貝加爾湖

被稱作「西伯利亞的珍珠」的貝加爾湖，是世界最大的淡水湖，也是許多民族神話傳說的舞台，也曾被說是韓國民族的起源地。以世界最深（1,673公尺）、最乾淨（能見度40公尺）、最大的淡水量（占世界淡水量的25%）而自豪。蒙古人把長640公里、寬80公里的巨大貝加爾湖稱作海。可以在這裡品嚐貝加爾湖產的各種魚類，也可以搭遊船到湖中美麗的島上遊覽。夏天美麗的綠色樹林，繁茂蓊鬱；冬天整座湖都結了冰，宛如變成了北極似的。從伊爾庫次克搭汽車1小時左右可抵達貝加爾湖；湖周圍的村落中，有比較多便宜的旅館。最主要的村落——里斯維揚卡（Listvyanka），是前往貝加爾湖旅行的起點。

TRAVELER'S DIARY

幾年前和先生作過橫越西伯利亞列車之旅。在忙碌的職場生活中，過了彼此都不關心的三年婚姻生活後，婚姻倦怠期來了。在不同環境下成長的人，要生活在一起，真的比想像中還難。因頻繁的鬥嘴，彼此越來越不信任，讓我感覺到兩人的人生漸漸荒廢；於是一轉念，與其讓彼此痛苦，乾脆過另外一種生活吧。在日本旅遊雜誌上讀到某對老夫婦的橫越西伯利亞列車之旅之後，我們就決定在分手前的調整期，一起去體驗一下橫越西伯利亞列車之旅。我們在一坪大小的火車車廂裡，共同生活了一個禮拜，擁有許多無法言喻的感動瞬間，也分享了比結婚3年說得還多的對話。在這期間，阻隔在我倆之間不信任的黑幕，也漸漸消失了。抵達莫斯科後，我們並沒有回國，決定再從莫斯科到歐洲旅行。西伯利亞列車的感動，我是一輩子都不會忘記的。

—綠色心燕—

最適合火車旅行的旅遊者

橫越西伯利亞列車對所有喜歡旅行的人來說，是夢和浪漫的代名詞。到其中任何一個
地方旅行，都會成為一輩子最棒的旅遊記憶，也是讓生活再充電的最佳機會。

· 想在一星期內，在有限的空間中享受無限自由的上班族。
· 需要對話的家人、危機中的夫婦或情侶，利用在火車旅行
期間這不得不相對而坐的機會，藉由談話了解彼此疏忽的部
分或想法。
· 想不受任何人干擾地看因忙碌工作而沒看的書或
電影的人。附贈車窗外美麗的風景。
· 火車旅行迷，想在狹窄的空間裡，盡情享
受車窗外的風景和孤獨的人。
· 想一個人旅行、感受孤獨的人。

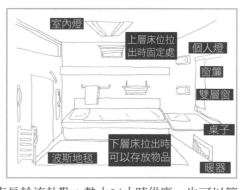

火車內的生活

火車車廂分為雙人特級房、4人房和6人
房。大部分旅行者都喜歡4人房。睡在下
舖的人，生活上較方便；不過重視隱私的
人會喜歡睡上舖。另外，火車車廂的排定
是不分國籍和性別的。在買票的時候可以
選擇上下層。火車出發後，車長會分給客
人床單、被子還有毛巾等，即使不用也要

室內燈
上層床位拉
出時固定處
個人燈
窗簾
雙層窗
桌子
波斯地毯
下層床拉出時
可以存放物品
暖器

無條件支付這些費用。每節車廂都有兩名車長輪流執勤；熱水24小時供應，也可以簡
單地解決飢餓問題。每節車廂的前後各有一間廁所；不過停車時會將廁所門關上，不
開放使用，出發後才再打開。廁所沒有洗臉檯，也不能洗澡，因此等到一週的旅行結
束時，可能會看到自己蠻恐怖的模樣，會覺得：自己不是橫越西伯利亞列車的旅客，
還比較像被流放到西伯利亞的人吧。其實，有一個在火車旅行期間的洗澡方法，就是
和雙人房的客人混熟，因為他們可以在餐車洗澡。在即將抵達車站時，車長會事先告
知站名，因此不須擔心會錯過車站。位在列車中段的紅色車廂是餐車，這裡有清爽舒
適的餐廳，英語菜單上有牛排、雞肉料理、各種湯品等，種類繁多。不用買7天份的食
物來搭火車，因為停靠的每個車站，都有當地人在月台叫賣食物。橫越列車旅行中，
最棒的食物仍是泡麵。各車站賣的泡麵中，還有韓國製的點心拉麵，它已經像伏特加
一樣，成為俄羅斯知名的拉麵品牌了。

在火車出發前，我來到排定的車廂一看，是一對上了年紀的俄羅斯大叔和大嬸，打了招呼坐下後，不由得有些擔心。突然我想到了「橫越西伯利亞列車最糟的同行者，就是不說話的俄羅斯中年夫婦」這句話。同行的另一位是女性背包客，4個人就這樣呆呆地坐著，心裡擔心著7天沉默的旅行。突然，一位高中生模樣的蒙古女學生，和一位像公主一樣的俄羅斯女學生進來聊天了。瞬間，俄羅斯夫婦露出微笑，像是要拿什麼東西似的跟著她們出去了。後來去問俄羅斯女學生到底是怎麼回事，才和她們聊了起來。兩人是同校的朋友，趁著放假要去蒙古玩，夫婦是俄羅斯女學生的父母，因擔心女兒不知道會和誰同行，所以就來了。但是後來夫婦倆最後對女兒說的話，真夠瞧的：「雖然長得不是很好看，但能和兩個女生同住算是幸運的了。」當時我正在環遊世界，已經旅行了17個月，所以頭髮很長。後來我還是忍不住向他們表明，我是堂堂正正的男人。

—TRAVELLER5—

結束貝加爾湖旅遊後，就搭上了前往莫斯科的橫越列車。當時因為急著搭車，沒換好錢，身上帶的盧布都用完了，只剩下無用的美元大鈔。因為我把身上的盧布都拿去買泡麵等非常食糧了，雖然也是可以偶爾到餐車吃一餐；但美元大鈔在餐車是換不開的，沒辦法，前3天在快餓死之前吃了5包泡麵救命。後來再去餐車再三請求，終於可以換了。搭橫越列車時，如果沒有準備充足的盧布（Russian Ruble），就要準備小額的美金；否則當抵達終點時，就會看到自己狼狽的模樣。

—浪人—

俄羅斯的站內商店，有很多韓國零食。伏特加、泡麵和巧克力派，是俄羅斯三大小吃。

俄羅斯大嬸把家裡剛做好的食物拿出來賣，是西伯利亞牌點心。

橫越列車內多國餐宴正在進行中。搭乘前一定要準備好足夠的伏特加。

環遊世界旅行者挑選的 最棒的當地旅遊行程

去世界各國旅行時，一定要參加一次富有異國情調的當地魅力地點旅遊行程。

短的半天就結束了，長的要好幾天。可以參加簡單的市區行程，也可以騎著大象進入叢林、搭乘狗雪橇在雪原上奔馳、搭吉普車開過非洲大草原、搭熱氣球在天空翱翔。另外，還可以騎駱駝在蒙古戈壁沙漠或摩洛哥的撒哈拉沙漠旅行。其實，世界上存在著各式各樣奇特的行程，其中，最受環遊世界過來人推薦的行程如下：

祕魯印加健行

尋找空中城市馬丘比丘之旅

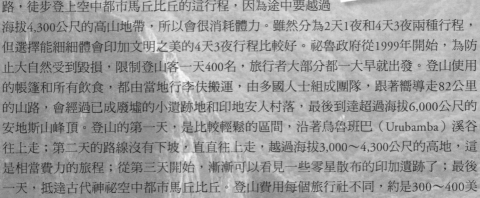

探索神祕印加文明的旅程，是南美旅遊鎂光燈的焦點所在。在安地斯山脈懷抱中的4天3夜期間，徒步登山33公里，朝珍貴的考古學遺跡地前進。沿著印加人古時建造的山路，徒步登上空中都市馬丘比丘的這行程，因為途中要越過海拔4,300公尺的高山地帶，所以會很消耗體力。雖然分為2天1夜和4天3夜兩種行程，但選擇能細細體會印加文明之美的4天3夜行程比較好。祕魯政府從1999年開始，為防止大自然受到毀損，限制登山客一天400名，旅行者大部分都一大早就出發。登山使用的帳篷和所有飲食，都由當地行李伕搬運，由多國人士組成團隊，跟著嚮導走82公里的山路，會經過已成廢墟的小遺跡地和印地安人村落，最後到達超過海拔6,000公尺的安地斯山峰頂。登山的第一天，是比較輕鬆的區間，沿著烏魯班巴（Urubamba）溪谷往上走；第二天的路線沒有下坡，直直往上走，越過海拔3,000～4,300公尺的高地，這是相當費力的旅程；從第三天開始，漸漸可以看見一些零星散布的印加遺跡了；最後一天，抵達古代神祕空中都市馬丘比丘。登山費用每個旅行社不同，約是300～400美元左右。

當地專業旅行社 www.jenlyadventures.com、www.condetraveladventures.com

在印加古道遇見的印加人後裔。燦爛的印加文明已不復存在，他們過著辛苦的生活。

玻利維亞烏尤尼遊覽

環遊世界旅行者首屈一指的絕景

如果說祕魯的馬丘比丘是南美遺蹟的焦點，那麼玻利維亞的鹽漠就是南美大自然的亮點。烏尤尼（Uyuni）鹽漠是大部分環遊世界過來人一致推薦的最棒景致，以絕無僅有的風光自豪。很久以前的地殼變動，不僅地殼隆起形成安地斯山脈，也將海水封住變成山頂上的湖，之後湖水全部蒸發，只留下鹽，就變成今天的鹽漠了。這巨大的鹽漠，厚度有1～12公尺；鹽量達數百億噸。想看鹽漠的話，先要到拉巴斯（La Paz）或波多希（Potosi），參加前往烏尤尼鎮的旅行社tour。Tour從當天行程到4天3夜的行程都有，但大多數旅行者都喜歡3天2夜或4天3夜的行程。Tour的費用，依時間和旅行社而有不同，最少20美元，最多100美元；都是搭車巡迴旅遊，每隊約4～5人，達到人數就出發。行程中還會看到用鹽做成的旅館，並到有超過1,000年的巨大仙人掌的仙人掌島。除了鹽漠以外，也會攀登火山地帶並經過美麗的湖和山脈。乳白色的鹽漠搭配上周邊荒涼的景象，就像是人間幻境似的；在任何一處按下快門，都是一張美麗的照片。

南美自然的絕美，體驗烏尤尼乾季、雨季截然不同的風景。

TRAVEL INFO.

烏尤尼4天3夜tour基本行程

DAY 1 經過白色的鹽漠後，進入仙人掌島，然後在聖胡安（San Juan）住宿一晚。聖胡安和阿塔卡馬（Atacama）沙漠，是南美可以看到最美麗的夜空的地方。

DAY 2 經過火鶴棲息的湖和火山後，到廣闊的沙漠旅行。特別的是，晚餐菜色中有駱馬排。

DAY 3 經過數座湖和間歇泉後，到以特殊地形而有名的月亮溪谷旅遊。參加3天2夜的遊客，一般都在此結束行程，回到智利去。

DAY 4 到沙漠中的火車墳場旅遊後，再回到烏尤尼鎮。

當地專業旅行社 www.colquetours.com、www.tupizatours.com

Tour中看見的變化無窮的風景。

水牛和斑馬，是非洲野生動物之旅中最常看見的野生動物。

坦尚尼亞野生動物之旅

尋找生氣勃勃的非洲

坦尚尼亞的賽倫蓋堤（Serengeti）草原，和恩格龍格魯（Ngorongoro Crater）高原，是很多人小時候夢想中最想去的非洲夢幻大地。賽倫蓋堤是馬賽語「無垠的草原」的意思，一直延伸到鄰國肯亞，相當廣闊。這裡也是野生動物的天堂，以2,000頭獅子為首，共有約300萬頭動物棲息。尤其是雨季結束的6月初，150萬頭的牛，和20萬頭的羚羊、瞪羚、斑馬，大規模遷徙的場景，非常壯觀。和賽倫蓋堤相鄰的恩格龍格魯，是個直徑達19公里的巨大火山口，也棲息了多種動物。另外，恩格龍格魯也是世界最大的紅鶴棲息地，可以欣賞到湖邊紅鶴群集的美麗景象。遊覽這兩個國家公園的野生動物之旅，是以環遊曼亞拉湖（Lake Manyara）和恩格龍格魯的2天1夜行程為基準，然後再追加包含賽倫蓋堤的一、兩天行程而成。旅行者較多利用4天3夜的行程，一天100美元左右的基本費，再追加導遊和廚師小費。坦尚尼亞人平均一個月的收入是30美元，這樣算起來，費用還蠻貴的。但如果參加太便宜的行程，服務品質就會沒有保障，旅途中常有不便，也可能會有狀況發生，這麼一想，為了要好好體驗野生動物之旅，就算費用高一些也無所謂了。行程中，也會拜訪人類祖先「巧人」遺骨的發現地——奧杜威峽谷（Olduvai Gorge）。另外，如果要作野生動物之旅，就要先到有辦野生動物之旅的旅行社聚集地——阿魯沙（Arusha）才行。

4 蒙古戈壁沙漠之旅

羊群、駱駝，還有永生難忘的滿天星星

除了騎馬在蒙古草原奔馳以外，還有最受歡迎的行程——戈壁沙漠之旅。戈壁沙漠不是全部只有沙的沙漠，而是寬廣的草原和岩石兼有的階梯地形。遍布蒙古南部和中國北部地區的巨大戈壁沙漠，大致分作五個部分，最受旅行者喜愛的旅遊地是南部戈壁沙漠。要去南部戈壁沙漠，可以利用國內線直達達蘭扎德嘎德（Dalanzadgad）後，參加只在沙漠周圍簡單繞行的行程；或參加在烏蘭巴托（Ulan Bator）出發的行程，好好地感受一下蒙古和戈壁。在穿越巨大草原的路上會看到遊牧民族和羊群，還有戈壁沙漠的象徵——雙峰駱駝。住宿則是住在草原上搭起的帳篷裡，就像露營一樣，可以在這裡看到有生以來最多的星星。經過達蘭扎德嘎德後，會看到位在40度高溫沙漠中的冰河谷——尤恩河谷（Yolin Am），和世界最大的恐龍挖掘地百揚札克（Bayanzag）；最後到達戈壁沙漠的焦點、最大規模的沙丘——干葛恩沙丘（Khongoryn Els）。高300公尺、長100公里、寬12公里的大沙丘連綿不斷，相當壯觀；可以騎著馬或駱駝，觀賞因風而隨時變換地形的沙漠和美麗的沙。要租吉普車看戈壁沙漠的話，除燃料費外，還要付往返500美元左右的租借費。

戈壁沙漠中的雙峰駱駝。

在烏蘭巴托遇見的蒙古人。

世界最大的恐龍棲息地——蒙古的百揚札克。

5 納米比亞納米比沙漠之旅

珍藏著世上最美麗的日出的沙漠

位在非洲南部大西洋沿岸的納米比亞，大部分旅行者都是為了看納米比沙漠（Namib Desert），而來納米比亞的。世界上最古老的納米比沙漠，以能看到世上最美的日出和日落而聞名。在納米比亞的首都溫特和克（Windhoek），參加旅行社的沙漠tour，幾個人組成團後搭上改造的卡車，就可以出發去作3天2夜的沙漠之旅了。到位在納米比沙漠中的諾克陸夫（Naukluft）國家公園，需花5～6個小時；然後旅行者在沙漠的入口賽斯瑞營地（Sesriem Camp Site）換上輕便的服裝，就要正式開始沙漠之旅了。要去賽斯瑞營地的45號沙丘（Dune 45）、死亡湖盆（Dead Vlei）、索蘇維來（Sossusvlei），在入口處就要準備好所有旅行時需要的裝備。沙漠之旅為了避開白天的炎熱，所以都是在凌晨4點開始。在黎明前的昏暗氛圍中，經過60公里後，45號沙丘就出現了。據說爬上45號沙丘看到的日出，是全世界最美的。經過45號沙丘後，來到了死亡湖盆；之所以叫做「死亡湖盆」，是因為湖水蒸發和周圍像木乃伊一樣的數十棵枯樹，加上圍繞在乾湖周圍的紅色沙丘，看起來讓人感覺好像來到了破滅之地似的。經過死亡湖盆後，高達300公尺的沙丘索蘇維來就出現了。維來是「水坑」的意思，流向大西洋的河川因被沙丘阻擋，乾涸了以後變成了巨大的湖盆。旅行費用依期間而不同，各旅行社也稍有差異，約200～300美元左右。

6 杜拜沙漠巡遊

搭乘越野車環遊沙漠一周

沙漠中可以搭雲霄飛車的地方，就是中東的富人國杜拜。最近行經杜拜的班機增加了，變成旅行中可以順道一訪的地方。雖然杜拜有高聳入雲的摩天大樓，和世界最豪華的旅館；不過，要在沙漠享受過沙漠雲霄飛車之旅，才算是真正有到過杜拜。沙漠之旅的行程，是到距市區約1小時車程的近郊沙漠，搭乘越野車在沙漠奔馳，日落後，就到營地享受晚餐。數十輛越野車列隊在沙漠奔馳，場面十分壯觀。急速開上陡峭的沙丘，再快速地開下來，就像坐雲霄飛車一樣，讓人有刺激的快感。沙漠之旅結束後，就往可以享受晚餐的營地移動。在這個鋪有高級地毯的地方，享受飯店式高級自助餐時，旁邊還有肚皮舞表演助興。旅行者一面悠閒地坐著吸水菸，一面欣賞肚皮舞孃華麗的舞蹈表演，陶醉在阿拉伯式的生活中。吃完晚餐，沙漠之旅結束，就再回到杜拜。包含所有費用在內的整個行程費用是成人55美元，小孩45美元。

相關網址 www.arabian-adventures.com

像坐雲霄飛車似的超驚險越野車之旅結束後，美麗的舞會和珍饈美饌，就等著你了。

7 西藏西部岡底斯山越野車之旅

一輩子就此一次的朝聖之路

踏上所有西藏人一生一定要去一次的岡底斯山（Kailash）朝聖之路。岡底斯山是位在藏西高原最深處的聖山；也就是我們傳說中所說的須彌山。海拔6,714公尺的岡仁波齊峰，是佛教、印度教、耆那教、苯教等四大宗教至高無上的聖地；被稱作地球的肚臍、宇宙的中心。藏西可說是地球上荒涼之地中的極荒之地，要去那裡的路非常險難。但是許多旅行者明知相當危險，仍熱切地想一睹岡底斯山的風貌。原則上是禁止個別前往岡底斯山的，不過仍有少數旅行者有備而來，即使再苦再難再危險，也願意承受，而單獨前往。前往岡底斯山最好的方法，就是在拉薩參加專業經營的越野車之旅；這個旅程需要旅遊許可書和嚮導的帶領，嚮導都是屬於國營旅行社，會將所有參加行程的人的行動情況向政府報告。從拉薩越過西藏高原抵達岡底斯山需要5天的時間，要走約1,200公里的路。從拉薩出發，經過甘孜、日喀則、拉孜、薩嘎、仲巴、帕羊、馬攸木拉山，到達岡底斯山所在的最終目的地塔欽。許多旅行者把邁向岡底斯山的朝聖旅程，選為人生最棒的一段旅遊路程。經過漫長艱辛的路程後，在終於見到岡底斯山的瞬間，感動到像是脫胎換骨、重生成為世界最善良的人似的。喜歡旅行的人，不管你信什麼宗教，岡底斯山都值得你來體驗一次。從拉薩到岡底斯山的越野車租借費，往返2,000美元左右；所以幾個人湊一組一起旅行，比較經濟。

四大宗教的聖地——岡底斯聖山

西藏人宗教的起源
——經幡柱，在高原
旅行時常常會看到。

往去岡底斯山路上看到的西藏高原風光

藏西高原的遊牧民族

從輕航機俯瞰到的沙漠上神祕圖案。

納斯卡線輕航機行程

從空中俯瞰不可思議的文明痕跡

西元2世紀時，在祕魯中西部阿塔卡馬沙漠（Atacama Desert）惡劣的自然環境中，有個種植棉花、葡萄和各種作物的文明之花。今天我們把它叫做納斯卡（Nasca）文化。有獨特、豐富多彩文化主體的納斯卡人，只留下無法解讀的神祕痕跡後，就突然全部消失了。在沙漠上，遍布數公里的雕刻，有巨大的動物模樣紋路，也有幾何圖案紋路。如果想要看清楚這充滿神秘並令人臆測的納斯卡線，必須利用飛機。搭輕航機從沙漠上空俯瞰地上的巨大圖案，會發現它們不是單純地在摹畫鳥和猴子等的模樣而已，你會感覺到，那裡面隱藏著納斯卡人神祕的歷史。行程為避開沙漠風沙變強的下午，都是從上午開始，淡旺季的價差有兩倍之多：淡季約25～50美元左右，旺季則提高到50～100美元。30分鐘左右的行程，可以讓6～10人搭一台輕航機，在寬廣的平原上空盤旋，觀賞刻了約有17～20個圖案，有鳥、猴子、狗、蜘蛛、太空人等巨大的納斯卡線。為使飛機兩側的乘客都可以看得清楚，飛機時常會急迴轉，這也是必須利用輕航機的緣故；平常較易頭暈目眩的人，最好不要參加。如果要參加行程，建議不要吃完早餐再登機。納斯卡線位在祕魯首都利馬（Lima）南邊443公里處，搭巴士需要5～6小時的時間。

為女生安排的 最佳單獨旅遊地

有時候會想要單獨去旅行，但是女生要一個人出去旅遊的話，一定會因為不知道可以去哪裡而發愁。其實，適合女孩子單獨旅遊的地方還蠻多的；其中泰國、紐約、香港、巴黎、馬德里、佛羅倫斯等地，觀光景點和娛樂休閒街相當多，且治安狀態良好，還可以和當地人進一步接觸。要享受一個人旅遊的樂趣，這些都是萬中選一的好地方。

1 泰國 THAILAND

最佳的單獨旅遊地第一名

東南亞的觀光大國泰國，有各式各樣的觀光景點、美味的食物，還有便宜的物品，是女性最喜歡的旅遊地首選。親切的人們、良好的治安狀態，還有多樣的行程，到泰國任何地方，都能很平安愉快地旅行。另外北接中南半島和緬甸，南接馬來半島，到鄰近國家旅行也相當容易。泰國國教是小乘佛教，全國國民都是虔誠的信徒，即便離開熱門觀光景點，在任何地方都會遇到熱情好客並帶著親切笑容的人。除偏僻地區外，大部分都能用英語溝通，不會有語言溝通不良的感覺。泰國的旅遊地大致分為以首都曼谷為中心的中部地區、以清邁為中心的北部叢林和高山地區，還有擁有美麗海岸和眾多島嶼的南部地區。即使只在曼谷旅行，最少也要花7天以上的時間，如果再加上南部島嶼，或再加上訪問北部高山族村兼叢林徒步旅行的話，就要15～30天了。在泰國旅行絕對不能錯過的就是食物，不僅可以以便宜的價格品嚐全世界所有的美味；還可以吃到種類多到數不清的路邊小吃、水果和海產。一旦掉進泰國的魅力中，從回國的那天起，就會不斷回味那夢境似的甜美。

泰國觀光局 http://www.tattpe.org.tw/、http://www.visit-thailand.net/

簽證 落地簽證15日　旅行最適期 除夏季以外全年　一天旅行費用 US＄10～
旅行核心 美麗的島和購物、各式食物的小吃街　語言 泰國語／英語通用度★★★

背包客的聖地考山路

曼谷的知名景點——水上市場

推薦旅遊地

北部地區

清邁雖是泰國第二大都市，但不像曼谷那麼擁擠繁雜，也有到周邊高山族村觀光的行程。以清邁為起點的叢林徒步旅行；或到接近緬甸國境的湄豐頌（Mae Hong Son），去看看高山族，這些都是很受歡迎的行程。湄豐頌是未受汙染，珍藏著自然的地方，很多厭倦了都市生活的旅遊者，到這裡來就為了能悠閒地休息。另外和寮國、緬甸形成的國境金三角，曾經是世界最大的鴉片栽培地，現在則轉變成知名的旅遊地了。

中部地區

泰國旅遊開始和結束都在曼谷。曼谷華麗的寺院和宮殿、當地的水上人家、無數的購物中心、每天晚上到處都有的表演秀等，觀光景點和娛樂中心相當多，在此旅遊最少需要1個禮拜以上的時間。大部分遊客都是住在背包客街考山路，然後參加到曼谷周邊觀光景點的tour行程。Tour安排得相當好，比起自己去，可以玩得更輕鬆愉快。最受歡迎的行程是，到指定為世界文化遺產的古代都市——大城（Ayuttaya），還有以電影《桂河大橋》（The Bridge On The River Kwai）聞名的北碧府（Kanchanaburi）。

南部地區

說到泰國最美的地方，那當然是南部美麗的海邊。這個生長著各式各樣熱帶魚和珊瑚的透明海洋，是浮潛和潛水愛好者最喜愛的最佳活動地。南部地方又分作東部和西部地區。西部地區以觀光都市普吉和因電影《海灘》拍攝而聞名的披披島（Ko Phi Phi）最為知名。東部地區有背包客很喜歡的沙美島、以滿月舞會（Full Moon Party）而聞名世界的帕岸島，和熱帶的樂園稻島最有名。

★湄豐頌（MAE HONG SON）
★清邁（Chiang Mai）

★曼谷（Bangkok）

★帕岸島（Koh Phangan）

普吉島（Phuket）★
★披披島（KO PHI PHI）

2 紐約 NEW YORK

實現女性夢想的都市

所有女性夢想的都市——紐約，就像個磁鐵似的，吸引著女性旅遊者前來。有句話說：「世界的經濟從華爾街開始，在華爾街結束；世界的現代藝術從蘇活區開始，在蘇活區結束」，紐約是世界經濟和文化藝術的中心，對世界有絕對的影響力。在高聳入雲的摩天大樓叢林裡，一天有800萬人在紐約城裡忙碌地生活著。紐約人即使到了國外也不說自己是美國人，而說自己是紐約客；對自己的城市如此自豪的人，在世界任何城市都找不到。紐約就像它的都市規模一樣，觀光景點也相當豐富。以自由女神像為首，還有各種博物館、美術館，各式各樣的表演等，它是個讓人感覺生氣蓬勃的都市。

> 簽證 免簽證90日　旅行最適期 任何時候去都能看到不同的魅力
> 一天旅行費用 US＄70～　旅行核心 在曼哈頓各處走走，參觀各
> 種美術館和博物館，觀賞百老匯音樂劇表演　語言 英語

© iStockphoto.com/chrisp0

推薦旅遊地

時代廣場（Time Squares）

位在百老匯和42號街跟7號街交接處，是美國表演文化的中心地。電影院、百老匯音樂劇場、旅館、商店、餐廳等櫛比鱗次、

霓虹燈數僅次於拉斯維加斯。每年12月31日晚上，會有50萬人聚集在這裡，享受新年舞會。它本來的名字是長畝廣場，1903年《紐約時報》搬到這裡後，才被稱作時代廣場。

中央公園（Central Park）

位在巨大建築叢林中的中央公園，是紐約市中心的綠洲，也是個世界知名的都市公園。樹林、池塘、美術館，各式各樣舒適的設施都有，受到紐約市民的熱愛。尤其是夏天時，以紐約愛樂樂團的戶外表演為首，各式各樣的表演在公園各處演出。是觀光客必訪的著名景點。

網址 www.nycgovparks.org

大都會博物館（Metropolitan Museum of Art）

世界三大博物館之一。擁有300萬件收藏品，是全世界最大的博物館。以史前時代遺物

為首，希臘、埃及、非洲、亞洲、歐洲、伊斯蘭等，全世界、各時代的遺物都有收藏。另外也有展示如大衛、林布蘭、蒙德里安、畢卡索、梵谷、馬諦斯等當代最偉大藝術家的作品。每年有550萬觀光客會前來參觀。

網址 www.metmuseum.org

美國夢就從這裡開始。你也想來挑戰看看嗎？oh～my dream～！

身為背包客的我，在這裡，也要叫我紐約客喲～！

香港 **HONG KONG**

有成為受歡迎的城市的理由

白天在商店Shopping，傍晚到夜市有名的飲食店品嘗廣東料理，晚上登上維多利亞山（Victoria Peak）欣賞香江夜景……；這是多麼美好的一天啊。香港是個可以在很短的時間內看到很多東西的地方，加上離我們很近，又有各式各樣的觀光景點和便利的交通，成為我國國人最喜歡的旅遊地之一。各式各樣的觀光行程，為使觀光客不覺得無聊，每天都在變換，並吸引觀光客前來。香港在1842年因南京條約割讓給英國，1997年才歸還給中國，因此受到英國的影響很大，並發展成最時尚的城市。香港有110萬人口居住，也是知名金融市場的中樞。不過各處仍保有許多殖民時期留下來的、古色古香的建築物，呈現出過去和現代共存的獨特風情。香港雖然有許多觀光景點，但最受觀光客喜愛的地方，還是維多利亞山。站在香港最高點，海拔544公尺山頂的眺望台上，可以欣賞到世界最美麗的維多利亞港夜景。此外還有各種主題樂園、老市場、古董街、最新式的百貨公司等，各式各樣有趣的街道，花一整天的時間觀光都不夠。

香港觀光局 www.discoverhongkong.com

攝影／香港旅遊局提供

簽證 在本國辦理
旅行最適期 全年均可 一天旅行費用US＄40～
旅行核心 觀賞萬家燈火的夜景、在夜市品嘗各式小吃、瘋狂購物
語言 中文、英語共用

攝影／香港旅遊局提供

香港島上，到處是由最新建築技術打造出來的摩天大樓。

攝影／cello

在香港交通四通八達。走到任何路上，都充滿了讓旅客愉快的各式獨特魅力。

4 巴黎 PARIS

自信心很強的優雅浪漫城市

和紐約一樣身為女性夢想都市的，就是巴黎。巴黎有悠久的歷史和文化，是個藝術和浪漫共存的都市，任何角落都沉浸在獨特的氛圍中。自負又優雅的巴黎，以比任何歐洲都市都強烈的刺激吸引旅行者。巴黎可以按區域分來旅遊；也可以訂出各種主題，然後安排好時間，慢慢地旅遊。如果是關心美術作品的人，可以先去參觀羅浮宮或奧塞美術館，然後轉往可以一窺現代藝術家生活的蒙馬特丘繞一繞。想感受巴黎的時尚和街道風景的人，可以在香樹麗舍購物，或在自己喜歡的露天咖啡店悠閒地喝杯咖啡。在巴黎，一個人坐著都很浪漫。巴黎的觀光景點和美麗的街道散布各處，想在短時間內全部體驗到，是不可能的。

> 簽證 免簽證90日　旅行最適期 除夏季以外全年　一天旅行費用 US＄50～
> 旅行核心 在艾菲爾鐵塔俯瞰巴黎市、世界級的博物館和美術館紀行
> 語言 法語／英語通用度★★

古典優雅和現代品味共存的都市，巴黎。

每一條小巷都有巴黎生活的風情。這是巴黎巷口的小花店。

巴黎的地鐵，讓背包客可以便利地旅遊。

5 馬德里 MADRID

有讓內心澎湃的熱情和慶典的城市

位在西班牙內陸的首都馬德里，1561年腓利二世將首都搬到馬德里，並將此地作為政治、經濟、文化的中心；這裡也是感覺「太陽的國家」西班牙的最佳地點。就像它悠久的歷史一樣，文化財和觀光景點相當多。進入新城，充滿了急速發展的西班牙現代風貌；腳步稍微一轉，走入舊城，突然就掉進古色古香的中世紀時代了。舊城有許多17～18世紀時建造的，擁有優雅流線的建築物，尤其是卡洛斯三世統治時期建造的普拉多美術館和王宮等，可以說是馬德里旅遊的核心。可以在古意盎然的美術館和博物館，培養藝術鑑賞力；到馬德里最時尚的街區——太陽門，一窺西班牙人的時尚感覺和生活風格；到有500年歷史的跳蚤市場，購買保存著記憶的美麗紀念品。

簽證 免簽證90日　**旅行最適期** 除夏季以外全年　**一天旅行費用** US＄50～
旅行核心 欣賞畢卡索和哥雅的名作、看鬥牛並在夜總會看佛朗明哥表演、看時尚達人的祕密基地——茱愛卡　**語言** 西班牙語／英語通用度★★

西班牙帝國從前的繁華,被完善地保存在華麗大教堂的內部。

佛羅倫斯 FIRENZ

看一眼就會愛上的美麗城市

義大利最美麗的地區是托斯卡尼，該地區的中心都市佛羅倫斯，又被稱作文藝復興的故鄉。佛羅倫斯和羅馬一同綻放出義大利的文化之花，是最有魅力的城市，也是電影《冷靜與熱情之間》的拍攝場景，是我國無數戀人夢想中的浪漫之地。正如有句話說「神出生在佛羅倫斯」一樣，在這裡可以看到美的極致，整個舊城都被聯合國教科文組織指定為世界遺產。佛羅倫斯掌握了14～15世紀義大利的政治、經濟、文化脈動，這些都是依賴歐洲最大的知名家族——梅迪奇家族的支援而使然；佛羅倫斯各種觀光景點和它的美麗，緊緊抓住了所有旅行者的心。中世紀氛圍濃厚的城市、美麗的街道、廣場邊的浪漫咖啡店等，使得佛羅倫斯成為最棒的觀光城市。試試在佛羅倫斯的百花大教堂，幻想自己變成了電影裡的戀人；在有「米開朗基羅」和「達文西」作品的烏菲茲美術館暫時歇歇腳；在維琪奧橋上欣賞亞諾河，或在西紐利亞廣場歷史悠久的咖啡店坐下，聞聞義式濃縮咖啡的香味吧。

簽證 免簽證90日　**旅行最適期** 除夏季以外全年　**一天旅行費用** US＄50～
旅行核心 在百花大教堂的鐘塔俯瞰佛羅倫斯、欣賞文藝復興藝術的巔峰
語言 義大利語／英語通用度★★

歐洲首屈一指的浪漫
街區在佛羅倫斯。

成為電影《冷靜與
熱情之間》場景的
──百花大教堂。

推薦旅遊地

百花大教堂（Duomo）

百花大教堂可以說是佛羅倫斯和文藝復興式建築的象徵，是從1296年開始施工，歷時140年，直到1436年才完工的佛羅倫斯之花。以雄偉華麗的外觀和高106公尺的拱頂而自豪，在佛羅倫斯任何地方，都可以看到它美麗的身影。內部的天花板壁畫、彩繪玻璃窗，還有從鐘塔眺望佛羅倫斯，這些都是百花大教堂的觀光核心。

市政廣場（Piazza della Signoria）

這座13世紀建的廣場，從文藝復興時期開始就是佛羅倫斯政治演說的場所。和被當作市政府辦公室用的維琪奧宮相鄰，周圍美麗的教堂、禮拜堂和有味道的咖啡店林立。另外，在廣場上還有展示文藝復興時代藝術作品的複製品。

烏菲茲美術館（Galleria degli Uffizi）

享譽國際的烏菲茲美術館是由梅迪奇家族的支援而興建的，這座文藝復興樣式的美麗建築物，是文藝復興時代的建築傑作。有2,500餘件展示品，從希臘的美術作品，到達文西、米開朗基羅、波提且利的作品，光聽這些名字，就知道藏品非凡了。

戀人專屬路線

四處旅行的時候，難免會有因美麗的風景和可愛的當地人而想長期停留之處；也會有特別想和自己心愛的人同遊的地方。

在環遊世界旅行達人的心中，也有「想和自己心愛的人再來一次」的地方嗎？

以下將介紹單獨前往會忍不住流淚、專屬於戀人的浪漫旅遊地。

Q. 戀愛中的情侶最想去的地方是哪裡？

（受訪者225名）

希臘聖托里尼＆米克諾斯	52%（117名）
中國雲南省麗江	13%（30名）
愛沙尼亞塔林	8%（18名）
克羅埃西亞杜布洛尼克	17%（39名）
紐西蘭皇后鎮	9%（21名）

日落時聽到的鐘聲，會讓戀人的心更貼近。

聖托里尼＆米克諾斯 SANTORINI & MYKONOS

地中海上最美麗的島

聖托里尼和米克諾斯，是透過廣告已被我國國人熟知的夢幻旅遊地。甚至有人不是為了希臘古代遺跡地，而是為這兩座島而想前往希臘的。像打翻了染料一樣的蔚藍大海和耀眼的白色房屋，讓人感覺像是走進了童話世界。聖托里尼村位在陡峭的峭壁上，遠看就像峭壁上覆蓋了一層雪。建築物和路面不用說，連超市都穿上了藍白相間的外衣。聖托里尼的正式名稱是錫拉（Tira）島，紀元前1500年時大規模火山爆發中，形成了今天這個新月模樣的島。這個島美麗的風景會讓任何人變成攝影師，單是眺望一眼就會感覺到愛。因為這個理由，聖托里尼變成了戀人同遊最佳旅遊地的第一名，同時也是最不適合單獨旅遊的地方第一名。而散發著溫和氣氛的米克諾斯島，以島上的風車和風聞名。比起聖托里尼，歐洲人更喜歡到這裡。丘陵上五座純白色的風車，還有美麗的海邊……，這是旅遊者拋卻聖托里尼繁華風貌，而往米克諾斯島來的理由。

簽證 免簽證90日　**旅行最適期** 春、秋　**一天旅行費用** US＄35〜
旅行核心 走在童話村中，坐在雪白的陽台上品酒　**語言** 希臘語／英語通用度★★★
去的方法 船：在雅典皮瑞斯港乘高速渡船3〜4小時、一般渡船10〜12小時／低價航空：以愛琴海航空（www.aegeanair.com）往返雅典，100歐元以下

麗江

在古鎮享受浪漫的傍晚散步

茶馬古道,是最近在各國相當受到矚目的旅遊地之一。這裡神祕的風景,最先是透過旅遊者傳述和紀錄片,才開始被知道的;現在已經變成了最受歡迎的旅遊地。茶馬古道是連接中國雲南省南部和西藏的一條綺麗道路。在這條路上風景優美的歷史古鎮相當多,其中旅行者最常去的地方就是麗江古鎮了。古鎮周圍綿延著萬年雪山,反映在鎮中如畫一般的美麗湖水中。在古鎮中擁有百年歷史的巷道上,充滿了古老的風味;沿著遍植柳樹的道路走,路旁還有美麗的水道流過。許多遊客會在古色古香的民宅長期滯留,慢慢地在過去的時光中旅行。承受過大地震考驗的這個古鎮,也是動畫電影《功夫熊貓》的背景舞台。夜晚坐在水道旁優雅的咖啡店,和心愛的愛人一起喝杯茶,是永生難忘的瞬間。麗江和桂林在2006年被中國選為最受喜愛的旅遊地第一名。在悠長歲月中建築的各式木造建築,它的價值已被認定,而被指定為世界文化遺產。

簽證 申請台胞證　**旅行最適期** 春、秋　**一天旅行費用** US＄20～
旅行核心 走在歷史悠久的古鎮巷弄,坐在河岸茶店喝茶　**語言** 中文／英語通用度★
去的方法 搭飛機到雲南省的省會昆明,再搭巴士(8～10小時)前往。

走在清晨的街道上，在夢幻的氣氛中，體驗回到過去時空的氛圍。

看起來像童話世界主題樂園，但實際上是有人住的塔林古城。

塔林 TALLIN

去浪漫的中世紀城市作時光旅行

北歐有個像童話世界的國家——愛沙尼亞。愛沙尼亞是個位在芬蘭和波羅的海芬蘭灣之間的小國。它是舊蘇聯瓦解時，和鄰居拉脫維亞、立陶宛聯合爭取獨立後建立的國家；也是迅速成為歐洲新旅遊勝地的國家。在愛沙尼亞任何地方旅行，都能欣賞到美麗的風景，但其中首都塔林的舊城是最受旅行者喜愛的。塔林的舊城，是個仍保存著中世紀風貌的地方，在城鎮各處都能感受到歷史和文化。舊城是13世紀十字軍騎士團建立的，後來成為漢撒同盟主要的都市，因而發展成為貿易港；現在被指定為世界文化遺產。迷宮般的巷弄全都是硬硬的石頭路；參天的教堂尖塔和寺院，讓古城的風景更加有古意。從舊城的入口起儼然排列的花店和各具特色的樂器店，還有獨特美麗的招牌，都是吸引旅遊者目光的魅力風景。歐洲中世紀風貌保存最完善的都市，就屬塔林的舊城了；走在舊城裡，還會聽到不知從何處傳來的美妙鐘聲。

簽證 免簽證90日　旅行最適期 5～9月　一天旅行費用 US＄25～
旅行核心 坐在美麗的咖啡店沉思，參觀歷史悠久的教堂　語言 愛沙尼亞語／英語通用度★★★　去的方法 在歐洲各主要都市，搭乘低價航空或巴士前往。

進入塔林的舊城，就會
知道這裡為什麼是波
羅的海的寶石了。

迎接旅客的不只是美景，當地人的親切和純真更是珍貴的禮物。

4 杜布洛尼克 DUBROVNIK

在海岸峭壁上的如畫古城

英國浪漫派詩人拜倫稱杜布洛尼克為「亞得里亞海的珍珠」。劇作家蕭伯納曾說：「想看地上樂園，就去杜布洛尼克。」克羅埃西亞的杜布洛尼克，自古就是詩人、名士讚譽不斷的美麗地方；它和普利特維切湖一樣是克羅埃西亞的旅遊核心。沿著陡峭山勢而建的這座海岸古城，擁有令人屏息的美景。翻過包圍整個舊城的25公尺高的城牆，能俯瞰整個杜布洛尼克的風景；看到那和亞得里亞海搭配得如此和諧的古建築，真會忍不住發出讚嘆。杜布洛尼克的美景曾遭遇過消失的危機，1991年克羅埃西亞從南斯拉夫聯邦獨立出來時，塞爾維亞曾攻擊杜布洛尼克3個月，整座都市處在被毀的危險中，來自世界各地的知識份子們，駕著帆船守衛在杜布洛尼克近海，這美麗的地方才被聯合國教科文組織登記在「處於危險中的世界遺產目錄」中。自從1999年開始復原工程之後，如今王宮、教堂、修道院等都已恢復原貌。從哥德樣式到文藝復興、巴洛克樣式的美麗建築物，沿著美麗海岸綿延；讓人的眼、心，以至靈魂，都愛上了這個美麗的地方，是戀人一定要相約造訪的名勝。

簽證 免簽證90日　**旅行最適期** 全年均可　**一天旅行費用** US＄30～
旅行核心 在城牆上觀賞美麗的亞得里亞海和舊城，在咖啡店品嚐美食
語言 克羅埃西亞語／英語通用度★★　**網址** www.tzdubrovnik.hr
去的方法 從捷克等鄰國抵達首都薩格勒布（Zagreb）後，搭乘巴士（10～12小時）抵達；或在義大利安科納（Ancona）搭乘遊船（9小時）抵達。

花園城市皇后鎮

5 皇后鎮 QUEENSTOWN

和愛人一起開露營車旅行

紐西蘭的南島皇后鎮擁有許多人曾在夢裡描繪過的如畫風景。那裡有美麗的群山，屏風似地環抱著長77公里的瓦卡蒂普湖。在深藍色的湖水上撒上溫暖的陽光、被雪覆蓋的雪山、可愛的村落風景，這些都是旅遊紐西蘭皇后鎮的核心景點。電影《魔戒》和《阿凡達》都是在皇后鎮近郊拍攝的，知道了這事實後，旅遊者對這裡更加關注了；就像它的名字「皇后的城鎮」一樣，它以富麗堂皇的風景而自豪。世上最美麗的登山路──米佛峽灣登山行程，也是以皇后鎮為起點。另外，皇后鎮也是戶外運動的天堂，高空彈跳、熱氣球、跳傘、快艇、快艇滑水、橡皮艇、皮筏等驚險刺激的運動，讓人可以盡情地玩；近郊還有世界知名的滑雪場。上天賜予的自然風景，和各式各樣的旅遊活動，使得皇后鎮每年吸引了45萬名外國觀光客。原來這裡是原住民毛利人的居住地，1850年代因採金礦，才有歐洲移民到這裡開墾。在皇后鎮最理想的旅行法是，和愛人一起搭乘出租露營車，慢慢地環遊周邊風景。

簽證 免簽證90日　**旅行最適期** 11～3月　**一天旅行費用** NZD＄45～
旅行精華 情侶一面一起開露營車旅行，一面體驗各式戶外活動
語言 英語　**去的方法** 在紐西蘭的首都奧克蘭，利用飛機或陸上交通工具可達。

攝影／JJ

紐西蘭的羊數是人口數的20倍。

TIP
情侶一起去，回來會變成冤家的旅遊地

孟加拉達卡（Dacca）

孟加拉的首都達卡，有令人痛苦的悶熱天氣、慘不忍聞的廢氣，還有令旅行者惱火的限制。有句玩笑話說：「德蕾莎修女和聖哲和尚到這裡，都會生氣地回去。」由此可見一斑。

巴基斯坦喀拉蚩（Karachi）

人口密度居世界第三位的喀拉蚩，以悶熱、廢氣，還有盯著旅行者錢包的強盜出沒地點而知名。這裡也是恐怖攻擊頻繁的目標地區，所以要繃緊神經注意安全，幾乎沒辦法好好地參觀遺跡地。除了這些可怕的情況以外，在通勤時間搭計程車，車費可能要花上你全部的旅行費用呢。

斯洛維尼亞和愛沙尼亞（Slovenia & Estonia）

斯洛維尼亞的男性以歐洲最有魅力而聞名。甚至巷弄裡遊手好閒的人，都長得像張東健一樣帥。愛沙尼亞的美女也是有名的，無論在何處，甚至是田裡，都可以看到「農婦金泰希」、「送牛奶的韓藝瑟」。所以萬一戀人一起去這裡旅行，可能會因為多看了誰幾眼而大吵一番。

宏都拉斯烏提拉島（Utila Island）

烏提拉島是知名的潛水地，在戀人間也很受歡迎，但是只要待一個晚上，這些讚美之詞就會煙消雲散了；因為會被可怕的蚊子攻擊，一天下來被叮了40～200個包，可見它恐怖的程度了，讓人不知不覺間全身變成了蜂窩似的。整個漫長的夜晚，戀人會連牽一次手的機會都沒有，因為這裡是個輸血給蚊子的地方。

沙烏地阿拉伯利亞德（Saudi Arabia, Riyadh）

沙烏地阿拉伯是回教聖地麥加的所在地，也是個相當傳統的回教國家；別說在公共場所了，連餐廳裡都禁止男女同座。另外，如果兩個尚未結婚的男女，在街上並行或表現出親密的行為，是會受到宗教警察嚴酷處罰的。這樣戀人們還敢一起到這裡旅行嗎？

一天內結束的 在最棒的轉航地旅行

從我國出發作長距離旅行時，會經過的轉航地大部分都在亞洲；時間短的話，有幾個小時的停留時間，長的則有一天的時間要過。即使是短時間停留，如果能好好地活用，也可以變成體驗新國家的珍貴記憶。我國國人最多轉航的地方是日本、香港、泰國、新加坡、杜拜、中國、馬來西亞，其中把日本當作轉航地來旅遊的話，因物價高，並不太經濟。而其他的那些轉航地，在短的時間也可以有豐富的體驗(編按：台灣旅客前往日本、新加坡、馬來西亞可免簽，泰國為落地簽，其他地區則需辦理簽證／台胞證)。

香港 HONG KONG

夢幻的夜景和購物的天堂

一國兩制的香港，它的正式名稱是「中華人民共和國香港特別行政區」。除國防和外交外，其他所有行政都維持獨立的香港，是個融合了中國固有傳統和最尖端現代化的魅力城市。鴉片戰爭結束後簽署的南京條約，將香港割讓給了英國共155年，1997年歸還中國。20世紀後，香港急速發展，變成當今世界五大金融城市之一。全世界的大企業和金融企業，都在香港進出，香港漸漸茁壯成世界級的國際都市。香港區分成九龍半島、新界和香港島，以購物和夜景還有廣東料理名聞遐邇。街道上世界知名品牌店櫛比鱗次，晚上則有輝煌燦爛的夜景。夜市裡，從中國料理到中西合璧的各種美味誘惑著旅客。香港雖然是現代化的都市，但在都市各處仍保留著許多古色古香的建築物。雖然轉航時間很短，但因為有便捷的交通，完善的觀光系統，稍微勤快些，就能欣賞到香港大部分的觀光重點。

推薦行程
尖沙咀（Tsim Sha Tsui）→史丹利商場（Stanley Market）→維多利亞山頂（Victoria Peak）

尖沙咀
沿維多利亞港、位在九龍半島南端的繁華街區，占了香港旅遊的大半時間，可見這裡觀光景點相當多。商店、餐廳、劇場等密密麻麻林立，任何時候都擠滿了當地人和觀光客。尤其是被稱作「黃金海岸」的彌敦道，娛樂和購物中心都聚集在這裡，可以感受香港夜街的華麗。搭上紅色的雙層巴士，觀光彌敦道，可以看到像香港電影裡一樣的充滿魅力的場面。背包客的宿所重慶大廈也位在這裡。

史丹利商場
是香港最具代表的觀光名勝之一，沿著迷宮似的小路，優雅的住家和小商店一字排開。在這裡可以購買陶瓷、手工藝品、家具、畫、古董、衣服和各式各樣的紀念品。鄰近史丹利商場，有很多殖民時期的優雅建築物，和獨特風味的餐廳。一年到頭觀光客源源不絕。

維多利亞山頂
維多利亞山頂是欣賞香港夜景的最佳地點，也是旅行者必去的地方。搭登山纜車，一面登上山頂一面看夜景，更是浪漫。一登上維多利亞山頂，立刻就知道為什麼這是世界上最棒的夜景了；高聳入雲的摩天大樓迸出文明的光芒，搭配港口的火光……，光看夜景，所有的壓力都消失了。

2 曼谷 **BANGKOK**

旅行者最大的轉航地

泰國的首都曼谷，是背包客最常使用的轉航
都市；是泰國的樞紐，政治、經濟、文化的
中心，也是觀光的核心，每天有數百萬人奔
走生活的地方。曼谷是「天使之城」的意
思，1782年卻克里王朝的第一位國王拉瑪一
世，將它定為泰國的首都，之後發展成現在這個巨大的觀光城市。曼谷有觀光需要的
所有便利設施，誰都能安全舒適地在這裡旅遊；尤其物價便宜，可以盡情享受美食和
購物。臭名遠播的嚴重交通阻塞和廢氣污染，時常使旅行者精疲力盡，不過曼谷也有
隨時都笑臉迎人的當地人，和溫和的氣候。超過400座的寺院和華麗的王宮、可以一
窺當地人生活的水上市場、充滿活力的夜市、華麗的夜文化、擠滿世界各地旅遊者的
街道、眾多百貨公司形成的購物中心等，曼谷十足是個娛樂中心、購物中心超多的城
市。當作轉航地進入時，旅行者可以以主要的觀光景點為中心，訂好旅行計畫，這樣
就可以在短暫的時間內，享受到最高品質的體驗。

推薦行程
皇宮→考山路（Khaosan Road）→帕蓬（Pat Pong）

皇宮
這裡以華麗的舊王宮，和連接舊王宮的玉佛寺而聞名。舊王宮是1782年拉瑪一世所建，採華
麗莊嚴的泰國傳統樣式。向上高聳的華麗宮殿和樓閣，令人印象深刻；鋪上金箔後，再以玻
璃和瓷器裝飾的寺院，令人不由得發出讚嘆。泰國國王被視為活著的神，受到所有國民的尊
敬，所以穿著T恤、無袖上衣、短褲、拖鞋，都是不能進入王宮的。

考山路
考山路是背包客的天堂，也有人專為這裡而來泰國的。這條長300公尺的路，密密麻麻林立著
便宜的宿所、餐廳、攤販、按摩院、換錢所、旅行社等。這條街新奇和珍貴的觀光景點也很
多，就算花一整天都看不完。另外，它也是小吃的天堂，各式各樣的泰國飲食和水果在商店
裡一字排開；到考山路來的話，一定要體驗一下泰國最便宜的享受——泰式按摩。

帕蓬
雖然曼谷的白天很華麗，但晚上又有和白天完全不同的華麗感。避開白天的悶熱，到了晚
上，曼谷各處的夜市更是生氣蓬勃。其中最有名的就是帕蓬，它是夜市和娛樂共存的地方；
是越戰時期為提供美軍休閒娛樂而形成的街道，現在變成了東南亞最大的旅遊區。這條街因
販賣仿冒品，而使夜市的規模變得更大了，即使不去觀光景點，在這裡也能玩得很盡興；到
這裡也可以看看和全世界觀光客混雜在一起的泰國人多樣的日常生活。

新加坡 SINGAPORE

超有魅力的小城市國

新加坡這個名字，是14世紀時蘇門答臘王子在這裡看到了像獅子的動物，就將此地稱為「新加普拉」（Singa Pura，獅子的城市）而得名。這個東南亞的小島國新加坡，曾被英國、日本殖民，然後再被英國殖民，1965年時才脫離馬來西亞聯邦，終獲獨立。多民族自然融合的新加坡，是購物和美食的天堂，也是每年有600萬觀光客的觀光大國；這裡有全世界最安全的治安、乾淨的街道、便捷的交通系統，還有各民族多元的文化……，這些，都是讓新加坡成為觀光客最想再造訪的國家第一名的原因。新加坡以特別完備的購物環境聞名；為了方便購物，不論是大規模的購物中心、百貨公司還是世界最棒的名牌店，無一不缺。即使不購物，觀光景點和休閒街，還有各式各樣的旅遊地，也夠吸引人了。新加坡因為是小的都市國家，只要把時間安排好，大部分的主要觀光景點都能看得到。

推薦行程
阿拉伯街（Arab Street）→白沙浮廣場（Bugis Street）→小印度（Little India）

阿拉伯街
是在新加坡可一窺伊斯蘭文化的街道，以伊斯蘭寺院為首，還有販賣地毯、絲等紡織品和手工藝品的商店，櫛比林立。在這裡體驗不容易融合的伊斯蘭文化，購買價廉物美的商品，都很不錯。可惜的是，和阿拉伯街這個名字不同，現在住在這裡的印度人和馬來人比較多，要看到阿拉伯人反而比較不容易。

白沙浮廣場
以購物聞名的白沙浮廣場，是因為印尼貿易商聚集在這裡而逐漸開始繁榮，並成為現今這樣的規模。廣場上聚集了販售衣類、雜貨等生活用品的商店，原先是白沙浮村，然後擴充成了大的傳統市場。因為有價格便宜、種類繁多的商品，還有熱帶水果，所以吸引了許多觀光客前來。

小印度
19世紀後半，英國東印度公司位於此地，於是印度人開始移居到新加坡；之後因為貿易商需要勞動力，於是又招募了更多印度人和中國人來到這裡。在新加坡可以體驗印度人生活的地方，就是小印度，這裡聚集了印度教寺院、販售印度商品的商店和印度餐廳。

4 杜拜 DUBAI

超越沙漠的奇蹟，變成世界的奇蹟

全世界百分之三十的吊塔（Tower Crane）都聚集在這裡，杜拜是個由摩天大樓組成的都市。阿拉伯聯合大公國中最快速成長的地方就是杜拜，以創造世界奇蹟似地在發展中。在杜拜海灘上，豎立了世界獨一無二的帆船型七星級旅館Burj Al Arab、棕櫚葉模樣的人工島「棕櫚島」、做成世界地圖模樣的人工島「世界島」、海底旅館「Hydropolis」，還有世界最高建築物杜拜塔。杜拜各處都有超大型建築計畫，吸引著世界的目光。100多年前這裡不過是個小村落，在杜拜發現了石油後，便建成這樣一個猶如沙漠中央海市蜃樓的新興都市。免稅的大型購物中心使這裡變成了世界最棒的購物城，一面建設著大型旅館和休閒中心，一面正發展成觀光都市中。杜拜是和阿布達比、沙迦、阿治曼、烏姆蓋萬、哈伊馬角、富查伊拉等七大酋長國，聯合起來的阿拉伯聯合大公國的一員，是個人口僅80萬的小國。

推薦行程
市區遊覽→沙漠遊覽

市區遊覽
一早開始的城市行程，先是經過王宮，再參觀駱駝競技場。以沙漠為駱駝競賽場地規模相當大，駱駝賽跑在杜拜是相當受歡迎的活動。駱駝競賽後，接著去朱美拉海灘，在這裡可以看到七星級的帆船飯店，它的自助午餐120美元，茶一杯要90美元，是相當高級的旅館。之後到傳統市場「美丁那市場」和杜拜博物館。最後搭水上計程車參觀黃金市場，並結束旅程。4～5天的行程，費用是45～55美元。

沙漠遊覽
在杜拜近郊沙漠奔馳的越野車之旅，爬上陡峭的沙丘再快速下滑，像坐雲霄飛車一般，是很新奇刺激的方式。一次出動數十輛越野車，越野車之旅結束後到沙漠中的營地享受晚餐。這裡都鋪了地毯，可以一面享用旅館式的自助餐，一面欣賞華麗的肚皮舞表演。吃完晚餐再回到市區結束行程。費用是成人55美元。

5 上海 SHANGHAI

越看越會陷進去的魅力城市

中國的代表城市之一上海，正急速地發展
成一個國際都市中。1842年因為鴉片戰
爭，上海成為中國最早開港的城市，在此
之前只不過是個小漁村。上海開港以後，
以租借地的身分開始發展。1990年代中國
政府夢想將它建設成另一個香港，而集中投資，遂成就了現在這樣世界經濟城市的面
目。上海的天際線相當獨特。哺育上海的黃浦江居中，一邊是以現代化外貌為傲的高
級摩天大樓叢林，另一邊則是租借時期的美麗歐式建築林立。上海現在的人口有1200
萬，是個巨大的城市，但另一方面，具數千年歷史的悠久文化和傳統，又隱藏在各
處。另外2010年主辦世界博覽會，中國政府做了大量投資，使整個城市又更向上提升
了。即使停留的時間短，勤快些的話，還是可以享受到各式美食和參觀不少的地方。

推薦行程
南京路→豫園→外灘

南京路
它是接近外灘的上海最繁榮的一條路，世界名店、餐廳、旅館、百貨公司，都集中在這裡（
編按：就像我們的東區和信義商圈一樣，是購物和時尚的一號地），到南京路一走，對中國
土里土氣的印象會完全改觀。因為這裡是上海最繁華的地方，來這裡的人可用人山人海來形
容，但街道卻非常的乾淨，一個攤販也沒有。5公里長的街道上有迷你電車來往，觀光客可以
很方便地移動。南京路以人民公園為準，分為東路和西路，東路有眾多大規模的百貨公司，
西路則是傳統的工藝品店和賣茶的店。

豫園
中國具代表性的庭園——豫園，和蘇州的四大庭園合稱為江南庭園之花。這座明代官員為父
母所建的私人庭園，1559年開工，花了18年才完工。庭園內有40多座美麗的涼亭和樓閣，使
風景更顯出高雅的韻致。豫園本身就很美了，圍繞著它的傳統市場也很有名。傳統的氛圍相
當柔和的這裡，商店街上傳統工藝品店和各種飲食店櫛比林立，也是旅行者喜歡造訪的地方
之一。

外灘
外灘也是上海的象徵；這裡聚集了租借時期所建的美麗建築物，有世界建築博物館之稱，各
式建築沿著江邊一字排開。外灘的古建築和現代大樓和諧地並排著，是過去和現代共存的上
海氛圍最佳代言地。外灘的魅力，晚上特別能發揮出來；有第二個香港之稱的浦東，它的夜
景，從外灘眺望是最美的。晚上在外灘，眺望黃浦江另一邊的浦東，高樓林立的華麗夜景，
一輩子都難以忘懷。

6 吉隆坡 KUALA LUMPURS

綠蔭蓊鬱的現代城市

吉隆坡是「泥濘的河口」的意思，是馬來西亞的首都。19世紀以前，這裡還只不過是個瘧疾猖獗的熱帶叢林，但發現了礦脈後，就什麼都變了。中國勞工蜂擁而至，開始形成聚落；之後西歐列強的資本流入，遂成長為今天這個巨大的都市。中國人的移民仍持續增加中，現在吉隆坡70%是中國人，此外最多的就是印度人。吉隆坡和世界頂尖的都市相比並不遜色，是個現代化高樓大廈和蓊鬱綠蔭，完美協調地搭配在一起的庭園城市。它也是從未發生過和旅遊有關的意外事故的城市，可以安全地享受旅行。吉隆坡是個多民族都市，市內的觀光景點也相當豐富，好好地利用時間的話，可以過得相當充實。從吉隆坡的象徵雙子星大樓開始，看了殖民時期建的優雅建築物、國立清真寺、宮殿、博物館、美麗的湖公園等之後，可以再到全世界最有活力的中國城——吉隆坡中國城購物、享受美食。

推薦行程

雙子星大樓（Petronas Twin Towers）→獨立廣場（Merdeka Square）→國立伊斯蘭寺院

雙子星大樓

1998年完工，世界最高建築物之一的雙子星大樓，高452公尺，共88層的這兩棟建築物，是吉隆坡和馬來西亞的象徵。這座建築物的一樓到四樓是大型的購物空間。上午申請的話，會有導覽人引導到空橋，鳥瞰綠蔭茂密的吉隆坡全景。建築物外的廣場還有很多表演在進行，所以要快去看，不能在大樓停留太久。

獨立廣場

殖民時期建築物櫛比林立的獨立廣場，也是國家慶典的舉行地。政府為了不忘記殖民時代的痛苦，在這裡建造了許多紀念碑和亞洲國家形象的廣場，觀光景點很豐富。尤其是「蘇丹阿都沙末大廈」鐘塔樣式的建築物，是英國殖民時代1897年完工的；另外還有高41.2公尺的鐘塔，任何時候金色的銅拱頂都會散發出優雅的光芒，是1897年為慶祝英國維多利亞女王生日而設置的。

國立伊斯蘭寺院

國立清真寺是東南亞最大的清真寺，也是座1965年完工的美麗建築物。這裡並不限制宗教信仰，任何人都可以進入內部參觀，更進一步了解回教和伊斯蘭文化，消弭對它們的恐懼。可容納8,000多人的禮拜堂，還有各種會議室和圖書館等。女生如果穿著露出身體的衣服時，是不允許進場的，所以要在入口處借衣服換上。另外下午1點到2點30分是祈禱時間，也禁止入內訪問；進入清真寺內要打赤腳。

7 台北 TAIPEI

觀光景點繁多的文化城市

位在太平洋西北側的台灣，是南韓面積的
四分之一，有2,300萬人。過去曾是荷蘭、
西班牙、日本的殖民地，1949年國共內戰
後，蔣介石政府避居於此。位在島北端的
台北市是首都，是個過去和現代共存的多
姿多采的文化城市。以台北金融中心，也
就是樓高僅次於杜拜塔的101大樓為首，
還有世界四大博物館之一的國立故宮博物

院、被海浪侵蝕而形成的奇岩怪石的野柳海洋公園，觀光景點相當多樣。另外，可以
採購各式商品的大型購物中心和體會當地人生活的傳統市場、夜市也很多。其中台北
夜市的代表──士林夜市，是小吃的天堂，充滿了各種山珍海味，是很多旅行者喜歡
的短期停留城市，不過如果事先沒有計畫好，很可能會因為觀光景點太多而手忙腳
亂。

推薦行程
國立故宮博物院→台北國際金融中心

國立故宮博物院
國民黨蔣介石政府避居台灣時，將許多北京皇宮的寶物帶到了台灣，這裡就是保管這些寶物
的地方；和巴黎的羅浮宮、倫敦的大英博物館、紐約的大都會博物館，合稱世界四大博物
館。這裡無價的中國寶物有70萬件，大部分都是超過千年以上的國寶級文物，以3個月為單
位，每次展示8000件，輪流展示所有寶物；也就是說，想要看完故宮所有收藏的話，要花上
20年的時間。

台北國際金融中心
台北國際金融中心是台北的象徵，又被稱作「台北101」的
這座高層建築，地上有101層，樓高508公尺。在杜拜512公
尺的塔建成以前，是世界最高的建築。到達瞭望台的電梯是
世界最快的電梯，抵達位在89樓的瞭望台只要37秒。從最高
層的眺望台眺望台北市的夜景，能更激發旅行的興致。

曾經是世界最高建築的台
北101，現在已被杜拜塔趕
上，失去了第一名的位置。

3 有自己**專屬主題**的
特殊**環遊世界**旅程

令旅行者駐足的綺麗風景背後
還藏著美好的東西。
那就是讓我們微笑或是
讓我們流淚的人們。
雖然有著不同的文化和生活方式
卻是可以用心交流的朋友。

志工活動之旅

世界各地的乞兒、難民，還有因自然災害和疾病而急需幫助的人，非常多。雖然有許多團體和個人伸出了援手，但很奇怪，這些仍然不夠。有句話說：「幫助人的手，比祈禱的嘴更美。」目前一邊旅行，一邊透過世界各地的服務機構來從事志工活動的人，出人意料得多。有為處在困境中的人們而設立的服務機構，也有為幫助自然和動物而設立的機構；可依自己的條件，在環遊世界途中參與一次吧，這樣將會讓旅行更加有意義。

Q. 環遊世界中想參與什麼樣的服務活動計畫？

（受訪者166名）

服務活動計畫	比例
參與KOICA（韓國國際協力團）海外服務	28%（47名）
海外國際青年服務團	3%（6名）
世界青年服務團	3%（6名）
國際工作營活動	11%（19名）
好鄰居（Good Neighbors）服務活動	10%（17名）
印度德蕾莎修女之家	7%（13名）
非洲動物保護計畫	17%（29名）
北美各式服務計畫	5%（9名）
澳洲自然保護服務活動	10%（17名）
參與其他服務計畫	1%（3名）

在世界最大貧民區服務的 印度德蕾莎修女之家

因電影《歡喜城》的拍攝而聞名的、印度東北部加爾各答，是印度具代表性的大城市，也是世界最大的貧民窟。這裡有諾貝爾和平獎得主德蕾莎修女為了實踐愛的使命而建立的「修女之家」。到加爾各答旅行的人，可以到這裡為被遺棄的人服務。修女之家雖然有許多服務機構，但以照顧早產兒和被遺棄兒的「兒童之家」（Shishu Bawan）、照顧殘障和老人的「老人慢性病中心」（Prem Dan）、照顧重症障礙兒的「稍長兒童啟智中心」（Daya Dan），還有照顧將死老人的「垂死之家」（Kali－ghat）最具代表。除特別需要女性照顧者的「兒童之家」外，其他三處，無論男女都可以前來服務。在「兒童之家」，是做照顧五歲以下的嬰兒和障礙兒的工作。在湧入最多自願服務者的「老人慢性病中心」，則是做打掃、洗衣和為殘疾人士洗澡的工作。如果是照顧各種重症殘疾人士的話，最少必須服務一個月，因此自願者比較少。最後是照顧將死之人的「垂死之家」，在照顧等待死亡的人的過程中，幫助他們好好地走完人生最後一程。

電話 091（國號）033（加爾各答）2447115
地址 Missionaries of Charity, 54A, A.J.C.Bose Road, Calcutta

MINI INTERVIEW 1

「服務不光是為別人，更是為自己，不是嗎？」

安寶拉（女，27歲）

在德蕾莎修女之家服務的契機是什麼？

在印度旅行時進入加爾各答後，因其他旅遊者積極推薦，叫我一定要去參加服務活動看看。於是心想：「去做1個禮拜吧！」抱著這樣的心情，就去了。

活動期間有多長？

在老人慢性病中心6天，在垂死之家1天，共服務1星期。雖然一個人去，但在那裡結交了很多同國籍的好朋友。

一天有哪些工作？

早上7點在德蕾莎修女之家集合，吃免費提供的麵包和茶當做早餐。之後各自移動到自己服務的地方；不吃早餐的人，可以在8點鐘前直接到服務的地方。上午8點到10點30分洗衣和打掃；然後會陪老奶奶、老爺爺說話，之後就是1小時的午茶時間。11點30分到12點30分是午餐時間，也就是上午工作的結束。旅行者大部分只服務上午，就可以回宿所休息；但熱情的長時間服務者，還要參與下午的服務。

有覺得特別吃力的地方嗎？

一開始會不知道該做什麼，有些不知所措，甚至還有「我是不是來混吃混喝」的想法。在「老人慢性病中心」服務時，因為老奶奶們不會說英語，所以我時常弄不清楚她們的意思，因此覺得很不好意思。事實上我很討厭早起，在艷陽下走路倒還好，但要和言語不通的老奶奶在一起，是滿尷尬的。不過為他人流汗、和內心善良的人們一起工作，是多麼幸福的事啊！我也明白了服務不是為別人做事，而是為我自己；這是非常值得珍惜的時光。

如何參加？

在加爾各答的旅館裡，有很多參加過服務的旅行者，可以從他們那裡獲得情報。可以和已經在那裡服務的人一起直接開始；或者前一天下午到德蕾莎修女之家聽修女說明，然後填寫申請書。英文程度好的話，和其他服務人員、修女會比較好溝通；不過患者都使用其他的語言，聽起來相當吃力。最主要的是要敞開心胸；即使英文只會說「Hello！」、「My Friend！」、「Thank You.」、「Bye～」也沒問題，還是一樣可以服務的。服務期間需要的費用，包含住宿費、餐食費、點心費和上網費等，一天200盧比（台幣132.5元）左右。

對想在德蕾莎修女之家服務的人說幾句話吧！

請花1個星期嘗試看看吧。不需要刻意期望獲得什麼，只要活在當下，盡量享受每個時刻，就能創造出幸福的回憶了。

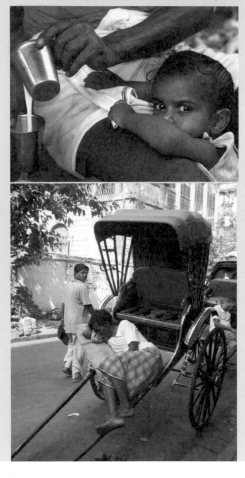

TIP
服務申請方法

每週一、三、五下午3點去的話，填寫簡單的表格並和修女簡單的面談，就登記完成了。另外，在登記時就要先選好希望前去服務的機構；服務時間也是隨個人的意願，短則一天，長的一年以上都有可能。服務者一天的作息算是蠻單調的，早上7點到服務中心吃早餐，8點開始到各自的機構服務。每個機構服務的時間都不同，一般只有4個小時就結束了一天的工作。有些自願服務旅行者一面長期住在沙德街（Sudder Street），一面往返德蕾莎修女之家服務。服務期間所有費用都要自己負擔，不過因為印度物價低廉，每個月200～300美元就足夠了。

同時旅行又服務！國際工作營

國際工作營（IWO：International Workcamp Organization）是集合世界各國的參加者，從事2～3週共同生活並服務的計畫。全世界各國進行的服務活動，舉凡環境、建設、文化、教育、農業、社會事業等，都可以參與。依地區不同，服務人數是10～30位，一天服務6～8小時，一週服務5～6天。營地志工除了參與服務活動以外，還有討論時間或短期旅行的時間，也可能有機會和當地人舉辦舞會。但是主辦單位並不會替自願服務者支付所有費用，而是服務者必須付給主辦單位必要的費用，機票也要本人自己購買。除機票外，宿食費用平均台幣7,950～1萬6,000元左右。每年3～4月間會公布各國工作營的日程，大部分都在7月以前結束。任何可以簡單用英文溝通的人都可以參加。因為國際工作營可以一面旅行一面參與，所以是很受歡迎的服務計畫之一。

相關網址 www.1.or.kr

韓國男子在海外大部分都會被認為是跆拳道高手。

TIP

服務申請方法

參加費用
大致上可分為參加費用和個人花費。參加費用因地區而不同，大致是200～400美元左右；個人花費則依機票種類和花費習慣有較大的差異。提出參加申請書時，參加費用要同時支付，才算申請完成。

準備事項
包含基本的簽證在內，所有的準備工作都要自己來。參加前如果有事前教育或工作說明會等，一定要向曾參加過的人取得相關情報，以提高對工作營的了解。旅行平安保險和要攜帶的物品，按一般長期旅行的水準來準備即可。

工作營裡的活動
一般是和1～2名的營地領隊一起，進行1週5～6天，每天6～8小時的服務活動。因為會和許多國家的參加者合作，所以是培養感情的好機會。服務以外的時間，都是自由時間；通常在自由活動時，大家都會組團一起去嘗試各種活動，也有的週末相約去旅行。

英語能力
工作營基本的共用語是英語，因此要有基本的英語會話能力，最好能學會幾句簡單的當地語言再去，這對和當地人溝通有很大的幫助。溝通並不一定只能用言語，保持開放的心和積極的態度，願意主動接近人，比什麼都重要。

「和全世界的朋友一起流汗，並感受溝通的快樂。」

李東煥（男，31歲）

參加工作營的契機是什麼？

因為想參加和旅行不同型式的計畫。工作營是工作（服務活動）和營隊（各國參加者和當地人一起做的各式各樣活動）的混合型態，因此除了單純地在國外從事服務活動以外，還能享受到在旅行中不容易體驗到的營隊生活魅力。我到現在已經參加了四次位在世界各國的工作營了，分別是2002年8月蒙古烏蘭巴托的孤兒院、2003年8月日本日出町精神遲緩者設施、2004年7月韓國蘆花島、2005年9月冰島西北部丁格利村(音譯)。

選擇參加某特定國的特殊理由是什麼？

因為想選擇可以同時旅行和參加工作營計畫的國家。第一次選擇參加蒙古，是因為想滿足到蒙古戈壁沙漠旅行的心願，還有參加工作營的心願，而選擇了這個國家。第二個參加的日本，是想在物價高的日本很精省地旅遊，而自願參加工作營的。值得參考的是，工作營的參加費用幾乎全世界都一樣。第三個參加的是韓國的蘆花島，這是由韓國主辦的營隊，參加者來自世界各國，都是想好好了解韓國而選擇這個營隊的。我還擔任營隊的領隊，在營隊開始前幾個月，就要先了解營隊的內容和流程。最後一個參加的是冰島，因為想要去特別一點的地方看看，同時也是想參加與環境有關的營隊而選擇的。

一天的工作有哪些？

依營隊而有不同，有些會準備餐食，但大部分是由各國的參加者自己料理；不僅可以嚐到各國的料理，同時也有介紹自己國家的機會。早餐組要提早30分鐘起床，準備早餐，一起吃完早餐後，就投入服務計畫。晚餐後，則依各營隊的情況而有不同，有和當地人聚會的（各國料理節等），也有參加當地慶典的；有的參加者們介紹各國的文化，也有參加者們彼此閒談或玩遊戲等。週末時，參加者可以到當地有名的地區旅遊，藉這個機會真切體會到工作營座右銘之一「全球＋在地」（Globalization＋Localization）的真髓。

感到特別吃力，或特別有感受的地方是什麼？

工作本身並不吃力。雖然隊中也有生平第一次工作的嬌嬌女，不過我認為那反而更有趣。對我個人來說，最感吃力的是平常幾乎不進廚房的我，該怎麼做出好的本國料理，以回報其他參加者的期待。

參加期間的額外花費有多少？

老實說，工作營並不是一個自願的服務。去孤兒院和孩子們玩，為什麼還要付參加費……？我想，這樣的誤解就是因「自願服務」這四個字引起的吧。工作營，是自願（Voluntary）參加工作（Work）營隊（Camp）的意思。因為是自願的，所以機票等費

用要自己負擔，當然，工作是不會有酬勞的。另外，也要支付2～3週的營區生活費。抵達營區的費用（機票、當地交通等）、營隊參加費（200～300美元）、個人花費（週末旅遊時公園的入場費等），都要自己準備好。

對想參加工作營的人說幾句話吧！
在營區工作最賣力的人就是韓國人和日本人。不過參加工作營的目的，並不只是工作，歐洲和其他國家的參加者會在工作中聊天或開些玩笑；晚餐後的自由時間也會聚在一起做些事情。而韓國、日本的參加者因為擔心英語程度不好，就會有光顧著賣力工作的傾向。其實，自願來參加工作營的各國青年大部分的個性都是開朗的，而且也都有和不太會說英語的人溝通的心理準備，所以，有自信地跟他們說說話吧。

在雪梨歌劇院前，會看到街頭表演的原住民。

在大自然中找尋有價值的時間 澳洲自然保護志願服務

CVA（Conservation Volunteers Australia）是個非營利機構，在澳洲全境的自然保護地區，從事對自然和環境的保護工作。服務人員做的工作是摘除有害雜草、步道維修和保養，和瀕危動植物的保護、觀察和調查、植樹、防止土壤流失、調整鹽的濃度等，包含澳洲領隊共6～10人組成一隊。這計畫的優點是在大自然中生活的時候，可以認識來自各國的人並體驗他們的文化。如果要參加4週以內的計畫，必須繳納一天30美元的參加費，才算申請完成。費用包括食宿和交通費。住的地方依參加地區而有不同，可能是旅館、露營公園、大通舖，或是帳篷。餐食由各隊輪流準備。服務活動時間是每週的星期一到星期五，上午8點開始到下午3～4點結束。週末的自由時間，大部分人都是休息，也有和隊友開舞會的，或到周邊旅遊地旅遊。

|TIP
服務申請方法
利用網路，或前往澳洲全境的13個CVA辦公室，都可以辦理；也可以透過國際工作營機構，在募集期間報名參加。任何服務計畫結束後，都能取得CVA發給的活動證明書。
申請網址 www.conservationvolunteers.com.au

MINI INTERVIEW 3

「雖然是短期間的體驗，對生活卻有很大的幫助。」

李承哲（男，28歲）

參加工作營的契機是什麼？
在澳洲工作渡假（Working Holiday）時，為了結交外國朋友，才去參加的。

一天有哪些工作？
活動地點在昆士蘭布里斯本近郊，共3天，主要是拔雜草、去除藤蔓等工作。每天早上，志願者在辦公室集合，然後再一起出發。上午工作結束後，直接買午餐吃，接著再繼續工作到下午3點。總共的費用是往返該地的車費和午餐餐費。

CVA證書

最棒的地方是？
可以直接欣賞到澳洲的美麗自然風光，還有可以和一起參加的外國人變成朋友。另外，澳洲的新奇動物袋鼠、沙袋鼠、蜥蜴，都可以就近看到，這些都是很令人難忘的。

北領地的卡卡度國家公園

守護生命受到威脅的動物 非洲野生動物保護計畫

非洲這個野生動物的天堂，是人類要善加保護的珍貴自然遺產；但在旅行者欣賞到的
美麗非洲的背後，黑暗的影子正如影隨形。因任意開發和破壞，生態系正急速地崩壞
中；物種生存受到威脅，而使得個體數逐漸減少。為了保護在非洲因人類而生命受到
威脅的動物，這樣的保護團體和個人經營的動物農場相當多。其中一般人可以參加的
代表性服務營，就是針對肯亞、辛巴威、南非共和國、納米比亞等的動物保護計畫。
無論參加哪一個服務營，都要付參加費，參加費內含一定金額的保證金。

相關網址 www.volunteeradventures.com/africa.htm

肯亞

安布斯利（Amboseli）公園大象保護計畫
工作 追蹤大象的移動路線、個體數監測、參與馬賽地區的開發工作
期間 最少2週～最多8週
參加費 US＄1,825（2週）
費用內容 所有活動費用和食宿費
參考事項 18歲到40歲才能參加

南非共和國

普利登堡灣（Plettenberg Bay）
海洋生物研究計畫
工作 分析沿岸的鯨魚和海豚的數量、拯救動物
期間 最少4週以上
參加費 US＄1,914（4週）
費用內容 所有活動費用和食宿費

辛巴威

萬基（Hwange）公園野生動物保護計畫
工作 救助被盜獵者弄傷的動物、監測獅子和鬣狗的數量、公園的維修和保養
期間 最少4週～最多8週
參加費 US＄2,230（4週）
費用內容 所有活動費用和食宿費

圭魯（Gweru）公園獅子保護計畫
工作 照顧小獅子、監測野生動物的數量、公園警戒巡察
期間 最少4週～最多8週
參加費 US＄3,500（4週）
費用內容 所有活動費用和食宿費

攝影／JJ

邊賺錢邊旅行的 Working Holiday

想要一邊工作一邊賺旅費，甚至還能完成夢寐以求的語言學習，最好的環遊世界方法就是工作渡假。

工作渡假計畫對那些因經濟問題而裹足不前的旅行者而言，可以說是最好的因應方法了。顧名思義，工作渡假就是「邊工作邊享受渡假」的意思。為賦予本國青年體驗其他國家文化的機會，並促進國家間的相互友好，我國和澳洲、加拿大、日本、紐西蘭以特別簽證的方式簽訂了工作渡假計畫協約。工作渡假者限制在18～30歲，而且一生只有一次機會。（編按：本單元資料以2011年12月為準）

本國人最喜歡去的工作渡假國家**澳洲**

澳洲的工作渡假不限人數和募集時間，因此是最多人喜歡前往的國家。簽證有效期限是1年，符合澳洲政府一定要求的人，還可以再延長1年。有簽證的人，可以取得最長3個月的專職工作；邊就業邊進修語言也可以，沒有限制。我國國人最喜歡的城市，依序是雪梨、布里斯本、墨爾本。在澳洲的生活，大致分作都市生活和農場生活。在都市生活的人，大部分就是跑語言學校，或者為學英語而工作的人；工作很多樣，韓國人大多是在餐廳打雜，或在大型超市、旅館、大廈做打掃的工作。在農場生活的人則主要是為了賺錢，大多是在專門種植葡萄、草莓、西瓜、柳橙、蔬菜等農場工作；通常會住在農場提供的宿舍或車屋公園（Caravan Park）；參與者依能力不同，收入的差距也蠻大的。

「獲得了『什麼事都能做』的自信。」

韓東華（女，28歲）

產生工作渡假這念頭的契機是什麼？

在國內，我是做服裝設計的，但在職場生涯
期間，時常產生懷疑，於是就辭職了。一半
是想休息，一半是想嘗試在外國生活。選擇
工作渡假的原因是不用花很多錢，還可以學
語言和自由地旅行。澳洲氣候宜人，簽證發
給的手續簡便，所以就優先考慮它了。

**去澳洲時帶的錢，和實際使用的錢
是多少？**

包含學費我一共帶了台幣15萬9,000元，不
過上學期間和旅遊期間沒工作，所以生活費支出滿多的。11個月期間，學費花了7萬9,500
元、生活費花了10萬6,000元、旅行費花了7萬9,500元。最初3個月的學費，是用我當設計
師時存的錢，之後都是邊工作邊生活。

如何邊工作邊消除語言的隔閡？

透過同好會和許多過來人聊天，獲得許多值得參考的資訊。忠告是，因為工作時使用英語
溝通的機會很多，所以最好先上語言學校。出發前，我還在國內上了英文課，但事實上在
國內學的沒有多大用處。

工作渡假地簡陋
的農場宿舍。

超大型super西瓜！看
過這麼大的西瓜嗎？

如果是勤勞的本國人，
每週可賺1,000美元～！

做些什麼事，又會有多少收入呢？

在昆士蘭的草莓農場待了3個半月左右，在葡萄農場則是待約4個月。收入依做了什麼工作而有很大的不同。在葡萄農場工作時，1週可以賺1,000美元以上。

有覺得吃力的地方或是印象深刻的瞬間嗎？

在澳洲工作期間，天晚上都和在農場一起工作的朋友混在一起。一起做東西吃，一起聊聊未來，仰望夜空中的繁星，那段時光到現在還忘不了。在那裡的一刻，都是珍貴生活的一部分。

參加工作渡假後，個人有什麼改變嗎？

大學畢業後就過著自己煮飯吃的生活，但是來到這兒以後才發現，以前的自炊生活根本無法相比。經歷了澳洲的工作度假生活後，生活能力增強很多，而且，在澳洲時遭遇了各式各樣的事，因此也獲得了任何事都能做的自信。

工作期間旅行時，最棒的旅遊地是哪裡？

當然是凱恩斯。它被稱作戶外活動的天堂，在那裡可以體驗各式各樣的休閒活動。最棒的是浮潛，可以看到大堡礁耀眼的海洋，和驚人的珊瑚群，非常美麗。

給夢想去澳洲工作的人幾句話吧！

趁著年輕，一定要好好把握多看、多體驗的機會，但是要去體驗寬廣的世界的話，也可能會接觸到不好的事。不要把自由變成放縱，要智慧地自處，深思自己真正想要的是什麼。

09.01.2007

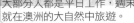

大部分人都是平日工作，週末就在澳洲的大自然中旅遊。

工作渡假簽證期滿後換成觀光簽證**加拿大**

想到加拿大工作渡假的人也很多，但是和澳洲不同，它1年只募集一次，而且人數限定只有1,000人，所以競爭非常激烈。此外，也不像澳洲，1年的工作渡假結束後簽證還可以再延長；倒是在工作渡假結束時，可以轉換成6個月的觀光簽證，所以，可以在打工和語言研修之後再來旅行。在加拿大最受歡迎的工作渡假地點，是被選為世界最適合居住的城市——溫哥華。加拿大和澳洲不同，它的工作渡假農場系統做得不是很好，所以要在農場工作比較困難。相較之下，餐廳打雜的工作和旅館打掃的工作就比較容易取得了。加拿大工作渡假募集的時間是從年初開始，透過大使館可以知道正確日期。透過網路相關的同好會取得協助，是最理想的。

MINI INTERVIEW 5

「工作渡假變成生命中的第二個夢。」

李慶浩（男，32歲）

產生工作渡假這念頭的契機是什麼？
為了擺脫強迫的既定生活模式，期望我的人生更寬廣，並能過我真正想要的生活，因此，我放下了苦悶的職場生活，來加拿大工作渡假了。結束了在加拿大為期1年的工作渡假後，又以觀光簽證延長停留了6個月。現在取得當初在加拿大工作的公司的推薦信，又取得了簽證，一面在加拿大上班，一面準備申請永久居留權。

去加拿大時帶的錢，和實際使用的錢是多少？
因為是環遊世界中進入加拿大的，所以帶了約500美元和一張信用卡。回國後反而還多了幾千美元。包含緊急備用金台幣2萬6,500元，大概準備個13萬2,500元，就可以綽綽有餘地開始工作渡假了。

如何消除語言的隔閡？
英文不好的工作渡假者，會面臨的最大問題就是沒辦法順利地找到工作。抵達加拿大後，至少要到英語補習班上3個月的課，然後再去求職比較好。當然不是語言進修3個月，英文實力就會突飛猛進，也不保證就一定能找到好工作，只是能培養自信而已。

世上最美麗的湖之一
——露易絲湖。

經歷的工作是什麼，收入多少？

加拿大不像澳洲，可以在1年內，於各農場很有彈性地工作。我在市區內的建築工地、旅館、物流中心等地方都待過，做過好幾種工作。這些工作都比在餐廳工作的收入高。在加拿大，每天可以收入100美元以上。

工作後個人有什麼改變嗎？

曾工作過的加拿大公司對我的評價很好，使我取得了推薦信，現在在該公司上班，同時準備移民。現在加拿大是我的第二故鄉了，要在這裡挑戰新的人生目標，過和以前完全不同的生活。

工作期間旅行時最棒的旅遊地是哪裡？

欣賞極光的最佳地點之一的黃刀鎮，還有遍布萬年雪山、美麗的湖，如畫一般的洛磯山脈班夫國家公園。

給夢想去加拿大工作的人幾句話吧！

「如果不能如你想的去生活，就要如你生活的去想。」要積極地接受生活，並要知道，按照自己的信念在世上活著，才是真正的生活。拋開鎖住你的框架，去各國旅行，累積多種文化和新的經驗。世事難料，也許在我們人生中，這些經驗會成為新的挑戰也說不定。

依據日語能力可取得各式工作 日本

日本1年中會有2次報名機會，共募集2,000名工作渡假的人。人氣高的地方，競爭度就高，而且相關資料的準備也滿麻煩的。最大的優點就是不同於澳洲和加拿大，地理位置比較接近，可以隨時往返於日本和國內。再進入日本之前，要取得入境管理局再入境的核可書；要取得再入境核可書的話，就要有外國人登記證。外國人登記證到以工作渡假簽證第一次入境後，居住地的市政府或縣政府申請就可以了。另外，工作渡假者受外國人勞動法的保護，即使不屬於任何學校或公司，也有居留權。比起其他國家，在日本的僑胞人數最多；也比其他國家容易找工作。一般來說，第一次來的人都會先接受3個月的語言進修。依據日語能力程度的不同，工作的範圍也會有很大的差異。無論如何，事前充分的準備比什麼都重要。準備越充分，初期的花費也會越少。

京都金閣寺

MINI INTERVIEW 6

「我好像又變得更厲害了些。」

安娜英（女，29歲）

產生去日本工作渡假這念頭的契機是什麼？
想學日語、想多交朋友，因此在20歲出頭，就去日本參加工作渡假了。回國後，取得了日語實力認證，現在在免稅商店工作，負責接待日本觀光客。

去日本時帶的錢，和實際使用的錢是多少？
帶了台幣8萬元左右，但是因為日語進修的費用，又請家裡匯了一些錢來。日語完全不行或不流利的話，準備3個月的生活費是必要的。在語言問題還沒解決的狀態下，要不花錢是不可能的，最後也只好去本國人開的店工作了。

如何消除語言的隔閡？
在去日本以前，日語就還算是流利的了，也有很多日本朋友，但實際情況完全不一樣，除了老師外大部分都是自己國家的人，甚至宿舍的室友也是本國人；因此在語言班只花2～3小時學習，是明顯不足的。所以我想應該快點交個日本朋友，於是就到最近的早稻田大學，在告示板上貼交朋友的告示。結果交到了最要好的日本朋友，日語快速進步，也可以在日本人開的商店工作了，當然又交到更多的日本朋友。

透過工作渡假計畫，比起
單純觀光，工作渡假可以
體驗到更多，感受到更多。

參加工作渡假後，有什麼改變的地方？
產生了無論去什麼地方都能生活的自信。從日本回來後，為了賺旅遊經費，很積極地工
作，然後用這筆錢環遊了世界。超過2年的時間，包含在澳洲的工作渡假，獨自旅行了亞洲
和美洲全部地區。

給夢想去日本工作的人幾句話吧！
比起其他英語國家，日本是讓人比較安心的，而且比較容易交朋友，也比較能和日本人協
力工作。請建立一個良好的關係吧。

工作、語言進修、旅行一次完成**紐西蘭**

紐西蘭的工作渡假是最近開始受到矚目的。由於地理位置相鄰，澳洲有很多本國人，但有個缺點，澳洲的國土面積相較之下是比較小的。而紐西蘭，因為一年限定600名工作渡假者，所以到此工作的國人比較少，不過它廣闊的自然很美。另外，紐西蘭簽發的是出入境沒有限制的多次入境許可證，工作渡假期間要去其他國家旅行也可以。和白澳政策的澳洲不同，紐西蘭認定並努力保存著當地原住民毛利人的語言和文化；對有色人種也幾乎沒有差別待遇。和澳洲、加拿大比起來，語言進修費用較便宜，物價也比較低廉，可以工作、語言進修、旅行同時並行。乾淨、便利、治安好，所以意外事故也很少。歐式建築、美麗的街道、廣闊的自然、親切的人們，這些都是紐西蘭成為最近最受工作渡假者歡迎的理由。

攝影／JJ

攝影／JJ

TIP

其他食宿免費又同時旅行的方法

WWOOF

WWOOF（World Wide Opportunities on Organic Farms）是一種寄宿家庭計畫，意思是「自願在農場工作的人」。志願者在經營農場的家庭，以工作換取免費住宿，因此是沒有工錢的。一天平均工作4～5小時，其他時間都是自由時間。最先實施WWOOF的國家是英國，現在全世界有60多個會員國加入了。利用這種方式可以體驗到多種文化，而且很容易和其他國家的wwoofer（WWOOF參加者）變成朋友，甚至還能成為比單純語言進修更好的學語言經驗。如果購買當地WWOOF協會發行的手冊，就自動變成會員了。該冊子上有WWOOF的特定編號，利用這個號碼，1年內可以參加WWOOF的所有活動。手冊上還記載了有立案的農場、簡單的工作項目、說明、連絡處等。但是最近有報導說WWOOF發生了些小的意外事故，所以還是避開太偏僻的地方比較好。

網址 世界WWOOF協會 http://www.wwoof.org/index.asp

奇布茲

奇布茲（Kibbutz）就是以色列服務計畫，是一種集體農場的型態。目前在以色列全國，大大小小的奇布茲共有200多個，全世界從30多個國家來的志願者，在這裡參加服務活動。奇布茲約有300～600位居民，各種基本設施，像幼稚園、醫院、商店、運動設施、郵局、圖書館、動物園等都有。依奇布茲的特性，以旅館、工廠、牧場、農場等為主產業來經營。奇布茲和WWOOF不同的是，除了免費住宿外，每個月會有100美元的收入，而且還可以免費使用如游泳池等的各種附帶設施；此外，每個月還有2～3天的休假，所以參加者可以到近郊去旅行。募集時間和人數都沒有限制，只有滿18歲到35歲的年齡限制。工作相當多樣，會定期地輪換。基本上一天工作6～8小時，依工作的性質，有時候可能要在晚上工作。奇布茲的最少參加期間是2個月，結束後可依個人意願，也可以再到其他的奇布茲工作。

網址 奇布茲 www.goisrael.com/Tourism_Chn/Tourist+Information/Discover+Israel/The+Kibbutz.htm

選擇的瞬間！ 環遊世界V.S.語言研習

該在1年內自由地在世界各地旅遊呢？還是去進修語言，以便提升英語實力，好在未來能有個穩定的工作呢？這是計劃環遊世界的20多歲年輕人們，都曾煩惱過的問題吧。答案其實出乎意料的簡單，因為有個可以同時解決對旅行的渴望和對未來的擔心的方法。能一面環遊世界，一面獲得語言進修的學習效果，並提升語言實力的話，當然就會選擇環遊世界囉。

Q. 環遊世界時想在哪裡進修語言？（受訪者166名）

國家	比例
澳洲（環遊世界機票的票價最便宜）	16%（27名）
紐西蘭（一面享受美麗的大自然）	6%（11名）
加拿大（體驗令人興奮的冬季休閒運動）	13%（22名）
美國（享受美式生活）	10%（18名）
菲律賓（用低廉的費用體驗南國風情）	18%（30名）
南非共和國（在獨特的地方體驗野生之旅）	6%（11名）
英國（可兼作歐洲旅行的正統英語宗主國）	13%（22名）
新加坡（可同時學習中文和英文）	3%（6名）
印度（各式觀光景點和英語）	9%（16名）
其他國家	1%（3名）

增進英語能力的500天環遊世界路線

為了提升英語實力，所以只以英語圈為中心來編製環遊世界路線；或者，其實沒有什麼特殊魅力，也把它胡亂排進行程裡，這些都不是好方法。

下面要介紹的這個500天環遊世界路線，會讓你從旅程的第一天起，就很難錯失任何要用到英語的機會，再加上總共有500天的天數和融入服務營、工作渡假等，是同時考慮到旅遊、服務和提高英語實力，而定出的環遊世界日程。行程的規劃是，在旅行的一開始，先到菲律賓上2個月英語基礎班，然後轉到澳洲、紐西蘭、哥倫比亞和美國，參加四國的工作營。在澳洲透過工作渡假，可以賺到2,000～3,000美元的旅費；之後到印度加爾各答的德蕾莎修女之家做義工服務，再轉進歐洲。在歐洲和從許多國家來的年輕旅行者一起，參加國際背包客的旅行計畫，可同時解決旅行和研習英語的問題。結束了南美和中美的行程之後，向美國移動，再橫越美國旅行，最後在加拿大溫哥華研修英語3個月，同時結束環遊世界旅行。從菲律賓到澳洲是用一般機票；澳洲的工作渡假結束後，再利用環遊世界機票移動。這個路線可以旅行5大洲約30個國家，還可以體驗多種工作營，初期和末期的英語研修計畫可明顯看出英語進步了多少。在澳洲或加拿大1年6個月的語言研習，占了費用的70%，也就是說這趟環遊世界旅行最少需要台幣53萬元。

在環遊世界中提高語言研習效益的方法

1 使用英文旅遊指南
不要用中文旅遊指南，改用英文的旅遊指南，就會很自然地每天都接觸到英文了。另外，因為路線是沿著以英語為母語的旅行者走的路線來規劃，所以可以遇見許多英語國家的旅行者，很自然地讓使用英語的機會變得最高。

2 寫英文日記
這是累積英文寫作能力最好的方法。一開始以短文為主，接著隨著旅行中有趣的經驗增多，寫作的趣味也會跟著增加。一面看著在各地取得的各種英文的旅遊手冊（Tour brochure），一面利用上面的句子，寫進日記中，也是不錯的方法。日記寫著寫著，漸漸就會感覺寫得越來越好了。實際上在語言研習中，生活是蠻單調的，所以時常會有因寫日記很無趣而放棄的情況。

3 活用小型收音機
大部分國家收音機裡都有用英語進行的廣播節目，在長途的巴士上或睡覺前，習慣聽英語廣播節目的話，除了能獲得當地訊息外，對提升英語聽力能力也很有幫助。MP3要帶能聽廣播的。

4 結交以英語為母語的旅遊同伴
我國國人大部分都很難主動和其他國家的旅行者講話，或提議一起同行；但是大部分獨自旅行的外國旅行者，不管是誰和他說話，對方都是會非常歡迎和高興的。如果能結伴的話，旅行時會方便許多，移動時也比較節省費用，而且比較安全。如果遇見日程相近的英語國家旅遊者，不要錯失機會，要一起同行。

5 參加國際自助旅行計畫
在歐洲、非洲、澳洲地區旅行時，可以試試參加一次國際小組背包客旅行計畫。和不同國籍的旅行者一起共度10～30天的旅程，是一種全新的體驗。一起移動、露營、住宿、在旅遊地參加tour，很自然地會有許多要和其他旅遊者溝通的機會，因為會用到各式各樣的句子。就這樣，透過和外國旅遊者對話，自己的英語水準也在不知不覺中提高了。

6　英文文法書和英文小說各帶一本

旅行時，自己一個人獨處的時間其實出乎意料的多。這時就可以各準備一本有點難度的英文文法書和英文小說。一般的小說或遊記大概1週就讀完了，剩下來的時間就會感到無聊，建議可以準備較厚的，一有空就可以拿出來閱讀。

7　向在海外偶然相遇的人問好

長期旅行中，會和數不清的旅行者相遇然後分開。為了以後再連絡，通常會互相留下電子信箱或聯絡處，不過大部分回國後都忘了再連絡，所以，先寄封電子郵件吧～可以聊聊之前旅遊的事，或聊聊接下來的旅遊行程，這可是在提升英文能力之餘，還能更添趣味的方法喔！因為用英文和外國朋友聯絡，會更加開心。

8　時常背誦英文自我介紹

事先準備好對話形式的自我介紹，並時常背誦，必要時可能必須即興表演，這時就要毫不猶豫地用英語做自我介紹。在旅行中每天都會遇見不認識的人，這時也要自我介紹。事先準備好的話，就能流暢地介紹自己。每週再追加一行新的內容，不知不覺間，你就成為英語自我介紹的達人了。

9　參加工作營

旅行前或旅行中，要掌握各洲或各國的國際工作營日程，並試著參加為期2～3週，由各國年輕人組成的營隊。除了可體驗多國文化外，還可藉著參與用英文進行的討論，活用這實際的語言研修機會。和從各國來的志願者一起活動，會在執行計畫的同時更擴展國際觀。

10　在行程的最後，到英語國家體驗短期語言研習吧

如果是邊旅行邊將英文融入生活中，在旅行的最後，再做個短期的語言研修是很好的。將環遊世界的最後一站訂在北美、澳洲、紐西蘭、菲律賓、英國、新加坡等其中之一以後，就在那裡接受英語短期研修課程，趁這個機會把之前不清楚的英語表現或問題弄清楚。一般來說，建議1個月到3個月的短期課程。透過各式各樣的英語測試，還可以檢證出環遊世界之前和之後，英語實力增進了多少。

和外國朋友一起旅行，並累積英語實力！
國際自助旅行

這是和全世界旅行者一起旅行的計畫。基本上是用英語溝通，所以也能獲得語言研習的效果。因為是和世界各國來的參加者一起旅行，自然而然就會體驗到多種文化；到達旅遊地後，還可以依自己的日程，自由地作自助旅行。旅遊地有提供住宿訊息，可不必浪費時間和體力找落腳處；而且因為有專家同行，發生困難時能獲得即時的協助。另外，和不同國籍的年輕人一起旅行，可以一起度過一段新奇、愉快又有益的旅遊時光。國際自助旅行計畫可透過網站申請，由於是以全世界的旅人為對象，即使本國人只有一人申請，也不會因未達人數而取消。

用僅知的那幾個英文單字溝通，就足夠了

和國籍、年齡、性別無關，誰都能成為朋友，並愉快地旅行。

「안녕」「Hello」「Bonjour」「你好！」會各國的招呼語，是最基本的。

營隊中也有進行討論的時間。今天討論的主題是「世界環境」。

給同時體驗環遊世界和語言研習的人的建言

「該環遊世界，還是該研習語言，好難取捨喔！」

雖然對想去語言研習的人深感抱歉，但還是要提醒他們一下，「不要只為了學英語，而跑到國外去。」如果有這麼強烈的學習動機和意志，在國內就有充分的學英語環境了。

我去中國學中文的時候，每天的課程表是這樣的：8點起床，上4小時課；到餐廳吃中餐，到中國市場購物；晚上看電視或看電影，並和韓國留學生聊天。180天每天就是這樣重複著。後來因為太無聊，本來預定為期1年的研習課程，我只上了6個月就回國了。失敗的語言研習後，我才明白不一定要去中國，在自己國內也可以充分學習的這個事實。也許把懶惰、消極的人送去中國，強迫他們處在不得不學習的狀況中，會對語言研習有所幫助。不過，不能期待這樣語言實力就一定會提高。下定決心要學好英語，在國內也具備了充分的條件——除非你懶惰，或不那麼的迫切。語言研習回來後，大多數人多益考試分數都提高了，這不就是動機能提升學習英語效率的最佳證明嗎！

我覺得透過環遊世界所得到的收穫，要比語言研習還多。有人說，一般自助旅行1個月，相當於日常生活1年以上。意思是說，短期間內可以獲得許多經驗和訊息；這裡所說的旅行不是單純的玩，而是學習。在跨越國境的瞬間，政治、經濟、文化、語言、歷史等所有知識，都儲藏在腦子裡了，這些是不需要另外再花錢去學習的。既然是花差不多的錢，那不如參加這個多國籍的環遊世界吧。

by C.J.Y.

一起坐卡車遊非洲的
多國籍背包客們

國際自助旅行的種類

TREKAMERICA
成立於1972年，一開始只是小規模的自助旅行體驗營，現在則是經營新型態國際自助旅行冒險營的旅行社。它提供在美洲全境的各式各樣旅行計畫，是一種只有移動時結伴在一起的自由旅行；也同樣能和各式各樣國籍的旅行者（年齡限制在18～39歲）成為朋友。每團人數約10～20人。

網址 www.trekamerica.com

CONTIKI
是由18～35歲的年輕人組成的跨國歐洲旅行計畫，擁有超過100種的行程；包括歐洲、美國、加拿大、澳洲、紐西蘭等地的國際自助旅行計畫。目前正在開發亞洲和美洲地區。可以和不同國籍的旅行者全程一起活動，是體驗不同文化的好機會。每團的成員約50人左右。

網址 www.contiki.com

DRAGOMAN
這是一個關於蠻荒地帶的旅遊網站，提供許多訊息和多樣的旅遊路線；專營獨特的團體旅行，和經營知名的卡車旅行計畫。短則2～3週，長至50週的計畫都有，像是地球縱行、橫越大陸等，各式特殊的國際探險旅行都有提供。

網址 www.dragoman.com

INTREPIDTRAVEL
這是與全世界都有連結的旅行社。目前正經營以12～15人組成一隊，利用旅行地區的大眾交通工具來旅行的國際自助旅行計畫。

網址 www.intrepidtravel.com

TOPDECK

來自世界各國的18～39歲的年輕自助旅行者和tour領隊、廚師、巴士司機結伴同行，住在歐洲當地人開的民宿、青年旅舍、營地內的小屋等地。不僅安全。飲食住宿的費用也很合理。在歐洲有各種不同的行程。

網址 www.topdecktravel.co.uk

SUNTREK TOUR

利用改裝的卡車或麵包車旅行，13個人為一團。專營北美和南美的國際自助旅行計畫。

網址 www.suntrek.com

CONNECTION ADVENTURE

這是在澳洲和紐西蘭地區很有名的專業旅行社；提供澳洲和紐西蘭的國際自助旅行計畫，並且在澳洲的布里斯本有義工服務。

網址 www.connections1835.com.au

NOMAD AFRICA

是從南非共和國出發的多國籍卡車旅行；有從非洲南部到非洲東部等各式各樣的路線。為了能方便移動和露營，所以利用改造的卡車做交通工具，進行納米比亞、馬拉威、坦尚尼亞、肯亞等國的旅行。短則1週，長至45天；包含住宿和當地tour體驗。

網址 www.nomadtours.co.za

IMAGINATIVE TRAVELLER

是12～18人為一組的國際自助旅行計畫。活動包含健行、自行車運動、浮潛、乘獨木舟、騎駱駝等各式各樣的當地戶外活動。自1991年創立後，因堅強的組織力而受到許多旅行者的好評。

網址 www.imaginative-traveller.com

TUCAN TRAVEL

由南美專業的國際自助旅行社的老練嚮導帶領，利用巴士、公共馬車、小巴等各式交通工具來旅行。以古巴為首的中美和南美的tour正在計畫中。

網址 www.tucantravel.com

FEZTRAVEL

專營希臘和土耳其旅程的旅行社，以FEZ巴士來移動的旅行。可以到希臘和土耳其的任何角落看看。

網址 www.feztravel.com

附贈特殊體驗的 全世界浪漫列車

你可以利用各式各樣的交通工具來環遊世界。有在短時間內，帶你到世界各地的飛機；也有走海路的小船或大遊船，機動性最高的則是巴士。其中，利用火車旅行不僅舒適，比起其他交通工具還多了幾分浪漫。在世界最豪華的火車上，會經過窗外風景變幻無窮的地區；還有要待在火車上整整1個禮拜的最長區間。現在就為夢想有個特殊旅程的旅行者們，介紹應該要去體驗一下的、世界最棒的火車之旅。

費爾班克斯
蘇華德
安克拉治
溫哥華
班夫
多倫多

佛拉姆
莫斯科
新西伯利亞
倫敦
阿姆斯特丹
鄂木斯克
伊爾庫次克
哈巴羅夫斯克
巴黎
北京
海參崴
拉薩
開羅
阿斯旺
大吉嶺
河內
台灣
加爾各答
泰國
胡志明
奈洛比
馬來西亞
新加坡
蒙巴薩
普諾
庫斯科
馬丘比丘
普勒托利亞
約翰尼斯堡
開普敦
艾爾斯岩
凱恩斯
布里斯本
伯斯
雪梨
奧克蘭
基督城
因弗卡吉爾

1 所有旅行者的浪漫 **西伯利亞列車**

西伯利亞列車（Trans-Siberian Railway）是奔馳於莫斯科到海參威之間，長9,297公里世界最長的單一路線鐵路。是要在火車上待1週的長途旅行。最近受到許多30歲左右女性旅行者的關心。列車總長500公尺，有2節軟臥車廂，12節硬臥車廂，還有工作人員車廂2節、餐車廂1節、貨車車廂2節，共19節車廂。軟臥車廂是2人一間房，硬臥則是4人一間房。如果願意和不同國籍的旅客擠一擠的話，就睡4人一間的硬臥；如果怕被干擾，想安靜地思索的話，就適合選擇2人一間的軟臥。依狀況，軟臥車廂有的有附淋浴設備。各車廂24小時供應熱水；各車站還有當地居民出來賣吃食的，所以可以不必準備太多食物。不過1個禮拜內，幾乎不太能洗澡，所以最好準備濕毛巾。費用依旅行的距離和內部設施來看算是相當便宜，軟臥300美元，硬臥150美元左右；依購票車站和地區的不同，票價也會有些許差異。

網址 www.transsib.ru/Eng、www.waytorussia.net/TransSiberian

TRAVEL INFO.

俄羅斯的摩爾曼斯克是世界上最北端的車站，沒有特別的允許，是不能自由地前來旅行的。因此旅客可以自由旅行的世界最北車站，就變成挪威的納爾維克了。

Q. 環遊世界時一定要去坐坐看的列車，是哪條路線？

(受訪者618名)

路線	比例
橫越西伯利亞列車	23%（155名）
瑞士山嶽列車旅行、皮拉圖斯鐵路等	10%（72名）
印度大吉嶺喜馬拉雅列車	2%（17名）
南非世界最豪華列車藍色列車	9%（65名）
因狀況最惡劣而出名的印度列車	8%（54名）
觀賞挪威峽灣的佛拉姆線鐵路	8%（57名）
連接曼谷—新加坡的亞洲東方快車	4%（29名）
奔馳於無污染高原的普諾行高山列車	9%（60名）
開往西藏的青藏鐵路	16%（109名）

2 世界最豪華的列車 南非共和國藍色列車

這條鐵路連接南非共和國行政首都普勒托利亞和立法首都開普敦，總長1,600公里；共需花27小時10分鐘才能走完全程，未滿17歲不能乘坐。藍色列車是金氏世界紀錄中記載的世界最豪華列車，每年有眾多觀光客為了享受這奢華的列車之旅，而到南非共和國來。雖然收費很高，但餐車全天供應免費餐食，另外在休閒車廂裡，也可以免費飲用各式飲料和酒，所以從列車出發到抵達終點，都不需要打開皮夾。不過晚餐時間用餐要穿著正式服裝，有一點點不太方便。房間格調高雅，馬桶和浴缸全是大理石做的，車窗外華麗奪目的風景更是與車內的裝潢相映成趣。淡季的費用是1,100美元左右，9～11月則是1,360美元左右。

網址 www.bluetrainsouthafrica.com

3 世界文化遺產印度的 大吉嶺喜馬拉雅鐵路

又被稱作「玩具火車」的大吉嶺喜馬拉雅鐵路（The Darjeeling Himalayan Railway），是通往位於印度東北部的渡假勝地——大吉嶺的窄軌列車。在寬度僅有61公分的鐵軌上，以非常慢的速度前進，它到底有多慢呢？這麼說吧，比它晚1小時出發的巴士，都會先到達大吉嶺。這部列車從西里古里站出發，共88公里，不會被突然闖進視線的隧道或是有任何干擾妨礙欣賞周邊的景致。山岳鐵路的代名詞——環狀線，共有3處，Z形路軌則有6處。可以欣賞喜馬拉雅山脈和世界第三高峰金城章嘉的美景，還可以充分沉浸在火車旅行的浪漫之中。

網址 www.dhr.in、www.luxury-train-travel-tours-india.com

|TIP

環狀線（Loop Rail）

在嚴重傾斜的地方，為了使火車能順暢平穩地前進，於是鋪設環狀鐵軌，拉長距離以緩衝斜度，這就叫做環狀線。它是一種以S型迂迴前進，在前進中緩慢往上提升的方法。阿爾卑斯登山鐵路最初採用這個方法，之後各國高山地區的鐵道也相繼採用。

Z形路軌（Switchback）

在高山地區鋪設鐵軌時，為了使火車在山坡的傾斜地區，能平穩行進，所以鋪設Z字形鐵軌，到達直線盡頭後，再倒退（車尾變成車頭）進入另一條直線，兩條直線呈銳角，像Z字一樣（編按：我國阿里山小火車有一段路，就是用這種鐵軌，因為直線盡頭是山壁，火車開到盡頭好像就要撞到山壁一樣，所以俗稱火車撞山）。

4 世界第一大斜坡瑞士龍山皮拉圖斯列車

提到世界最美的鐵路旅行地，有很多旅遊者會毫不猶豫地回答：瑞士。在瑞士不管是採用哪條路線，都能欣賞到美麗的村莊和阿爾卑斯山脈，其中尤以琉森攀上皮拉圖斯山（Pilatus）這條路線沿途經過的風光為最。這列火車是利用齒軌鐵路攀登傾斜40度的斜坡，所以搭乘起來感覺就像在坐電梯或纜車一樣，如果雙手放空，身體就會嚴重傾斜，火車好像會翻倒似的。到達終點後，展現在眼前的是由鐵力士山和皮拉圖斯山環抱的、美麗的琉森湖（Vierwaldstaettersee），而且還附送湖畔村琉森和阿爾卑斯山脈如畫一般的美麗風景。

網址 www.pilatus.ch/content-n38-sE.html、www.rail.ch

5 和野生動物一起奔跑的肯亞大草原列車

大草原列車還有個恐怖的別名叫「食人列車」，因為在興建鐵路時，約有200名工人被野生動物攻擊而死。本列車從面向印度洋的肯亞城市蒙巴薩出發，終點在奈洛比，每天一班，傍晚7點發車，總長530公里，需花13小時50分鐘；它以高級的車廂設施裝潢，和高水準的服務而聞名。雖然是赤道國家肯亞的火車，但裡面卻只有電風扇，沒有冷氣。肯亞的首都奈洛比位處高原地帶，天氣並不會太熱，但港口城市蒙巴薩卻是一年到頭都相當炎熱的地方，出發時要有忍受炎熱的心理準備。從奔馳在熱帶草原上的火車車窗望出去，可以看到長頸鹿或斑馬，運氣好的話，還可以看到獅子群在追趕熱帶野生動物的景象。另外，在晚間還可以欣賞由無數星星妝點的美麗夜空。一等臥車的費用約台幣1,325元，二等臥車約台幣1,060元，包含早餐和晚餐。

網址 www.seat61.com/Kenya.htm、www.eastafricashuttles.com/train.htm

6 一眼看盡雄偉的峽灣光景！挪威佛拉姆線區間

從峽灣村麥道爾出發，開往佛拉姆的佛拉姆鐵路（The Flam Railway），是總長僅20公里的當地路線。行進中，在左側展開的如夢幻風景讓人不由得讚嘆。本列車緊鄰懸崖而行，行進間總是讓人擔心一不小心會滑下去，不過當看到車窗外展開的巨大U字型冰河河谷後，它的美麗便壓倒了一切。此外，還可以欣賞到全世界最大的峽灣。

網址 www.flaamsbana.no/eng、www.travel-norway.com、www.nsb.no

TIP

為什麼北歐列車天花板都那麼高？

北歐斯堪地那維亞半島四國的火車天花板之所以會那麼高，是因為挪威、瑞典、芬蘭和丹麥人，是全世界平均身高最高的，所以天花板、座位都設計得特別高、特別大。

7 奔馳於印加文明古都的**祕魯列車**

這部列車從庫斯科到馬丘比丘遺跡的門戶棕櫚泉（Agua Caliente），需要花3小時15分鐘，總長約160公里。火車沿著懸崖峭壁往下時，沿途展開的風景相當美麗。火車內部和其他祕魯的交通工具比起來，算是相當舒適的，乘客可以在短時間內愉快地享受火車旅行。從庫斯科車站出發的普諾（Puno）列車，會通過世界第二高的車站，這輛  高原列車共38公里，花費時間10小時30分鐘。列車爬上海拔4,000公尺的高度以後，放眼所見，都是短草和苔蘚的風景，還有遠處野生的羊駝和駱馬悠閒吃著草和苔蘚的樣子。之後在海拔4,319公尺的拉拉亞停車，這個車站的高度僅次於世界最高、海拔4,817公尺的中國青藏鐵路，位居第二。列車最後抵達終點站普諾，這裡的蘆葦島和的的喀喀湖最為有名。

網址 www.perurail.com

TRAVEL INFO.

珍藏了天堂般景致的安地斯鐵路，從祕魯的卡亞俄（Callao）出發，抵達位在安地斯山脈深處的萬卡約（Huancayo），總長175公里。它從海拔0度的卡亞俄，抵達比歐洲最高峰白朗峰還高的4,829公尺萬卡約，其間車窗外展開的風景，美到令人屏息。另外，白霧就在車外繚繞，火車好像在雲上奔跑一般；這就是它受全世界鐵道迷喜愛的原因。

網址 www.ferrocarrilcentral.com.pe、www.livinginperu.com

---

8 因為最惡劣所以要體驗看看的**印度列車**

在印度搭火車旅行需要精力、忍耐力和體力。經歷過印度火車之旅的旅行者指出，在火車內經歷的怪異經驗、無法忍受的狀況，和毫無時間觀念的營運狀況等，會讓你好幾天感到非常不舒服。但即使如此，不可否認的，印度確實是世界知名的鐵路王國，鐵路總長6萬2,000公里，是亞洲最長的鐵路，僅次於美國和俄羅斯，排名世界第三。在印度不容易買到火車票，不過，黃牛票就算不討價還價也只要台幣幾十元就可買到，而且還是有座位的。印度火車旅行真的很需要韌性和耐性；幾乎不會準時上車，嚴重時，甚至誤點一天以上。甚至還曾經發生過司機在行進間為了處理自己的雜務，而離開座位的情形。雜亂吵雜的等候室，就像戰地的難民收容所一樣。想在印度有個最特別、最貼近印度的體驗的話，建議就和當地人一起搭火車吧。

9 具備最高級設備的**亞洲東方快車**

從馬來半島最南端的城市國家新加坡出發，經過馬來西亞，抵達泰國的「馬來半島縱貫鐵路」，是最受旅客歡迎的交通路段。在這條鐵路區間運行的火車中，亞洲東方快車以完善的服務和豪華的設施聞名於世。列車最後一列車廂是開放的眺望車廂，可到這裡感覺熱帶的風拂過，並且直接欣賞自然風光。所有車廂都有淋浴設備，費用包含全部行程的餐食。列車從新加坡丹戎巴葛站出發，3天2夜期間行駛2,052公里。整個行程經過馬來西亞國境都市新山（Johor Bahru）後，傍晚抵達吉隆坡，在這裡停車1小時，然後第二天早上抵達馬來西亞北部古城檳城，停車約3小時，可利用這段時間簡單地觀光檳城。之後再次穿越國境，進入泰國，巨大的棕櫚樹農場和泰國南部悠閒的稻田風光，就此映入眼簾。如果行程安排得好，中間還可以停車到桂河等地遊覽一下。搭乘費用從1,500美元到4,000美元都有，在曼谷－北海、新加坡－北海區間，也可以上車。

網址 www.orient-express.com

10 穿梭在豐富多變的大自然中的**紐西蘭列車**

從奧克蘭到世界最南端的火車站因弗卡吉爾（Invercargill）的3天2夜火車旅行，能欣賞到紐西蘭變化無窮的大自然、間歇泉，還有南阿爾卑斯山的風景。如果到紐西蘭旅行前，先作這個火車之旅，對了解整個紐西蘭會很有幫助。列車小而美，乾淨得無可挑剔。透過整片玻璃的臨景車廂，更能體驗紐西蘭迷人的自然美景。

網址 www.tranzscenic.co.nz、www.railnewzealand.com

TIP

環遊世界旅行者投票選出的「情侶旅遊和一定要再次造訪的旅遊地第一名」是紐西蘭。它是個羊口數（5,000萬頭）比人口（380萬人）多很多的羊的國家；也是全世界最先認定女性投票權，和努力保護原住民毛利人文化和傳統的國家。奇異（Kiwi）是象徵紐西蘭的單字，只棲息在紐西蘭的不會飛的鳥，叫做奇異鳥（Kiwi）；紐西蘭輸出世界的水果是奇異果（Kiwi）；還有誠實純樸的紐西蘭人，也被叫做Kiwi。Kiwi具有這幾種含意。

11 奔馳於天際的 **西藏青藏鐵路**

這是前往天湖的青藏鐵路車窗外的風景，更勝自然紀錄片。

2006年完工的這條鐵路，全部路線的84%，都在海拔4,000公尺以上，最高路段甚至達到5,072公尺。像馬奔馳在天際一樣的這班列車，連接了中國西部地區的青海省和西藏自治區。開通以後，原本相當吃力的西藏旅行變得容易多了。以前要湊足一大筆錢買機票，或花好幾天的時間搭卡車或巴士才到得了；現在，已經將既存的路線再延長，多開了一條從格爾木到拉薩的鐵路，格爾木到拉薩路段於2001年6月29日開工，2006年5月15日完工，總長1,142公里；這班列車的路徑途中可眺望到崑崙山（在中國被稱作

其他不可錯過的鐵路

12 奔馳於極地的阿拉斯加鐵路

可以欣賞到北極圈的自然風光和冰河，還有阿拉斯加的特殊自然環境。每年的5月到9月是旺季。這條鐵路從阿拉斯加灣的蘇華德（Seward）出發，經過安克拉治和麥金利山之後，抵達北部的費爾班克斯；可以見識到北美最高峰麥金利山（Mount Mckinley, 6,194公尺）的雄偉壯麗。這段旅程最美的地方是颶風峽谷區段，當火車驚險越過險峻的峽谷時，會讓旅行者嚇得全身癱軟無力。車窗外看到的阿拉斯加熊、麋鹿、馴鹿等野生動物，令人印象深刻。在這條鐵路路線中，有獨特的無人車站，他們稱這種車站叫旗子站（Flag Stop），要搭乘的人就在車站插上旗子，司機看到旗子就會停車，讓乘客上車。火車費用600美元起。
網址 www.akrr.com

13 歷史悠久的東方特快車

東方特快車（Orient Express）從倫敦出發，到達終點站義大利的威尼斯，約長1,750公尺，需花29小時40分鐘。橫越多佛海峽時，是利用高速的「海底隧道」，橫越海峽需要50分鐘。火車的正式名稱是威尼斯辛普倫東方快車（Venice Simplon Orient Express），從倫敦的維多利亞車站出發。以列車內部華麗的裝飾聞名，酒吧間有通宵的鋼琴演奏，可以邊品酒邊聆賞。吃晚餐時一定要穿正式服裝。如果是雙人房的話，每人需負擔2,300美元的費用。
網址 www.orient-express.com

14 充滿活力的！台灣的阿里山小火車

台灣有18座超過3,000公尺的山，因此有沿著海岸線的環島鐵路路線，但沒有橫向穿越中央山脈的路線；其中，阿里山森林鐵路是世界知名的山岳鐵路路線。旅行者可以體驗到火車行駛70公尺，就有2,000公尺的高度落差；從台灣典型的田園地帶風景開始，立刻變換成了壯觀的山岳景致，車窗外的風景緊緊扣住遊客的目光。這樣彎彎曲曲、不知不覺的來來去去之間，就爬上了山頂，讓人整個方向感都失去了。在爬到山頂的2小時30分鐘裡，車窗外的風景從熱帶轉換到亞熱帶，再轉換到溫帶。大部分遊客都坐火車上山，搭巴士下山。
網址 www.tbroc.gov.tw

「海上諸山之祖」）高4,767公尺的崑崙山車站，和世界最高的車站──高5,072公尺的唐古拉山車站。間或，還可從車窗外看到五體投地往西藏朝聖的西藏人。從北京到拉薩總長4,064公里，海拔達3,000公尺，為緩和氧氣不足和旅客的高山症，車內透過空調供給氧氣。廣闊的草原和萬年雪山，還有成群吃著草的犛牛和羚羊等，如此多采多姿的景色，從車窗外一一滑過。從北京出發的3天2夜旅行，費用分成6人一間和4人一間的臥鋪車廂，大約813～1,262人民幣左右。

網址 www.railcn.net

15 奔向洛磯山脈的加拿大列車

加拿大所有列車都非常乾淨舒適又安全；食物也很美味衛生，讓旅遊更加愉快。但最重要的還是吸引了無數觀光客的自然美景。從溫哥華到洛磯山間，最受歡迎也最具代表性的，就是班夫＆傑士伯國家公園了。這區間的列車只在有陽光的時候才行駛，太陽下山後就在旅館投宿，為的是希望旅客不要錯過車窗外的風景。每年夏天運行，冬天則只在聖誕節期間運行。

加拿大推薦鐵路區間
VIA哈德遜灣號 溫尼伯－邱吉爾，1,697公里
斯金納號 傑士伯－魯伯特王子港，1,160公里
BC鐵路加利福號 北溫哥華－喬治王子城，744公里
網址 www.viarail.ca/en/main

16 沿著海跑的浪漫越南列車

南北特快車（North-South Express）是連接越南南北兩個最大都市的列車。列車路線分為S1、S2、S3三種，數字越大的速度越慢。其中，S1和S2雖是有高級配備的列車，但各只有一節寢室車廂附有冷氣，其他車廂都只有電扇。即使如此，沿南海行駛的越南列車之旅遊是很浪漫的。從河內到胡志明市，共1,726公里的路程，需31小時55分鐘。

網址 www.vr.com.vn

17 華麗的澳洲列車

澳洲火車中最熱門的是橫越大陸的「印度太平洋列車」（Indian Pacific），和從雪梨到凱恩斯的南太平洋列車（GSPE）。印度太平洋列車從雪梨出發到伯斯約4,345公里，全程共需4天3夜。途中有一段長達478公里，直行11小時的世界最長直線區間。在早晨或日落時分，車窗外可以看到袋鼠等澳洲的野生動物。如果搭的是GSPE，全程需要5天4夜。本列車自1999年4月起營運，除了設備完善，還有高水準的法國料理。此外，欣賞大堡礁和庫蘭達熱帶雨林空中纜車，再到布里斯本住宿的tour行程，也不需要額外付費。

網址 www.australia.com

TRAVEL INFO 歐洲各國列車網址

www.eurostar.com 可取得和歐洲之星相關的綜合情報網站。歐洲之星是只需花2小時50分鐘，就可連接倫敦和巴黎的超高速火車。全部座位都是對號座位。持有歐洲護照者可以打折。費用每人從40～300歐元不等。
www.britrail.com 可獲得英國的國鐵旅遊情報。
www.sncf.com 有各種法國鐵路旅遊情報。
www.bahn.de 可獲得有關德國ICE旅遊的相關情報。德國的ICE旅遊線擁有絕美的風景。
www.tourism-in-morocco.com 能取得許多獨特的摩洛哥列車之旅情報。

體驗兼學習 精采活動

環遊世界旅遊時，可以享受在美麗大自然中的各式各樣活動，也可以取得該國特殊技能的資格證。在這過程中，偶然經驗到的事情，也可能會成為改變你未來的一把決定性的鑰匙。各式各樣的經驗，就是旅行最大的魅力所在。在北極乘坐狗雪橇、在繽紛的海中浮潛、乘坐熱氣球在空中遨遊或跳傘、在溪谷中挑戰刺激的泛舟，光想就令人興奮不已了！

Q. 環遊世界時在當地一定要學的是什麼？

（受訪者244名）

項目	比例
水肺潛水＆海洋運動（取得證書課程）	21%（53名）
印度瑜珈（在專門瑜珈學校）	6%（16名）
泰國的泰式按摩（挑戰證書課程）	6%（17名）
當地的樂器（從基本演奏法到應用）	10%（26名）
肚皮舞（中東地區專門的）	4%（10名）
沙沙舞或探戈（南美正統的）	25%（63名）
當地飲食料理法	11%（27名）
各國家的武術（功夫、泰國武術）	6%（15名）
冥想（在專門冥想學校）	4%（11名）
其他（當地各式學習商店）	2%（6名）

在蒙古特爾奇騎馬

「想看到全世界所有的星星，那麼就去蒙古吧！」這是曾去過蒙古的一位旅遊者說的；雖然蒙古算是距離我們比較近的地方，但卻是背包客非常不熟的國度。不過去過蒙古一次以後，卻會回味再三，是個非常有魅力的旅遊地。說到蒙古，會最先想到的就是成吉思汗和草原，還有戈壁沙漠。其中的草原旅行，是所有旅行者都夢想能去體驗一次的、富有異國色彩的旅行之一。想像一下，騎著馬，在廣闊無垠的草原奔馳的樣子，所有的壓力全都沒了。位在蒙古首都烏蘭巴托近郊的特爾奇（Terlji）國家公園，是到蒙古旅行時一定要去的地方。特爾奇又被稱作蒙古的大峽谷，那裡的草原和巨大的奇岩怪石，會讓人不由得發出讚嘆。旅行者住的是游牧民族的移動式蒙古包（Ger），還能在草原上騎馬，攀上巨岩欣賞一望無際的草原。前往特爾奇的方法有兩種，可以參加旅行社的tour，也可以個別前往。可以向烏蘭巴托市內的許多旅行社、旅館申請參加特爾奇tour，價格是2天1夜50美元左右。

TRAVEL INFO.

特爾奇位在距烏蘭巴托70公里遠的地方，可搭乘吉普車前往。特爾奇也有渡假村式的宿所，不過許多旅行者為了體驗游牧民族的生活，還是選擇住蒙古傳統的移動式帳篷——蒙古包。這裡有用羊肉製成的當地食物、蒙古式的奶茶——酥油茶，和各式點心。行程裡將有當地導遊同行，一起騎著馬在草原各處走走，並會登上特爾奇的知名景點——巨大龜岩。夏天時，太陽到了晚上還不會落下，這時可以體驗白夜；冬天則可看到滿天星斗，非常壯觀。

蒙古的傳統住宅蒙古包

以**喜馬拉雅**為背景，在尼泊爾享受**高空彈跳和泛舟**

擁有世界屋脊喜馬拉雅山的尼泊爾，是最受我國旅行者喜愛的旅遊地之一。尼泊爾首都加德滿都和安娜普娜登山路線的據點波卡拉，全年擠滿了從世界各地湧來的登山專家和登山客，熱鬧非凡。另外，在尼泊爾，還可享受叢林徒步旅行、越野自行車、滑翔翼、攀岩、高空彈跳、划皮筏、泛舟等各式各樣的戶外活動。其中自助旅行者最喜歡的就是高空彈跳和泛舟。朝著由喜馬拉雅山萬年雪融化而成的溪谷跳下的高空彈跳、在湍急的急流裡奮力划行而下的泛舟，這些驚心動魄的體驗都是額外附贈的。從距西藏國境12公里的波達科西河河上的天橋往溪谷跳，這具有160公尺高度的高空彈跳，是全世界第二高的。尼泊爾泛舟，分為兼有觀賞國家公園野生動物之旅的泛舟，

和兼有登山的泛舟。它是以加德滿都為中心，在連接波卡拉和吉德萬國家公園（Royal Chitwan National Park）的河上進行，依難易度來分，短則一天，長則數天的泛舟行程都有。高空彈跳只能在加德滿都背包客街塔美爾（Thamel）的專門旅行社申請；泛舟則可向加德滿都或波卡拉大部分的旅行社申請。
網址 www.tlrnepal.com

高空彈跳

彈跳地點位在波達科西河新橋上的「最後休閒地」（The Last Resort）。在旅行社申請，包含當天往返的交通費和午餐費共75美元，如果要高空彈跳，就再多付25美元。若是要將整個高空彈跳過程拍成DVD，還要再付25美元。

TIP

高空彈跳的始祖──萬那杜

許多人都知道高空彈跳的起源地是紐西蘭，不過實際上高空彈跳的發源地，應該是南太平洋上的小島國萬那杜。萬那杜的五旬節群島（Pentcost Island）在每年五月時，人們就會用樹幹搭起跳台，用藤蔓綁腳，然後從跳台朝地面跳；最初的用意是祈願萬那杜的主食樹薯豐收，後來變成了例行公事，一直延續至今。小孩從7公尺的高度往下跳，大人則是從20公尺的高度往下跳；但也曾發生因為彈跳傷到脖骨、背骨而死亡的悲劇。

在喜馬拉雅峽谷享受驚險刺激的泛舟。

叢林徒步旅行中，除高空彈跳和泛舟外，還可享受各式各樣的戶外活動。

泛舟

從初級者的1～3級行程，到專門者的4～6級行程都有，非常多樣。泛舟的最佳時間是3月到6月的雨季結束期，和9月底到12月初之間。一開始，是將世界各地來的旅遊者組成小隊，每個人穿上救生衣，經過練習後，在專業教練的陪同下享受在水勢猛烈的激流中泛舟。參加費包含交通費、飲食費和住宿費，當天來回是20美元，2天1夜則是65美元。

翠蘇里河（Trishuli River）泛舟，是最容易也最受歡迎的三等級行程，沿著連接加德滿都和波卡拉的河道來進行。所以如果為了登山而前往波卡拉時，就可以利用這種方式抵達波卡拉，也挺不錯的。

塞堤河谷（Seti River）泛舟是三級以上的中級行程，從加德滿都西邊160公里處開始，為2天1夜的行程。泛舟進行期間，會通過翠蘇里河和卡利康達基河（Kali Gandaki）匯流處。因為是在奇旺國家公園內進行，也有許多旅行者會藉機再作叢林徒步旅行。

波達科西河（Bhote－Koshi River）泛舟是四級以上的高難度行程，從它的危險程度看來，絕對是趟會讓人驚叫連連的冒險旅程。它是從高空彈跳的地方，順著高26公里的峽谷而下，所進行的2天1夜旅程。

TRAVELER'S DIARY

2001年初，當時在Bhote kosi，高空彈跳還不太流行，我是最先跳的韓國人。在沿著峽谷而行的路上，第一次高空彈跳的瞬間，心臟都快跳出來了。雖然已經過了很久，現在回想起來，全身還會感覺麻麻的。不過每次碰到有人要去尼泊爾旅行，我還是建議他一定要去彈跳一次，因為將會留下美好的回憶；把長鋼索綁在腿上，往溪谷跳下的瞬間，光是想像就令人神往。

－T5浪人－

在澳洲凱恩斯跳傘

澳洲昆士蘭省的凱恩斯（Cairns）是知名的運動天堂。其中，在從外太空也能看到的大堡礁浮潛，和從飛機上往下跳的跳傘活動最具代表性。集冒險和刺激於一身的跳傘活動，是凱恩斯旅行的核心。在凱恩斯可享受兩種跳傘；一種是在凱恩斯市內近郊的機場升空，鳥瞰市景和海景後跳下，第二種是在距凱恩斯南邊2小時車程的任務海灘上空跳下。旅遊者必須先簽署協會提出的契約書，然後穿上跳傘衣，接受指導者的安全教育，也就是學習跳下來的姿勢和注意事項，再做幾次模擬練習後，才可登機。飛機是最多載15人的小飛機；飛機升空後必須立刻和指導者兩人一體地一起扣上安全釦環。如果申請的是1萬4,000呎（4,267公尺）高度跳傘，自由落體的時間約1分鐘，然後再開傘。因為跳傘時，是和指導者一起跳下的，所以比起自己跳的高空彈跳，反而不那麼害怕。只要拿出一點勇氣，就能擁有畢生難忘的經歷了。

Xtreme Skydiving
14,000英尺 AUD270（特別價格／60秒自由落體）
10,000英尺 AUD219（特別價格／30秒自由落體）
VIDEO攝影追加 AUD99
網址 www.xtreme-skydiving.com

Skydiving Cairns
14,000英尺 AUD270（特別價格／60秒自由落體）
10,000英尺 AUD219（特別價格／30秒自由落體）
VIDEO攝影追加 AUD99
網址 www.skydivecairns.com.au

在土耳其卡帕多其亞坐熱氣球

卡帕多其亞和伊斯坦堡、棉堡（Pamukkale）一起並列為土耳其旅遊的三大巨頭。位於土耳其內陸的卡帕多其亞（Cappadocia），在它寬廣的溪谷地帶上，布滿奇異的蘑菇狀岩石讓人覺得彷彿來到了外星球。數百萬年前，火山爆發生成的硬石灰岩，經過長久歲月反覆的風化和侵蝕，遂變成了今天這個獨特神祕的模樣。在這個蘑菇模樣的群岩中，很早以前就有人居住了；因為岩石洞穴是躲避炎熱最佳的場所，也因為從外面不易發現，這裡變成了躲避宗教迫害的基督徒最棒的避難處。居民除了建蘑菇家園以外，也建了很多教堂和寺院；目前在卡帕多其亞一帶，總共保存了600多座教堂。另外，在卡帕多其亞旅行時，絕對不能不坐熱氣球；坐著熱氣球從空中俯瞰卡帕多其亞，就像看到電影裡的場景一樣。黎明時分，太陽劃破黑暗，透出的陽光照射在岩石上，這樣的奇景全世界獨一無二。坐熱氣球是依季節來分，每個氣球可坐10～20人，大約飛行1小時，最低上升到20公尺，最高200公尺，可以欣賞到樣貌多變的卡帕多其亞神祕又美麗的風景。

費用 EUR230（1小時30分）、EUR160（1小時）
（包含簡單的早餐和保險）
網址 www.goremeballoons.com

Kapadokya Balloons
費用 EUR230（1小時30分）、EUR160（1小時）
（包含簡單的早餐和保險）
網址 www.kapadokyaballoons.com

在埃及達哈伯的紅海挑戰潛水

環遊世界時，最常體驗的運動就是水肺潛水和浮潛等海洋運動了。誘惑著旅行者的美麗海洋世界各處都有，但位在連接亞洲和非洲的西奈半島附近的紅海，是潛水人公認全世界最美的海洋。尤其是埃及的達哈伯，它如夢似幻的海底景觀、便宜的費用，還有各式各樣的便利設施，受到無數旅行者的喜愛。旅行者可以悠閒地休息、讀書，或在海邊散步，或在陰涼的樹蔭下躺著做白日夢，讓疲憊的身心再充電。另外在耀眼的海邊，可以品嚐到多樣的熱帶水果，或進入海裡，挑戰取得浮潛和潛水執照。最多旅遊者挑戰的浮潛執照，初學者只要上Openwater的課程，3天左右就可取得PADI資格證。許多遊客取得了Openwater後，會再花2天的時間取得中級課程的進階（Advance Level）執照。另外，經過30分鐘輕鬆的訓練後，就可以下水體驗浮潛和初級潛水，這也是非常受歡迎的課程，可以充分感受到紅海的魅力。

潛水證書課程

Openwater課程

可在3天內取得資格證。初級課程是在水深18公尺內的潛水。有理論和實踐考試。費用250美元左右。

進階課程

是Openwater課程結束後，潛水者挑戰的課程，進入水深30公尺處，也做夜間潛水，非常有趣。需要2天左右的追加時間，費用是200美元。和Openwater課程同時申請的話。套裝價是350美元。

TIP

環遊世界旅行者挑選的最佳潛水點
南太平洋：法屬波里尼西亞的波拉波拉島、新喀里多尼亞的松木島、斐濟的瑪瑪努卡群島、澳洲的大堡礁、萬那杜的聖靈島。
亞洲：馬爾地夫、印度安達曼群島、菲律賓巴拉旺、泰國的稻島
非洲：埃及達哈伯（Dahab）
美洲：宏都拉斯烏提拉島、貝里斯沿岸珊瑚礁群

享受潛水的地方

7 Heaven

具住宿設施。申請潛水的話，住宿可以打折。
Openwater課程 US＄240
進階課程 US＄195
Openwater課程＋進階課程 US＄378
潛水體驗 US＄45
網址 www.7heavenhotel.com

Club-Red

Openwater課程 EUR＄210
進階課程 EUR＄160
駱駝潛水體驗野生動物之旅 UR＄85
（騎駱駝至潛水地後潛水）
網址 www.club－red.com

Deep blue Dive

Openwater課程 EUR＄230
進階課程 EUR＄110
駱駝潛水體驗野生動物之旅 EUR＄85
體驗潛水 EUR＄40
網址 www.divedahab.com

在泰國曼谷取得按摩證書

在一項對泰國旅客的問卷調查中，被選為滿意度最
高的體驗，就是泰式按摩，可見它受歡迎的程度。
有2,500年歷史的泰式按摩，是世界三大按摩之一，
對緩和身體各種疼痛和肌肉痙攣等有卓越的效果。
泰國的按摩店遍布全國，尤其集中在有眾多旅行者
的曼谷考山路。在有涼爽空調設備的室內，舒適地
躺著接受按摩，是最受旅行者歡迎的行程。一般來
說，旅行者大多接受1小時台幣80～130元的按摩服
務。但最近，不滿足於光是接受按摩，而前來學習

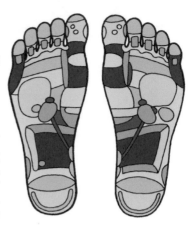

傳統泰式按摩的旅行者也漸漸增加了。曼谷最有名的按摩學校，是有100年歷史的臥佛
寺按摩學校。這裡是受王室認定的泰國最高按摩教育機關，想成為按摩師的泰國人和
世界各國的旅遊者，紛紛湧到這裡。想取得臥佛寺的按摩資格證的話，最少要經過30
小時以上的訓練，還要通過考試，上課費用大約是台幣5,300～7,950元左右。課程分為
一般和進階，一般課程是由泰國按摩和腳部按摩組成；進階課程由油壓按摩和兒童按
摩組成。旅行者要在比較短的時間內取得資格證的話，就選擇一般課程。

臥佛按摩學校
上課時間從上午9點到下午4點。1天付150銖
就可以體驗住宿生活。位在臥佛寺內。
泰式按摩 THB6,500（10天課程）
腳部按摩 THB6,500（6天課程）
網址 www.watpomassage.com

富勒伊瑪麗(音譯)
上課時間從上午10點到下午5點。課程3～5
天。位於曼谷帕杜南區（Pratunam）地區。
泰式按摩 THB6,000
腳部按摩 THB4,000

拖南夏魯歐潘泰(音譯)
上課時間從上午10點到下午4點。位於拉得普
勞（Ladprao）地區。
泰式按摩 THB8,000（5天課程）
腳部按摩 THB4,500（3天課程）

＊編按：1銖＝台幣0.942元

在印度瑞詩凱詩學瑜珈

生和死共存的印度，獨特的文化和各式各樣的人，這些微妙的魅力，吸引著旅行者前往。像它悠久的歷史一樣，提供學習的地方也很多。到印度旅行，最多人學習的當然就是瑜珈了；印度有超多的瑜珈學校，其中旅行者最喜歡學瑜珈的地方，就是位在北印度喜馬拉雅山山腳的瑞詩凱詩（Rishikeshi）。被認為是冥想和瑜珈聖地的瑞詩凱詩，1968年披頭四的成員們還曾在此停留一段時間，追隨超覺靜坐的創始人及精神導師瑪赫西大師學習瑜珈，這裡才開始被世界知道。近來，好萊塢明星布萊德彼特也到訪此處，再次讓此地受到世人的關心。被稱作「瑜珈的首都」的瑞詩凱詩也是印度教的聖地，很接近恆河的發源地。沿著恆河的支流，岸邊都是瑜加修練場和印度教的寺院等，終日擠滿了修練者。瑞詩凱詩位在印度的首都新德里東北方240公里處，坐巴士或汽車很容易抵達。

難陀聚會所（Shivananda Ashram）

瑞詩凱詩最有名的學瑜珈和冥想的聚會所，是20世紀最偉大的瑜珈指導者施化難陀所設立的。
網址 www.sivananda.org

冥想生活社團（The Divine Life Society）

住宿和授課都免費，不過要在一個月前以傳真或電子郵件申請，才能使用宿舍。男子上午上課，女子下午上課。
網址 www.divinelifesociety.org

瑜珈Niketan（Yoga Niketan）

最少必須停留12天以上，包含食宿，一天收250盧比左右的費用。如果要更改時間也可以。

起床	5：00am
冥想	5：30～6：30am
哈塔瑜珈	7：00～8：00am
早餐	8：15am
午餐	12：00pm
讀書	3：15～4：00pm
午茶	4：00pm
哈塔瑜珈	5：00～6：00pm
冥想	6：00～7：00pm
晚餐	7：45pm

＊編按：1盧比＝台幣0.643元

在伊斯坦堡學跳肚皮舞

土耳其是連接亞洲和歐洲的國家，也是肚皮舞的
聖地。肚皮舞源於祈願多產的宗教儀式，然後發
展為女舞者刺激觀者感官的舞蹈；肚皮舞的美，
因此立刻傳播到鄰近國家，尤其是埃及。肚皮舞
也是西班牙佛朗明哥的元祖。因為搖動腰和臀的
動作，較適合女性身體的結構，所以它原本是屬
於女性的舞蹈，但現在也有男性的肚皮舞者。在
伊斯坦堡的許多夜總會裡，每天晚上都有伴隨著
肚皮舞表演的豐盛晚餐。旅行者看著身穿華麗服
裝的舞者跳著性感舞蹈，情緒也跟著高昂了起
來。將女性的美發揮到極致的肚皮舞，到土耳其
旅行的女性旅遊者，要不要挑戰一次看看呢？那
將會是很難忘記的經驗吧！

Sakir Tarkan Sirma Bale ve Dans Kursu
是伊斯坦堡最有名的教育機構，除肚皮舞外，到這裡還可以
學習很多其他的舞蹈。
網址 www.sirmabaledans.com

慰勞一下 嘴巴的 世界小吃之旅

旅行的愉快享受之一就是品嘗世界各地的美味，不是嗎？環遊世界時，嘗到的食物種類，絕對會比經過的國家多。其中可能會愛上什麼食物，也可能始終無法接受某些食物。世上所有生物都能入菜的中國菜，浪漫料理代名詞的法國菜，麻辣和海鮮料理天堂的泰國菜、精緻的日式料理……這是旅行時遇到的嶄新世界；是味覺細緻又多采多姿的新體驗。

Q. 環遊世界時一定要品嘗的食物是什麼？（受訪者157名）

料理	比例
任何東西都能變成食材的中國料理	5%（9名）
麻辣且新鮮的泰國海鮮料理	17%（27名）
美食家也期盼的義大利各式料理	9%（15名）
優雅又美觀的法式料理	7%（11名）
辛香料獨具魅力的印度料理	7%（12名）
清淡的越南米粉和越南飯	7%（12名）
令人垂涎的土耳其烤肉和阿拉伯料理	17%（27名）
絕對忘不了的辛辣墨西哥料理	8%（14名）
清爽的日式料理	12%（20名）
其他獨特的當地料理	6%（10名）

甜甜辣辣的海鮮天堂**泰國**

泰國是小吃的天堂；旅遊者能以相當便宜的價格盡情品嘗世界各國的料理、泰式傳統料理、海鮮料理，還有各種熱帶水果。路邊攤小吃和各種不知道是用什麼做的奇異食物，種類之多，就算旅行時每餐都吃得不一樣也品嘗不完。泰國料理依地區分為四種。以泰國第二大都市清邁為中心的北部料理，受中國和緬甸的影響較多，辣椒和香草使用較多較濃，也常用將魚肉用鹽醃製而成的魚醬調味。南部料理的辛香料用得比較多，較接近印度料理。泰國和我國一樣，都是飯旁邊附幾道配菜來吃的。米飯所使用的是被旅行者稱為「飛來飛去的飯」的安南米，因為它沒什麼黏性，吃起來粒粒分明；配菜多半是魚肉、雞肉和青菜。泰國料理用了很多辛香料，所以味道複合了酸、辣、甜、澀，非常多層次。泰國飲食中最具特色又好吃的，應該還是數路邊攤小吃，從各種米粉湯、湯麵、爆炒料理、烤肉、海鮮料理到水果，多到數不清。不管是哪條街上，到處都可以看到一手拿著水果袋，另一手拿著路邊小吃的觀光客。

現烤海邊的螃蟹。每隻台幣40元！

路邊小吃的代名詞──鬆餅！

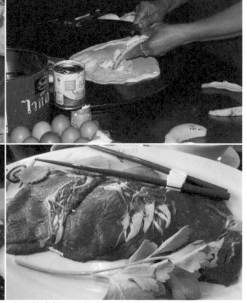

所有熱帶水果全都聚集在這兒

泰國飲食旅程的代表──豬肉火鍋

酸辣海鮮湯 不僅是泰國的代表食物,更是世界三大湯之一;以蝦為主材料,加上檸檬汁和酸橙汁及辛香料做成。因為又酸又辣,第一次吃會有些排斥,但吃過一次以後,就會變成酸辣海鮮湯迷;也有把蝦換成雞肉的,那就叫做酸辣雞湯。

海鮮炒飯 是在泰國旅行時常吃到的食物。將肉、蔬菜、蛋和飯一起炒成炒飯。副材料是螃蟹、蝦、豬肉、墨魚等,然後在飯上淋上油,撒上洋蔥、香菜、碎花生等作裝飾。將鳳梨切碎,和飯、蝦、墨魚一起炒的炒飯,也很受歡迎。

米粉湯 是很受旅行者歡迎的料理,幾乎沒有辛香料,在麵裡放肉、綠豆芽和花生粉煮成的湯麵。米粉湯是世界知名的料理,也是以前只有宮廷才吃得到的食物。另外,泰國的沙拉涼拌、辣炸蝦、辣湯、烤物、炒青菜等,也都很受旅行者歡迎。

TRAVEL INFO.

泰國飲食的天堂——考山路

又被稱作「自助旅行開始和結束之地」的泰國背包客街考山路(Khao San Road),因為能以相當低廉的價格食宿,因此成為全球背包客心中的首選祕密基地。在這裡從購物到閒逛,可做的事非常多,不過最有魅力的當然還是路邊小吃了;因為能接觸到泰國所有的食物,只要去過一次就會深陷其中。各種熱炒料理、海鮮料理、水果、昆蟲宴,琳瑯滿目,便宜又好吃。

美食家之國義大利

義大利是歐洲歷史悠久的國家之一,不過在1870年國家統一以前,是分為羅馬、拿坡里、米蘭、熱那亞、佛羅倫斯等數個王國或公國的,所以在飲食方面,各地的地方特色也非常鮮明。義大利料理大致分作以米蘭為中心的北方料理,和以羅馬為中心的南方料理。北方是麵粉和米的產地,所以麵食非常發達,代表食物是義大利麵和通心粉。另外高原地帶,同時還發展出卡洛里較高的起司、火腿、奶油、香腸等食物。南部因為靠海,所以各式各樣的海鮮料理較發達,以橄欖油取代奶油,也用了很多大蒜。義大利代表的料理是披薩和義大利麵食,披薩的歷史可上溯至2,000年前,不過做出現在這個模樣的披薩,是在1889年的拿坡里,為紀念女王而製造的。義大利麵食種類有數百種,有像義大利麵那樣的長麵條,也有像筆管麵的通心粉(Rigatoni)。一般義大利麵都是搭配肉類料理和酒來吃的。

TIP

培根蛋麵誕生的背後故事

在本國的年輕旅行者中相當受到歡迎的義大利料理培根蛋麵(Carbonara),是經過美國和日本改良後的新生義大利麵食。義大利文的培根蛋麵Carbonara具有「木炭」這含意,原來是烤炭婦人因要長期待在高原烤炭,為了填飽肚子,就用羊奶、起司、豬頰肉等和蛋黃混在一起製成的食物。換句話說,一般吃到的放進鮮奶的白色培根蛋麵,是在義大利看不到的,因為義大利都是用蛋黃來製成,所以呈現的是黃色。

美味料理的天堂法國

法國是將料理昇華為藝術的國家，對美食家來說，這裡就像天堂一樣。極度刺激味覺的細緻味道和美麗的擺盤，是法國料理之所以成為世界頂級料理象徵的原因。法國連接地中海和大西洋，氣候溫和，海產豐富。國土大半是平原和丘陵，栽培了各式農產品；牧地廣闊，生產品質優良的肉類和牛乳、奶油等。這些優良的食材，遇到了辛香料、醬汁和酒後，組成了令人意想不到的美味。辛香料都是在調製料理時，當場取下葉子或穀物入菜的，主要是荷蘭芹莖、胡椒粉、羅勒、芹菜、番紅花等，摻進這些佐料後，會散發出美妙的味道。法國料理的核心是依料理師的創意所創造出的醬汁。最後不能漏掉的，就是身為法國料理象徵的酒。從中世紀開始發展的法國料理，分為傳統料理、家常料理、地方料理和即席料理等。傳統料理是數百年間因貴族而發展出來的、運用昂貴的食材，將料理昇華成藝術。家常料理就是一般家庭吃的較普通的料理；地方料理則是各地方有特色的料理，美食家為了品嘗各地方的料理，會在法國全境旅行。最後是即席料理，就是利用隨手可得的材料做成的，例如烤魚。法國的美食之旅幾乎可說是每個旅行者心中的夢。最近法國政府已向聯合國教科文組織申請，將法國料理登記為世界文化遺產。

以料理聞名的法國城鎮

法蘭西島（le-de-France） 巴黎近郊的小鎮，含納了凡爾賽、馬邁松、楓丹白露、夏特爾、聖丹尼地區。這地區以奶油濃湯、龍蝦料理、派等聞名。

里昂（Lyon） 法國第二大都市里昂有許多文藝復興時代留下的建築物、商店和有名的餐廳。這裡的料理，奶油用得很多；蘑菇和豬肉料理，還有用牛肚做的料理都很受歡迎。至於甜點，要以摻入洋槐和野草莓花做成的油炸點心最知名。

阿爾薩斯（Alsace） 近瑞士和德國的國境地區阿爾薩斯，是個融合了美麗自然風景和多種文化的地方。這裡除鮭魚排和鱒魚料理外，野豬肉料理也很有名，還可以嘗到青蛙和小龍蝦料理；另外，這裡也以種類繁多的點心而聞名。

勃根地（Bourgogne） 以生產世界級的酒而聞名的勃根地地區，還因生產法國品質最好的牛肉而名聞遐邇。以肉類料理和勃根地式蝸牛最受歡迎。

尼斯（Nies） 一年到頭擠滿了觀光客的世界級觀光地尼斯，是像巴黎一樣有名的都市。以橄欖為基本佐料的肉類料理和海鮮料理，還有從義大利傳來的沙拉Mesclun最為有名。Mesclun是由不同口味的13種沙拉混合而成。

普羅旺斯（Provence） 瀕臨地中海的普羅旺斯，很少使用奶油和食用油，而是用大蒜和橄欖做出各式各樣的口味。在一些海產和魚中，放進大蒜、橄欖、番茄等，加水熬成的普羅旺斯魚湯（Bouillabaisse），是最具代表性的法國料理。

融合東西方料理的**土耳其**

土耳其料理和法國、中國料理並列為世界三大料理。臨海處有豐富的海產，高原牧場地帶生產優質的乳製品，廣闊的平原則以各式各樣的蔬菜水果而自豪。豐富的食材以及宗教色彩，產生了土耳其獨特的飲食文化。土耳其料理的種類繁多，傳說有個王子曾說：「出現了記得的味道，就要處死廚師。」由此可見土耳其料理的種類有多多了。土耳其的主食是用一種像白餅做成的麵包，塗上果醬或是在麵包裡夾肉或蔬菜來吃。土耳其最早的食物是卡巴，種類有數百種，其中最受歡迎的，就是我們常見的、用長籤串羊肉或牛肉，用火烤熟後和蔬菜一起夾在麵包或餅裡面吃的「都拿其堡」（Doner Kebab）。另外，還有各式各樣的湯、魚料理、肉類料理、土耳其水果、土耳其咖啡等。因為土耳其是回教國家，不吃豬肉，不過，其他回教國家禁止的酒，土耳其是稍微允許的。

用羊肉或牛用做成的微焦的卡巴。

路邊攤小吃是環遊世界旅行者的最愛。

代表料理

卡巴（Kebab） 像牛津字典上說的一樣，卡巴是土耳其語「肉」的意思，是世界知名的食物。卡巴依地方而有不同，大約共有數百種。最具代表性的就是將牛肉或羊肉切成薄片，插在直立的大鐵柱上慢慢轉著烤熟，再夾著吃的轉烤卡巴；還有將牛肉羊肉串在籤上，以炭火烤熟的串烤卡巴；還有將剁碎的羊肉或牛肉，加醬攪拌後放在寬竹片上烤的阿達納卡巴。

土耳其餅（Pide） 麵粉加鹽調味後攪拌，擀成薄餅後烤熟，再放上各種蔬菜、肉、起司等捲起來吃。還有用柴火燒熱火爐，然後將麵餅放進火爐烤成焦黃的做法。據說義大利披薩就是由土耳其餅演變而來的。

土耳其式咖啡 將咖啡豆磨成細粉末之後，放入砂糖一起煮。西元1555年敘利亞商人帶過來的咖啡，經土耳其式的處理方式後，變成有獨特風味的咖啡。

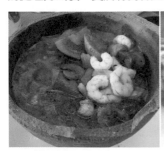

裝著熱情的麻辣飲食墨西哥

雖然今天法國和中國居於世界飲食文化的領導地位，但是對世界飲食文化有最重大影響的國家，卻是墨西哥。墨西哥是玉蜀黍、地瓜、馬鈴薯、番茄、酪梨、可可、樹膠、辣椒、仙人掌等的原產地，紀元前7,000年就開始栽培玉蜀黍了。墨西哥融合了馬雅文明和阿茲提克文明時代傳下來的飲食，和西班牙征服時期歐洲西班牙的飲食文化，發展成現今的墨西哥飲食文化。尤其是添加麻辣醬汁的墨西哥食物，最受喜歡吃辣的人的歡迎。墨西哥的飲食文化，可說是「玉蜀黍文化」，使用了大量的玉米。主食的Tortilla是把玉米放到水中膨脹後碾碎烤成薄餅，再放上蔬菜或海鮮、肉類，最後淋上墨西哥醬，然後夾起來吃。Taco是墨西哥最有名的食物，把Tortilla放到火上烤熟，然後放上各種食材包起來吃。利用Tortilla做成的食物有數百種，其中最具代表性的，就是安琪拉達、炸墨西哥玉米餅、墨西哥捲餅、法伊達。

代表料理

安琪拉達（Enchilada） 在Tortilla上放上豬肉或雞肉、海鮮、蔬菜、起司等，捲成圓筒狀並塗上醬汁，再烤熟的成品。

炸墨西哥玉米餅（Chimichanga） 在Tortilla上放上豬肉或雞肉、起司、豆子、海鮮等，捲成圓筒狀，再用油煎至酥脆的捲餅（編按：又稱奇蜜捲）。

墨西哥捲餅（Burrito） 在Tortilla上放上豆子和豬肉，捲成圓筒狀後，塗上醬汁就完成了。

法士達（Fajita） 在Tortilla上放上烤過的豬肉或雞肉，還有炒過的青菜和新鮮的沙拉，然後捲起來即可。

背包客挑選的印度料理

印度飲食的多樣性是從辛香料開始。熱帶地方生長的樹木的果實、葉子、皮、根，全部都可以做成辛香料；包括肉桂皮、洋甘菊、辣椒、茴蘆、薄荷、芹菜、番紅花、百里香、月桂葉、荳蔻、香菜等，在印度使用的辛香料種類超過1,000種。我們最熟知的咖哩飯，雖然是印度料理，實際上在印度並沒有黃色的咖哩粉，在印度是不用黃色

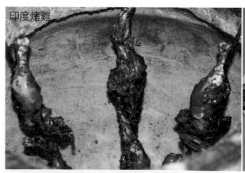

印度烤雞

這一盤對旅行者來說，是相當豐盛的一餐了。

的咖哩粉當辛香料的，這黃色的咖哩粉是西方人符合自己的口味做成的。我們知道的咖哩，在印度叫作「kari」，在大部分印度食物裡，當做辛香料使用。在kari中最有名的，是會冒出像我們的豆瓣醬一樣刺鼻味道的馬薩拉（Masala）。馬薩拉和雞肉料理特別搭。印度料理大致分作北方料理和南方料理。北方料理以麵粉做成的「囊」和「印度薄餅」為主食；南部地方則以米為主食。囊是將麵粉揉成糰後發酵，然後在炭火架上烤熟，有些焦香味，很受旅行者喜愛。另外印度薄餅是在印度旅行時最常吃到的食物，將麵粉揉成糰後，擀成圓餅，放在火架上或鍋中烤熟，搭配各式醬汁一起吃。最後不能錯過的，就是印度紅茶和拉茶。印度紅茶是將紅茶葉和砂糖、牛奶、水，一起煮滾而成，印度人一天要喝上三、四杯。還有紅茶葉和優格、砂糖、水，一起煮成的拉茶（Rashi），是很受女性旅行者喜愛的印度飲品。

代表料理

印度烤雞 因宗教的理由不吃牛的印度，用雞肉和羊肉做成的料理較發達。其中雞肉是印度人最喜歡的肉類。印度烤雞是將優格和辛香料混合後做成的醬汁塗在雞肉上，再放進烤爐中烤熟的一種烤肉料理。微辣且風味絕佳的印度烤雞，是旅行者最喜歡的印度料理。

印度塔利（Thali） 是印度正式的飯，會搭配kari、豆子、印度麵包（Chappati，用麵粉製作）。用泡過番紅花的水做成的飯，纏繞著香草香，飯粒沒有黏性而粒粒分明。在印度吃套餐時，是不用湯匙的，而是用手抓著吃。依價格的不同，有時會提供甜點，甜點可能是固體優格（Dahi，優格的一種）或米布丁。

和各國人一起享用晚餐，也是旅行中不能錯過的文化體驗。

TALK! TALK! TALK!

旅行中吃過最奇怪的食物

在旅行的時候，會有機會吃到好吃的傳統美食，也有可能吃到難以下嚥的奇怪食物，這也是非常特別的味覺體驗。在這麼多種類的食物中，我吃過最獨特和最怪異的食物是什麼呢？根據曾對本國旅行者進行的一項調查，全世界最令人討厭的食物，就是放了香菜的食物；最難下嚥的食物就是世界三大湯之一的泰國酸辣海鮮湯。

在尼泊爾吃過的「涼拌肉」最難忘記。不用嚼，只吸肉汁，也不能就這樣把肉吞下去；看看旁邊的人，居然都沒人吐出來，實在很困惑。吸下去以後，滿嘴都是熱帶水果王榴槤的臭味，非常可怕。而且怎麼刷牙味道都不會消失，三天內喉嚨裡還不時地會隱隱冒出這特有的味道，難過死了。—ayse—

在土耳其吃到的青莖菜，是一種類似發酵的蔬菜。是我生平第一次把放進嘴裡的食物原封不動地吐出來。要讓人吐，就用這個吧。—daydream—

沒有最討厭的食物，不過有個忘不掉它味道的獨特咖啡冰淇淋。那是在墨西哥旅行時，拉著移動手推車賣的手製冰淇淋，那位親切的老闆用手挖起冰淇淋放到杯子裡。—柳妮—

在寮國北部世界文化遺產的都市龍坡邦。主人要我們嘗嘗他存放很久的燻肉。地上放了些弄平了的鬆軟毛皮，一看好像是兔毛，結果再看拿出來放在柴火上烤的竟然是田鼠。—浪人—

在印尼吃到外面裹了一層麵粉，炸得金黃酥脆的東西。吃起來味道也很香很美味，結果把麵衣剝開一些來看，看到了爆出來的雞眼睛，原來這是炸雞頭。—TRAVELLER5—

智利的地方料理「Curnato」。是把全世界最不能搭在一起的食材混在一起的食物。油滋滋的香腸、以厚度自豪的肥豬肉、拳頭大小硬硬乾乾的淡菜，再加上雞腿和馬鈴薯一起煮。看起來超噁的，一吃差點暈倒。—劉秉勳—

冰島鯊魚料理

馬拉威鷹翅配山藥

中國的炸蠶蛹

格陵蘭海豹肉

寮國烤田鼠

玻利維亞烤食人魚

在中國廣東旅行時，去吃當地很有名的小火鍋。它的名字到死都不會忘記，稱作「山珍」，結果一看，是把剛出生的小老鼠放進湯裡燙熟來吃的超可怕料理。從那天以後，有了一陣子我都吃素了。－T5－

你把義式咖啡放進啤酒杯來喝嗎？平常都沒有感覺到心臟存在的我，喝了寮國當地的這種咖啡後，我的心臟簡直都快跳出嘴巴了，一喝下去心臟就噗通噗通地跳。－sonar－

在越南胡志明市休閒旅館。旅館的最頂層是餐廳，它的牛排意想不到的奇怪。我在想是不是水牛啊，在炭火上烤到外皮焦了，但裡面全是血水。更可怕的是吃的時候不嚼只吸肉汁。－流浪客－

在菲律賓吃到了我這一生最突破的食物。正津津有味地吃著已煮熟的蛋時，突然咬到了什麼硬硬的東西，拿出來一看是喙和翅膀。－夏恩－

泰國的蘑菇料理很可怕。吃一口後遺症持續一週，只能喝水，瘦了7公斤。買了世界三大名湯之一的泰國酸辣海鮮湯，才用湯匙喝了一口，立刻就吐了。－540度－

在蒙古旅行時，在鄉村的蒙古包裡，吃到了傳統料理羊內臟湯。什麼調味料都不放，連鹽也不放，只用水和內臟煮成的湯。還有在中國賣的臭豆腐串，聞到那味道就快暈倒了。－灰塵－

世上最好吃的食物之一的卡巴。相當有名，於是就吃吃看，結果好像在吃鹽塊。想丟掉，但老闆在旁邊很熱切地看著，最後只好掛著微笑勉強吃下去。－獵魚人－

沒有什麼食物，比在祕魯庫斯科吃到的特殊料理「烤天竺鼠」更噁心的了。把天竺鼠像烤乳豬一樣的烤，完整的一隻，也不處理一下，牙齒、腳趾、閉上的眼睛全都看得一清二楚，真的好噁心。－那尼－

炒昆蟲，加螳螂多20元

祕魯烤天竺鼠

難以忘懷的一杯記憶！ 酒鄉之旅

環遊世界時，也可以在世界各地品嘗各式各樣的酒；還有欣賞生產酒的酒莊，那令人印象深刻的風景——陽光下廣闊無際的葡萄園，典雅美麗的釀酒廠，還有散發著酒香的儲酒窖……。環遊世界的路途中經過產酒地時，不要忘了去感受一下這些景致；可以直接體驗到裝在瓶子裡的酒是如何被美麗的陽光、泥土和人孕育出來。

現在生產酒的國家相當多。除了酒的宗祖國法國，到義大利、西班牙、德國這些歷史和傳統悠久的舊大陸外，還有美國、加拿大、智利、阿根廷等新興大陸；全部都是飄散著酒香的地方。

酒的名家法國

全世界生產最多酒的國家就是法國，以數百年傳乘下來的傳統，和卓越的市場行銷，創造了全世界酒的標準，並引領全世界的酒文化。法國以合宜的自然環境，生產出好品質的葡萄，所以在法國，到處都是世界知名的名酒產地。其中最具代表的地方當然就是波爾多（Bordeaux）和勃根地（Bourgogne）了，這兩個地方受到全世界酒迷的激賞，被比喻為國王和王妃。波爾多是法國第五大都市，這一帶生產的酒統稱為波爾多酒。波爾多是四種得獎酒的生產地區，其中以聖愛美濃（Saint-Emilion）和梅多克（MéDoc），最具代表。

聖愛美濃村有許多具歷史性的中世紀建築物，也被指定為世界文化遺產。而梅多克也有許多以美麗外觀自豪的釀酒廠，觀光客的腳步絡繹不絕。生產酒的釀造廠，也被叫做酒莊，在波爾多這樣的酒莊有9,000多座；參觀酒莊的tour，是旅遊波爾多的核心。

勃根地從品種到味道、香味、顏色和生產方法，很多都和波爾多不同，和洗練、優雅風格的波爾多酒不同，它以有力道、有餘韻的品質，打下「酒中之酒」的名聲。在勃根地，世界知名的葡萄園也相當多，其中以生產全世界最貴的酒「羅曼尼・康帝」（La Romanée-Conti）的葡萄園是最有名的。

TRAVEL INFO.

波爾多酒莊之旅

波爾多位在從巴黎蒙帕納斯車站搭TGV，要花2小時30分車程的地方。在波爾多市區內的旅遊資訊中心，可以預約到梅多克地區和聖愛美濃地區各式各樣的品酒tour。半天行程29歐元，一天行程82歐元。如果不參加tour，想要個別前往的話，也可以參考資訊中心所發的手冊，酒莊的位置、旅遊時間、費用、要不要預約、有沒有品酒等訊息，都有詳細說明。在法國品酒行程相當多，以擁有美麗酒莊的梅多克地區最受歡迎。如果利用資訊中心介紹的旅遊團，到城堡前會有一位導遊同行，抵達城堡後，換當地的另一位導遊同行，親切地介紹葡萄栽培、製造、熟成的整個過程，還有試飲的機會。半天訪問兩個酒莊的整個行程共需5小時。

相關網址 www.bordeaux-tourisme.com

TIP

全世界最貴的酒

紅酒「羅曼尼‧康帝」（La Romanée-Conti），是勃根地地區的沃恩‧羅曼尼（Vosne Romane）鎮的羅曼尼村生產的葡萄酒。葡萄園的大小比足球場稍微再大一點而已，所以每年生產的量只有6,000瓶左右。國內頂級旅館賣的1991年產的羅曼尼‧康帝，一瓶賣30萬台幣。

世界最棒的白酒德國

德國生產的酒只占全球的3%，但卻以生產世界知名的白酒而聞名；德國生產的酒當中，85%都是白酒，剩下的15%是紅酒和粉紅色的玫瑰酒。德國的白酒以出眾的味道和香氣自豪，且和其他國家的白酒相比之下，德國白酒的酒精含量低得多。現在德國酒在酒市場的評價相當的低，不過在18～19世紀時，德國酒是僅次於法國酒的第二名，依品質甚至賣到比波爾多酒還貴的價錢。德國酒的評價下滑，是起因於世界大戰和經濟停滯，高級品的酒生產減少的緣故。沿著萊茵河，有很多生產相當多種品種的葡萄園，尤其是萊茵高（Rheingau）地區，是德國酒最知名的產地，生產最佳品質的酒。同時德國也和加拿大一起被認定是產冰酒最棒的地方。

TIP

全世界賣出最高價的酒

在1985年倫敦的克里斯蒂拍賣會，是世界最高級酒的交易市場。當時的主角是1787年產的「拉菲」（Bordeaux Château Lafite），以16萬美元成交，這瓶普通大小的酒，是全世界最高價的酒。不過酒的壽命大約只有200年左右，所以這瓶酒是不能喝的收藏用的酒。這瓶酒上刻有象徵美國第三任總統湯瑪斯傑佛遜的「Th.F」字樣，傑佛遜也是酒的愛好者，據說他當駐法外交官時，常去波爾多和聖愛美濃這些地方。

酒界的彗星澳洲

以合理的價格和豐富的味道當武器，創出令人刮目相看的成績的澳洲酒，是最近在世界市場上受到矚目的酒。1970年後，隨著澳洲經濟發展，酒的產業也產生了很大的變化和成長。現在澳洲酒除了向英國輸出外，也輸出到歐洲、美國、亞洲世界各地。其中傑卡斯席哈卡本內紅酒（Jacob's Creek Shiraz Cabernet）和黃尾袋鼠（Yellow Tail），分別在英國、美國取得單一品牌輸入占有率第一名的紀錄，可見其受歡迎的程度。澳洲全境都產酒，其中南澳大利亞省、維多利亞省、新南威爾斯省，占了全國生產量的90%。在具有廣闊領土的這三省中的任何一省，都能見到在耀眼藍天的陪襯下，一望無際的葡萄園。尤其是南澳大利亞省首府阿德雷德近郊生產了最受觀光客喜愛的酒的巴羅莎谷（Barossa Valley）。澳洲生產的4公升裝的散酒，被當地韓國人稱為馬格利酒（韓國的一種米酒），可見它多受歡迎。有趣的是，澳洲收穫的大部分葡萄，都是由工作渡假的韓國人採收的。

TRAVEL INFO.

巴羅莎谷酒莊之旅

澳洲最大的產酒地是巴羅莎谷，有500多座的葡萄農場，還有大大小小60多間釀酒廠。生產世界100大酒的奔富（Penfolds）酒莊、生產在我國也很受歡迎的澳洲代表高級酒的傑卡斯（Jacob's Creek）酒莊，還有澳洲歷史最悠久的酒莊之一的沙普（Sppelt）酒莊，這些酒莊都在巴羅莎谷。個別造訪者可以在阿德雷德租車前往，也可以參加各式各樣的酒莊tour。旅行社的tour約50~60澳幣，參觀3~5個酒莊，還提供點心。

相關網址 www.barossa.com

TIP

暢銷書《神之雫》

日本漫畫《神之雫》，對酒的味道和香氣的描繪深入細膩，被比喻為漫畫奇葩，在國內成為暢銷書，並掀起了一股愛酒熱。該漫畫中介紹的歐洲酒，對它們實際的銷售量也有很大的影響。尤其是義大利的康尼格利安諾酒（Colli di Conegliano），經漫畫的介紹後，總銷量增加了30%。漫畫的內容是描述一位青年，依循品酒家父親的遺言，要找出全世界最棒的12種酒的故事。

借助於理想氣候的酒**美國**

1976年在法國巴黎洲際大飯店，以10種加州酒和波爾多酒為對象，舉辦了一場品酒大會。結果跌破世人的眼鏡，新大陸的加州酒竟然打敗了法國向來引以為傲的波爾多酒，取得一等獎。2006年倫敦和美國，在納帕山谷（Napa Valley），又再舉行了一次品酒大會，結果從第一名到第五名都被加州酒奪下。加州酒遂變成不輸給舊大陸的世界頂級商品。加州理想的氣候和土壤，是製造出不輸歐洲品牌高品質紅酒和白酒的祕訣。美國是世界第四大的酒生產國，雖然許多地區都有生產，但加州生產的酒占了全國生產量的90%。位於舊金山北邊的納帕山谷所生產的酒，被公認凌駕法國酒之上。

TRAVEL INFO.

納帕谷酒莊之旅

加州高級酒的產地中，最具代表性，也是最有名的地方，就是納帕山谷；它位在舊金山北邊，車程約1小時30分鐘的納帕鎮（Napa County）上。這裡大約有273個酒莊，很值得喜歡酒的人來此一遊。在各式各樣的旅遊團行程中，最受歡迎的就是搭火車遊覽酒莊的行程；是從納帕出發，抵達聖海倫娜，之後再返回納帕的路線，在火車上還可品嘗很有排場的美食和酒。一般的酒莊之旅費用是5～15美元，含品嘗的費用；另外，也可以坐汽車或騎腳踏車參觀酒莊。值得參考的是，納帕山谷包含了納帕、揚特維爾、聖海倫娜、卡里斯多加、拉瑟福特全部地區。
相關網址 www.napavalley.com

|TIP

實用的酒用語

Body 表現酒的濃度和質感的用語。
Aroma 原產地的葡萄本身散發出的香氣。
Sommelier 在高級餐廳管理酒的人。
Decanting 為消除酒瓶中產生的沉澱物，而將酒移往其他容器。
Winery 製酒的釀造廠或葡萄園。
Dry 因紅酒的主成分而產生的澀澀的口感。
Cru 最高等級的酒。
Bouquet 酒在生產、熟成的過程中所產生的香氣。
Vintage 製酒葡萄採收的年度。
Blance 香氣和酒精濃度、酸度、單寧酸、糖分等的調和。
Cellar 使發酵結束的酒熟成的場所。
Blend 兩種以上不同的酒混在一起。

紅酒配肉類，白酒配海鮮

紅酒和肉類較搭的原因是，紅酒裡的單寧酸會調合肉類料理裡的油和濃重的味道；白酒和魚類較搭的原因，則是白酒的酸味可以調合魚的腥澀味。但這個公式並不是永遠適用的，隨著調理方式的不同，搭配的酒也會很多變。

南美最棒的酒智利

智利酒最近在國內很受歡迎。智利的氣候和土壤，很適合栽培葡萄。歐洲酒
會依採收的年度，而有不同的味道，但智利酒就不太受品種或年度的影響。
因此看智利酒不必考慮年分（Vintage），智利酒的釀造廠每年都會生產好
酒。因為不澀又有果香，被評價為是很適合初學者喝的酒；另外智利酒的標
示很容易識別，不像舊大陸的標示，比較難懂，常不清楚到底是什麼意思。

TRAVEL INFO.

孔雀酒廠酒莊之旅

創立於1883年的孔雀酒廠（Concha y toro），是智利酒的名牌酒廠，是到智利旅遊的所有酒迷必去
的名勝地。位在距首都聖地牙哥1小時車程的地方，利用地下鐵或巴士即可以很方便地到達，這也是它
在喜歡酒的旅行者間特別受歡迎的原因。門票12美元，有特別為遊客安排的tour；每天有4次西班牙語
導遊的tour，3次英語導遊的tour。這個酒莊生產的酒很多都是智利的代表酒，參加tour的遊客基本上
可以試喝三種酒。聖地牙哥的旅行社有賣到孔雀酒廠1天行程的tour，費用是60美元；萬一還想去近郊
其他酒莊參觀的話，也可以選擇參加100美元的tour。

相關網址 www.conchaytoro.com

TIP

酒和食物的搭配

紅酒 牛肉、義大利麵
玫瑰紅酒 魚、雞肉
白酒 鯖魚、雞肉、海蟹、貝類、蝦
香檳 甜點類、草莓

橡木桶裡有正在呼吸、
熟成的酒。

高溫熱情的酒**義大利**

義大利和法國同為世界生產最多酒的國家。義大利酒的歷史可上溯到3,000年前，可說是相當悠久。古希臘稱義大利為「Enotria」，是「酒之地」的意思。從義大利北部阿爾卑斯山山麓到南部地中海上的島嶼，國土全境大部分都是葡萄園；流傳數世紀的製酒技術，製造出了世界級品質的酒，不過和法國酒相比，卻受到相對較低的評價。義大利酒依各地區的特色，會有不同的味道和香氣，和品質比起來，它的價格算是低廉的，因此廣受酒迷們的喜愛。西北部的皮蒙特（Piemonte）地區，是生產高級酒的地方，其中有生產巴羅洛酒（Barolo）和巴巴瑞斯科（Barbaresco）這些世界名酒的農場。這兩種酒都曾獲得義大利酒的最高等級DOCG認定，受這最高等級認定的酒只有12種。此外托斯卡尼（Toscana）地方的布魯尼洛（Brunello di Montalcino）和貴族葡萄酒蒙特普奇亞諾（Vino Nobile di Montepulciano），也曾獲最高等級認定。義大利名酒的產地就是皮蒙特和托斯卡尼。特別是托斯卡尼，不僅生產名酒，還有美麗的風景，長久以來就是很受觀光客喜愛的魅力旅遊地。

義大利酒相關網站 www.italianwineguide.co.kr

跳躍的名酒**西班牙**

西班牙不是只有足球、畢卡索、高第。世上最熱情的國家西班牙，是法國和義大利之後，位居世界第三名的產酒國家。不過西班牙酒一般都被視為低價酒，一般人也不太熟悉西班牙酒的名字。但是在西班牙，生產最高品質酒的世界級葡萄園卻很多。里奧哈（Rioja）就是最具代表性的生產最高品質紅酒的地區。19世紀時法國因葡萄根瘤蚜蟲病（Phylloxera），使葡萄樹根浸泡水中，導致葡萄園荒廢，於是法國製酒師們遂移居里奧哈，並將經驗和技術帶到了這裡。引進了卓越的技術，再加上這裡理想的栽培葡萄氣候，一下子就將西班牙酒的品質提高了。另外，以「雪莉」（Sherry）酒聞名的赫雷斯（Jerez）地區，也需要認識一下；位於大西洋沿岸三角洲地區的赫雷斯，也是以卓越的栽培條件生產出高品質的酒的，而且這裡生產的酒，特別受到英國人的喜愛。

TIP

酒和起司的關係

起司是一種不但和葡萄酒很合，和其他酒類也很搭配的食物，那是因為起司的蛋白質成分，有助分解肝臟中的酒精。起司和酒一起吃的話，不但能減少葡萄酒中的澀味，還可以增進彼此原有的香味。

尋找甜蜜惡魔

跟著咖啡香去旅行

過去十年，台灣掀起了咖啡熱，在城市裡環顧一下四周，不難找到一、兩家咖啡專賣店。最近也有很多人喜歡在家自己煮咖啡喝，取代了以前的沖泡式咖啡；同時出現了很多令人眼睛一亮的咖啡相關商品。根據某項統計，國人平均每人每年喝掉100杯咖啡，市場高達百億元。另外，人類除了水以外，最常喝的飲料也是咖啡。在環遊世界中，若能帶著對咖啡的好奇與關心，拜訪各地獨具特色的咖啡及原豆農場的話，也可以發現旅行中另一番不同的魅力。咖啡集中栽培的地方，是以赤道為中心，往上、往下延伸到南北回歸線的「世界咖啡帶」區間，這裡供應了全世界所有國家飲用的咖啡原豆。也可以體驗一下，咖啡主要消費國各種型態的咖啡專賣店，以及具有地區特色的咖啡風味。

各式各樣原豆乾燥法—印尼亞齊地區

目前正從事咖啡相關事業，或以後想自己開間咖啡店的環遊世界旅行者，可以去參觀咖啡原產地，以及主要的消費地區，累積各類有深度的知識，並實際體驗一下。

❶咖啡櫻桃
❷乾燥前的原豆

❸乾燥後
❹烘焙過的原豆

北歐

義大利

北美

印度

韓國・日本

夏威夷

星巴克1號店

墨西哥

牙買加

葉門

瓜地馬拉

巴拿馬

衣索匹亞

越南・寮國

哥倫比亞

咖啡的發祥地　烏干達

肯亞

印尼

巴布亞紐幾內亞

祕魯

巴西

澳洲・紐西蘭

咖啡最大生產地33%以上

- 探訪咖啡最大消費地，以及先進的咖啡文化。
- 探訪咖啡原豆最大生產地、農場。
- 全世界咖啡生產帶。

咖啡最大消費國

❶美國 ❷德國 ❸日本 ❹義大利 ❺法國

● 全世界約有49個國家生產咖啡。

主要的咖啡生產地

葉門

葉門獨特的咖啡栽培法——高山地區梯田的栽培農場

以沙那和希巴姆的古代遺跡而聞名的葉門，是全世界最有名的摩卡咖啡產地。葉門和衣索匹亞，是歷史最悠久的咖啡生產國。在多半是沙漠的阿拉伯半島上，其中的山岳地帶，就是葉門許多農場的所在地。因為咖啡農場的景致和其他生產國完全不同，所以對咖啡愛好者來說，這裡是滿神祕的咖啡產地。

TRAVEL INFO.

葉門人平常喜歡喝的咖啡，不是我們所知道的烘烤過的咖啡，而是將稱作「奇希爾」的乾燥咖啡櫻桃煮過，像茶一樣來飲用。

巴西

以地球之肺的亞馬遜叢林和伊瓜蘇瀑布等無數景點而知名的巴西，是咖啡最大生產國，也是位於美國之後、第二大咖啡消費國。18世紀後，咖啡是巴西最重要的生產品，扮演了巴西經濟成長牽引機的角色。巴西全境，有馬卡烏帕・德西馬、諾沙紐拉・特卡勒盟、達鐵阿等好幾個知名農場。在當地，小規模的農園叫作「迷你潘迪亞」（mini pendia）；大規模的農場叫作「法占達」（fazenda），利用機械式種植栽培法。參觀法占達的遊客，會對它宏偉的規模和生產方式，感到非常驚訝。

馬卡烏帕・德西馬農場

1980年創立，以新技術的嫁接栽培法來生產咖啡。採收帶有水果香的波旁種咖啡，很受咖啡愛好者的喜愛與好評。

諾沙紐拉・特卡勒盟農場

位於海拔1,300公尺高原地帶的農場，原來是放養牛隻的地方。採用按重量挑選，以及果肉乾度追蹤等精製方式，來生產高級咖啡。這是巴西最有名的咖啡農場之一。

星巴克1號店

1971年星巴克開的第一間咖啡店，位於美國西雅圖。全世界的咖啡愛好者不斷地湧入這裡拍照，或購買其販賣的各種紀念品與烘烤過的咖啡豆。在星巴克老闆霍華德・舒爾茨的自傳裡提到，星巴克這個名字，靈感來自《白鯨記》（*Moby Dick*）裡的咖啡愛好者——船大副「史塔巴克」（Starbuck）。現在這裡已經成了來西雅圖旅遊的人，必定會造訪的觀光景點。通常都是擠滿了人，要在裡面喝杯咖啡都非常困難。

哥倫比亞

我們熟悉的主要咖啡生產地哥倫比亞，是全世界第三大咖啡生產國。種植咖啡的農家數超過200萬家，生活和咖啡生產密不可分的哥倫比亞人相當多。因為接近赤道，每年可收穫兩次；這裡栽培的咖啡全都是阿拉比卡種，品質相當優秀。

從厄瓜多爾延伸下來的安地斯山脈，在哥倫比亞分成了三條支脈，分別是西克迪勒拉山、中克迪勒拉山、東克迪勒拉山，主要的咖啡農家就位在這三座山的高原上。

奧茲瓦特農場

位在桑坦德地區布卡拉曼加附近的這個農場，在製造出陰影的遮蔭樹下方，以有機栽培的方式種植著阿拉比卡咖啡。本農場還擁有和環境保護有關的國際認證。

一般來說，每公頃種了5,000棵咖啡樹，以及158棵遮蔭樹，所以到農場觀光，感覺就像身處在蓊鬱的樹林裡。

哥倫比亞咖啡商標

巴拿馬

以連接大西洋和太平洋的大運河而聞名的巴拿馬，是最近受到注目的高品質瑰夏咖啡之產地。瑰夏咖啡因擴散的香味，在全世界咖啡專賣店，以高價的頂級咖啡而受到矚目。

主要產地是和哥斯大黎加接壤、鄰近奇里基火山的「博凱特」地區，也是歷史最悠久且最知名的地方。海拔1,000～1,200公尺的高山地帶，因為吹北風，時常有霧，因此氣溫能維持一定，因為這特殊的環境，讓博凱特山咖啡擁有了獨特的香味。

巴拿馬博凱特帕爾米拉地區

翡翠莊園

這裡是最早開始生產瑰夏種咖啡的地方，在咖啡愛好者間是相當知名的地方。位於海拔1,300～1,700公尺的高山上，雖然鄰近赤道，但參訪客卻可以體驗到相當舒爽的氣候。翡翠莊園，位在巴拿馬主要火山地帶的博凱特帕爾米拉地區。不遠處，有種植了許多提比卡種咖啡的佩路里那農園，也可以順道去參觀。

瑰夏咖啡商標

TRAVEL INFO.

什麼是瑰夏／藝伎咖啡？

在衣索匹亞瑰夏（Geisha）地區開採，於是就稱作瑰夏咖啡，因發音與日文藝妓相似，所以也稱作藝妓咖啡。1997年，在巴拿馬的咖啡拍賣市場獲得了最高評價，以1磅21美元的高額落槌。之後，2005～2007年，在SCA（美國特殊咖啡協會）上獲得優勝，每磅叫價130美元，最高級咖啡之名遂傳播開來。散發出香甜清爽的水果香與淡淡的酸味，最後又加上一點甜味，絕不是浪得虛名，是頂級中的頂級咖啡。

瑰夏原豆商品

藍山咖啡的商標

牙買加藍山咖啡產地

牙買加

位於加勒比海中的牙買加，以雷鬼音樂發源地及美國最大休閒地而聞名，也是藍山咖啡的產地。18世紀初，經由海地，將咖啡樹傳進牙買加，這裡栽培的咖啡樹，95%以上是提比卡種。牙買加是全世界最早用特定地區名，為咖啡商品命名並製作商標的國家。依據專家的說法，這裡生產的咖啡品質好，且經過中烤，喝起來風味絕佳。

牙買加中部克萊茲代爾地區的藍山咖啡，生產在海拔1,000～1,300公尺的高山上，從採收至送到挑選作業場，會看到非常多黑人女工在採收、挑選的樣子，也是相當有趣的景觀。

TRAVEL INFO.

牙買加藍山咖啡

以伊莉莎白女王與皇室愛喝的咖啡而聞名。加勒比海的太陽，將海洋的藍光反射到牙買加島上，讓生產這咖啡的整座山看起來帶了藍色，所以就把它叫作藍山。以全世界最貴、最高價的咖啡而聞名。在日本最受歡迎，融合了酸味、苦味、甜味、美味而領先群雄，完成度高。90%以上輸出到日本。

衣索匹亞

衣索匹亞，是具有悠久咖啡傳統的咖啡發祥地。目前鄰近衣索匹亞的國家，像肯亞、坦尚尼亞、盧安達等，也有栽培咖啡，不過當地人大部分都比較喜歡喝紅茶而不是咖啡。相反地，在這裡甚至有相傳已久，用咖啡招待客人的習俗，叫作「一起喝咖啡」（Kariomon），可見咖啡在這裡是非常大眾化的飲品。

全世界大部分的咖啡生產地，咖啡在當地並不是日常飲品，

衣索匹亞傳統的「一起喝咖啡」（Kariomon）儀式

但在衣索匹亞，燒烤咖啡的方法或過程，甚至有必須遵守的禮節，可見咖啡已完全融入了生活中。事實上，全世界的咖啡，最早是從衣索匹亞，經葉門的摩卡地區，再傳到歐洲的，

衣索匹亞咖啡

衣索匹亞耶加雪夫
咖啡銅像

對咖啡愛好者來說，這是至高無上的聖地。在全世界的咖啡中，衣索匹亞產的咖啡，因擁有與眾不同的香味而深受歡迎。最具代表的，就是耶加雪夫帶有的桃、杏香味，在世界咖啡市場中，以非常高的價格交易。

伊迪特火車站

這是耶加雪夫中，產出品質最好的耶加雪夫咖啡農場。這個農場的咖啡，將成熟的咖啡櫻桃含著果肉，放進自製的高層式乾燥台，乾燥1,000天之後，再脫殼而成。在美國精品咖啡市場，受到很高的評價。進到這裡，也可以看到一部分在樹林裡生長的原始咖啡樹。

印尼

由眾多島嶼構成的印尼，1696年，一位荷蘭人從印度將咖啡樹苗帶進了爪哇種植，於是展開了印尼栽種咖啡的歷史。1877年，斯里蘭卡全境爆發了咖啡霉病，傳進印尼後，使印尼阿拉比卡種咖啡樹，大部分毀壞殆盡。20世紀初，引進羅百氏特種，才再度開始大量生產咖啡。印尼咖啡主要產地，是蘇門答臘島的東林、亞齊、曼特寧等地區，主要栽培的是阿拉比卡種咖啡。

另外，蘇拉威西島以卡洛西和杜拉加兩地的咖啡最有名。峇里島和爪哇也有栽種。其中，在蘇門達臘曼特寧地區栽培的咖啡樹中，可以找到樹齡超過70年的咖啡樹。主島的曼丹市，有從殖民時代就開設、歷史悠久的咖啡店，可以在那裡品嚐到溫和、新鮮的阿拉比卡咖啡。

印尼亞齊咖啡產地

挑選工作

乾燥場

其他有名的咖啡原產地

夏威夷

以科納咖啡最為有名。1920年後咖啡栽植開始擴散，在可愛島、茂宜島上栽種了提比卡種咖啡樹。知名的農場，有位在科納的綠牆農場，以及位在茂宜島知名渡假地卡納帕利的卡納帕利農場。

TRAVEL INFO.

麝香咖啡

因電影《一路玩到掛》的介紹而聲名大噪，全世界最貴的咖啡——麝香咖啡。讓棲息在蘇門答臘高山地帶的麝香貓，吃下咖啡櫻桃，果肉消化後排出種子，再收集起來予以加工而成，是相當奇特且產量相當少的咖啡。

巴布亞紐幾內亞

在歐洲評價相當高的西格里咖啡農場，位在哈根山的高原地帶。大部分是栽種阿拉比卡種，咖啡產量60%以上輸出歐洲，是個歷史悠久的產地。

此外，薩爾瓦多的西伯利亞農場、嘉爾曼農場，哥斯大黎加的拉帕拉農場，瓜地馬拉的聖塔克拉拉農場，聖荷西的歐克佬農場，盧安達基伏湖沿岸的小規模農家等，也值得去參觀一下。

遮蔭樹下的咖啡

麝香咖啡

產地的杯咖啡

大規模咖啡農場陳列的各種原豆

當場烘烤

成熟前的
咖啡櫻桃

橡木桶裡裝著牙買
加藍山咖啡原豆

文化藝術環遊世界

不管去哪個國家，幾乎都有盛載著人類歷史和文化的博物館和美術館。參觀美術館和博物館的旅行，不僅能享受旅行的另一種樂趣，同時還能滿足求知慾。規模、設施和館藏，是其他國家難以匹敵的頂級美術館和博物館，有哪些呢？旅行者喜愛的世界級博物館和美術館又有哪些呢？現在就讓我們一起來看一下吧。

世界第一的**羅浮宮博物館**

蒙娜麗莎是羅浮宮的鎮館之寶，甚至有專為看蒙娜麗莎而到羅浮宮的人。目前羅浮宮以蒙娜麗莎為首，收藏了40萬件世界頂級的藝術品，每年有800萬名觀光客造訪羅浮宮。羅浮宮原來是國王使用的宮殿，西元1200年時，奧古斯都王為守護巴黎，遂建造了用來當作守護城廓的羅浮宮，羅浮宮的歷史於焉展開。14世紀查理五世時，具備了王宮的樣子；弗朗索瓦一世時，羅浮宮成為正式的王宮。不過1628年路易十四時，王宮搬至凡爾賽宮，羅浮王宮的歷史就此結束。到了1763年，革命政府將弗朗索瓦一世、路易十三、路易十四收集的大量美術作品，放到羅浮宮來展示，於是羅浮宮就開始變成博物館了。拿破崙時期，從戰敗國取得的戰利品——大量的美術作品，也放進了羅浮宮，於是讓它具備了世界第一博物館的規模。到了查理十世，法國革命時被送上斷頭台的路易十六之弟，將博物館又再分割出埃及美術館和希臘美術館。路易菲利浦王時，又分割出一個亞述美術館。博物館的收藏品，從古代到19世紀，從歐洲到東洋，所有藝術品都網羅了。目前羅浮宮以〈蒙娜麗莎〉和〈米羅的維納斯〉為首，共有600餘件藏品有中文語音導覽的服務。

地點 法國巴黎　**網址** www.louvre.fr

TIP

另一個代表物 <米羅的維納斯>

在羅浮宮，和蒙娜麗莎一樣有名的米羅的維納斯像（Venus de Milo），是1820年，在愛琴海的米羅島上，阿芙蘿黛蒂神殿附近，被一位在田裡耕作的農夫發現的。當時停泊在該島的法國海軍取得了維納斯像，就把它送回了法國，之後經利維埃侯爵買下後，再獻給路易十八，並放進羅浮宮博物館收藏。據推測，約製作於紀元前2世紀，高204公分的維納斯像美麗又優雅的姿態，和蒙娜麗莎一樣受到眾多觀光客的喜愛，是當今世界最偉大的傑作之一。

攝影／林慧美

世界最大最悠久的**大英博物館**

全世界歷史最悠久、規模最大的博物館之一的大英博物館（British Museum），網羅了世界各地的珍貴考古學遺物和民俗蒐藏品。1753年，英國政府向曾當過皇家史學院院長的漢斯・索隆爵士，購入6萬5,000件的古董、勛章、銅幣，以及自然科學標本。之後又加入了羅伯特・科頓爵士的藏書，和牛津伯爵收集的手抄書。1759年向一般大眾公開展示；本來想在現今的白金漢宮展示，最後買進蒙塔古大樓作為展示中心。後來展示品不斷增加，1824年又在東邊興建藏書室，西邊興建展示埃及雕刻的畫廊。1852年因中央建築老舊，遂增建新古典主義樣式的建築。之後，1881年獨立出自然史博物館，1970年獨立出人類史博物館。博物館最具代表性的展示品是25號展示室的埃及羅塞塔石碑，這是1799年拿破崙遠征隊在尼羅河三角洲發現的，是紀元前196年孟菲斯祭司宣佈法令的石碑。另外，還有出埃及記時期的拉美西斯二世神像、古希臘帕德嫩神廟上的雕刻、古希臘黃銅頭盔等。

地點 英國倫敦 　**網址** www.thebritishmuseum.ac.uk

保有當代最偉大名畫的**紐約現代美術館**

紐約現代美術館，是1929年由包含石油大王洛克斐勒的妻子等五位收藏家所設立的，主要展示19世紀後半的作品。1929年後急速擴張，2004年以日本建築家安藤忠雄的設計增建，比原來展示館增大了1.5倍，所花的建築費高達4億2,500萬美元。美術館以莫內的〈睡蓮〉、盧梭的〈沉睡的吉普賽人〉、馬諦斯的〈舞蹈〉為首，到世界最高價的作品傑克森・波洛克的圖畫，展示了當代最偉大的名畫；它消弭了經典美術和普羅美術之間的差別，是將美術大眾化的先驅美術館。

地點 美國紐約 　**網址** www.moma.org

以雄厚的商業資本建成的**大都會博物館**

大都會博物館（Metropolitan Museum）是世界三大博物館之一，藏有300萬件收藏品。營運預算每年高達1億1,700萬美元，員工有1,700人，義工有500人，迎接每年550萬名的觀光客。博物館的歷史可上溯到1866年7月4日；為慶祝美國的獨立紀念日，一群紐約人士在巴黎一家餐廳聚會慶祝，其中有位外交官發表演說認為，紐約也應該有個博物館。其他人士也紛紛贊同，遂開始了創立博物館運動。1870年靠著紐約市民的捐款，累積了10萬美元基金，用這筆錢租了一棟房子，規模很小地開館了。之後1880年因富有的實業家投資，就搬到了現在這個地方。比起歷史悠久的歐洲博物館，它雖然歷史很短，但因為有大企業們的鉅額投資和捐贈，規模急速擴大。收藏品從史前時代到希臘、埃及、非洲、亞洲、歐洲、伊斯蘭，各時代各地區都包羅了。大衛、林布蘭、蒙德里安、畢卡索、馬諦斯等當代最偉大的巨匠作品都有展示；另外，還有將中國明朝庭園再現的阿斯托莊園（The Astor Court）。韓國館也有4,000多件藝術文物的展示。

地點 美國紐約　**網址** www.metmuseum.org

充滿國寶級文物的**國立故宮博物院**

到中國北京紫禁城旅遊時，許多遊客一開始會很驚訝，因為這麼大又這麼華麗的宮殿，裡面卻是空蕩蕩的；到北京故宮博物院一看，也一樣，很難看到什麼文物，結果一到台灣的故宮博物院，就明白了。國共內戰後，國民黨蔣介石政府於1949年撤退到台灣，同時也把北京故宮博物院大部分的國寶級寶物帶到了台灣。有人說，當時因寶物的歷史價值，毛澤東並沒有攻擊運寶物的船，不知道這是不是真的，總之，之後就以這些寶物為基礎，1965年在台北設立了故宮博物院；目前博物館的收藏品有70萬件，是羅浮宮的2倍。展示品以3個月為單位，一次展示8,000餘件，輪流展覽，要將收藏品全部看完，得花20年的時間。展示品大部分都是國寶，有歷代皇帝珍貴的寶物、甲骨文、陶瓷器、玉器、樂器、兵器、雕刻、貨幣、家具、服裝等；其中還有要用顯微鏡才能看清楚的精巧雕刻品，也有歷經數代才完成的手工藝品。

地點 台灣台北　**網址** www.npm.gov.tw

|TIP

博物館豐厚的收入

故宮博物院是台灣旅行的核心，同時也是台灣最具象徵意義的地方。故宮博物院的經濟價值，由蔣介石的遺言可看出，他說：「台灣2,000萬人民什麼事都不做，可以用花蓮的大理石養活3年，用山裡面的茶養活2年，用故宮博物院的門票養活1年。」

歷代教宗蒐集的藝術品報告 梵蒂岡美術館

羅馬市內梵諦岡教廷國中的梵諦岡美術館，就位在教皇宮廷內，鄰接聖彼得大教堂。擁有500年以上歷史的美術館，展示著從古代希臘、羅馬帝國的雕刻品，到中世紀和現代的作品，相當多樣。以1503年當上教皇的儒略二世為首，展出了歷代羅馬教皇收藏的價值連城的藝術品；是世界最大的美術館兼博物館。雖然有紀元前1世紀的勞孔群像和被稱頌為阿波羅雕像基礎的「望樓上的阿波羅」等無數的雕刻作品，但讓梵蒂岡美術館發出耀眼光芒的，還是米開朗基羅的「創世紀」和「最後的審判」，還有拉斐爾的作品。梵蒂岡美術館是由埃及美術館、基督教美術館、聖母懷胎廳廊、燭檯陳列廊、拉斐爾畫廊、西斯汀禮拜堂等，共24個美術館和紀念館所組成的。

地點 義大利羅馬梵蒂岡城　網址 www.christusrex.org、www.vaticanmuseum.it

TRAVEL INFO.

梵蒂岡

梵蒂岡城國位於義大利的首都羅馬，是世界最小的獨立國。人口只有1,000餘人，雖然是個很小的國家，但是這裡以世界最大的美術館為首，有能容納30萬人的廣場、宮殿、電視廣播台、銀行、郵局、市場、火車站等，大部分的公共設施都具備；是世界天主教的總部，具備了無國家能比的強大力量。

TIP

遊客喜歡的美術館TOP 10

每個月有3,000萬人使用的世界級旅行交流網站「TripAdvisor」（www.tripadvisor.com），針對使用者做了一項調查，選出旅遊者最喜歡的十大美術館，如下：

第一　法國巴黎羅浮宮
第二　義大利羅馬梵蒂岡博物館
第三　美國紐約大都會博物館
第四　美國蓋堤藝術中心（www.getty.edu/museum）
第五　法國巴黎奧塞美術館（www.musee－orsay.fr）
第六　義大利佛羅倫斯烏菲茲美術館（www.arca.net/db/musei/uffizi.htm）
第七　美國芝加哥美術館（www.artic.edu/aic/index.php）
第八　英國倫敦泰德現代美術館（www.tate.org.uk/modern）
第九　西班牙馬德里普拉多博物館
第十　美國華盛頓國立美術館（www.nga.gov）

充滿了世界級畫家作品的**冬宮博物館**

羅曼諾夫王朝的首都聖彼得堡（Sankt Petersburg），除了是帝俄時期的政治、經濟中心外，在文化和藝術上，它也是在俄羅斯開出絢麗花朵的美麗都市。在這裡，柴可夫斯基的旋律沿著市中心的河道流洩；街道上，可以看到畫家、樂師展示著俄羅斯藝術的精髓。位於涅瓦河邊的冬宮博物館（Gosudarstvennyi Ermitazh），是世界三大美術館之一，不過在帝俄時期它其實是國王的冬宮。18世紀中葉，葉卡捷琳娜女皇為了存放從歐洲收集來的圖畫，就在冬宮旁建了一個小宮殿。這座只供幾個至親好友欣賞藝術品而建的愛爾米塔什，在葉卡捷琳娜女皇時期已經有4,000多件作品了；之後在俄羅斯革命以後，收藏品開始增加，至今已有300萬件藝術收藏品了。由5座建築物連接而成的美術館，每件作品欣賞1分鐘，若是要看完所有作品，最少要5年，並移動20公里。除24件林布蘭的作品和40多件魯本斯的作品外，還有李奧納多・達文西、米開朗基羅、莫內、畢沙羅、米勒、塞尚、梵谷、高更、畢卡索、馬諦斯等世界級畫家的作品。全世界沒有哪個美術館的規模和藏品能和它相比了；另外，展示這些展品的展示室本身全部用寶石裝飾，也跟展示品一樣很受觀光客的喜愛。

地點 俄羅斯聖彼得堡　**網址** www.hermitagemuseum.org

|TIP

將隱藏的寶物公開

1995年冬宮博物館在全世界的矚目下，舉辦了一次展示會，取名為「將隱藏的寶物公開」。這場展示會展示了第二次世界大戰時期，從德國博物館和個人收藏者手中掠奪而來的梵谷、竇加、馬諦斯等鉅作74件。在過去50年間，連美術館的建造者都不知道有這些作品存在，它們被仔細地收藏在美術館的最深處。

以美麗的建築物聞名的**普拉多博物館**

1785年卡洛斯三世時，以自然科學博物館之名開館的普拉多博物館（Museo del Prado），因為是當代西班牙最偉大的建築家維蘭紐瓦（Juan de Villanueva）的設計而聞名。拿破崙戰爭時建築工事一度暫停，費爾南多七世在1819年以皇家美術館之名再次開館，直到今日。館內收藏了格雷柯、哥雅、維拉斯貴茲、魯本斯、范艾克、威涅齊亞諾、牟利羅等巨匠的作品，共8,600多件；其中西班牙出身的畫家哥雅的作品就有100件。展示了12到18世紀時創作的各式各樣的畫作，尤其是16～17世紀的作品占大多數；主要以展示最多的西班牙作品為首，然後是義大利、法國、德國、荷蘭畫家的作品。普拉多博物館除了收藏品排名是世界第三豐富以外，博物館本身也是相當知名的，有優雅的愛奧尼亞柱式、讓人聯想到神殿的多利亞柱式、和哥林多式巨大廊柱等，普拉多博物館是世界上唯一融合了所有古希臘建築樣式的建築物。

地點 西班牙馬德里　網址 www.museodelprado.es

| TIP

世界最昂貴的藝術品

世界最貴的藝術品是法國羅浮宮收藏的〈蒙娜麗莎〉，和西班牙馬德里蘇菲亞王妃美術館收藏的畢卡索的〈格爾尼卡〉；但是這兩幅作品的象徵意義，更強過它的價格意義。另外，超過台幣26.5億元的作品，還有哥雅的〈1808年5月3日〉、林布蘭的〈夜警〉、大衛的〈拿破崙加冕式〉、委羅內塞的〈加納的婚禮〉、畢卡索的〈亞威農的少女〉。最高價交易成功的畫作是傑克·波洛克的〈No.5,1948〉，2006年由墨西哥金融業者以1億4,000萬美元賣出。

李奧納多·達文西
〈蒙娜麗莎〉

哥雅〈1808年5月3日〉

林布蘭〈夜警〉

大衛〈拿破崙加冕式〉

委羅內塞〈加納的婚禮〉

PART 03
TALK TALK TALK

漫長的旅程，
和留下來的故事

旅行者們的
嘮叨
比旅行更有趣

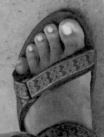

旅行中遇到的
最荒誕和
最難堪的事

旅行時遭遇了許多意想不到的事件。遭小偷是稀鬆平常，也遇到過令人哭笑不得的荒唐事，文化的衝擊也體驗到了；當然事過境遷，全部都變成了特殊的回憶。旅行中，你遇到過什麼荒誕不經或很難堪的事嗎？

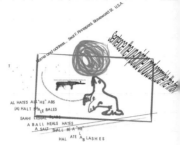

在法國往西班牙的夜車上，因為強盜多，就把門用膠帶密密地纏了一大堆。這樣還不安心，抓著背包抱著才安心入睡，就在這時不知道誰來開門，想要進來。心想應該是強盜，就大喊出來，原來是車長，要告訴我搭錯車了。—ivy—

我遇到一個要走入世界，可能要走兩次才能走出來的可憐印度人。我說我是韓國人，結果他以很認真的表情問我：「是東韓人，還是西韓人。」—印度小姐—

旅行中遇到一位外國小姐，我問她是從什麼國家來的，她說英國。然後我沒經大腦地脫口問了她一個問題：「Can you speak English？」
—雞肉鴨子—

在非洲坦尚尼亞桑吉巴一間餐廳吃中飯，吃完出來時，一位餐廳服務員沒頭沒腦地追出來，跟我說愛我。我在非洲應該很吃得開。—nyung—

在中國雲南往香格里拉路上的一間露天化妝室，因為我急著上廁所，所以一停車，就往男廁跑去。但天啊，裡面竟然沒有男女廁的分隔牆，全部是敞開的！跟在我後頭進來的大嬸就坐在我旁邊，全都看光光啦。—T5浪人—

尼泊爾首都加德滿都的房價非常便宜，熬不過招呼者熱情的介紹，我和挪威朋友一起投宿在「孟加拉旅館」；但是退房時，太荒唐了，洗衣費比住宿費還多。住宿是台幣26.5元，洗衣費卻要132.5元。—貝堤狐狸—

在英國倫敦的歌劇院看《歌劇魅影》舞台劇表演時，坐在我旁邊的巴西小孩留下了一歐元硬幣。「哎呀，老天給我的錢！」心裡好高興，心想至少可以買個霜淇淋吃；結果出來一看，不是歐元是巴西幣。—灰塵—

在中國雲南孟海投宿山谷民宿時，我問民宿老闆娘廁所在哪裡，她往山那邊指。在小溪上放上兩塊木板，木板隔開放，木板中間就是投便的地方，真是很天然的廁所。因為很急，所以就上了起來，剛好和山那邊一位砍柴的大叔四目相對。—nyung—

在印度拉賈斯坦邦旅行中，到一家旅遊指南曾介紹過的知名餐廳用餐，但是桌子下面有隻老鼠跑來跑去，所以就叫來經理抗議。經理以非常認真的表情抱歉地說：「這隻老鼠原本都只在廚房出沒的，今天是牠第一次在餐廳出現。真的很對不起。」—無名氏—

寮國沒有ATM，出發之前不知道，結果只帶了台幣2,650元現金，很快就變成了身無分文的乞丐。最後在國境前踱步，向一位日本男子借錢才越過國境。後來連10%的利息一起歸還。—那那非—

在英國倫敦國家畫廊的公共化妝室裡，心想應該是小便斗吧，就上起小號來了，結果是特別設計的洗手檯。—殷石伊—

我在祕魯蓋伊的二天期間，一直在趕路，我終於明白，毫無疑問的，我是個理性兒，理性到連旅遊都像上班一樣。—theNoi—

寮國旅行中在路邊攤買到的食物，以為是豬皮，結果仔細一看是狗皮。—阿里阿里—

在法國的地下鐵，同時出現兩個位子，一位大概是韓國人大嬸吧，立刻一屁股坐下；同時間，我和另一個法國小夥子，也敏捷地往座位上坐，結果那傢伙坐到了我的膝蓋上，他當場紅著臉，拔屁股就跑。—ivy—

在柬埔寨金邊，坐計程車要去大使館辦事時，跟司機很清楚地說了要去韓國大使館，他也說知道了，結果平順地到了「朝鮮人民共和國大使館（北韓大使館）」。—貝堤狐狸—

在越南旅行，搭長途巴士時，突然肚子餓起來；這時剛好巴士停車，我就朝路邊攤跑去。最先映入眼簾的是冒著蒸氣的煮蛋，我買了一個，埋頭就要吃，剝殼一看，裡面是隻鳥。—T5—

在加拿大魁北克，用英語跟計程車司機說：「停一下，我去上個廁所」回來一看，車子不見了，但包包還在車上呢！那個司機雖然點頭了，可是他根本不懂我說的英語。—so be it—

在從孟加拉飛往尼泊爾的飛機上，座位扶手上有收音機線和耳機，可以聽音樂。聽了一會兒聽膩了，要拔掉耳機插頭，結果用力過猛，整個耳機和收音機盤的外殼都被拉了下來！各種線也斷了。真是夠糗的。─MK─

深夜，在罕薩往巴基斯坦卡力馬巴德的巴士上，正巧碰上伊斯蘭教的祈禱時間，所有人都要下車祈禱，我急著想找廁所，可是想問她廁所在哪的那個小女孩，不知道跑哪裡去了，四下又沒半個人，真糟糕。幸好有位50多歲的大叔出現，他也正要去廁所，於是帶我到一個牛棚；沒別的選擇了，只得脫下褲子上了起來，大叔就站在前面3公尺遠。那天才發現上廁所的聲音可以這麼大，簡直就像瀑布一樣。穿好褲子出來，外面又多了3個人等著要上，大家都很憐憫地看著我，後來每回看到大叔，他都會「嘻」地笑出來。─Laxmi─

在從衣索匹亞前往埃及的飛機上，乘客大部分都是回教大叔；當時正逢911事件亂糟糟的時候，神經特別敏感。飛機起飛後，突然看見一些大叔一個個地往飛機機門前走去，瞬間，讓人感覺不知會發生什麼事，緊張得不得了。結果仔細一看，原來他們在門邊鋪上蓆子，站成一排祈禱著。─tenor03─

攝影／JJ

平常的我和
旅行的我，
有怎樣的轉變？

我，原來是個波希米亞人，是隻七彩變色龍，是個強
烈的浪漫主義者，是個為世界打抱不平的人。旅行中
才發現了平常不知道的、內在的新面貌。平常的我和
旅行中的我，有什麼不同呢？

在國內，我是個教導19歲學生的嚴厲老師；在國外，我都被人問
今年是不是19歲。─那那非─

旅行中，每天都要為1美元、1盧比、1披索而精打細算。回
國後，一根台幣3塊多的香菸，二話不說，一抽就是半包。
─theNoi─

旅行時，我是個世紀的浪漫主義者、幸福的傳道者；在國內，我
是個世紀的悲觀主義者、厭世主義者。─pak─

在國內，我被動又內向，但無論何時只要一去旅行，就整個變
了。變得會厚臉皮地和人接觸，會積極地和人交往。到底哪一個才是真正的我呢？
─Judy Ann─

在國內，走路超過30分鐘的地方，一定會利用交通工具；但是旅行時，即使頂著大太陽，
也能不覺得累地走上3～4小時。那還不夠看，回到宿所不管多晚，還能喝酒玩樂一番；發
現自己擁有的無窮體力，也看到了我的另一面。─後城TM─

一離開自己的國家，就變成無可救藥的愛國者。
—世道那—

在國內每天都這痛那痛，旅行中連痛都忘記了；另外，平常計畫些什
麼，常常都沒去實踐，旅行中即使餓著肚子、不睡覺，也一定要做到。
還有，在韓國時喜歡抱怨，在旅遊地變成了善解人意的女子。
—史努比—

比較起來，平常太注重穿著了；旅行時，什麼小腹贅肉、手臂贅肉，根
本不管了。—灰塵—

旅行時，早上6點起床，即使只睡3～4小時仍穩如泰山，變得勤勞多了。就算整個禮拜都
吃英式鬆餅也能忍受。更有責任感和方向感了。—**so be it**—

平常是小心謹慎的人，在旅遊地，變得比較沒有時間觀念了。不知道是不是因為有「反正
下次也不會再來了」的想法呢？還有，一有問題就會去問，即使很厚臉皮也無所謂。
—一定要出發—

在國內，我是被動又害羞的；在旅遊時五感都活了過來，時常很愉快，也充滿了自信；甚
至連同行者都感嘆地說「真有活力」。自己並沒有特別感覺到，聽到別人這麼說，才讓
我稍微想了想，真的是那樣嗎？但不只我這樣，所有人不也都是這樣的嗎？有生存的問題
時，有沒辦法等到明天再處理的事時，人都會變成這樣吧！這是因為要對獲得的自由負責
的緣故啊！—貝堤狐狸—

在旅遊地時常笑，對每件事都變得很積極。甚至常說
「好幸福」。
—印度小姐—

在國內很討厭走路；到了國外，即使能多看
一個東西，也願意走去。在國內都要睡到
12點才起床；在國外卻變成了早起的鳥兒。
—Luna—

我遇到的
最奇怪的旅行者

在漫長的旅程中遇到的旅遊者，也會讓我們的旅行獲得更多不同的趣味。不同的生活方式，會讓我們思考；各式各樣的旅行風格，讓我迷惑。在旅途中遇到的最令你難忘的旅行者是誰？

在厄瓜多基多的每天1美元宿舍遇見的日本大叔。當時是他腳踏車環遊世界的第6年半，從來沒有用錢買過水喝，什麼東西都是靠別人給的或交換來的。以這種方式環遊世界的大叔，唯一一次吃了吐出來的食物，就是韓國的蟬蛹。—**jiny**—

在瑞士巴塞爾的青年旅館，在隔間浴室等待洗澡。但是2小時過去了，還聽到嘩嘩的水聲，進去的人還不出來，我擔心是不是滑倒了，從外面望了望，可以看見毛巾，毛巾中間好像是個金髮女子的樣子。原來那女生花了2小時在刮腿毛。—**貝內提達**—

在印度宿舍遇見的兩位女子背包客，真的讓我印象很深刻。她們穿著絲質睡衣，45公升的背包只塞一條白色的被子，理由是沒有這睡衣和被子的話，會睡不著。她們的背包是超大型的，那大被子還是得很努力地才能塞進去。—**ayse**—

很難忘記在尼泊爾登喜馬拉雅山的路上，遇見的一位中年韓國旅行者，他讓一位年輕的背伕揹著一個好大的藍色桶子，奮力地往上爬，問他裡面裝了什麼，原來是山下都市買的進口淡水鱔魚。心想這個人真恐怖，登這種山，還想吃烤鱔魚……。—**T5**—

在蘇格蘭愛丁堡巴士總站遇見的一位日本女性背包客。揹著巨大的背包，腰都彎了，卻穿著10公分高的高跟鞋旅遊。小小的個子揹著大背包穿著高跟鞋，在那裡喀喀喀地走來走去，樣子真的很滑稽，但也蠻令人敬佩的。—**eye**—

在巴黎遇見的韓國大學生。他正在作為期1個月的遊歐行程，背包裡沒有其他東西，只有泡麵。還很自豪地說，一天三餐都吃泡麵，就省了飯錢了。—**JudyAnn**—

在荷蘭旅行時，遇見一位走路到以色列耶路撒冷的荷蘭大叔。睡覺睡帳篷，食物都是自己直接做，只有在每個月登山鞋公司寄一雙登山鞋來的時候，才會住青年旅館。背包的東西可真不少，一次揹50公斤，不知道肩膀會不會受傷。

—去找自由—

在西藏拉薩遇見的澳洲大嬸。她光在印度就旅行了16年，然後越過巴基斯坦的喀喇崑崙山進入拉薩。她的背包是6～7個白色的麻袋。有一個麻袋全都是小石頭，剩下的塞滿了各式各樣的東西。爬上4樓的宿所，搬運行李就得上上下下五、六趟，真恐怖。

—雞肉鴨子—

在德國遇見的、穿奧地利傳統服裝的男背包客。他的背包是四方型的皮箱，用白繩子綁在肩上揹著走。還戴著魔術師的帽子。不過，跟他一起走的女子穿的是正常服裝。

—灰塵—

在立陶宛港口都市克萊佩達遇見的一位旅行者。樣子非常寒酸，還以為是吉普賽人或是從其他國家來的勞工，後來才知道是位在作環遊世界的醫生。從倫敦完全靠搭便車到這裡，要再搭便車到北京。行李只有揹在身側的一個包包而已，裡面只有一套衣服和幾件煮東西的器具。

—浪人—

EVERYONE THINKS I WA
THINKS I WA
TO CHANGE
THE WORL

隔太久回國後，無法適應時

結束兩、三個月的長期旅行回國後，對國內的日常生活反而覺得生疏了。另外，因為無意識間突然蹦出來的，在旅行時養成的習慣而引起的事件，也挺多的。當隔太久回國後，有遇到什麼不適應的情況嗎？

叫計程車時，會先在窗戶外和司機喊價。—雲帽子—

不小心碰到擦身而過的人時，不會說「對不起」，而會捲起舌頭說「Sorry」！—力茲—

一回國，去姪子辦的接風宴，都是些認識的人，但是一直不放心放在座位旁的包包，一直不時地要看一下，去化妝室也要託旁邊的人幫我看著，朋友說：「喂，這裡是韓國。就放在那裡吧，誰會偷啊？」—eye—

有時候，聽到別人對話的時候會想：「那是哪國話？」但明明就是自己國家的語言呀！世宗大王，我對不起你！—滾滾—

> 回國後的第一天，媽媽說：「快點洗臉，來吃飯。」我回問：「有熱水嗎？」一下子，媽媽愣在那裡，看著還沒適應的我，心裡在偷笑。—tenor03—

在超市結帳後，還想用計算機換算成國內的幣值。啊，這裡是自己的國家啊！—杏仁—

外出時一定要準備水。—irene—

朋友說的笑話，都聽不懂了。我說的什麼話，他們也聽不太懂了，只能自己覺得好笑。—gnswk—

白天開車都跟著其他車輛走，晚上沒有其他車的時候，我甚至會逆行。—黎明前的黑暗—

旅行1年才回到國內。在大賣場結帳時櫃台問我說：「要發票嗎？」我完全聽不懂，只會眨眼睛。—有力的黑翅—

在火車站、公園等可以免費使用化妝室的地方時，會覺得自己簡直像是皇族一樣，感覺非常棒——如果化妝室非常非常乾淨的話，心情就更好了。—juicy—

做錯了什麼事，或掉了什麼東西，最先發出的聲音是「Oops！」在餐廳也時常會把「Excuse me！」掛在嘴邊。「Oh my God！」更是像吃家常便飯一樣，時常會冒出來。
—灰塵—

朋友談論了一個多小時關於結婚、理財、不動產等事，我卻一點也不感興趣。
—Meggie—

在任何地方說要看身分證的時候，我還會想把住民登記證或駕駛執照拿出來，感覺怪怪的。而且只要看到警察，也會想把護照等東西拿出來。
—在眠人—

旅行和現實分不清時。在異地是客體，可以什麼責任都不負地自由生活；回國後是社會的一員，要衝入生存競爭時，就會無法適應。客體的自由和主體的責任感，感覺沒辦法好好地轉換，很混亂。
—pak—

很懷念陌生人跟我打招呼的時候。韓國人大體上表情都是生硬的。—獨角龍—

在大街上不能抽菸時（我是女子），還有當陽光普照，很想躺在草坪上時，特別不適應。
—realpiercing—

在國外旅遊很久回國後，任何紙幣都要換開。另外早上起床後，會不自覺地摸找被子下的腰包。—浪人—

家人或朋友打噴嚏時，會脫口而出「bless you」（保佑你）。—洪世美—

什麼東西都太便宜了。草莓一袋才台幣30元，手裡卻拿著300元要付。—Alleywalk—

在中東長期旅行後，進大型超市，看到前面有男生，也會不自覺地用手遮屁股。從市場回家的路上，在巷子遇到迎面走來的男子，瞬間會有點害怕。—張祈—

在買東西前，還會換算成之前旅遊過的該國貨幣，並想說「太貴了」。我還是會不自覺地殺價。—JudyAnn—

在紅綠燈前，會不自覺地找按鈕。—flyray—

在市區看到三三兩兩聚集的外勞，會很大方地跟他們說話。身邊的朋友看到這情形，都啞口無言。
—米奇—

在旅遊地穿得很自在的短褲，回到國內一穿，感覺好像穿著內褲一樣。要開門走出去時，前面的人都會一直看我，而忘了放開門把。—阿突—

陷進無法脫身的
旅遊泥淖時

對背包客旅行者來說，有比傳染病、天花更可怕的疾病，那就是後天性旅行中毒症。回國後，仍像以前一樣，沒辦法拋下在旅遊地的生活習慣；即使沒辦法立刻出發，自己仍會忍不住訂旅遊計畫！那麼，在日常生活中，突然冒出的旅行中毒症症狀還有哪些呢？

在辦公室一坐下就熱心地進出旅遊網站，並熱衷於上旅遊網聊天。明明連計畫都沒有，但一看到便宜的機票就會開始焦躁不安。—那比布魯—

生平不存錢的我，看到存摺竟會笑的時候，深刻體會到自己中了旅行的毒。瞬間雞皮疙瘩都起來了。—flyray—

因為去旅遊的國家物價便宜吧，回國後很多吃的東西都買不下手。時常會「那裡多便宜啊，為什麼國內這麼貴」這樣一個人嘟囔著。旅行後2週都是在家吃的。—加力比—

某天在網路上逛，不小心登錄進最大的旅遊網站時。即使是已經去過的旅遊地，沒有想取得的情報，也沒有要去的計畫，每天每天還是連線，這裡那裡地到處看。—hellen—

去書店買小說，結果不知怎地，又往旅遊書角落移動。尤其是看著旅遊書時，要是聽到旁邊有人討論，還會忍不住想插嘴；不知不覺地，就很想跟人分享我知道的情報或其他事。—峽灣—

一聽到周圍有人討論要去哪裡，那天就會羨慕得睡不著。
—traveling girl—

購物時，我喜歡的衣服跟最新流行的衣服，我都不會買。
根本沒有旅遊計畫，但卻會買去旅遊時穿的舒適的衣服。
—賽樂發—

看電視只要一看到國外風景，不知怎地，我就會自動分類成想去的地方和已去的地方。
—雷尼—

一看到旅行社的旅遊商品，我就搖身一變，成了軍師。
「這個比那個好，為什麼要去這裡呢？」就是這樣……
—西瓜仔—

日常生活中時常會陷進旅行的深淵中。買東西時，會想「買這個旅行時可以帶著去吧」。到圖書館，不知不覺會走到旅遊書區，站著看半天。我的房間也是到處貼滿了不同季節、不同服裝、不同風光下旅遊時所照的照片，和世界地圖。
—diva09—

一看到曬衣繩、雨衣、閃光燈、背包、鬧鐘、計算機等，就會想「旅行時會用到」而習慣地想買下來。旅行回來後，當同事問我：「有什麼好事啊，笑得那樣燦爛？」還有聽到別人說，旅行回來後臉看起來比較光彩時，都讓我好想再去旅行啊。
—JudyAnn—

在忙碌工作中，一有時間就進旅遊網站（尤其是五牛生活家俱樂部），分享有趣的旅行故事。那會讓我過去旅遊的記憶再現，好像重回現場一樣，而高興地笑起來。
—貝堤狐狸—

購物或逛街時，機能性指甲刀、指南針、萬能刀等，就會吸引住我的視線。即使沒有旅行計畫，還會想在飛機上怎樣能多帶一件東西，怎樣可以收拾得最快等。—灰塵—

雖然是現在根本不可能去的地方的旅遊書或旅遊雜誌、旅遊散文，都還是會買來看。一面分析，一面訂日程。—traveller9—

我夢想的
環遊世界方式

環遊世界的方式非常多樣。有以環遊世界機票一次完成的；也有花長時間慢慢一點一點旅行，最後遊完全世界的；有搭巴士或火車旅行的，也有租汽車到處跑的；最近還有利用腳踏車或摩托車的。你夢想中的環遊世界是怎麼樣的？有特別喜歡哪種移動方式嗎？

只要環境允許，我想一輩子在世界各地旅遊。但礙於現實，就只能這麼一次的話，我想用環遊世界機票繞世界一圈，在當地就用走路的來旅行。因為我想以最近的距離，去看、去聽、去感覺當地人的一切。
—JudyAnn—

我想當我上了一點年紀時，能和心愛的人一起沒有行李地旅行1年以上。在親密的旅行中能感覺到幸福，讓彼此的心能更接近，變成一條心。
—放光者—

我喜歡不住宿所的露營式旅行。先去最想去的地方，然後剩下的再慢慢去玩。不管會花幾年的時間，回國和交通手段也都不作安排，是那種完全隨性、自由的形式。
—Carpe Dime—

我喜歡慢慢逛、慢慢看的長期滯留形式。各洲停留約6個月到1年，然後這樣遊完五大洲。無論到哪裡，都要用最有感覺的交通工具，或是可以欣賞到窗外風景的汽車或火車。
—要幸福—

對我這個身心都老了的旅行者來說，長途旅行最長2個月就好了。旅行得越多，我發現自己反而比較喜歡走路旅行。也想到紐西蘭這樣的地方，作一次出租汽車旅行。
—33TM—

利用環遊世界機票旅行後，曾夢想在喜歡的地方長期滯留，不過卻是一有時間就去短期旅行了。哪一天亞洲高速公路開通的話，我一定要作一趟韓國－北韓－中國－俄羅斯－歐洲－中東－東南亞－韓國的腳踏車之旅。
—theNoi—

想用One World環遊世界機票，把全世界分成三大部分，確實地去體會各洲的文化差異。如果以「東亞－中亞－中東－歐洲」這個順序旅行的話，好像更可以感覺文明的變化。
—灰塵—

感覺一次快速看完全世界的旅行有些麻煩，而且好像餘韻不足。體力允許的話，我夢想能用走的環遊世界，開露營車好像也蠻有魅力的。
—失去的時代—

東南亞3個月、澳洲6個月、紐西蘭1個月、美國6個月，這樣深入集中地旅遊比較好。1年期間一下子看得太多，每個點都是一閃而過，很可惜。
—Danny—

我想將廣闊的地球分成幾個區塊來旅行。我不滿足於一個國家一個國家走馬看花，而想要每個城市住幾天，這樣想看的全都能看到。距離遠的利用飛機，但盡可能都是開汽車，這樣才能仔細地在各個角落穿梭。
—劉宇非—

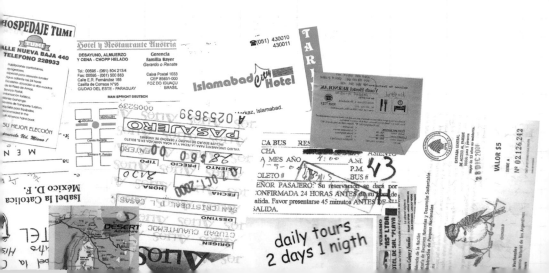

環遊世界時
一定要嘗試的事

每個出外旅行的人，可能都有著不同的目的，不過，
大部分人一定會有想在當地嘗試些什麼的打算。有些
是希望有新的文化體驗、有些是想學些什麼，如果都
不是，也會想要購物或交朋友等等。如果你出發環遊
世界的話，一定會想嘗試的事是什麼？

買好該國的地圖。雖然有些困難，但盡可能和當地人多多對話，和當地人交朋友後，品嚐
傳統美味，可以長期滯留的話，還要學傳統音樂和舞蹈。
　myindia

想變成內陸探險的「印第安那瓊斯」，發現陌生地區不為人知的祕密。即使時間很短，也
要和當地人真心交流。
　pak

買當地傳統音樂的CD，欣賞融入當地人日常生活的表演或慶典等，和一位以上的當地人成
為朋友，要嘗試去做一個以上在國內沒辦法嘗試的活動。
　不猶豫者

拍下各國巷子裡的貓的照片，收集明信片，找尋賞落日點，在寂靜的破曉時分獨自漫步。
　黑籽

拜訪聚集了當地最棒的知識份子的知名大學。
―50分生活者―

真心地對待每個萍水相逢的人。要像永遠不會再見面地珍惜和
對方相處的每一刻。
―印度小姐―

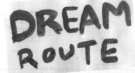

要盡情吃旅行國的傳統酒和啤酒還有市場食物；和各國美眉談
場戀愛；在中上等家庭住宿一天以上；買手帕、戒指、手套等
小東西。
―不良美少年―

接受當地人家庭招待；找尋賞日出和賞落日點；在亞洲地區被誤認為當地人。
―阿薩拉比亞―

到有名的百貨公司和當地市場看看；欣賞街道音樂會，並隨意地在街道巷弄裡逛；
找尋年輕人聚集的地方。
―moons―

照很多照片，以後年老身體不方便的時候，可以拿出來反覆回味。
―史努比―

在可以坐船的地方，一定要坐船（因為我太喜歡坐船了）；
盡情地看帥哥並拍照；在跳蚤市場或當地市場買玩具或雜貨。
―灰塵―

在廣場唱歌；上次旅行時，在羅馬圓形劇場遺跡走過許多小巷
弄，並在劇場唱歌，非常有趣。被古代人的音響技術嚇到～！
―neogene―

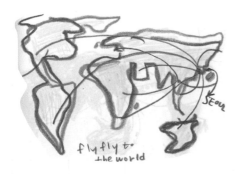

出發前先學會的話，
很有幫助

在環遊世界時，當然會遇到各國的當地人，也會在路上或宿所遇見形形色色的旅行同好。這時候為了消除尷尬的氣氛，讓彼此更親近，要是有特殊的技能，將更容易打成一片。在和當地人或外國人交朋友時，你覺得什麼東西是有用的呢？

我會塔羅牌，托它之福，讓我在旅遊地能很自然地和外國朋友變得親近。因為任誰都想知道自己的未來，是創造新的因緣很好的方法。
—shine—

要會做出讓人感覺還不錯的「笑的表情」，還有「最可憐的表情」。
—daydream—

在旅遊地遇見感覺不錯的人們時，就會畫美麗的肖像送給他；即使畫得不太好也沒關係，只要感覺還不錯就好。我到現在還記得，把我用報紙畫的肖像畫放在胸前，滿足地笑著的那位老爺爺的樣子。
—sunny10—

旅行國的語言要能隨時脫口而出，並不一定要說得很棒，但「很高興見到你」、「謝謝」、「對不起」、「請」這些要常掛在嘴邊。
—夢東山—

每次自助旅行時，我常常會吹口琴；小又輕便且容易攜帶。吹奏後一下子就可以變成朋友，真的是個好方法。—喬瑟夫—

女性旅行者會跆拳道或防身術，不僅可以用來護身；用來交朋友也不錯。
—阿里蘇—

探戈這些世界知名的拉丁舞蹈，如果會的話也不錯；靠著跳舞，就算不太會說當地的語言，也能和當地人沒有困難地交朋友。
—史愛奇—

學會畫畫的話，相當好用。在宿所覺得無聊的時候，不但能打發時間，還能娛樂其他旅行者，尤其是長距離移動時，是消除疲勞最好的朋友。
—寶拉—

針灸的活用度也蠻高的。國外對東方文化蠻陌生的，這時讓他們了解神祕的東方文化也不錯。必要的時候，對身體不適的旅行者或醫療不發達的當地人，也可以直接治療給予幫助。
—if only—

學習傳統手工藝，像中國結啦、串珠啦，都很有用。長距離移動或有空閒時，可以做一個當作禮物送給外國朋友；當禮物送給幫忙自己的當地人也很棒。有真誠在裡面的禮物更可愛。
—時間旅行—

會吹簫或打擊樂器的話，在旅行中可以打發時間，也可以用來交朋友；因為和人交往時，沒有什麼比音樂更能讓人打開心房了。如果加入自己國家的文化的話，更有意義。
—安琪兒—

旅行中感到孤單時，
克服的方法

放假作短期旅行時，很多人都有捨不得離開的經驗，熱切希望能再多停留一會兒，但長期旅行卻相反，時常會因費時費力的長途旅行，感到吃力，尤其是身體不適或體力不濟時，更是一心想盡快回家。長途旅行中，突然有一天找上身的疲勞感和厭倦感，該如何克服呢？

我會熬夜，想想那因事情而受折磨的自己。
—異國公主—

到當地傳統市場逛逛，盡情地看；和街巷裡的大嬸閒聊；買些好吃的水果，回宿舍和其他旅行者分享，並再繼續閒聊。還是覺得無聊的話，就上網聊天，之後寄封郵件回家。
—sunny10—

不能享受孤獨的話，旅行就會比較吃力。要這麼想：「旅途中，比起孤單，有更多愉快的人事物，所以這點孤單算不了什麼。」如果還是寂寞的話，就拿出藏在背包深處的相片，看看吧。
—snow lee—

語言不通沒辦法和當地人交朋友的時候、想哭的時候，或找不到落腳處只能將就睡的時候……遇到這些情況，就拿出唯一值得信賴的旅行同伴——背包，倚著它睡吧。我覺得睡覺是紓解孤單最好的方法。
—未來少年柯南—

登上最高點，往下俯瞰；還有問自己：「為什麼要出發？」找回初心，是最好的辦法。
—ayse—

萬一發生這種情形，就拿出放在背包底下備用的辣椒醬、燒酒，吃吃喝喝慰勞一下自己吧！等有力氣後，就朝有國內旅行者的地方移動吧。
—愛瓜—

把旅行日程提前，盡量讓自己忘記孤單。陷入消沉時，我最常用的方法是在孤單找上自己前移動到新的旅遊地，以轉換孤單的情緒；新的地方總是會刺激人的好奇心的，這樣比較容易找回旅行初期的心情。
—浪人—

凝視自己喜歡的村落，然後一一地走過每個角落；沉澱下蝕人的思鄉情緒後，活力就會再生出來了。一面長時間滯留，一面和當地人交朋友；村落的各角落都熟悉後，就會想再去新的地方了。
—jawoo—

要忍耐。要想：「想回國的這瞬間，也會變成以後回憶的一部分。」忍一忍就過去了。
—so be it—

做好吃的料理和旅行者分享。如果沒有人在身邊，就把自己打扮得漂漂亮亮的，到外面走一走。
—冬天—

在海邊或湖邊坐下，休息半天，望著自己國家那邊的水平線發呆，這樣就會產生再開始的念頭。
—chongdy—

到視野還不錯的茶店喝杯茶，花幾小時讀本書，或整理一下過去的旅行。傍晚到附近的俱樂部，喝杯啤酒，沉浸在舒適的氣氛中，並交交朋友。和當地人踢場足球，汗流浹背地運動一下也不錯。
—貝堤狐狸—

在孤單降臨的瞬間，會像電影的場景一樣，會有某個人突然出現的。
—一起瘋—

在孤單找上自己時，聽悲傷的音樂，放聲大哭一場。盡情地哭過以後，孤單感紓解掉，就能獲得再次上路的力量。
—風之么女—

偶然知道的、
像寶物一樣的旅遊地

在旅行途中，偶爾會遇見出乎意料之外的美麗地方。透過這些意想不到的地方，讓旅行加倍的愉快了。可能不像其他知名的旅遊地那麼特別，但這些地方，卻像是給了我更大喜悅的、只屬於我的寶物一樣。

埃及西瓦沙漠。晚上天空的星星，會讓你不停感嘆：「這不是沙漠，這是攝影棚吧！」小王子真的會和沙漠的狐狸變成朋友嗎？早晨帳篷周圍，到處都是狐狸的腳印。
—kiss you—

巴基斯坦山都爾山口區間。每個去過的人都讚不絕口，不管三七二十一，出發去看看吧。比起美麗的罕薩周邊更美；原色的高原地帶，到現在都還讓我念念不忘。
—蜂蜜麻袋—

蒙古戈壁沙漠。不小心迷路，在廣闊的沙漠中徘徊時，雖然害怕，但卻又有一種奇妙的解放感。在那兒眺望的地平線，還有太陽、月亮同時浮現的海市蜃樓似的奇幻景象，一輩子都忘不了。雖然是露宿，但很建議那些對生活感覺厭倦、吃力的人，到蒙古草原和戈壁沙漠作一趟旅行。
—正人—

越南的大勒。白天不知道怎麼樣，但是晚上眺望的湖景非常美麗。
—蘋果綠—

阿爾巴尼亞德維納。不僅完全沒有外國觀光客，還會完全被它美麗的水域迷住。另外人們也超親切的！
—金泰言—

要到希臘的克里特島去，因天氣、費用和日程的緣故，暫時進入羅德島，這是個在地理上接近土耳其，以中世紀騎士團而聞名的地方。在城牆圍繞的舊街區裡，美麗的傳統家屋、便宜又舒適的民宿、親切的人們，讓這裡變得非常美好。讓我產生和看村上春樹《遠方的鼓聲》時同樣的感覺。「嚎啕大叫」的狗，不時從你身邊跑過的光景，也很難忘。
—Anne Shirley—

偶然進入的印度阿拉哈巴德，看起來不像旅遊地，可以更近距離地明確感受印度的真實面貌。直接看到印度的代表慶典——大壺節，是更有意義的經驗。
—劉彰—

印度月亮湖。雖是位在高地的聖地，但是連當地人都不常去，要花好幾小時才能登上。印度各地我都愛，但覺得這裡最美。
—水滴樹—

羅馬、那不勒斯、米蘭等義大利主要都市都走過了，但沒看過一個地方像蘇連多那麼美麗的。如果中樂透頭獎的話，我就想住在這裡。
—jung5102—

北印度的歐恰。在那裡的大旅館前演奏音樂維生的老爺爺、老奶奶，雖然生活困苦，但是超有人情味的；再加上廣闊的樹林、莊嚴的日落景觀和遺跡，讓人很難忘記。
—yana—

寮國旺陽沒有名字的洞窟。在要去知名的塘波鐘乳石洞的路上，走錯了，正當在山路上繞時，遇見了徒然豁然開朗的壯觀場面，像電影場景一樣。
—阿比卡依—

西藏和尼泊爾國境的那瀾、樟木、聶拉木區間，尤其是那瀾和樟木區間，突然遇見這個溪谷環繞的地方，讓人印象深刻。茂密的樹林和壯觀的瀑布，只能用感動形容。
—雞肉鴨子—

在巴黎漫無目的地亂走，打發時間時，找到了巴黎近郊的吉維尼；真是美得像天堂一般。我甚至認為，要是我住在莫內的家裡，應該也能畫出不錯的畫吧！位在吉維尼的莫內故居，簡直美得無法用言語形容。
—不猶豫出發—

尼泊爾雖然有許多登山區間，但其中往藍塘喜馬拉雅哥聖康德湖去的登山路，真的美得不可方物。安娜普娜或聖母峰登山路線，是進入山的懷抱；而藍塘喜馬拉雅能遠眺遠山，還有欣賞登山山路美麗的風景。比起其他地方，這裡外國觀光客比較少，還可以鳥瞰整個喜馬拉雅的群山。
—浪人—

中國新疆從伊寧到庫車路上的那拉提草原，真是藝術傑作。是中國最美的地方，看到這寬廣的草原，會不由得發出讚嘆之聲。此外，若不在那拉提草原中的鞏乃斯住宿一晚的話，可是非常可惜的。
—蜂蜜麻袋—

在路上遇到的、可愛的人們

美麗的自然和風景，會隨著時間淡忘，不過在旅行中遇見的可愛的人，卻會常存心中。即使語言不通，也用心待我，給予我關懷的當地人；分享了珍貴旅遊情報的旅遊同好；甘願承受不方便，願意開放住家讓人休息的海外僑胞……。幫助了笨拙的我，令我永生難忘的人是誰呢？

在從伊朗往土耳其的長途巴士上，我的頭靠著玻璃窗睡覺時，後座一位親切的伊朗大嬸，遞過來了一個枕頭；瞬間讓我感覺好像回到故鄉似的，超感動的。
—印度小姐—

在柬埔寨吳哥窟看了日落後要回到宿所，一群小孩子拿著粗糙的物品在那邊吱吱喳喳地叫賣，因為袋子裡錢不夠，就拿了些零食分給他們，結果他們回送了我一些花花綠綠的紙花，說是禮物。那瞬間我就變成了柬埔寨迷。
—大米—

在往瑞士阿爾卑斯山的火車上遇見了貝蒂；她含含糊糊地告訴我路線，最後帶我到她家招待我吃中飯，並告訴我便宜的宿所（說住她家也可以，不過因為她家正在辦家族活動，我就婉拒了）。那是我第一次旅行，就遇到這麼好心的人，真的非常感謝。
—Joy—

在土耳其棉堡，又餓又下雨，我進到一間餐廳避雨，那家人就叫我跟他們一起吃（請注意，那裡是餐廳，而我是觀光客）。雖然是很簡單的食物，但是我真的很高興。後來還帶我去看他的小兒子在巷子裡玩滑板的樣子。當時雖然什麼都沒報答，但是我真的很感謝他們。不求代價的、親切的他們，到現在我還深深地記得；這世界仍是有溫暖的。
—daydream—

在坦尚尼亞的市場，遇見參加過韓戰的勇士和夫人，一知道我是韓國人，就很高興地帶我去他們家住，一住就住了一個禮拜。離開的時候，我給了他們100元韓幣銅板和韓國的明信片作紀念，他們高興的表情，到現在還清晰地在我腦海中。
—瓦里帕西—

在馬爾他，錯過早船，只好改搭夜船，預計晚上11點到達西西里島。不但船出問題，到青年旅館時，預約也作廢了，在不知該如何是好時，遇到了從英國來馬爾他，開著勞斯萊斯的兩個年輕英國人，對話中知道了我的狀況，說從港口到城區有點遠，所以就要順道載我過去，而且他們預約了兩間房間（男生竟不睡在一起），要分一間給我住！跟著去一看，是超級豪華旅館，托他們的福，我還飽餐了一頓。
—維尼—

在南非共和國伊麗莎白港，想去拍夜景，正一個人走著，突然一對老夫婦叫住我，要我跟他們一起走。一聊起來，他們說剛才我身邊的五、六名小孩，想要搶我的照相機。那天晚上我一面陪他們散步，一面天南地北地聊；替這麼不知天高地厚的我費心，真的很感謝，託他們的福，讓我可以在晚上這樣到處跑。
—lime—

第一次旅遊地是台北，想去搭巴士，就向一位大叔問路，那位大叔也在趕路，而且已經是晚上了，但是他還是幫我問了好多人，並帶我找到了目的地。如果我有機會上〈一定要再見一面〉電視節目的話，我就想見這位大叔。
—黑籽—

在印度，從伽耶往桑奇的火車上，我的座位在火車中段，那時和朋友還有一位印度大叔坐同一列，要共度34個小時。他把我們當女兒似的，一直給我們吃這個吃那個；在中途停車的車站，還買香蕉給我們吃。甚至我們打起瞌睡時，大叔就移開坐到別處去，讓我們能好好睡。真感謝他！到現在還很想念他呢～
—難陀金會長—

到達土耳其伊斯坦堡時已是晚上11點，當時很害怕，結果遇見的第一個人，就主動把自己的票給了我。我原本對伊斯坦堡人有很多的擔心和顧慮，這下全都煙消雲散了。真的真的非常感謝。
—sunny10—

旅行中遇見的人，都覺得很像一個人，無論是當地人、韓國朋友們、同行者們，甚至強盜們……。現在一想，原來他們是像塑造現在的我，並讓我成長的人。旅行不就是為了上帝嗎？為了遇見上帝，為了看見上帝的，不是嗎？
—EVIAN—

我住過的全世界
最特異的宿所

在地球村的各個角落，有很多價格驚人的宿所。
有不輸給特級旅館的設施，卻只收低廉房價的地方；
也有用鹽做成的超奇特宿所；還有空空的、什麼都
沒有的房間。在全世界各式各樣的宿所裡，目前
住過的最奇特宿所，是怎樣的呢？

依價格來看的話，當然是印度大吉嶺的宿舍型宿所。
一晚台幣16元，真是非常便宜。不過價格最低的，我推薦中國
雲南省麗江的古城宿所；由古老的家屋改建而成，古色古香，
很有韻致。講究質感的話，玻利維亞科羅伊科附游泳池的渡假村，
好像是最好的，還提供自助餐，一晚5美元，可以有天堂般的享受。
—TRAVELLER5—

寮國南部沙灣拿吉寺院經營的僧侶臨時宿所，還不錯。旅行者隨喜住宿費，一般是一晚1美
元。要說最物美價廉的好地方，應該是泰國曼谷的1,000泰銖的旅館；相當於台幣800元的
住宿費，設備和4,000元的旅館不相上下，設施舒適到會讓人驚叫的地步。
—愛瓜—

我個人對敘利亞哈瑪的利亞德旅館印象最深刻。都市倒沒什麼特別，但因為喜歡利亞德旅
館親切的從業人員，還有在那裡遇到的旅行者們，讓我比預計的又多停留了3～4天。每天
都是愉快又珍貴的時光。
—ankh—

蒙古的蒙古包營地，是很值得去看看的地方。晚上可以看見數不清的星星；白天廣闊的草
原，令人心曠神怡。
—灰塵—

最令我難忘的是南印度的兩個地方。一個是位在可以看到阿拉伯海的一個小城
市裡的宿所，一晚台幣9元，但卻只有一張床墊。另一個是在內陸的叢林度過
的一晚，什麼東西都沒有，只有木頭地板。不過很特別的是，深夜時可以聽見
象群從宿所旁走過的聲音，還有叢林裡象群的吼叫聲，就像電影〈侏儸紀公
園〉裡的恐龍聲音一樣。
—浪人—

越南會安住的宿所一晚3美元左右。雙人房有熱水浴室；窗外有如畫的人造湖風景。可以搭
巴士到處隨意地玩，或隨興地在這裡玩一個禮拜。
—阿里阿里—

在尼泊爾前往昆布地區聖母峰的路上，逢達樂村（音譯）的山莊，每晚10盧比，價格便宜，設備又好。
—正慕—

　　寮國萬榮河邊的小房間，一晚1美元，包含餐食，還有泳池，休閒設施也很完備。有寮國小桂林之稱的萬榮，映入眼簾的都是美麗的群山，是長久居住的好地方，也很適合休養生息。
—李東賢—

以最適合情侶前往的美麗夢幻島嶼而聞名的希臘聖托里尼，比起其他歐洲各地物價便宜許多。住宿設施相當棒，每間房間都有廚房，也有公共游泳池，葡萄園的葡萄可以盡情地吃。最棒的是房屋都非常漂亮，因為這點，讓人都不想離開了。
—5Yang—

旅行中感覺
生命受到威脅的瞬間

旅行就像是人生的縮影一樣，有愉快、高興的時候，也會遇到吃力、危險的瞬
間。遇到扒手算是小問題了，甚至可能會有罹患痢疾、遇到強盜等大危險的時
候。雖然回來後都已成為過往雲煙，不過當下真的會令人頭暈眼花、嚇出一身
冷汗的。在旅行中，感覺生命受到威脅的瞬間，是什麼時候呢？

在泰國最有名的披披島。參加清晨鯊魚之旅，運氣很好，立刻看
到了大鯊魚。親切的導遊特別叮囑說，千萬不要動。好死不死，
我浮潛的呼吸器進水了，發出咕嚕咕嚕的聲音，並手腳亂動起
來。四周黑黑的，又緊張，沒辦法游泳，水面上還可以看到鯊魚
鰭……那時心裡想，會不會就這樣死掉啊。
－余佑莉－

尼泊爾和西藏的國境友誼橋，往巴拉比斯的路上。那是條勉強能
容納一臺車子的小路，下雨了，車子繼續往懸崖邊滑行，往下一
看，是會令人頭暈目眩的懸崖。當地人偷笑地看著坐立不安的
我。當我看到巴士後輪滑進懸崖下面時，差點暈倒。
－雞肉鴨子－

在中國被假扮成公安的人跟蹤，結果被監禁在某工地。這個人一面拿出刀，一面說要錢。
我因為當時剛好接近旅行的尾聲，口袋裡只有幾塊現金和信用卡。強盜逼問我信用卡密
碼，但因為長期旅行，很久沒用信用卡，密碼都忘了。在這生命攸關的當口，我竟忘記了
密碼，怎麼也想不起來，簡直著急死了，話又不通，最後，我做出了世上最悲傷的表情來
說明，才終於逃過一劫。
－無名氏－

在印度突然身體很不舒服。不確定是不是瘧疾，但就是
出現頭痛、拉肚子、肌肉痛、發高燒等症狀；估計是露
宿時被蚊子叮到，感染了瘧疾，還好有阿斯匹靈，要不
然，可能會死在那裡也說不定。
－雞肉鴨子－

大白天在巴西聖多斯街上走，遇到二人組強盜勒住我的脖子。我的第一個念頭就是「完
了，要死在這裡了」，回過神來後，聽見他們用巴西語大叫「護照！護照！」這兩個人大
概是逃犯吧，搶了背包裡的東西後，再把背包丟給我。雖然警察就在附近，但完全不來幫
忙，反而是路邊一位喝醉酒的大叔，看我可憐，把我送到了巴士站。
－沉默毛毛－

在俄羅斯西伯利亞大平原上的都市新西伯利亞。黎明時回到宿所，一個身高2公尺的傢伙走過來，要把我推到陰暗的角落；那是我生平第一次跑得那麼快。
－thanatos－

在泰國清邁可以打國際電話的店裡，打了一通回國內的電話，結果一算費用，好像算錯，竟貴了兩倍。無論我怎麼跟他們抗議說算錯了，他們還是不聽，生氣地大吵了起來，最後竟然拿出槍，一個女人搶我放護照的包包，兩個男人把門鎖起來。最後付了雙倍的錢，才得以脫身。
－貝堤狐狸－

在約旦安曼，搭上往死海的便車；不過，司機把我們放在一個奇怪的地方，我就和同行的朋友一起在附近游泳玩起水來。一會兒後，幾個看起來像軍人的人走過來，拿著槍指著我們，好像要我們跟他們去什麼地方。四下無人，英語又不通，看我們沒動靜，他們很生氣，作勢要開槍似地生氣地大叫，簡直恐怖到了極點。我們被槍頂著來到一個哨站，一個高個子跟他們說了幾句話，那軍人才知道我們是從以色列不小心游泳越界過來的。
－lifejoy1978－

從泰國徒步旅行到緬甸國境附近的一個野生叢林。參加徒步旅行的人，包含我在內，全部就只有3個女生，導遊們是男的，形色怪怪的，有臉上有疤的、有背上有刺青的，有手上拿著菜刀的。在山上看不到一個人，而我們的護照被要求放在他們那兒保管。花了好幾小時，跟著他們上山，腦袋裡一直想著，會不會被賣到緬甸去啊，待會兒趁他們不注意時要不要拿起護照就跑。不過他們一路都很親切、和善地照顧我們，最後平安歸來。我想都是菜刀惹的禍。
－阿拉伯之星－

在巴勒斯坦參加工作營時，某個週末到耶路撒冷玩，剛好市中心舉辦慶典活動，我們就坐在路邊的露天座位喝杯酒。突然聽到「砰」一聲，路上的人立刻奔跑起來，不知道是不是發生了什麼大事，我們一行人同時踢開椅子拔腿就跑。那時，生平第一次出現「不會就這樣死掉吧」這念頭；不久後平靜下來，了解了狀況，才知道是巴士爆胎。

—kijen—

在沙烏地阿拉伯的沙漠，TOYOTA汽車空調出了問題，在灼熱太陽下的沙漠中跑來跑去，車內悶熱到不行，孩子在哭、水都喝光了，感覺死亡就在眼前……，打起精神一看，原來是剛剛在車內東碰西碰的女兒，把空調轉成了暖氣！

—克拉拉—

在尼泊爾，登上安娜普娜之後，在下山路上遇到一隻恐龍般的水牛，不知為何發火，發瘋似地朝我衝來，我被嚇得不知所措呆立原地，背部冷汗直流。憤怒的水牛在我前面2公尺處停下，發出怪聲，擺出「要衝不衝」的姿勢。不一會兒，主人大叔來了，立刻就鎮靜下來，一問原因，他很簡單明瞭地說，就是牛發瘋。

—浪人—

在參觀義大利卡布利島的藍洞時，船伕大叔說要游泳也可以，但卻沒說水深20公尺。當時稍微猶豫了一下，但後來想到「什麼時候才可以在這麼如夢似幻的地方游泳呢」，於是就跳進海裡悠閒地游起來了。在嘗到30秒天堂的滋味後，突然有一個在我之後跳下水的女學生，往我肩膀一壓，大叫一聲「Help」！那一瞬間，「會不會就這樣死在異國的洞窟裡啊～」的念頭一閃而過，於是拼死使出全力，奮力和那女生掙扎了一番，終於兩個人都逃過了一劫。

—Toyura—

在俄羅斯宿所為了要換錢，暫時出去一下；因為是星期六早上，街上還沒什麼人。就在這時，遠處走來兩個便衣警察，說要看看護照，他們看了以後，就把我和先生帶到一塊偏僻的空地（無論叫多大聲，都沒有人會聽到的地方），那裡有輛警車，裡面有兩個警察在待命。突然他們要先生上車，一個警察把我擋住不讓我去。拉扯間，還要搜身，並大聲威嚇著，我們英文也不太通，真是一頭霧水，這時坐在前座的傢伙從腰間掏出槍，逼我先生進去，瞬間全世界似乎變成了白色，腿不自覺地抖了起來，然後全身無力地倒在地上。我心想「今天不會是我的最後一天吧」。折騰了20分鐘，終於很幸運地擺脫了，因為我們給了他們錢。

—tenor03—

給朝寬廣世界出發的
旅遊者的幾句話

世界上有兩種人，採取行動的人和畫地自限的人。
對那些想看看更寬廣的世界、現在剛站到陌生路上的旅行者，
有沒有什麼想說的話呢？

出發去某個地方，本身就是美麗的。放棄也沒關係；不過這樣人生不是太可惜了嗎？沒辦法感受旅行的愉快和幸福，人生不是很無趣嗎？不過，也不要硬是這樣比較！能隨遇而安，能在一個地方感覺很舒適，就待在那裡也很好。想想我就這麼一個身體，所以不要拿現在的自己和那些國家比較吧。—Jacob—

和漂亮帥氣的外國異性看對了眼，就去談戀愛吧。不要擔心、不要不好意思，順著你的心走，和外國人談一場美麗的戀愛。
—Laxmi—

以害怕和偏見的心和人接觸，他們就會變成你的敵人；以敞開的心胸和人接觸，他們就會變成你的朋友。死也好，活也好，反正即使是死，你不是也是朝天堂去的嘛，沒差啦！—伊年厚—

即使外語不是很流暢，也可以去想去的地方，做想做的事。人和人之間，比起話語，彼此率真的交流更容易打成一片。每瞬間遇見的人，都要真摯地對待；而且，要研究過旅遊地點後，再出發。不管什麼，都盡量去了解，再回來。
—不猶豫者—

第一，對當地的旅遊情報和外國語，多做準備。第二，離開國內的瞬間，你就不是你所在之地的本國人了，你也不是以前在國內的你了。人生是要去享受的。要盡可能融入當地人；而且回國後，要把在旅遊地的我和那裡的世界，全都放到內心的一角去，並重回到以前的自己。
—pak—

即使遇到了不愉快，也不要充滿敵意地旅行，或過度擔心。覺得吃力的時候，向周邊的人請求幫助，他們全部都會變成朋友來幫你的。時間允許的話，就盡情地享受，不要後悔。不要有下次會再來的想法，因為下次再有時間、條件又允許的話，你應該會去別的地方玩了吧。
—貝堤狐狸—

把皮包裡沒有必要留的東西都丟掉，就去旅行吧！連我這個只認識I、you、buy、thank you這幾個字的人，也能順利地旅行。把對英語的擔心，都拋開吧！—優雅的冷鵠—

想做就做，想買就買，想吃就吃個夠；免得回來後悔好久。即使要少吃或露宿，也嘗試一下就好，要盡情享受。—灰塵—

不要太在意別人說的話，依照你的心去做。自己去找出最接近正確的答案；而且還要讓自己放寬心。即使旅行中護照不見了、錢被搶了，甚至得傳染病，比起死，都還算好的，這就是放寬心。當然這是需要時間培養的。—放光者—

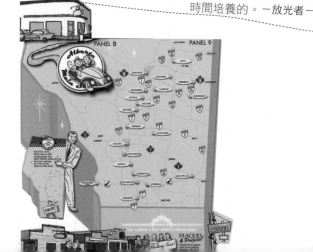

我的旅行中毒症有多嚴重？

後天性旅行
中毒症
自我診斷測試

請閱讀下列各問題，並將符合你想法的選項號碼圈起來（單選）。

❶ 過去旅行的記憶仍非常強烈地留在腦海中。
1）完全不會 2）普通 3）有一點 4）完全正確

❷ 到書店時，時常會不知不覺又站在旅遊書角落。
1）完全不會 2）普通 3）有一點 4）完全正確

❸ 看電視時，比起連續劇，更愛看紀錄片或〈國家地理頻道〉、〈世界的topic〉等。
1）完全不會 2）普通 3）有一點 4）完全正確

❹ 正在找下次要去旅行的地方。
1）完全不會 2）普通 3）有一點 4）完全正確

❺ 對現在的生活提不起興趣，始終想去某個地方。
1）完全不會 2）普通 3）有一點 4）完全正確

❻ 有「沒有錢的話，借錢也要去旅行」的心態。
1）完全不會 2）普通 3）有一點 4）完全正確

❼ 在網路上逛的時候，大部分都是逛和旅遊有關的網站，也時常加入有關的討論。另外，比起和朋友聊天，跟網路同好聊天更愉快。
1）完全不會 2）普通 3）有一點 4）完全正確

❽ 非常羨慕旅行社的職員、時常到海外出差的上班族，還有旅居海外的僑民。
1）完全不會 2）普通 3）有一點 4）完全正確

❾ 不能旅行的生活，光想就討厭、痛苦、煩躁。
1）完全不會 2）普通 3）有一點 4）完全正確

❿ 世界上還有像旅遊這麼有魅力的事嗎？我太喜歡旅行了。
1）完全不會 2）普通 3）有一點 4）完全正確

自我診斷測試結果

1）→1分、2）→2分、3）→3分、4）→4分
把這十題的各選項分數加起來，之後找出符合自己分數的那一組，並確認症狀。

10～20分
和旅行中毒沒有什麼關係，也沒受到旅行很大的影響。

20～30分
是很關心旅行，也很享受旅行的人。

30～35分
特別喜歡旅行，也對旅行投入很多關注。中毒狀時有時無。

36～40分
看出有中毒症狀。請做深層診斷，以便知道最終結果。

30分以上的
後天性旅行中毒症自我診斷深層測試

請閱讀下列各問題，並將符合你想法的選項號碼圈起來。

❶ 看著過去旅遊的照片，曾懷念地哭過。1）YES、2）NO
❷ 對不能去旅行的現實情況，感覺很痛苦，曾後悔「還不如不要去旅行……」。1）YES、2）NO
❸ 現在的生活好無聊。好想乾脆放下一切，向銀行借錢出國去玩。1）YES、2）NO
❹ 未來一個月不能出國玩的話，我想我可能會瘋掉。1）YES、2）NO
❺ 即使不能去旅行，也打包了行李或讀旅遊書；即使沒有錢，也要知道有什麼機票，大概多少錢。
1）YES、2）NO

環遊世界後，女性旅行者
會產生的日常生活習慣

1 貴重物品放在皮包裡帶著走

我的皮包無論何時都得準備得像要出發去旅行似的；雖然沒有準備厚厚一疊錢，但護照和各種卡，都隨身帶著。以前沒有這種習慣，大概是我潛意識裡，隨時準備要去旅行吧。今天我的護照仍在皮包裡靜靜地躺著，任何時候，只要搭上國際線班機，就可以開始旅行了。

2 一聽到異國音樂，就豎起耳朵

音樂像是能喚醒沉睡在人心中的東西。有關阿拉伯的專輯，或是介紹在阿拉伯成功的國人的電視節目，一聽到當地的背景音樂，我就不知怎麼地，感覺回到了當時黃沙滿天的城市。

3 只要看到外國人，就會盯著瞧個仔細

環遊世界時，外國朋友跟我說話，我就會回答，所以現在我會特別注意他們。啊，拜託跟我說些外國話吧～在街上看到外國人，英語、日語、中文，話都到嘴邊了，卻說不出口，這常常令我很苦惱。因為我是那種學了外語就要用，心裡才舒坦的人啊！

4 去到很棒的地方，手就發癢想拍照

環遊世界數個月期間，我像發了瘋似地拼命拍照，一看到美麗的景色就拍；甚至看到外國帥哥、可愛的小鬼，也拼命照，像是強迫症一樣。環遊世界時，我照了快4萬張照片，回國後在電視上看到美麗的風景時，就會懷念旅行時掛在肩上的那份重量。

5 對國外有關的事，關心度大幅增加

看到電視轉播的國際賽事時，我會出現什麼行為呢？每個國家選手出場時，我會背出那個國家的特徵、國民所得GDP有多少。產油國的GDP就很不錯，達到跟日本不相上下的水準。在美髮店一面弄頭髮一面看到的話，就會跟美髮師說那個國家的經濟狀況、匯率，還有各式各樣的旅遊情報。

6 熱心地傾聽各國的新聞

好像外語進步了很多似的，不過事實上，只是因為太想旅行了，一直擔心外面有沒有發生什麼事。一看到國外新聞，這種渴望才稍微獲得紓解。最近常看BBC、CCTV、NHK、BS1、AFN等優質電視頻道，而且會很忙地轉來轉去。

另外，一想到旅行，就會獨自回想好一陣子，還會不自覺地微笑起來。微笑的場所也會很不同，最多是在地下鐵，偶爾和身邊的人談話時，也會突然想起來。也有很難遏止那一波波旅行回憶的時候；生活中那突然浮現的旅行香氣！讓人又感傷又非常幸福。「你旅行後有什麼不同嗎？旅行後有出現什麼習慣嗎？看到什麼景物，會讓你開始思念旅行呢？」這是我每回遇到曾環遊世界過的人，一定要問的問題，因為我想確認我是正常人。環遊世界真的會讓人改變；這是句有真憑實據的話。

自我診斷深層測試結果

把這五題的各選項結果加起來，之後找出符合自己的那一組，並確認症狀。

YES 1個

輕微症狀，但可以自己克服。不過，也可能症狀潛伏下來了，不知道什麼時候，又會開始打包。

YES 2個

相當於後天性旅遊中毒症的重症。屬自我治療較困難的階段，要努力讓自己以平常心來生活。

YES 3個

因為症狀相當嚴重，要去旅行才能生活。

YES 4個

中毒症狀相當劇烈。因為目前還沒有醫學技術，能消除旅行中毒症症狀，建議去外國生活。

YES 5個

已經到了令人擔心的境地，對任何社會性的麻煩問題，要用尖叫才能消滅、擺脫。因為旅行即是生活，生活即是旅行；因為沒辦法感覺出國和不出國的差異，所以乾脆就還是待在原地比較好。哈哈哈～！

The **African classroom** challenges you to **step** out of the familiar and **break old ways** of seeing and **thinking.**

附錄

01
世界最偉大的古代遺跡Best 50

目前聯合國教科文組織指定的世界文化遺產，全世界有800處。這眾多的遺跡地，每一處都珍藏了不同的歷史和神祕的故事，就這樣和人類一起生活著。

在環遊世界時，可以親眼看看這些從書本和傳播媒體中已知的遺跡地，還有那些沒被介紹的、令人驚異的遺跡，和那些不容易去到的，會花很多時間和費用，甚至要承受某種程度的冒險的遺跡地。不過，甘願承受那樣的冒險所找到的地方，它們那無法想像的神祕感和雄偉，是會令旅行者非常感動的。除了有名的遺跡地外，現在就讓我們出發去看看那些，不太為人知的神祕古代遺跡吧！

1 高棉帝國的都市，吳哥遺跡群
檢索關鍵字：柬埔寨暹粒／Angkor
特徵：世界三大佛教遺跡，從9世紀到15世紀，為高棉帝國的首都。
去的方法：可從鄰近國家泰國搭巴士或飛機前往。
旅行長度：3～7天
旅行難易度：★★

2 印加的空中都市，馬丘比丘
檢索關鍵字：祕魯庫斯科／Machu Picchu
特徵：15～16世紀初，支配南美安地斯地方的印加帝國所建造的空中都市。
去的方法：在庫斯科參加印加登山tour或搭火車。
旅行長度：4～5天
旅行難易度：★★★

3 被遺忘的城市佩特拉
檢索關鍵字：約旦安曼的西南部／Petra
特徵：紀元前7～2世紀，沙漠岩石地帶納巴特（Nabateans）的古代都市。
去的方法：首都安曼隨時有巴士前往。
旅行長度：3～4天
旅行難易度：★★★

4 大城遺跡群
檢索關鍵字：泰國大城／Ayutthaya
特徵：大城王朝（又稱阿育陀耶王朝）的首都，1350年建立，1767年緬甸入侵時滅亡。
去的方法：在泰國首都曼谷隨時搭巴士前往，或參加當天的tour。
旅行長度：1～2天
旅行難易度：★

5 古代7大奇景，金字塔
檢索關鍵字：埃及開羅近郊的吉薩／Pyramid
特徵：紀元前2600年古王國時代建造的，埃及國王們的墳墓。
去的方法：在開羅參加tour前往。
旅行長度：1～2天
旅行難易度：★★

旅行難易度

☆　　　　比較接近，男女老少都可以很輕鬆地到達的地方。
☆☆☆　　經費和時間充裕的話，能很容易到達的地方。
☆☆☆☆　依旅遊者個人情況，稍微費力即可到達的地方。
☆☆☆☆☆較費力，不容易接近的地方。
☆☆☆☆☆☆距離遠，且較危險、艱難的地方。

6 塔城蒲甘遺跡
檢索關鍵字：緬甸蒲甘／Bagan
特徵：世界三大佛教遺跡地，16世紀蒲甘王朝時曾建了2,500多座佛塔。
去的方法：可從緬甸仰光搭飛機或巴士前往。
旅行長度：4～5天
旅行難易度：★★★

7 南太平洋的神祕毛艾巨石像
檢索關鍵字：復活島／Easter Island
特徵：有600多座高3～20公尺，重30～90噸的人臉模樣的巨大石像。
去的方法：只能在智利聖地牙哥或大溪地搭飛機前往（可用One World環遊世界機票）。
旅行長度：4～5天
旅行難易度：★★★

8 世界最豪華的墳墓泰姬瑪哈
檢索關鍵字：印度阿格拉／Taj Mahal
特徵：蒙古帝國皇帝沙賈汗，為王妃泰姬瑪哈花了22年建的絕美墳墓。
去的方法：可在印度德里隨時搭巴士或火車前往。
旅行長度：1～2天
旅行難易度：★★

9 馬雅文明最大的都市蒂卡爾
檢索關鍵字：瓜地馬拉北部佩騰省／Tikal
特徵：紀元前4世紀建的古代馬雅文明都市，有3,000多個石造雕塑。
去的方法：可在首都瓜地馬拉市搭飛機或巴士前往。
旅行長度：4～5天
旅行難易度：★★★

10 所羅門王的都市帕密拉遺跡群
檢索關鍵字：敘利亞帕密拉／Palmyra
特徵：舊約聖經中也有出現的羅馬時代古王國遺跡。
去的方法：在敘利亞首都大馬士革（Damascus）搭巴士前往。
旅行長度：3～4天
旅行難易度：★★★

11 金字塔都市特奧蒂瓦坎

檢索關鍵字：墨西哥墨西哥市／Teotihuacan

特徵：阿茲特克人稱為「神的都市」，紀元前建的古代都市。

去的方法：在墨西哥市參加當天的tour。

旅行長度：1～2天

旅行難易度：★★

12 巴姆古堡遺跡（目前地震破壞修復中）

檢索關鍵字：伊朗東南部巴姆市／Arg-e-Bam

特徵：紀元前6世紀用紅土建的城市，波斯帝國的古代文化遺跡地。

去的方法：在伊朗首都德黑蘭搭乘巴士前往。

旅行長度：5～6天

旅行難易度：★★★★

13 悲慘的城市龐貝

檢索關鍵字：義大利南部那不勒斯沿岸／Pompeii

特徵：西元79年因維蘇威（Vesuvio）火山爆發而毀滅的羅馬城市。

去的方法：利用拿坡里和蘇連多區間的火車前往。

旅行長度：2～3天

旅行難易度：★★

14 印尼婆羅浮屠佛塔

檢索關鍵字：印尼爪哇日惹市／Borobudur

特徵：9世紀時夏連特拉王朝（Shailendra）建的40公尺高的世界三大佛教遺跡地。

去的方法：在爪哇日惹市搭巴士前往。

旅行長度：1～2天

旅行難易度：★★

15 外太空可以看到的建築物萬里長城

檢索關鍵字：中國北京／萬里長城

特徵：為阻擋北方的異族，從春秋戰國時期開始修築的長5,000公里的城牆。

去的方法：在北京搭巴士，或在北京參加tour。

旅行長度：1天

旅行難易度：★

16 沙漠的曼哈頓，夕班

檢索關鍵字：葉門夕班／Shibam

特徵：16世紀用泥土建的高5～9層的泥土建築物，共400餘棟。

去的方法：在葉門的首都沙那搭巴士前往。

旅行長度：3～4天

旅行難易度：★★★

17 印度艾羅拉遺跡群

檢索關鍵字：印度中部奧蘭加巴近郊／Ellora Caves

特徵：6世紀建的佛教石窟和耆那教石窟，共34座，遍及2公里。

去的方法：在奧蘭加巴德（Aurangabad）搭巴士或搭計程車前往。

旅行長度：1～2天

旅行難易度：★★★

18 路克索的卡納克神殿

檢索關鍵字：埃及路克索／Luxor

特徵：是紀元前2000～30年法老王時代的神殿，是古埃及神殿中最大的。

去的方法：在埃及首都開羅搭飛機或火車前往。

旅行長度：2～3天

旅行難易度：★★★

19 絲路之花巴米揚石窟（因塔利班破壞修復中）

檢索關鍵字：阿富汗中部巴米揚／Bamiyan

特徵：鑿岩壁而建的大大小小石窟2萬多個，以高53公尺的摩耶佛立像最有名。

去的方法：在首都喀布爾（Kābul）搭迷你巴士前往。

旅行長度：4～5天

旅行難易度：★★★★★

（現在是禁止旅行國家）

20 西藏布達拉宮

檢索關鍵字：西藏拉薩／Potala Palace

特徵：位於西藏首都拉薩的達賴喇嘛夏宮，高117公尺，長360公尺。

去的方法：在四川成都搭飛機前往，或在青海省格爾木搭火車前往。

旅行長度：3～4天

旅行難易度：★★★★

21 拉美西斯二世的神殿阿布辛貝

檢索關鍵字：埃及阿布辛貝／Abu Simbel

特徵：紀元前1257年法老拉美西斯二世，在古代努比亞地方所建的神殿。

去的方法：在埃及首都開羅和阿斯旺，搭飛機或巴士前往。

旅行長度：2～3天

旅行難易度：★★★

22 古代不可思議的地上圖畫納斯卡

檢索關鍵字：祕魯南部納斯卡平原／Nazca

特徵：在納斯卡平原上的奇異線條畫，和各種動植物模樣的巨大圖案。

去的方法：在納斯卡市內參加飛機tour

旅行長度：1天

旅行難易度：★★★

23 佛陀開悟地菩提迦耶遺跡

檢索關鍵字：印度比哈省菩提迦耶／Buddha Gaya

特徵：佛教四大聖地，釋迦牟尼在菩提樹下悟道的地方。

去的方法：在印度主要都市搭火車到迦耶，之後再坐三輪車到菩提迦耶。

旅行長度：3～4天

旅行難易度：★★★

24 像外星球的漢比遺址

檢索關鍵字：印度南部卡納塔克邦漢比／Hampi

特徵：14至17世紀間，在印度南部，相當繁榮的維賈揚納加王國遺址。

去的方法：在印度南部的主要都市搭火車前往。

旅行長度：3～4天

旅行難易度：★★★

25 印度教文明之花，摩亨佐達羅遺跡

檢索關鍵字：巴基斯坦信德省的拉爾卡納／Mohenjo-Daro

特徵：紀元前2500年時建設的，印度河流域文明重要遺跡。

去的方法：在巴基斯坦南部喀拉蚩搭巴士前往。

旅行長度：3～4天

旅行難易度：★★★★

26 馬雅文明的氣息，奇琴依察

檢索關鍵字：墨西哥坎昆近郊／Chichen Itza

特徵：猶加敦半島（Yucatan）中央最大的馬雅文明遺跡地。

去的方法：在坎昆參加當日的tour，或在梅里達（Merida）搭巴士前往。

旅行長度：1～2天

旅行難易度：★★

27 西藏高原的古格王國遺址

檢索關鍵字：藏西札達縣，古格王國

特徵：滅亡的吐番王朝後裔們建立的古格王國，它擁有700年歷史的遺跡地。

去的方法：在札達縣租車前往。從拉薩或喀什朝札達移動。

旅行長度：喀什最少5天，拉薩最少10天

旅行難易度：★★★★★

28 神祕古代遺跡，巨石陣

檢索關鍵字：英國南部威爾特郡索爾斯堡／Stonehenge

特徵：約於紀元前2800年開始建造，共有30個古代巨石紀念物。

去的方法：在索爾斯堡市（Salisbury）搭巴士前往。

旅行長度：1天

旅行難易度：★★★

29 馬雅文明的藝術，烏希馬爾

檢索關鍵字：墨西哥猶加敦半島麥里達南部／Uxmal

特徵：7世紀時建於猶加敦半島東北部，最美麗的馬雅遺跡地。

去的方法：在麥里達搭巴士前往，或參加當日tour。

旅行長度：1～2天

旅行難易度：★★

30 新羅古都慶州歷史古蹟

檢索關鍵字：南韓慶州／Gyeongju Historic Areas

特徵：千年古都，是新羅的古都邑，可以看見新羅的歷史和文化。

去的方法：可在大部分都市搭火車或巴士前往。

旅行長度：3～5天

旅行難易度：★

31 波斯的榮耀，珀瑟波利

檢索關鍵字：
伊朗色拉子近郊／
Persepolis

特徵：在亞歷山大大帝征服之前是波斯帝國的首都，規模相當大的遺跡。

去的方法：在色拉子共乘計程車，或搭迷你巴士前往。

旅行長度：1～2天
旅行難易度：★★★

32 絲路的博物館，伊羌卡拉

檢索關鍵字：
烏茲別克希瓦／
Ichan-Kala

特徵：由高10公尺城牆圍繞的大規模中世紀遺跡，可看到絲路文化的完整風貌。

去的方法：在烏茲別克的首都塔什干搭飛機或巴士前往。

旅行長度：4～5天
旅 行 難 易 度：★★★★

33 秦始皇的兵馬俑

檢索關鍵字：中國西安／兵馬俑

特徵：中國第一個統一王朝——秦朝之始皇帝的陵墓，有6,000座真人大小的兵馬俑。

去的方法：在西安搭巴士或計程車前往。

旅行長度：1天
旅行難易度：★

34 世界最大的皇宮，紫禁城

檢索關鍵字：中國北京／紫禁城

特徵：明清兩代500年間24位皇帝居住的宮殿。

去的方法：在北京搭巴士，或徒步前進，很容易就能走到。

旅行長度：1天
旅行難易度：★

35 地球上最悠久的城市，大馬士革

檢索關鍵字：
敘利亞大馬士革／
Damascus

特徵：舊約聖經中也有出現的現存最古老的城市，紀元前3,000年開始城市的歷史。

去的方法：從敘利亞首都到舊城，途步或搭大眾交通工具都可以。

旅行長度：3～4天
旅行難易度：★★★

---

36 黃金佛的都市，龍坡邦

檢索關鍵字：
寮國龍坡邦／Luang Prabang

特徵：寮國第一個統一王國瀾滄王朝的首都，遺跡分布於整個城市。

去的方法：在首都永珍搭巴士或飛機前往，或在泰國陸路移動也可以。

旅行長度：4～5天
旅行難易度：★★

37 非洲的古代神殿，大辛巴威

檢索關鍵字：辛巴威馬斯溫戈近郊／
Great Zimbabwe

特徵：是撒哈拉沙漠以南最大的石造遺跡，11～15世紀修納王國遺跡地。

去的方法：在首都哈拉雷（Harare）搭巴士或火車到達布拉瓦約，之後再搭巴士到馬斯溫戈（Masvingo）。

旅行長度：4～5天
旅行難易度：★★★★

38 地上最大的泥土建築，傑內的大清真寺

檢索關鍵字：馬利傑內／Djenne

特徵：世界最大最美麗的泥土建築物，是歌頌黃金時代的馬利帝國之寶。

去的方法：在首都巴馬科（Bamako）搭船或巴士前往。

旅行長度：4～5天
旅行難易度★★★★

39 利比亞的古代遺跡，加達梅斯

檢索關鍵字：利比亞西部加達梅斯／Gadames

特徵：是沙漠的綠洲都市，有古羅馬時代的遺跡和伊斯蘭遺跡。

去的方法：在首都的黎波里搭飛機或巴士前往。

旅行長度：4～5天
旅行難易度：★★★★★

40 衣索匹亞王的居所，法西爾蓋比

檢索關鍵字：衣索匹亞貢達爾／Fasil Ghebbi

特徵：250年間衣索匹亞的首都，從法西利達斯王時代開始建立的大規模城寨。

去的方法：在首都阿迪斯阿貝巴（Addis Ababa）搭巴士前往。

旅行長度：4～5天
旅行難易度：★★★★

41 基督徒的地下都市，德林古優

檢索關鍵字：土耳其卡帕多其亞／Derinkuyu

特徵：基督徒為逃避迫害而進入自己建造的巨大地下都市，最多曾居住3萬人。

去的方法：在土耳其首都安卡拉（Ankara）搭巴士前往。

旅行長度：2～3天

旅行難易度：★★★

42 猶太教、基督教和回教的聖地，耶路撒冷

檢索關鍵字：以色列耶路撒冷／Jerusalem

特徵：三大宗教的聖地，有220多座歷史紀念物分布。

去的方法：從鄰國進入台拉維夫（Tel Aviv）後，再搭巴士到耶路撒冷

旅行長度：4～5天

旅行難易度：★★

43 印加文明的首都，庫斯科

檢索關鍵字：祕魯庫斯科／Cuzco

特徵：古印加帝國的首都，全境遍布遺跡。

去的方法：在首都利馬搭飛機或巴士或火車，前往庫斯科。

旅行長度：4～5天

旅行難易度：★★★

44 北非的古都，菲斯

檢索關鍵字：摩洛哥菲斯／Fez

特徵：是1,000年前支配北非的伊德里斯王朝（Idris dynasty）的首都，都市全境都有遺跡分布。

去的方法：在丹吉爾（Tanger）或馬拉喀什（Marrakech）搭巴士或火車前往。

旅行長度：4～5天

旅行難易度：★★★

45 活著呼吸的神話，衛城

檢索關鍵字：希臘雅典／Acropolis

特徵：古希臘城邦的信仰中心，在山丘上有大規模的神殿分布。

去的方法：從雅典徒步或以各式交通工具前往。

旅行長度：2～3天

旅行難易度：★★

46 神祕的修道院，梅提歐拉

檢索關鍵字：希臘西北部特里卡拉州卡蘭巴卡／Meteora

特徵：14世紀時建的石柱頂端的修道院，平均位在300公尺高處。

去的方法：在首都雅典搭巴士或火車前往。

旅行長度：2～3天

旅行難易度：★★★

47 獅子岩山的古代都市，斯基里亞

檢索關鍵字：斯里蘭卡丹布拉近郊／Sigiriya

特徵：在高370公尺高的巨大花崗岩上建的5世紀古代都市遺跡。

去的方法：從首都可倫坡抵達丹布拉（Dambulla）後，再搭巴士前往。

旅行長度：3～4天

旅行難易度：★★★★

48 馬雅帝國的大都市，科班

檢索關鍵字：宏都拉斯科班遺跡／Copan

特徵：比其他地方的馬雅遺跡小，但以精緻有名。

去的方法：從瓜地馬拉前往比較方便，不過在安提瓜可以參加各種tour。

旅行長度：2～3天

旅行難易度：★★★

49 錫克教的聖地，阿姆利則的黃金寺院

檢索關鍵字：印度西北部旁遮普省阿姆利則／Amritsar golden temple

特徵：1604年完工的錫克教（Sikhism）最初聖地，屋頂由純金覆蓋。

去的方法：在印度首都新德里，搭飛機、火車或巴士前往阿姆利則。

旅行長度：3～4天

旅行難易度：★★★

50 生存的遊戲，羅馬競技場

檢索關鍵字：義大利羅馬／Colosseum

特徵：西元80年，提圖斯（Titus）皇帝時完工的圓形競技場，舉行角鬥士競技。

去的方法：在羅馬市內徒步前往或搭一般交通工具。

旅行長度：1～2天

旅行難易度：★

02
電影裡令人難忘的世界旅遊地

在看電影的愉快中，絕對不能漏掉的，還有電影裡那令人為之震顫的美麗風景。環遊世界時，可以真的去到實際拍攝電影的場景，讓自己親眼看到它的美麗。想像自己就是電影裡的主角，會有更特別的感懷。出發旅行前，先看一遍電影；回來後，一面回憶旅行情景，一面再看一遍電影，這樣旅行和電影的感動會更加倍。

西伯利亞
（西伯利亞理髮師The Barber of Siberia）
（導演尼基塔‧米亥柯夫，1998）
以俄羅斯為背景的一段感人愛情故事。

冰島
（星塵傳奇Stardust）
（導演馬修‧范恩，2007）
為取得神祕的星星獻給愛人，而展開的奇幻旅程。

西藏
（火線大逃亡Seven Years in Tibet）
（導演尚‧賈克‧阿諾，1997）
在西藏和達賴喇嘛認識交往7年，一位真實人物的故事

英國倫敦
（愛是妳愛是我Love Actually）
（導演李察‧寇特斯，2003）
數對夫婦間不同的愛情故事，以單元方式呈現的浪漫愛情電影。

中國上海附近的西塘
（不可能的任務3 Mission：Impossible III）
（導演J.J.亞伯拉罕，2006）
特務人員杭特奉命完成任務，所展開的冒險行動。

摩洛哥、突尼西亞
（神鬼戰士Gladiator）
（導演雷利‧史考特，2000）
古羅馬時代，描述從格鬥士變成大將軍的麥柯希穆一生奮鬥的故事。

突尼西亞
（星際大戰Star Wars）
（導演喬治‧魯卡斯，1977～2005）
探討未來宇宙時代，星球間展開的戰爭。共六集。

約旦瓦地倫
（阿拉伯的勞倫斯Lawrence of Arabia）
（導演大衛‧連，1962）
描繪援助阿拉伯民族運動的英國軍官勞倫斯一生的故事。

印度加爾各答
（歡喜城City of Joy）
（導演羅蘭‧約菲，1992）
愉快的都市生活，描繪印度加爾各答貧民窟人們貧窮但快樂的生活。

泰國披披島
（海灘The Beach）
（導演丹尼‧鮑爾，2000）
在泰國旅行的男主角，一面看著手上的地圖尋找地上樂園所在的島，一面展開冒險。

納米比亞、紐西蘭、南非開普敦
（史前一萬年10000 BC）
（導演羅蘭‧艾默瑞奇，2008）
紀元前一萬年，原始和文明對決的動作冒險片。

加拿大班夫國家公園
（斷背山Brokeback Mountain）
（導演李安，2005）
兩位青年在美麗的斷背山展開的一段遺
憾的愛情。

美國大峽谷
（阿拉斯加之死
Into The Wild）
（導演西恩潘，2007）
主角決心在大自然中生活，
出發前往蠻荒地帶旅行。

加拿大班夫國家公園
（真愛一世情 Legends of the Fall）
（導演愛德華·茲維克，1994）
以美國蒙大拿州的牧場為背景，描繪一
段家族史的電影。

馬雅文明
（阿波卡獵逃Apocalypto）
（導演梅爾·吉勃遜，2006）
馬雅文明即將衰敗時，為維護某一家族
而搏鬥的故事。

智利復活島
（復活島Rapa Nui）
（導演凱文·雷諾茲，
1994）
在被巨大巨石像包圍
的島上，探討階級之間
問題的電影。

紐西蘭皇后鎮
（魔戒The Lord
of The Rings）
（導演彼得·傑克森，2001、
2002、2003）
描繪出發尋找魔戒的遠征隊遭
遇的奇幻冒險故事。

古巴
（革命前夕的摩托車日記
The Motorcycle Diaries）
（導演華特·沙勒斯，2004）
使切·格拉瓦變成革命家的
一趟南美摩托車旅行。

紐西蘭南島
（阿凡達 Avatar）
（導演詹姆斯·卡麥隆，
2010）
地球人到潘多拉星球開採替代
能源的精采故事。

03
一定要去的博物館和美術館

人類在無法用言語表達的偉大的自然面前，會變得謙遜。但是神創造了極致的自然風光後，人類又創造了另一個美麗的世界，那就是在世界各處會看到的美麗的圖畫、雕刻，還有驚人的人類遺跡和文物。經過這些地方時，不要忘了去欣賞一下唷。那是值得身為人類的你我驕傲的成就。

1烏菲茲美術館
（Galleria degli Uffizi）
位置：義大利佛羅倫斯
設立年度：1584年
收藏品：米開朗基羅、拉斐爾、達文西、馬蒂尼、波提且利、喬托的作品。
網址：www.arca.net/db/musei/uffizi.htm

2國家畫廊
（The National Gallery）
位置：英國倫敦
設立年度：1824年
收藏品：米開朗基羅、達文西、林布蘭、魯本斯、范艾克等的作品。
網址：www.nationalgallery.org.uk

3巴黎國立近代美術館
（Paris Musée National d'Art Moderne）
位置：法國巴黎
設立年度：1947年
收藏品：魯奧等誕生未滿100年的畫家的作品。
網址：www.cnac－gp.fr

4國立羅馬博物館
（Museo Nazionale Romano）
位置：義大利羅馬
設立年度：1889年
收藏品：壁畫、雕刻、馬賽克大壁畫等，古希臘、羅馬時代的傑作。
網址：www.romazooo.it/zumunaro.html

5埃及博物館
（Egyptian Museum）
位置：埃及開羅
設立年度：1858年
收藏品：從圖坦卡門到古埃及考古文物。
網址：www.egyptianmuseum.org

6 大馬士革國立博物館
（Damascus National
Museum）
位置：敘利亞大馬士革
設立年度：1919年
收藏品：古希臘、羅馬、
拜占庭時代的文物。
網址：www.
damascusmuseum.
com/

7 畢爾包古根漢美術館
（Guggenheim Bilbao
Museum）
位置：西班牙畢爾包
設立年度：1997年
收藏品：以列支敦士登、
奧登堡為首的20世紀後
半畫家的作品。
網址：www.
guggenheim
bilbao.es

8 德爾菲考古博物館
（Delphi
Archaeological
Museum）
位置：希臘德爾菲
設立年度：1902年
收藏品：希臘城邦的
文物。

9 畢卡索美術館
（Museo Picasso）
位置：西班牙巴塞隆納
設立年度：1963年
收藏品：涵蓋畢卡索從
少年期到青年期的2,000
多件作品。
網址：www.
museupicasso.bcn.es

10 底特律美術館
（The Detroit Institute
of Arts）
位置：美國底特律
設立年度：1927年
收藏品：從古代埃及和
東方，到現代的各式各
樣美術作品。
網址：www.dia.org

11 新德里國立博物館
（National Museum of
India New Delhi）
位置：印度新德里
設立年度：1960年
收藏品：從紀元前的古
代文物到現代印度美
術，各時代多樣的風俗
美術作品。
網址：www.national
museumindia.gov.in

12 墨西哥國立人類學
博物館
（Museo Nacional de
Antropologia）
位置：墨西哥墨西哥市
設立年度：1865年
收藏品：馬雅文明和印
地安遺物。
網址：http://
mnantropologia.
mcu.es

13 肯亞國立博物館
（National Museum of
Kenya）
位置：肯亞奈洛比
設立年度：1930年
收藏品：肯亞各部落的
民族學展示品和自然史
展示品。
網址：www.museums.
or.ke

14 巴西國家歷史
博物館
（Museu Historico
Nacional）
位置：巴西里約熱內盧
設立年度：1818年
收藏品：化石、隕石、
木乃伊、馬雅和印加文
明文物。
網址：www.
museuhistorico
nacional.com.br/
ingles

04
攝影迷挑選的最上鏡頭旅行地

當踏出世界的瞬間，世上所有魅力景點，就不斷向你靠近，單單是異國風這個理由，就已足夠了。不過如果是專為拍照而來的旅遊者，心中一定有一、兩個特別想裝進攝影機裡的地方吧；尤其是那些生活風景令人印象深刻的地方、極致的自然風光、地上樂園的熱帶海邊……。
以下是攝影迷們挑選出的36個旅遊地的美麗風景。

1印度的瓦拉納西
瓦拉納西整個都市本身就是一件藝術作品。清晨，可以看到霧氣瀰漫的恆河神祕的風景；白天，看到印度人和印度教徒奇異的生活；傍晚，看到在恆河上舉行的宗教儀式。

2西藏的首都拉薩
喜歡探究西藏宗教的人去大昭寺最好了；喜歡研究生活風俗的人則適合去大昭寺旁的八角街市場。在拉薩最悠久最熱鬧的當地市場，可以體驗到西藏悠久的歷史。

3古巴的哈瓦那
這是西班牙殖民時期建設的舊城。走過它光禿禿老舊的建築物，和建築物之間的巷弄，會有種身處30〜40年代美國的奇妙感覺；尤其是世界遺產的指定地哈瓦那，走進任何一條巷子，都充滿了獨特的古巴風味。

4蒙古無垠的草原
蒙古無垠的草原，是令人想扛著攝影機去拍攝的幻象之地。無論去哪個地方，都能看到令人怦然心跳的壯觀場面。為能好好感受一下這片草原，最好在7〜8月的時候來旅遊；因為屆時的草原上百花怒放，還有大大小小各式慶典在舉行著。

5非洲納米比亞的納米比沙漠
位在南非納米比亞的納米比沙漠，它的日出和日落景象，是全世界攝影家們的最愛；尤其是索蘇維來的45沙丘最為有名，從沙丘上往下眺望，風景絕佳。

6尼泊爾的喜馬拉雅全境
只要離開位於盆地的加德滿都和南部的叢林地區，任何地方都可以拍到美麗的山岳照片。其中聖母峰和藍塘喜馬拉雅地區，是全景式欣賞8,000公尺高峰和喜馬拉雅全境的最佳地點。

7 紐西蘭米佛峽灣
位在峽灣地國家公園的米佛峽灣（Milford Sound），是個融合神祕萬年雪山、湖、溪谷、樹林等的美麗地區。另外，南阿爾卑斯山地區有全世界最美麗的山路，所見之處，全都像風景明信片一樣。

8 南美的巴塔哥尼亞
位在南美最南端，遍及智利和阿根廷的巴塔哥尼亞高原，有30多個國家公園。其中，百內國家公園是最有名的健行名勝，可以看到世界級的冰山、冰河湖，還有美麗的溪谷。

9 冰島的冰河地帶
冰島是北大西洋的島國，以豐富多變的自然環境聞名；其中，南部的冰潟湖是拍冰河照片的好地方，深綠色的冰河相當獨特，還能乘船遊賞浮於潟湖上的冰山。

10 蒙古的戈壁沙漠
戈壁沙漠和只有沙的撒哈拉沙漠完全不同。可以利用各式各樣的tour看看它不同的狀態和環境；沙漠、草原和遊牧民族那令人難忘的樣貌，用照片記錄下來吧。

11 泰國的披披島
泰國的披披島是個融合了美麗的峭壁、白色沙灘、和淡藍水色的夢幻地方。在披披島上任何地方按下快門，都能拍到像畫冊一樣的美麗海邊和大海的照片。

12 澳洲的艾爾斯岩
來到澳洲正中央的大平原地帶時，會看到全世界最大的岩石；周長9公里，高340公尺的艾爾斯岩，也是電影〈在世界中心呼喊愛情〉的背景。

13 祕魯的的的喀喀湖
在南美安地斯山脈的祕魯和玻利維亞國境地區，有座全世界最高的湖（3812公尺）；湖中有60多座小島和用蘆葦做的人工島，那裡住了800多名印地安人。

14 巴基斯坦的罕薩村
位在前往巴基斯坦喀喇崑崙山路一角的罕薩村，是環遊世界過來人想再次造訪的第一名。如夢似幻的雪山和優雅的村落，像一幅畫一樣。

15 土耳其的棉堡
以古羅馬時代溫泉療養地知名的棉堡，位在土耳其首都安卡拉的東南邊。白色石灰岩地質，看起來就像是棉花一樣，又被稱作「棉花城堡」。攀到山頂可以眺望古羅馬城市希艾拉波利斯的美麗風景。

16 卡達駱駝大賽
在卡達首都杜哈西邊1小時車程的沙漠上，每年冬季都有舉行駱駝賽跑。能看到數百萬美元身價的駱駝賽跑，是相當難得的機會。

17 印度拉達克
佛教王國拉達克，位在海拔3,000公尺以上的北印度喜馬拉雅山山麓，曾是往來絲路者的休息地。拉達克的風景，同時具備荒涼和美麗，是個平靜的安身處。

18 阿拉斯加麥金利山
完整保存了原始自然風光的阿拉斯加砥納理國家公園，北美最高峰的麥金利山就位在這裡。經過長時間才能塑造出來的大自然，光看充滿神祕感的雄偉萬年雪山，就會令人深深感動。

19 烏茲別克希瓦
古絲路文明黃金時期的絲路文明之花。希瓦是中亞最大的絲路文明遺跡地。耀眼美麗的伊斯蘭建築遍布在被稱做「伊羌卡拉」的內城。

20 立陶宛十字架山丘
在立陶宛，天主教的遺跡很多。其中十字架山丘是立陶宛人的宗教聖地。14世紀開始，人們開始建立一座座的十字架，來紀念他們的祈禱。後因蘇聯鎮壓宗教，這裡又被賦予了鬥爭地的含意，而更知名。

21 印度喀什米爾的月湖
位於喜馬拉雅山山腳的喀什米爾，以前是蒙古帝國皇帝的避暑地。尤其是位在斯里蘭卡的月湖，是有名的祕境，湖中映照著喜馬拉雅山的倒影，和江邊美麗的寺院，令人不由得發出讚嘆。

22 瓜地馬拉帕卡雅火山

如果去位在瓜地馬拉安提瓜近郊的帕卡雅火山，可以看到火山熔岩就在眼前流動的景況。在1773年發生大地震以前，這裡是瓜地馬拉的首都，現在則是可以便宜的費用學習西班牙語的地方。

23 喬治亞卡茲別克
屬高加索地區的喬治亞，以卓越的自然風光聞名。其中卡茲別克山是可一窺喬治亞絕景的地方，建立在陡峭峭壁上的教堂，吸引了所有旅行者的目光。

24 馬利傑內
在西非馬利的傑內，有座邊長55公尺、高20公尺的獨特回教寺院，是所有泥土建築物中最大最美麗的。任何地方都看不到的奇異建築樣式，是回教和土著信仰嫁接的結果。

25 阿富汗班達米爾湖
被稱作阿富汗的寶石的班達米爾湖，位在以石佛聞名的巴米揚近郊。以深藍色水色而聞名的這6座湖和周圍荒涼景色絕妙的對比，總令旅行者感動。

26 格陵蘭
屬丹麥領地的格陵蘭，是世界最大的島，只能透過冰島和丹麥進入。可以看到驚人的大自然景色，並體驗獨特的伊努特人的生活，是令人驚奇的旅遊地。

27 納米比亞
位於南非的納米比亞，以能看到非洲原住民的樣貌和沙漠旅行聞名。旅行社安排的旅遊行程相當發達，可以比較安全地體驗非洲。

28 中國貴州省苗族祭典
在貴州省的陽德村可以體驗苗族獨特的生活。初一的慶典一年舉行三次，是個很喜歡辦慶典的民族。可以感受他們多樣的生活面貌。

29 緬甸浦甘寺院
浦甘是世界三大佛教遺跡地之一，1,000年前浦甘王朝的首都。當時約有400萬座佛塔，現在只剩下2,500座了。正如「塔城」這個稱號，佛塔遍及各處。

30 塞拉耶佛
波士尼亞赫塞哥維納的首都塞拉耶佛，是個融合東西文化的都市；以富異國風味的建築物和可瞥見阿爾卑斯山的美麗風景聲名遠播。

31 印度錫金
位在印度東北部喜馬拉雅山山腳的錫金，在和印度合併以前，是個具美麗自然風光和西藏傳統文化的小佛教國家。擁有世界第三大山峰──干城章嘉峰壯麗的景致。又被稱作香格里拉，因此可以看出這裡是個生活純樸、悠閒的地方。

32 西班牙巴塞隆納
被稱作歐洲之花的西班牙巴塞隆納猶如世界建築家的聖地。天才建築家安東尼·高第的建築物和街道，及所有東西，都是美麗的藝術品，是個相當有魅力的都市。

33 波札那喀拉哈里沙漠
遍布南非全境的喀拉哈里沙漠，有無數的沙漠生物，另有少數的布須曼人仍以往地以他們的方式生活著，是個有生命力的土地。

34 斯洛維尼亞布萊德
布萊德是斯洛維尼亞最有名的湖畔都市，位在距首都盧布爾雅1小時車程的地方。美麗的冰河湖和湖中小島上建的17世紀的教堂，那童話一般的風景，特別令遊客動心。

35 摩洛哥達克拉
華麗的色彩、音樂、舞蹈、令人聯想到中世紀的服裝和建築物等，是摩洛哥成為北非最美麗的國家的原因。摩洛哥以全國各處有眾多慶典聞名，不過其中達克拉的傳統慶典，因其特殊風貌，特別受人喜愛。

36 不丹
不丹數世紀以來像個遺世獨立的國家似的，是個隱藏在喜馬拉雅中西部的小佛教王國。他們拒絕異己文明，固守著古文化和自然環境生活著，當地人們純樸的生活樣貌，很令人感動。

世界各國網際網路的使用狀況

五顆星 ★★★★★ 分類	網路連接順位（速度/使用程度）	旅遊地/國名	各旅遊親身體驗的速度/網路環境，和韓國網路環境(100%)比較		網路連接順位（速度/使用程度）	旅遊地/國名	各旅遊親身體驗的速度/網路環境，和韓國網路環境(100%)比較
可以連接超高速網路，能快捷地使用網路的旅遊地 ★ ★ ★ ★ ★	1	瑞典	85%		43	巴貝多	57%
	2	丹麥	83%	能輕鬆地連接網路的旅遊地 ★ ★ ★ ★	44	馬來西亞	57%
	3	冰島	82%		45	立陶宛	56%
	4	荷蘭	79%		46	卡達	55%
	5	香港	79%		47	汶萊	55%
	6	芬蘭	79%		48	拉脫維亞	54%
	7	台灣	79%		49	烏拉圭	54%
	8	加拿大	78%		50	塞席爾	54%
	9	美國	78%		51	多明尼加	54%
	10	英國	77%		52	阿根廷	53%
	11	瑞士	76%		53	千里達托貝哥	53%
	12	新加坡	76%		54	保加利亞	53%
	13	日本	75%		55	牙買加	53%
	14	盧森堡	75%		56	哥斯大黎加	52%
	15	奧地利	75%		57	聖露西亞	52%
	16	德國	74%		58	科威特	51%
	17	澳大利亞	74%		59	格拉那達	51%
	18	比利時	74%		60	模里西斯	50%
	19	紐西蘭	72%		61	俄羅斯	50%
	20	義大利	72%		62	墨西哥	50%
	21	法國	72%		63	巴西	50%
	22	斯洛伐克	72%		64	白俄羅斯	48%
	23	以色列	70%		65	黎巴嫩	48%
能輕鬆地連接網路的旅遊地 ★ ★ ★ ★	24	愛爾蘭	69%	連接網路有些困難的旅遊地，網路速度中等水準 ★ ★ ★	66	泰國	48%
	25	塞浦路斯	68%		67	羅馬尼亞	48%
	26	愛沙尼亞	67%		68	土耳其	48%
	27	西班牙	67%		69	馬其頓	48%
	28	馬爾他	67%		70	巴拿馬	47%
	29	捷克	66%		71	委內瑞拉	47%
	30	希臘	66%		72	貝里斯	47%
	31	葡萄牙	65%		73	聖文森格瑞那丁	46%
	32	阿拉伯聯合大公國	64%		74	波士尼亞－赫塞哥維納	46%
	33	澳門	64%		75	蘇利南	46%
	34	匈牙利	63%		76	南非共和國	45%
	35	巴哈馬	62%		77	哥倫比亞	45%
	36	巴林	60%		78	約旦	45%
	37	聖克里斯多福尼維斯	60%		79	塞爾維亞－蒙特尼哥羅	44%
	38	波蘭	59%		80	沙烏地阿拉伯	44%
	39	斯洛伐克	59%		81	祕魯	43%
	40	克羅埃西亞	59%		82	中國	43%
	41	智利	58%		83	斐濟	43%
	42	安提瓜巴布達	57%		84	波茲瓦那	43%

五顆星 ★★★★★ 分類	網路連接順位 (速度/使用程度)	旅遊地/國名	各旅遊親身體驗的速度/網路環境,和韓國網路環境(100%)比較	五顆星 ★★★★★ 分類	網路連接順位 (速度/使用程度)	旅遊地/國名	各旅遊親身體驗的速度/網路環境,和韓國網路環境(100%)比較
連接網路有些困難的旅遊地,網路速度中等水準 ★ ★ ★	85	伊朗	43%	網路使用不普遍,使用上有很多限制的旅遊地 ★ ★	132	肯亞	19%
	86	烏克蘭	43%		133	尼加拉瓜	19%
	87	蓋亞那	43%		134	賴索托	19%
	88	菲律賓	43%		135	尼泊爾	18%
	89	阿曼	43%		136	孟加拉	18%
	90	馬爾地夫	43%		137	葉門	18%
	91	利比亞	42%		138	土庫	18%
	92	多明尼克共和國	42%		139	所羅門群島	17%
	93	突尼西亞	41%		140	柬埔寨	17%
	94	厄瓜多	41%		141	烏干達	17%
	95	哈薩克	41%		142	尚比亞	17%
	96	埃及	40%		143	緬甸	17%
	97	維德角	39%		144	剛果民主共和國	17%
	98	阿爾巴尼亞	39%		145	卡麥隆	16%
	99	巴拉圭	39%		146	迦納	16%
	100	納米比亞	38%		147	寮國	15%
	101	瓜地馬拉	38%		148	馬拉威	15%
	102	薩爾瓦多	38%		149	坦尚尼亞	15%
	103	巴勒斯坦	38%		150	海地	15%
	104	斯里蘭卡	38%		151	奈及利亞	15%
	105	玻利維亞	38%		152	吉布地	15%
	106	古巴	38%		153	盧安達	15%
	107	薩摩亞	37%		154	馬達加斯加	15%
	108	阿爾及利亞	37%		155	茅利塔尼亞	14%
	109	土庫曼	37%		156	塞內加爾	14%
	110	喬治亞	37%		157	尚比亞	13%
	111	史瓦濟蘭	37%		158	不丹	13%
	112	摩達維亞	37%		159	蘇丹	13%
	113	蒙古	35%		160	科摩洛	13%
	114	印尼	34%		161	象牙海岸	13%
	115	加彭	34%		162	厄利垂亞	13%
	116	摩洛哥	33%		163	剛果	13%
	117	印度	32%		164	貝南	12%
	118	吉爾吉斯	32%		165	莫三比克	12%
	119	烏茲別克	31%		166	安哥拉	11%
	120	越南	31%		167	蒲隆地	10%
	121	亞美尼亞	30%		168	幾內亞	10%
網路使用不普遍,使用上有很多限制的旅遊地 ★ ★	122	辛巴威	29%		169	獅子山	10%
	123	宏都拉斯	29%		170	中非共和國	10%
	124	敘利亞	28%		171	衣索匹亞	10%
	125	巴布亞紐幾內亞	26%		172	幾內亞比索	10%
	126	萬那杜	24%		173	查德	10%
	127	巴基斯坦	24%		174	馬拉威	9%
	128	亞塞拜然	24%		175	布吉納法索	8%
	129	聖多美普林西比	23%		176	尼日	4%
	130	塔吉克	21%				
	131	赤道幾內亞	20%				

大部分旅行者都會在國外使用網際網路蒐集資訊或和家人朋友聯絡，或是將自己的旅行紀錄po上同好會或部落格。在旅行中，要如何連接上網際網路呢？大致分作兩種方法，那就是利用當地的網咖或自己攜帶筆電。前者只要付網路使用費就能很容易地使用網際網路了，不過缺點是會有各式各樣的OS，也沒有中文版。相反的，後者要使用傳輸線，還要買網路漫遊預付卡之後才能連接；另外，PC要用USB網際網路共用器才能連接上網際網路，因為要共同連網，過程比較麻煩。不過，自行攜帶筆電還是有優點的，裡面事先做好信件、照片、旅行日記等檔案夾，就能很容易上載到網頁、部落格、臉書了。

TRAVELER'S DIARY

2005年在中國麗江旅行時，在有ADSL的宿舍中，用網路跟家人通話了20分鐘，結果旅館主人要求付國際電話費100美元的費用，說也說不通。最後只好去麗江的電信局會議室，我從網際網路的基礎到應用，整個網路的知識說了一遍，並說明可以用網路通電話；但是別說旅館主人了，連電信局的人員也不懂網路電話的原理。幸好靠北京派來的技術人員的幫助，幾小時後終於無事地脫身了。2005年的中國，ADSL和高速網路已經普遍使用了，在觀光客這麼多的麗江，竟碰到這樣的事，真是荒唐。在南美旅行時，也遇到過幾次類似的情況，在網咖連接到國內網站的話，要按國際網路使用費來收費，無可奈何只好多付了3～4倍。所以奉勸各位到偏遠地區或未開發國家旅行，要使用網際網路時，得事先確認使用費用，以避免無謂的爭吵或敲詐。

Q.環遊世界時在海外使用網路的理由是什麼？(受訪者107名)

問候朋友並和家人連絡	14%(16名)
提供旅遊情報	16%(18名)
感覺孤單，晚餐後沒事可做	14%(16名)
擔心國內發生什麼事	8%(9名)
一面等火車一面打發時間	1%(2名)
想獲得關注，就PO上當地情報	5%(6名)
向旅遊同好誇示自己的旅遊事實	7%(8名)
習慣性中毒似地就喜歡和同好連絡	23%(25名)
傳電子郵件後還有時間	3%(4名)
其他	2%(3名)

在機場或市中心
免費使用網路的方法

❶ 在像星巴克那樣有名的咖啡店裡，一般都可以使用無線網路；買杯飲料後，坐到店後面一點的位置，就可用自己的筆記型電腦免費使用無線網際網路。❷ 在歐洲免費使用網際網路的宿所相當多。盡可能去住網際網路使用很便利的宿所。❸ 雖然稍微有點麻煩，不過，只要在有連接網路的電腦上，插上USB無線網路共用器後，就可以用自己的筆電共同連網了。❹ 加入www.fon.com/kr，全世界的加入者就可於所在的地方，免費使用Wi-Fi。在歐洲或北美等先進國家旅行時，活用度比較高。透過全世界加入者的網路，可以在www.maps.fon.com地圖上，確認可使用網路的地區。❺ 在大都市裡，大的建築物、公家機關、圖書館附近，可連接上無線網路的可能性較高。可坐在咖啡店前廊或長椅上試試看。

網際網路使用狀況分布圖

■ 可以連接超高速網路，能快捷地使用網路的旅遊地
■ 能輕鬆地連接網路的旅遊地
■ 連接網路有些困難的旅遊地，網路速度中等水準
■ 網路使用不普遍，使用上有很多限制的旅遊地
■ 無法使用網路，或網路衛星無法抵達的特殊環境旅遊地

06

為環遊世界旅行者準備的各國物價比較表

物價順位	旅遊國家 （貨幣單位USD）	可樂1瓶 價格	礦泉水1 瓶價格	當地 500公升 啤酒1瓶	汽油 每公升	計程車 基本價	麥當勞 大麥克 套餐1組
1	挪威	4.3	3.44	4.47	2.41	12.04	15.48
2	瑞士	4.24	4.03	1.59	1.91	6.37	13.79
3	澳洲	2.86	2.38	4.34	1.41	3.55	7.63
4	盧森堡	3.14	2.81	1.64	1.77	4.97	9.82
5	丹麥	3.51	2.63	1.76	2.11	6.5	11.41
6	日本	1.21	1.06	2.92	1.51	7.15	6.55
7	瑞典	2.27	2.27	2.27	2.12	6.82	9.85
8	紐西蘭	2.38	2.14	2.83	1.71	2.38	7.94
9	巴林	1.31	1.06	1.52	0.27	3	6.63
10	冰島	2	1.8	3.05	2.03	5	9.82
11	愛爾蘭	1.96	1.57	3.27	2.09	5.69	9.16
12	委內瑞拉	2	1.55	2.39	0.11	7	12.09
13	比利時	2.62	2.62	1.51	2.09	3.86	9.82
14	芬蘭	2.62	2.49	3.27	2.17	9.16	9.16
15	新加坡	1.2	0.8	4.2	1.68	2.56	5.6
16	荷蘭	2.62	2.62	1.31	2.29	8.51	8.51
17	法國	3.21	1.96	1.96	1.96	3.01	9.16
18	英國	1.69	1.54	2.6	2.13	4.31	7.7
19	義大利	2.62	1.31	1.57	2.36	6.55	9.16
20	加拿大	1.93	1.45	2.87	1.26	3.48	7.74
21	塞浦路斯	2.36	0.92	1.41	1.8	4.48	7.85
22	奧地利	3.27	2.36	1.05	1.87	3.93	8.64
23	澳門	2.38	1.68	0.76	1.51	1.78	3.87
24	希臘	1.96	0.65	1.57	2.23	3.93	7.85
25	以色列	2.18	1.64	2.18	2.1	3.27	10.91
26	德國	2.62	2.36	1.05	2.09	3.8	7.85
27	奈及利亞	0.75	0.57	2	0.61	3.5	10
28	馬爾他	1.7	1.31	1.43	1.85	10.47	9.82
29	西班牙	1.96	1.44	1.05	1.86	3.93	8.51
30	卡達	0.55	0.55	2.51	0.27	2.73	5.49
31	烏拉圭	1.77	1.24	2.26	1.84	1.99	9
32	科威特	3	0.35	0.6	0.23	1.77	6
33	美國	1.5	1.25	2	0.99	3	6
34	韓國	1.32	0.85	1.97	1.79	2.06	5.36
35	亞塞拜然	0.65	0.65	1.31	0.76	1.31	7.85
36	香港	1.03	0.77	1.29	2.21	2.58	3.87
37	黎巴嫩	0.66	0.83	1	1.21	6	8
38	阿拉伯聯合大公國	0.41	0.3	6.81	0.47	0.95	5.49
39	波多黎各	1	1	1.5	0.95	1.75	6.5
40	葡萄牙	1.31	1.18	1.24	2.13	3.27	7.2
41	克羅埃西亞	2.09	1.57	1.22	1.89	2.7	6.09
42	沙烏地阿拉伯	0.4	0.27	0.8	0.13	2.58	5
43	愛沙尼亞	1.31	1.31	1.18	1.79	3.27	6.55
44	阿根廷	1.5	1.26	1.52	1.4	1.7	9
45	巴西	1.41	0.94	1.41	1.31	1.92	7.51
46	俄羅斯	1.09	0.93	1.24	0.93	4.66	7.77
47	利比亞	0.49	0.2	6.16	0.12	1.17	5.48
48	智利	1.19	0.99	1.22	1.59	0.5	6.32
49	拉脫維亞	1.05	0.93	1.21	1.81	2.28	6.52
50	台灣	0.97	0.67	1.33	1.17	2.35	4.03
51	哥斯大黎加	1.58	1.5	1.5	1.4	1.1	7
52	多明尼克共和國	0.97	0.48	1.45	1.57	4	6.06
53	斯洛伐克	1.31	1.05	0.92	1.96	3.93	6.55
54	斯洛維尼亞	2.62	1.96	1.31	1.96	1.31	6.55
55	約旦	0.5	0.41	3.28	1.27	0.37	6.35
56	哈薩克	0.66	0.5	1.19	0.8	1.99	7.93

物價順位	旅遊國家 （貨幣單位USD）	可樂1瓶 價格	礦泉水1 瓶價格	當地 500公升 啤酒1瓶	汽油 每公升	計程車 基本價	麥當勞 大麥克 套餐1組
57	土耳其	1.06	0.53	2.12	2.4	1.43	6.35
58	匈牙利	1.1	0.84	0.94	1.87	1.32	6.15
59	捷克	1.42	1.02	0.71	1.83	1.78	6.09
60	立陶宛	1.14	0.76	0.95	1.84	0.76	5.31
61	蒙特尼哥羅	2.16	1.96	0.92	1.78	1.31	5.24
62	波茲瓦納	0.7	0.5	1.1	1	2.4	5.01
63	卡達	1.06	1	2.11	1.06	2.06	8.83
64	中國	0.49	0.41	0.82	1.3	1.63	4.89
65	阿曼	0.66	0.37	0.85	1.2	1.5	5
66	南非共和國	0.8	0.75	1.2	1.2	2	4.01
67	衣索匹亞	0.75	0.4	0.81	1.12	2.3	3.39
68	烏茲別克	1	0.35	1.51	0.88	0.18	4
69	伊朗	0.5	0.3	6.5	0.57	0.41	5
70	伊拉克	0.44	0.21	4	0.65	2	8
71	蘇丹	0.4	0.3	2	0.6	1.15	11.84
72	迦納	0.59	0.59	1.41	1.38	2.64	5.94
73	牙買加	1.01	1	3.29	1.21	1.98	6.08
74	哥倫比亞	0.95	0.84	1	1.2	1.84	6.99
75	柬埔寨	0.5	0.32	0.75	1.25	2	4
76	波蘭	0.97	0.67	0.92	1.71	1.83	4.89
77	馬來西亞	0.65	0.35	2.51	0.62	0.97	3.57
78	阿曼	0.4	0.26	2	0.31	0.78	5.2
79	模里西斯	0.98	0.65	1.23	1.74	0.95	6.36
80	摩洛哥	0.65	0.47	1.4	1.31	0.35	6.47
81	喬治亞	0.6	0.48	1	1.34	0.6	6.03
82	塞爾維亞	1.4	0.98	0.68	1.77	1.57	4.71
83	墨西哥	0.78	0.62	1.09	0.82	1.95	5.07
84	波士尼亞－赫塞哥維納	1.64	0.86	0.8	1.62	1	5.24
85	巴拿馬	1	1	0.68	1.05	1.25	4.89
86	保加利亞	1	0.67	0.67	1.73	0.5	4.66
87	納米比亞	0.8	0.69	1.2	1.1	1.2	4.94
88	安哥拉	2	1.75	1.34	0.6	5.02	15
89	羅馬尼亞	1.17	0.88	0.88	1.76	0.51	5.28
90	泰國	0.56	0.33	1.47	1.31	1.15	4.75
91	白俄羅斯	1	0.5	1	0.87	2.05	5
92	斯里蘭卡	0.75	0.32	1.23	1.26	0.44	4.66
93	突尼西亞	0.55	0.26	1.31	0.94	0.27	5
94	巴勒斯坦	0.82	0.55	4.5	1.91	1.64	6.41
95	蒙古	1	0.34	1.5	1.19	0.75	5
96	祕魯	0.75	0.57	1.64	1.48	1.3	5.39
97	阿爾巴尼亞	1.31	0.65	1.18	1.9	2.62	4.25
98	瓜地馬拉	0.65	0.63	1.35	1.2	1.28	5
99	烏克蘭	0.74	0.52	0.74	1.35	2.45	4.9
100	菲律賓	0.6	0.36	0.85	1.26	0.95	3.1
101	敘利亞	0.5	0.35	1	0.87	0.21	5
102	摩達維亞	1.08	0.51	0.96	1.32	1.46	5.11
103	厄瓜多	0.75	0.5	1	0.4	1	5
104	馬其頓	1.33	0.66	0.75	1.8	0.93	4.05
105	印尼	0.71	0.31	1.93	0.48	0.61	3.68
106	薩爾瓦多	0.62	0.5	1.1	1.22	4.5	5
107	孟加拉	0.39	0.19	3	1.22	3	4.75
108	埃及	0.43	0.29	1.25	0.29	0.4	5
109	尼加拉瓜	1	0.9	2.52	1.4	1.4	5
110	越南	0.5	0.38	0.59	1.12	0.57	3.62
111	宏都拉斯	0.9	0.6	1.1	1.2	1.2	5
112	玻利維亞	0.79	0.6	1.31	0.54	1.17	4.64
113	吉爾吉斯	0.53	0.4	1.4	0.78	1.49	3
114	緬甸	0.93	0.3	1	1	2.07	4.63
115	尼泊爾	0.42	0.25	2.22	1.39	0.14	7.21
116	辛巴威	1	0.5	1	1.48	3	8
117	巴基斯坦	0.35	0.22	2.56	1.01	0.81	5.07
118	印度	0.35	0.23	1.32	1.27	0.53	3.17

★礦泉水1瓶價格
在當地庶民餐廳，
買350公升礦泉水
1瓶的價格。

★汽油每公升價格
以當地大都市為
準，適用於使用租
車時一般的汽油價
格。

★麥當勞大麥克套
餐1組
沒有大麥克的國
家，以類似套餐價
格為準。

EasyTour032

環遊世界聖經（夢想啟程增訂版）

作者	崔大潤、沈泰烈
翻譯	彭尊聖
美術完稿	王佳莉
編輯	郭靜澄、曾曉玲
中文主編	林慧美
行銷	石欣平
企劃統籌	李橘
總編輯	莫少閒
出版者	朱雀文化事業有限公司
地址	台北市基隆路二段13-1號3樓
電話	02-2345-3868
傳真	02-2345-3828
劃撥帳號	19234566朱雀文化事業有限公司
e-mail	redbook@ms26.hinet.net
網址	http://redbook.com.tw
總經銷	大和書報圖書股份有限公司
電話	02-8990-2588
ISBN	978-986-92513-2-7
二版一刷	2016.01
定價	699元

國家圖書館出版品預行編目

環遊世界聖經（夢想啟程增訂版）
崔大潤、沈泰烈著；彭尊聖譯 ．ーー二版 ．ーー
台北市：朱雀文化，2016.01
面； 公分 ．ーー（EasyTour；32）
ISBN 978-986-92513-2-7（平裝）

1.旅遊 2.世界地理
719 104026789

About買書：

●朱雀文化圖書在北中南各書店及誠品、金石堂、何嘉仁等連鎖書店均有販售，
如欲購買本公司圖書，建議你直接詢問書店店員。如果書店已售完，請撥本公司
經銷商北中南區服務專線洽詢。北區（03）358-9000、中區（04）2291-4115和
南區（07）349-7445。

●●至朱雀文化網站購書（http://redbook.com.tw），可享85折。

●●●至郵局劃撥（戶名：朱雀文化事業有限公司，帳號：19234566），
掛號寄書不加郵資，4本以下無折扣，5～9本95折，10本以上9折優惠。

●●●●親自至朱雀文化買書可享9折優惠。

品牌簡介

我們是Little-Style 「小簡生活式」；
在生活裡總是藏著純粹的快樂，藉由插畫+文字傳到每一個角落；
我們希望感動不只是數位化，
而是能轉化成可以觸碰到、感受到的實體物品，
並將這份「禮物」傳送至你/妳手上。

facebook.com/LittleStyle.tw

pinkoi.com/store/little-style

Facebook   Pinkoi

澳洲的艾爾斯岩

所謂的旅行，不是膠捲裡留下的一張照片；
旅遊書裡看到的，也不是旅行的全部。
對用靈魂感覺旅行的人來說，它不是你想留下就能留下的東西。
它像風，像太陽那樣，無聲無息地滲透進你心裡，
化成了占滿你內心深處一隅的回憶。